suhrkamp taschenbuch 1094

Stephan Stolze (1931–1984) veröffentlichte 1981 den ersten Band seiner Erinnerungen *Innenansicht – Eine bürgerliche Kindheit* (st 721; mit einem Vorwort von Sebastian Haffner). *Der Spiegel* schrieb über dieses Buch: »Nun, da die einstigen BDM-Mädel und Pimpfe über 50, wenn nicht über 60 sind, packen sie für die Nachgeborenen aus. Dabei halten sich die Autobiographien oft mit streng Privatem auf, sogar mit Läppischem, das ihnen eben wichtiger war als alle Politik. Anders Stephan Stolze, Jahrgang 1931. Die ›Innenansicht‹, die er wiederherstellt, enthält zwar genug Persönliches und Familiäres, aber nichts davon verfehlt den Gegenstand: die bürgerliche Kindheit unter Hitler.«

Anschaulich und genau, mißtrauisch gegen sein Gedächtnis, das sich erst beim Schreiben ganz preisgibt, geht Stolze auch in diesem zweiten Band an die Arbeit. Er beschreibt Schuljahre und Hunger, Kunststudium und Stalinismus in der DDR, den abrupten Wechsel der politischen Beleuchtung in West-Berlin, die Sitten des kalten Krieges, die keiner spürte, weil jeder sie mitmachte, und manches, das wie aus Versehen gedieh und überlebte. Eine entrückte, aber noch erkennbare Landschaft.

Stephan Stolze
Nachkriegsjahre

Erinnerungen
1945-1955

Mit einem Nachwort
von Sarah Haffner

Suhrkamp

Umschlagfoto: Sommer 1951 in Dranske,
links Stephan Stolze

Erstausgabe
suhrkamp taschenbuch 1094
Erste Auflage 1984

Satz: IBV Lichtsatz KG, Berlin
Druck: Nomos Verlagsgesellschaft, Baden-Baden
Printed in Germany
Umschlag nach Entwürfen von
Willy Fleckhaus und Rolf Staudt

1 2 3 4 5 6 – 89 88 87 86 85 84

Nachkriegsjahre

1945

1 Überfluß

Im Februar 1945 hatte es auf unsere Lebensmittelkartenabschnitte eine erstaunliche Menge Leberwurst gegeben, wahrscheinlich doppelt soviel wie vorgedruckt. Die Leberwurst saß nicht in Papierhaut, sondern in Därmen von geringem Umfang. Sie war grau wie Lehm. Auf einer Scheibe Brot zerbröckelte sie dröge unter dem Messer und ließ sich kaum verstreichen.

Sie schmeckte nicht vertrauenerweckend; mir schmeckte sie gut, meiner Mutter nicht. Beim Probieren probierten wir auch Stichworte wie: Flüchtlingstrecks, verendete, vielleicht notgeschlachtete Pferde und Ochsen. Meine Mutter aß ihr Leberwurstbrot hastig und stumm auf, den Rest brachte sie mit einer grimmigen Miene in die Speisekammer. Ein bis zwei Pfund. Wir verbrauchten die Wurst als Beimischung zu gebratenen Nudeln und als heißgemachte Beilage zu Kartoffeln und Sauerkraut.

Ein Jahr später, als wir hungerten, kam meine Mutter mehrmals auf die Schilderung eines Spießbratens im tiefen Walde zu sprechen, die in Grimmelshausens »Simplicissimus« stehen soll: Was an dem Spieß briet, war ein Mensch.

Im Mai 1945 war unser Einfamilienhaus von amerikanischem Militär beschlagnahmt. In den drei Notunterkünften, auf die wir verteilt waren, kamen an den Liefertagen unserer Gäste – zweimal in der Woche – viele Erzeugnisse der Lebens- und Genußmittelindustrie der Vereinigten Staaten auf den Tisch: Kaffeepulver von Nestlé/USA, Hershey's Schokoladensirup, Erdnußbutter (Firma vergessen), Ananas in Dosen von Delmonte und Schmelzkäse, auch in Dosen, und Corned beef und anderes mehr. Die Raucher, Eva, das Hausmädchen Ilse und Frau Alfring, konnten sich u. a. an die Sorten Lucky Strike, Chesterfield und Pall Mall halten. Als einzigen, aber repräsentativen Beitrag der britischen Wirtschaft aßen wir die Schokolade der Firma Cadbury.

Wir waren talentvolle Bettler, und unsere Hausbesatzung muß doppelt bis dreifach beliefert worden sein. Vielleicht waren gleich nach Kriegsende Truppen abgezogen worden und der Bedarf der Verbleibenden tief unter die Mengen abgesunken, die in den Lieferverträgen standen. Wenn ich ›wir‹ sage, nehme ich meine Mutter und mich davon aus: Ich lag im Bett und hatte Nierenentzündung, und sie war meist in meiner Nähe. Wir hatten die beste, aber auch entlegenste Unterkunft, zwei Zimmer in einem Pavillon des Evangelischen Mädchenheims.

Mein Vater, Tante Mieze und Änne, Eva und Ilse, Frau Pfeffer und Frau Alfring bettelten jeden Tag. Vorwände, das Haus zu betreten, waren einesteils Gartenarbeit, andernteils der vorgebliche Bedarf an im Haus zurückgebliebenen Gegenständen, von der Bibel bis zur Haarbürste. Schon nach einigen Tagen brauchten sie sich keine Vorwände mehr auszudenken, sie wurden auch so hineingelassen.

Die Gegenleistungen, die einem dazu einfallen, hätte unsere Besatzung nur von Eva und Ilse gern erwirkt, und doch beschenkte sie alle sieben. Sie soll diese Leistungen zwar ab und zu angemahnt, aber nicht erhalten und die Verweigerungen mit einem Achselzucken hingenommen haben. Sollten die beiden Mädchen sich dennoch mit GIs zu Bett gelegt haben, dann nicht in der Absicht, die andern fünf satt zu machen. Meine Schwester mochte keine von den vier Frauen und meinen Vater erst recht nicht. Ilse hatte an uns allen kein Interesse. Vielleicht hat sie mit Amerikanern geschlafen, aber dann nur aus Lust oder zum Dank und nicht uns zuliebe. Eva hat mit keinem Amerikaner geschlafen, sonst wüßte ich es. Sie hätte es uns so eindringlich verschwiegen, daß wir endlich eine Pause gehört und eine Erläuterung vermißt haben würden – auch meine ziemlich arglose Mutter und ich mit meinen vierzehn Jahren und 39 Grad Fieber.

Eine Tischlerei nahe der Calbeschen Straße fing an, aus Sperrholz Koffer zu machen. Das war Ende Mai. Ich stand wieder für einige Stunden am Tage auf und nahm an den gemeinsamen Mahlzeiten im Garten des Mädchenheims teil, wenn auch nicht an dem gemeinsamen Essen: ich bekam mein eigenes, ungesalzenes.

Von den Holzkoffern erzählte mein Vater. Ich machte mit meiner Mutter einen Genesungsspaziergang zur Tischlerei. Auf dem engen, mit Kopfsteinen gepflasterten Hof lagen zwei Dutzend Sperrholzkoffer. Unter Dach, in einem Arbeits- und Lagerraum, stapelten sie sich bis an die Decke. Was draußen lag, hatte drinnen nicht mehr untergebracht werden können, es war die Grundlegung eines Freiluftstapels. Das Wetter war seit langem beständig schön. Es mußte auch so bleiben, damit die Sperrholzflächen sich nicht wellten und die Eisengriffe nicht rosteten.

Das Ganze erinnerte an eine Krebswucherung, nicht anders als die Leberwurstinflation ein Vierteljahr vorher. Uns erfreute der Überfluß und brachte uns auf Überlegungen, was man damit anfangen könne. Die wolkenlose, sehr durchsichtig aussehende blaue Luft stimmte uns dankbar und unkritisch, als wären wir beide, nicht nur ich, Genesende. Das Holz roch gut, die Arbeitsgeräusche klangen genügsam und rechtschaffen, auch das Singen der Kreissäge (es gab wieder Strom und nur selten Stromsperren).

Ich genieße nachträglich den Anblick einer aberwitzigen Produktivität. Bis eben hatte ich nicht das Bedürfnis, dahinter ein Verkaufskalkül, das man begreifen kann, zu erkennen. Nun aber fallen mir die Tausende von ausländischen Zwangsarbeitern in und um Schönebeck ein. Der Tischlermeister wird mit der baldigen Organisierung ihrer Heimkehrtransporte gerechnet haben. Vielleicht hatte er sich Informationen besorgt. Wahrscheinlich beschäftigte er selbst ehemalige Zwangsarbeiter.

Die Koffer hatten abgerundete Ecken. Die Griffe waren zurechtgebogene und schwarzlackierte Abschnitte von dicken Eisenstangen. Es gab drei Formate. Vier übereinandergelegte Koffer des größten Formats ähnelten einer mittelgroßen Kommode. Sie waren ohne Inhalt eine spürbare, auf die Dauer schwere Last. Wir kauften drei Stück, ohne zu wissen wozu, und trugen sie in zwei Gängen nach Hause. Unser Haus war in diesen Tagen freigegeben worden, wir konnten wieder einziehen. Neuer Nachbar in der Villa des Wehrwirtschaftsführers neben uns war der britische Stadtkommandant.

Zu Hause holte ich aus der Werkzeugkommode den schwersten Hammer, legte das rhombusförmige Hitlerjugend-Abzeichen auf die oberste Stufe der Betontreppe, die vom Garten in den Keller führte, und zertrümmerte es. Ich schlug so lange zu, bis der bunte Emailguß, mit Betonstaub vermischt, als graubuntes Pulver um die plattgeschlagene gelbmetallene Fassung und die angelötet gewesene Sicherheitsnadel herumlag. Dann wischte ich mir das Häufchen in die Hand und ließ es in den Mülleimer wehen.

Mehrere Tage lang belebten die Rückführungstransporte der Zwangsarbeiter und Kriegsgefangenen das Stadtbild. Lastwagen, meist in kurzen Kolonnen, die Ladeflächen voll stehender Menschen und von ihrer Nationalflagge überflattert. Holzkoffer waren hinter den hohen Klappwandungen nicht zu sehen. Nächstfolgend verließ uns das britische Besatzungskontingent auf seinen dunkelgrünen, bulldoggnasigen, donnernden Transportern, und auf Pferdewagen und Fahrrädern zog sowjetisches Militär ein.

2 Konzert

Von den vier Kinos, die es in Schönebeck gab, war das neueste und größte das »Astoria«. Es lag gegenüber dem Schönebecker Bahnhof. Anfang August fuhren, glaube ich, noch nicht wieder Züge. Im Kino »Astoria« aber gab es ein Sinfoniekonzert.

Die Eintrittskarten waren so groß wie Flugtickets und aus erstklassigem, elfenbeingelblich getöntem Karton. Beschriftung in Post-Antiqua, sorgfältige Raumaufteilung, satter Druck, eine Augenweide.

Die Innenausstattung des Kinos stammte von 1940, sie sah noch neu aus. Der dunkelblaue Plüsch auf den Sitzen und die türkisgrünen Läufer, die die Sitzreihenblöcke umrahmten, waren unzerschlissen und wirkten sauber. Das Kino war vollbesetzt. Es duftete gar nicht übel nach verschiedenen Parfums.

Vor der vordersten Sitzreihe stand ein Podium für den Dirigenten. Die Leinwand war aufgerollt, der Raum dahinter erwies sich als tief genug, um das ganze Sinfonieorchester aufzunehmen, auch die platzraubenden Instrumente Kontrabaß und Kesselpauke. Die Orchestermitglieder, meistens Männer, aber auch eine Geigerin, waren festlich gekleidet, der Dirigent trug ein weißes Hemd, eine weiße Fliege und einen Frack. Sie spielten zwei Stücke. Nach dem ersten, das ich vergessen habe, gab es eine Pause, danach die »Unvollendete« von Schubert. Es fehlte nur noch ein Buffet mit den üblichen, etwas überteuerten, aber doch bezahlbaren Getränken und Süßigkeiten. Es fehlte wirklich. Sein Fehlen war die einzige Lücke, durch die die Wirklichkeit hereinschaute. Wir entbehrten es nicht, ich erinnere mich nicht, Appetit oder gar Hunger gehabt zu haben. In der Pause standen wir auf der Straße vor dem Kino, Eva, eine Freundin von ihr und ich, zwischen schlendernden und verharrenden, schweigenden und sanft plaudernden Gruppen. Es war noch hell, Abendlicht und Wärme milderten die Dumpfheit und Kleinlichkeit der Bauformen rechts und links vom Straßenpflaster.

Dann wieder die hitzige Parfumluft im dunkelblauen Plüsch, die Frackenden des Dirigenten und seine wehenden, oft herabgelassenen schwarzen Haare, die keine Mühe scheuende, ziemlich exakte Zusammenarbeit des Ensembles. Wo kamen sie her mit ihren unzerbeulten Trompeten, mit Saiteninstrumenten, denen keine Saite fehlte, mit den Riesenwerkzeugen, die man nicht weit tragen kann? Zumindest Handwagen hatten sie gebraucht. Besser geeignet, aber kaum zu beschaffen war ein Pferdewagen. Benzin gab es nicht, außer man stahl es unter Todesgefahr oder bekam es zugeteilt. Es muß wohl ein sowjetischer Offizier oder ein deutscher Verwalter einen Bus oder Lastwagen und einen Kanister Benzin freigegeben haben, damit das Orchester für wenig Geld, das fast nichts wert war, in Schönebeck ein Sinfoniekonzert geben konnte. In Schönebeck, wo es noch nie ein Sinfonieorchester gegeben hatte und wo man gar keins erwartete.

Ich erinnere mich an ein sinnvoll schweigendes, temperamentvoll klatschendes, nicht hustendes, routiniert anstatt provinzlerisch wirkendes Publikum. Ich weiß nicht mehr, ob sowjetisches Militär darunter war. Zwangsarbeiter und Kriegsgefangene waren abgereist. Jedoch waren noch alle 1944 aus dem Rheinland Evakuierten in Schönebeck, und einige Tausend Vertriebene aus Ostpreußen, Pommern und Schlesien waren hinzugekommen.

Ich habe mein ältestes Tagebuch herausgesucht:

»Freitag, den 3. 8. 45

Jetzt ist das Gebiet um Magdeburg, also auch Salzelmen, russisch besetzt. Bis jetzt zeigen sie sich von ihrer guten Seite. Zwar haben sie geplündert und so weiter, aber doch sich viel besser betragen, als die Nazipropaganda sie dargestellt hat. Sie sind jetzt hier mächtig auf Neuerungen aus, haben den Park in Ordnung gebracht, haben die Parteienbildung gestattet, Theater, Universitäten usw. geöffnet usw., aber ich glaube, damit wollen sie sich bloß erst mal beliebt machen, das dicke Ende soll noch kommen. Sonst ist es bis jetzt hier sehr erträglich, die Post geht auch wieder (wenn auch ohne Briefmarken, weswegen alle Briefe, Postkarten usw. am Schalter mit Aufschrift Deutsch – Privat abgegeben werden müssen). Nahrungsknappheit besteht auch nicht mehr in dem Maße wie im April. Hunger braucht man nicht zu leiden. – Jetzt hat ein Rumäne, ein Opernsänger namens George Stanescu-Schaumann, hier ein Orchester zusammengetrommelt, das wirklich ein Segen für Schönebeck ist. Die machen in einem Kino ihre Aufführungen. Gestern war ich in einem Konzert da, das wirklich sehr schön war: die unvollendete Sinfonie von Schubert u. die 7. von Beethoven; sehr gut gespielt und dirigiert. Die Ausführenden waren alle in irgendwelche Anzüge gekleidet, zwei hatten sogar bräunlich-graue Sportanzüge an.«

Der Abriß der Eintrittskarte ist eingeklebt. Das Papier ist nicht mattgelb, sondern rosa. Aufdruck:

Schönebecker Künstler-Gemeinschaft
Leitung: George Stanescu-Schaumann
Astoria
Donnerstag, 2. August, 19.30 Uhr
SINFONIE-KONZERT
Leitung: ERICH BÖHLKE
(Stadtstempel) II Platz 3,50 M

Format 63 × 65 mm, rechts und links auf die Ränder ist Perforatur vorgedruckt, also wird das Kärtchen vor den Abrissen doppelt oder zweieinhalb mal so breit gewesen sein, jedenfalls viel kleiner als ein Flugticket. Die Papierqualität ist die übliche, Satz, Druck und Raumaufteilung sind erträglich, aber keine Augenweide.

Am 17. August notierte ich den überraschenden Besuch von Peter v. K.: »Ich wußte gar nicht, was ich sagen sollte vor Freude. Er war von Kranichfeld aus nach Erfurt u. v. Erfurt aus hierher mit d. Bahn gefahren. Er sagte, es wäre ganz glatt gegangen, er u. seine Mutter hätten die ganze Fahrt über sitzen können!«

»Sonnabend, 1. September

Letzten Sonntag war das zweite Sinfoniekonzert. In der Kirche hier in Salzelmen! Trotzdem man ein bißchen hart u. ungemütlich saß, war es doch herrlich. Diesmal dirigierte ein Walter Müller. *Besser* als damals Erich Böhlke. Die Akustik ist in der Kirche wohl auch besser. Die Kapelle hatte sich im Altarraum aufgestellt. Dann betrat ein kleiner, unscheinbarer, schwarzhaariger Mann mit Brille die kleine Ausbuchtung beim Taufstein, und fing, als alles still war, an zu dirigieren. Herrlich! Zuerst: Sinfonie Es-Dur mit dem Paukenwirbel (Haydn), dann: Sinfonie c-moll op. 68 (Brahms). Der Brahms war wohl noch schöner als der Haydn, ganz großartig, mitreißend, u. vor allem herrlich dirigiert.«

Die nächste Eintragung – vom 23. November – berichtet von einem zweiten Besuch Peter v. K.s, vom Schulbeginn am 1. Oktober, von den überfüllten Zügen, von dem Ehepaar Kaysel und von Christian: daß er in Kriegsgefangenschaft in Frankreich sei. Es ist die letzte Notiz in sogenannter deutscher Schrift, auf der Nebenseite geht es in lateinischer weiter. Oben steht die Jahreszahl 1948, darunter ein Zitat aus »Die Elixiere des Teufels« von E. T. A. Hoffmann. Auf der folgenden Seite drei Zitate ohne Tages-, nur mit Jahresangabe. Dann unter dem 6. 3. 49 zweieinhalb Seiten lyrische Prosa, die nicht als Zitat gekennzeichnet ist. Ich bezweifle, daß ich sie verfaßt habe. Am 27. 3. 49 Hölderlins »Mit gelben Birnen…«. Am 1. 7. 51 acht Seiten Abschrift aus »Doktor Faustus« von Thomas Mann. Die Schrift ist allmählich immer runder und zugleich teigiger geworden; jetzt wirken die Rundungen unfreiwillig oder umgekehrt: gewollt, und der Schriftgrad unnatürlich groß. Auf den letzten acht Zeilen noch größer und in druckbuchstabenähnliche Einzelteile aufgelöst. Dieser Text lautet: »Warum muß es mir vorkommen, als ob fast alle, nein, alle Mittel und Konvenienzen der Kunst heute nur noch zur Parodie taugen? –«

Die Seiten sind mit meinem Schreibwerkzeug von 1945, einem Kopierstift, durchnumeriert. Das Dr.-Faustus-Zitat schließt auf Seite 34, der Rest, Seite 35 bis 76, ist leer. Drei Jahre lang schrieb ich nur fremde Texte auf und dann zwei Jahre lang, bis Herbst 53, überhaupt nichts – außer den Briefen, die meine Eltern drei- bis viermal im Monat von mir erwarteten.

3 Junker

Während ich Konzerte beschreibe, weiß ich nichts von dem Privatunterricht in Russisch, mit dem ich im Sommer 1945 angefangen habe. Umgekehrt ebenso. Es ist, als wäre der Russisch-Schüler nicht im Konzert gewesen und als hätte der Konzertbesucher die Privatlehrerin Luzie Sobolewski nicht gekannt und beide nicht meinen Freund Peter v. K.

Seine Mutter und er hatten sich also am Morgen des 17. August in einen Zug nach Erfurt gesetzt und in Erfurt in einen Anschlußzug nach Magdeburg über Salzelmen. Die beiden Züge waren nicht die mit Menschentrauben überhäuften, immer wieder auf freiem Felde verschnaufenden, ramponierten rollenden Baracken gewesen, die in den folgenden zwei Jahren üblich werden sollten, sondern ganz normale, nicht voll besetzte Züge. Laut Tagebuch wußte ich »gar nicht was ich sagen sollte vor Freude«. Am Ende steht beteuernd: »Ich habe mich sehr gefreut!« Ich glaube, daß ich nicht nur vor Freude nichts zu sagen wußte. Am 23. November wird die Enttäuschung wörtlich vermerkt: »Es war diesmal aber nicht so schön wie letztes Mal 43/44. Leider.«

Mit »diesmal« ist sein zweiter, auf den Monat Oktober beschränkter Besuch gemeint; danach waren seine Mutter und er nach Berlin zurückgezogen. Richtig zählend hätte ich also nicht »letztes«, sondern »vorletztes Mal 43/44« schreiben müssen. Ich zählte den August- und den Oktoberbesuch zu einer einzigen Enttäuschung zusammen.

Anfang 1944 hatte ich ihn in mein Tagebuch eingeführt mit den Worten: »Er ist sehr nett und ich glaube, wenn er ein Mädchen wäre, würde ich ihn heiraten.«

Zärtlichkeiten paßten nicht in unsere Erziehungsmilieus. Hätte er mich anders als burschikos berührt – etwa ganz kurz meinen Oberarm oder meine Hand gestreift –, so wäre ich bestürzt gewesen und hätte mich gewehrt. Aber das geschah nicht. Wenn wir zusammen unterwegs waren – Einkäufe für seine Tante oder meine Mutter –, spürte ich ein strömendes, entgleitendes, mit unseren gestischen und sprachlichen Mitteln nicht auszudrückendes Glück, eine erfüllte und doch unbefriedigte, daher immer wirksame und bewegende Sehnsucht. Er kam jeden Tag zu mir, dann war es noch hell, und einige Zeit später wechselten wir meistens zu ihm hinüber, in das Zimmer, das er bei Onkel und Tante hatte. Einmal – ein einziges Mal – balgten wir uns in seinem Zimmer. Sich balgen war unserem Kodex nicht fremd, trotzdem befremdete mich die plötzliche Körpernähe. Er verhielt sich defensiv und etwas täppisch, er setzte fast nur sein Gewicht und kaum seine Hände ein. Ich erkannte mich als den Aggressiveren und Schnelleren und hielt mich dann auch für den Stärkeren. Ich faßte ihm zwischen die Beine. Was ich da zu fassen bekam, wußte ich nicht genau, ich hatte auch weiter nichts beabsichtigt, als einen Ansatz zu finden, um ihn hochzuheben und herumzuwälzen. Vielleicht griff ich zu grob zu, so daß ihn die Hoden schmerzten. Er sagte: »Au, hör auf, du Schwein.« Ich ließ sofort los. Mir war, als hätte ich mit dem Griff zwischen seine Beine eine Kindermeinung bekräftigen wollen: daß Penis und Hoden gar nichts Besonderes seien. Ich schämte mich gleich für zweierlei: für meine lächerliche Ahnungslosigkeit und für meine unwillkürliche oder doch nicht ganz unwillkürliche Obszönität. Es kann sein, daß ich ihn erschrocken fragte, ob es weh getan habe. Wir standen auf und mußten uns eine Weile besinnen, bis wir wieder miteinander reden konnten.

In der »Täglichen Rundschau«, der in Berlin erscheinenden sowjetischen Zeitung für Deutsche, stand etwas über die Rolle, die die Junker im Hitlerfaschismus gespielt hätten, und über ihre wohlverdiente, kurz bevorstehende Entmachtung. Das tat mir weh, denn den Landadel verehrte ich. Ich hielt ihn für unkorrumpiert im Gegensatz zu den geschäftstüchtigen Verwandten meines Vaters; für den Gegentypus zu dem rohen, mal wehleidigen, mal auftrumpfenden Menschenschlag, den ich als den nazitypischen ansah. Peter v. K. hatte keine Gutshausidylle hinter sich. Sein Vater war, glaube ich, städtischer Beamter in Berlin gewesen; aber sein ebenmäßiges Gesicht mit den nachdenklichen Augen, dem festen Kinn und der einfachen Nase verkörperte das, was ich vom Adel wissen und lieben wollte.

Ich hatte dem meisten, was in der »Täglichen Rundschau« stand, zugestimmt, die Freude über die Befreiung von den Nazis überwog noch alles, was vorging, sie blieb lange Zeit der Maßstab, nach dem ich relativierte. Die Sache mit den Junkern war eine der ersten, wohl die erste überhaupt, die mir an der neuen Politik mißfiel. Ein anderer, in demselben Artikel verübter Schönheitsfehler war das ähnlich lautende Negativurteil über die Kirchen wegen ihres riesigen Landbesitzes. Der Artikel war ein Beitrag zur propagandistischen Vorbereitung der Bodenreform; diese selbst wurde noch Anfang September 1945 proklamiert und machte mehrere hunderttausend Vertriebene aus den verlorenen Ostgebieten und einheimische Landarbeiter und landarme Bauern zu Kleinbauern. Die adligen, nichtadligen und geistlichen Gutsbesitzer wurden ihrerseits vertrieben.

Diesen Zweck ahnte ich im Sommer noch nicht, er hätte mir auch nicht gefallen. Ich besuchte Peter bei seinen Verwandten. Sein eigenes Zimmer hatte er nicht mehr. Seine Tante oder seine Mutter oder beide, er und ich nahmen im Wohnzimmer Platz, und ich ließ mich sofort über die Ungerechtigkeit gegen den Landadel aus. Das Wort »Junker« vermied ich. Es klang herabsetzend und war mir in der Bedeutung, die die Zeitung ihm gab, auch nicht geläufig. Bei den Nazis hatte ich nur von »Fahnenjunkern« gehört – eine Dienstgradbezeichnung für Offiziersanwärter.

Ich erfuhr eine befremdend karge Resonanz; mir ist, als hätte ich das Zehnminutengespräch über die Junker fast allein geführt. Vielleicht drückte ich mich nicht zweckmäßig aus: Gleich zu Anfang kam mir nämlich der Verdacht, daß Peter vermuten werde, ich wolle mich bei seinesgleichen und ihm selbst einschmeicheln. Diese Absicht war mir eben noch unbekannt gewesen – jetzt ging ich mit dem Verdacht so um, als ob ich ihn selber nährte und gezwungen sei, ihn zu verheimlichen. Es kann sich wie eine Selbstentlarvung angehört haben, wie die verspätete und verblüffende Ergänzung meines Charakterbildes, an dem Peter bis dahin nichts vermißt und bezweifelt zu haben schien.

Den Landadel bedauerte ich einige Jahre lang weiter. Manchmal bekam ich mit Menschen vollgestopfte Herrenhäuser zu sehen, Bauwerke von edler Einfachheit mit rundum herauswehender Bettwäsche. Dann taten mir die Häuser leid, und ich wünschte die Leute weg, die nicht hineingehörten. Neubauern waren mir gleichgültig. Wenn ich einen wahrnahm, und er sprach nicht den bodenständigen Dialekt, traute ich ihm keine Fachkenntnis zu. Beim Zeitunglesen stellte ich sie mir alle wie ehemalige Schneider, entlassene Bürokraten oder ausgesungene Schlagersänger vor.

4 Russisch

Im Juli fragte mich ein kleiner Stämmiger, der zwei Jahre jünger war als ich, übrigens auch ein Flüchtling aus Berlin, ob ich nicht Lust hätte mitzukommen. Wohin? Russisch lernen. Ich hatte nichts Besseres vor, fragte aber erst mal nach dem Preis. Zwei Mark pro Stunde. Das war nicht viel. Eigentlich hätte ich genug eigenes Geld haben müssen; ich muß mit Taschengeld versorgt gewesen sein, und in den letzten Kriegsjahren hatte ich zu Geburtstag und Weihnachten fast nur Geld geschenkt bekommen. Vielleicht hatte ich keins mehr, weil inzwischen die Amerikaner und am Tage ihres Auszugs, nicht zu vergessen, plündernde Nachbarn in unserem Haus gewesen waren.

Ich fragte meine Eltern, unüblicherweise nicht nur meine Mutter, sondern beide, beim Mittagessen, sie stimmten zu und gaben mir zwei Mark, und um 16 Uhr gingen der Stämmige und ich zu Luzie Sobolewski. Es war ein kurzer Weg um drei Felder herum. Ein geräumiges, graues Untermieterzimmer mit einem hohen, weißen Kachelofen und einem großen Eßtisch, der auch der Arbeitstisch war. Luzie Sobolewski war hellblond, rundgesichtig, groß, nicht dick aber füllig, etwa 25 Jahre alt. Sie sprach mit einem slawischen Akzent, aber fehlerlos Deutsch.

Sie saß am Tisch, mit dem Rücken zur Tür, und unterrichtete eine Person, die links von ihr saß und jünger als ich und klein war. Es gab eine Begrüßung mitten im Satz und kaum eine Unterbrechung. Der Stämmige setzte sich Luzie Sobolewski gegenüber, ich bekam das Sofa zugewiesen. Eine einmalige Gruppierung, denn auf dem Sofa habe ich nie wieder gesessen, und die kleine Person habe ich nie wiedergesehen, sondern vom nächsten oder übernächsten Mal an ihren Platz eingenommen; auch der Stämmige blieb bald weg, sie wurden auf andere Zeiten bestellt.

Auf dem Tisch lag ein sehr weit vorn aufgeschlagenes Lehrbuch. Kleingedruckte Erläuterungen wechselten sich ab mit eingerahmten großgedruckten Wörtern, die kurz waren und keine fremden Buchstaben enthielten. Zum Beispiel das Wort KOT = Kater; vielleicht stand auch ein gezeichneter Kater daneben.

Ich war erwartungslos gekommen, es war ein beliebiger Aufenthalt auf einem Müßiggang, der schon einige Monate dauerte. Auf dem Sofa, manchmal etwas in mein Heft schreibend, blieb ich weiter müßig. Das Lernvorhaben war wie ein Brettspiel für vier Personen. Die Schwerfälligkeit der beiden Kleineren produzierte unaufhörlich Spielerpech und verschaffte mir Vorsprünge, die ich zu nichts nutzen konnte: Das Unglück der einen hält die anderen nur auf und langweilt sie schließlich. Später löste ich zu Hause ein paar kinderleichte Aufgaben, nicht viel später beherrschte ich Druckbuchstaben und Schreibschrift. Ich ging nicht nur einmal in der Woche zu Luzie Sobolewski, sondern zwei- bis dreimal.

Jedesmal bisher, wenn ich sie erwähne, setze ich ihren langen Namen ein. Vor ihr selbst vermied ich jede mögliche Anrede, ich bin sicher, daß ich ein Dreivierteljahr lang nur »Sie« zu ihr gesagt habe. Für »Frau« fand ich sie zu jung und für »Fräulein« zu üppig, »Luzie« wagte ich sie nicht zu nennen, ich erwog das nicht einmal. Wenn meine Mutter mich fragte, wo ich hinginge, skandierte ich unbehaglich »zu Luzie Sobolewski« oder sagte bequemerweise »Russich lernen«. Meiner Mutter spürte ich einen schwachen, aber steten Widerstand an. Er trat in einer kaum nachweisbaren ironischen Mimik zutage. Gegen meine Beschäftigung mit der Sprache der Besatzungsmacht hatte sie nichts; nicht einmal mein Vater hatte etwas dagegen. Ihr Widerstand richtete sich gegen die

Person, zu der ich so oft und mit solchem Eifer abtauchte wie ehemals zu einem Spielkameraden. Eines Tages lernte sie sie in Fiedlers Lebensmittelladen kennen. Sie schilderte diese Begegnung wie einen Überfall, mit Ausdrücken wie »überströmend, kam gar nicht mehr los von ihr, doch etwas übertrieben aufgemacht, sogar die Fingernägel, kam auf alles mögliche zu sprechen, aber immer wieder, daß du ihr bester Schüler wärst, so schnell, darum hätte es auch keinen Zweck, dich mit den anderen zusammen zu unterrichten, sagt sie, sie hat dich förmlich mit Lob überschüttet«. Es war das erstemal, daß ich mich, meiner Mutter zuhörend, von ihr distanzierte. Gegen »überströmend« setzte ich »harmos, freundlich, gefühlvoll«, gegen »übertrieben« und »Fingernägel« einen Begriff so ähnlich wie »prächtig« – alles nicht in Worten, sondern in Vorstellungsaugenblicken. Das Parfum, das meine Mutter nicht mit aufgezählt hatte, roch ich gern. Die Atmosphäre des Zimmers, wo ich Russisch lernte, war frei von Bosheit und reich an Wohlwollen, Zartheit, Respekt und Arbeitslust, sie enthielt auch tapfer verschwiegenen Kummer – um Luzies nur als Fotoporträt anwesenden Verlobten und um anderes, das ich nicht wußte. Ihren Verlobten hatte sie mir schon frühzeitig vorgestellt; eine sorgsamere Handlung als das bloße Zeigen eines Fotos. Es stand zwischen Sofa und Fenster auf einem Schränkchen, postkartengroß, in einem Rahmen hinter Glas. Ein bebrilltes Intellektuellengesicht, das ebenso entschieden hager war wie Luzies Gesicht rund. Er trug deutsche Heeresuniform und schien Unteroffizier oder Feldwebel zu sein. »Er weiß viel, er beherrscht zwölf Sprachen«, sagte sie mit etwas gedämpfter Stimme; »ich nur sechs oder fünfeinhalb.« Sie zählte die zwölf und die sechs Sprachen auf, wobei das Foto kritisch zuzuhören schien. Um die Aufzählung hatte ich sie gebeten, sonst regierte mich eine Scheu vor Neugier, und zwar so streng, daß ich die Neugier fast gar nicht spürte. Solange die Gelegenheit da war, sie zu stillen, spürte ich ein ungezieltes Bedauern. Nach dem Verfehlen der Gelegenheit schmerzte mich die Neugier wieder, und ich vergaß sie.

Von Luzie erfuhr ich nebenbei noch ihre Nationalität. Ich fragte sie, welche von den sechs Sprachen ihr die liebste sei, und sie sagte: »Polnisch – meine Muttersprache.« Mehr fragte ich sie nicht, obwohl oder eben weil ich tiefere Schwierigkeiten ahnte. Heute weiß man, daß es unter dem deutschen Besatzungsregime 1939-45 einer Polin unmöglich war, sich mit einem deutschen Soldaten zu verloben, außer sie gab sich selbst als Deutsche oder Beinahe-Deutsche aus, indem sie einen Mindestprozentsatz an deutschen Vorfahren nachwies. Nach einer solchen, wie auch immer gemeinten oder erzwungenen Option hätte sie aber im Sommer 45, unter dem sowjetischen Besatzungsregime in Deutschland, Repressalien befürchten müssen. Sie befürchtete offensichtlich nichts, das Foto stellte jeden Tag jedem Besucher die deutsche Uniform zur Schau. Das Zimmer war kein Versteck, und mit dem Stundengeben fristete sie keine illegale Existenz: sie war bei der sowjetischen Stadtkommandantur als Dolmetscherin angestellt. Das erfuhr ich von meiner Mutter; dieser Broterwerb gehörte zu den Details, die ihr nicht gefielen. Ich nahm zur Kenntnis, daß ihr an Luzie Sobolewski so gut wie nichts gefiel. Die Vermutung liegt nahe, meine Mutter habe sich vorgestellt, daß meine Lehrerin mich nicht nur in Russisch und nicht nur am Tisch unterrichten wolle. Mir lag diese Vermutung ebenso fern wie die erotische Vorstellung selbst. Vielleicht hat meine Mutter an jedem Unterrichtsnachmittag um meine Kindlichkeit gebangt, aber sie sagte nichts Deutliches und behinderte mich nicht.

Die Behinderung drohte von ganz anderer Seite: Die Justizkasse in Naumburg strich meinem Vater seine Pensionsbezüge, weil er Mitglied der NSDAP gewesen war; sie beließ ihm nur eine Minimalrente von neunzig Mark. Es empfahl sich der Satz »Das ist ja ein Schlag ins Kontor«; ich glaube, Eva sagte ihn. Wir strichen unsererseits alle überflüssigen Ausgaben, darunter auch meine zwei Mark für Russisch. Es tat mir wunderlicherweise nicht einmal sehr leid darum. Ich sagte meiner Lehrerin Bescheid, und sie antwortete: »Dann machen wir ohne Geld weiter. Es macht mir Spaß, die zwei Mark brauche ich gar nicht.«

Zu den Stilmitteln unserer Familie gehörte die chaplineske höfliche Abwehr. Bei ihrer Zelebrierung war ich munter und redegewandt anstatt, wie sonst, unentschieden und wortkarg. »Willst du? Oder willst du nicht?« Ich hörte erleichtert auf und sagte ja.

Ich lernte eine russische Übersetzung von »Über allen Wipfeln ist Ruh« auswendig (Gornyje wjerschiny spjat wo tmje notschnoi...). Ich lernte sogar Lieder, zum Beispiel »Katjuscha« (Raswietschali jabloki i gruschy...). Wie ich das gemacht habe, finde ich nicht mehr heraus. Es muß mir unmöglich gewesen sein. Ich sang nicht viel als Halbwüchsiger. Wenn jemand zuhörte oder mitsingen wollte, hörte ich sofort auf. Aber ich habe meine Lehrerin keinesfalls allein singen lassen, sonst hätten sich mir weder Text noch Melodie eingeprägt. Die erste Strophe kann ich noch auswendig. Entweder hat Frau Sobolewsky das Wunder gewirkt, daß ich mitsang, oder deutlich gemacht, daß sie sich ärgerte. Beides ist unwahrscheinlich. Ich erinnere mich an keinen von mir gesungenen Ton und an kein unfreundliches Wort von ihr.

Einmal griff sie nach meinem Heft und sagte: »Aber dahsist schrecklich! Warum hahsdu dahsgemacht?« – Ich hatte in einer Denkpause während meiner Hausarbeiten auf den Rand neben dem Geschriebenen einen Galgen und einen vom Winde bewegten Gehenkten gezeichnet. »Hahsdu so was schon gesähen?« – »Nö.« – »Bihsdu traurig? Dänkst du an den Tod?« – »Nö, eigentlich nicht.«

Ich begann Geschichten auf russisch zu schreiben. Alles spielte in exotischer Ferne, aber niemals in russischem Sprachgebiet. Die Russen waren uns zu nahe gerückt mit pedantischen Vorschriften und mit unverständlichen Maßnahmen, und die Sowjetunion hatte für mich sowieso keinen Reiz, da sie nicht in den Tropen liegt. Ich besinne mich noch auf den Schauplatz Quito in Ecuador. Was ich dort stattfinden ließ, hatte Abenteueratmosphäre, aber kaum Handlung und keinen Abschluß. Frau Sobolewski entschuldigte sich beim Lesen dafür, daß sie lachen müsse, es sei sehr drollig. Einen Teil unserer Gespräche, der schnell zunahm, führten wir auf russisch; wenn ich etwas nicht verstand, bat ich auf russisch um Erläuterung. Die Schwierigkeiten dieser Sprache spürte ich kaum, sie gehen einem wohl erst auf einer höheren, von mir nicht erreichten Lernstufe auf. Zu Weihnachten schenkte sie mir ein Buch mit einer mehrzeiligen Widmung. Es hatte schon jemand anderem gehört. Neue Bücher gab es Ende 1945 noch nicht, höchstens Broschüren über aktuelle Themen. Es war die Schilderung einer Forschungsreise nach Sierra Leone, mit Fotoseiten. Sicher stammte es aus der Nazizeit, aber weil die vertrauenswürdige Frau Sobolewski es mir ausgesucht hatte, prüfte ich es nur obenhin auf Nazikonterbande, fand keine und las es mit Eifer und Sympathie.

Kurz nach Weihnachten brachte meine Mutter aus Fiedlers Laden die Nachricht mit, Fräulein Sobolewski habe Tbc. Das sei nun doch zu gefährlich. Man müsse untersuchen lassen, ob ich mich schon angesteckt hätte. Ich setzte durch, daß ich sie wenigstens noch einmal besuchen durfte.

Bei dieser Gelegenheit sah ich zum erstenmal ihre Wirtsleute. Es scheint jetzt so, als hätte es all die Monate hindurch einen anderen Zugang zu Luzie Sobolewskis Zimmer gegeben und als sei er plötzlich versperrt, so daß ich durch die Wohnküche mußte. Dort saßen drei Erwachsene: der Wohnungsinhaber, der Maurer war, seine Frau und eine ältere Frau – seine oder ihre Mutter. Es fand ein viel zu langes Gespräch statt, zu dem ich nur Gemurmel beitrug und das denn doch kaum länger war als der Satz »Na, geh man durch«. Meine Lehrerin lag auf einer Couch neben dem Ofen, die ich erst jetzt bemerkte; das Sofa war es nicht. Bettzeug war nicht zu sehen, nur eine Wolldecke. Ihre Wangen waren in runden Grenzen rot, das übrige Gesicht blaß und etwas verschwitzt. Sie streckte mir die Hand entgegen: »Du brauchst keine Angst zu haben, es ist nicht ansteckend.«

Ihre Hand drückte ich, dann zog ich mich auf den zwei Meter entfernten Stuhl zurück, auf dem sie saß, wenn wir Russisch trieben. Ich sah sie erwartungsvoll an und merkte bald, was ich erwartet hatte: daß sie aufspringen, lachen und sagen werde, es sei alles nur Spaß. Sie beobachtete mich ernst und monologisierte: »Das kam plötzlich, ich weiß nicht wie. Ich habe jeden Abend Fieber, aber es ist nicht ansteckend, du brauchst keine Angst zu haben. Es ist alles so banal... Ich schaue zu dieser kalten Pracht empor« (sie zeigte auf den bis zur Decke reichenden weißen Kachelofen hinter ihr) »den ganzen Tag, bis der Schlaf kommt. Die Leute bringen mir Essen und kochen mir Brombeertee, sie sind gute Leute, aber fremd, so fremd...« Sie ließ den Arm wieder sinken und betrachtete mich mit halbgeschlossenen Augen. So animalisch hatte ich sie noch nie sich bewegen sehen.

An Unterricht war nicht zu denken. Ich ging bald.

5 Anwendung der russischen Sprache

Die Straße nach Eggersdorf war abgesperrt. Eine ältliche Frau kam angeradelt bis dicht vor die Stiefel der drei Kontrolleure und sprudelte unverzüglich Wortzusammenhänge in einer slawischen Sprache hervor, die ich wegen der Geschwindigkeit nicht als Russisch erkennen konnte. Das erste Gebilde war eine Frage, das zweite eine Aufforderung, das dritte eine Bitte, das vierte klang wie ein etwas wehleidiger Kommentar. Ein Sowjetarmist antwortete jedesmal sofort und kürzer und lachte zwischendurch, aber nicht höhnisch, sondern wie einer, der den Ärger über das Unbegreifliche kennt und hinter sich hat. »Ich muß doch aber durch«, sagte die Frau in Schönebecker Dialekt, »die denken wunder was mir passiert ist... *muß* man ja denken heutzutage.« Dann kehrte sie um, und ich war nicht neugierig darauf gewesen, woher sie so gut Russisch konnte.

Vier Monate vorher, Anfang April, hatten am Rande dieser Straßenpartie deutsche Landser im welken Gras gelegen und meinen Spielkameraden Günter Willrich und mich gefragt: »Haben wir noch die Lufthoheit?« Und hundert Meter weiter in Richtung Eggersdorf, im Schrebergarten von Günter Willrichs Eltern, hatten drei Angehörige der deutschen Wehrmacht gesessen und uns zu bekennen gewagt, daß sie beim Desertieren waren. Hoffentlich sind sie gut nach Hause gekommen. Ich überlegte mir einen Satz in russischer Sprache; ich stellte den drei Wachhabenden die unzweckmäßige Frage, woher sie kämen. Dabei sah ich alle drei nacheinander an, aber jeden so kurz, daß keiner sich für gemeint halten konnte. Es antwortete nur der, der vorhin die Radlerin angelacht hatte. Er bewarf mich mit einem halben Dutzend kurzer Gegenfragen und jeweils anschließenden, nicht so kurzen Lachern. Zum Abschluß lachte er am lautesten und längsten. Die anderen Kinder und Halbwüchsigen lachten zu meiner Erleichterung nicht mit. Wahrscheinlich bemerkten sie nicht den Spott, sondern nur, daß ich eine ausführliche unverständliche Antwort hervorgerufen hatte.

Was dann geschah, hat eine unglaubwürdige, aber notwendige Voraussetzung: Es sorgte nur noch ein Soldat für die Absperrung der Straße, und zwar der jüngste und schweigsamste. Die anderen beiden sehe ich mit ihren Maschinenpistolen im Gras sitzen, und auf einmal sind sie auch dort nicht mehr. Er ist allein mit uns. Ein Junge, der etwas kleiner war als ich, stieg auf sein Rad und begann kleine Kreise zu fahren. Er verschob seine Strecke mit jeder Umrundung eine oder zwei Handbreit nach rechts, näherte sich also in Spiralen dem Wachtposten und fuhr ihm langsam über die Stiefelspitze, einmal, zweimal, dreimal. Der Sodat schwieg und ließ seinen Fuß stehen, wo er stand. Er zog einen Besatzungsgeldschein hervor, hielt ihn in Augenhöhe und betrachtete ihn mit schrägem, etwas verkniffenem Blick. Das Besatzungsgeld wurde in den USA gedruckt. Es war nicht unseren Reichsmarkscheinen nachgebildet, sondern sah so aus und fühlte sich so an, wie wir inzwischen gelernt hatten, uns amerikanische Produkte vorzustellen. Die kleinste Werteinheit war ein Fünfzigpfennigschein. Der Soldat hielt einen Fünfmarkschein in der Hand.

»Dai mnje!« sagte ich. Ich wiederholte das zweimal, dringlich, eindringlich, dann hatte ich den Geldschein. Sein Gesicht sah bekümmert und schwach lächelnd aus. Er schaute mich nicht an, sondern an mir vorbei nach unten. Ich steckte das Geld weg, die Kinder staunten mich an. Der Soldat hatte meistens unsere Blicke vermieden und den Horizont abgesucht. Ich sehe ihn nur noch im Profil. Danach kommt nichts mehr. Ich werde nach Hause gegangen sein. Den Impuls, mich von dem Geld wieder zu befreien, hatte ich nicht befolgt.

6 Mattusch. Musik

Mein Vater soll eines Tages in die Polizeizentrale in Schönebeck bestellt worden sein; es kann auch »vorgeladen« geheißen haben. Meine Mutter erzählte, er habe beim Weggehen ein Gesicht gemacht, als rechne er damit, daß er das alles nie mehr wiedersehen werde.

Eines Abends klingelten einige Männer an der Haustür und forderten ihn auf, sich zum Arbeitseinsatz fertig zu machen. Das muß nach dem Gang zur Polizei gewesen sein, denn sonst hätte er nicht gewußt, daß er nur sein Alter geltend zu machen brauchte: zweiundsiebzig. Die bloße Angabe reichte ihnen nicht, er mußte seinen Ausweis holen. Sie machten ihm das unzufrieden klingende Kompliment, daß er sich gut erhalten habe, und gingen wieder.

»Es muß als gesichert angesehen werden«: mit diesem Halbsatz leitet man Behauptungen ein, die sich wie Tatsachenmitteilungen lesen sollen, die man aber nicht beweisen kann. Es muß als gesichert angesehen werden, daß Leute, die zur Polizei bestellt oder von Polizisten oder Sowjetarmisten abgeholt wurden, nie wiederkamen. Nicht nur Nazis, Kriegsverbrecher und Saboteure, sondern auch Leute, deren Harmlosigkeit offensichtlich zu sein schien. Genaues erfuhren wir nicht, und nachträglich differenzieren kann ich nicht.

Für das Verschwinden von Leuten fanden wir mangels anderer Erklärungen bald diejenige, daß sie jemandem, der das Vertrauen der Besatzungsmacht besitze, hinderlich gewesen seien. Von einem gewissen Mattusch wurde das behauptet. Er sah aus wie ein Finsterling aus einem Märchenbilderbuch. Es muß ihm schwergefallen sein, irgend jemandes Vertrauen zu erringen, aber er schaffte einiges. In den letzten Nazijahren war er Leiter des Wohnungsamtes gewesen, kurze Zeit nach der Kapitulation war er es schon wieder. Vor- und nachher hat er je einmal unser Haus betreten, um Wohnraum zu beschlagnahmen; das erste Mal mit dem Parteiabzeichen der NSDAP in der goldgeränderten Ausführung für »Alte Kämpfer« und mit zweiköpfigem Gefolge, das zweitemal mit einer kleineren Anstecknadel (ein Parteiabzeichen war es noch nicht) und mit mehr Bescheidenheit, mit einer gedämpften, unaufdringlichen Tatkraft. Diese an einen Hoteldiener erinnernde Ausdrucksdosierung hielt er nicht um unseretwillen ein, uns beachtete er gar nicht, sondern gegenüber den Personen, die er herumgeleitete. Es waren drei, ein Offizier und ein Soldat der Sowjetarmee und ein Uniformierter von mittlerem Dienstgrad, der dolmetschen konnte. Mattusch blieb in der Mitte jedes Zimmers stehen und erläuterte seinen Einrichtungsplan. Statt Betten sagte er »Krawatten« (russisch: krowatj). Der Soldat marschierte gleichmütig mit, der Dolmetscher vermittelte längere Zeit nur zwischen Mattusch und dem Offizier. Dieser wandte sich manchmal ab und musterte uns. Das Entsetzen, das meiner Mutter anzusehen war, schien ihn zu rühren, er sagte halblaut etwas kultiviert Klingendes und bot uns Papirossy an. Damals rauchte keiner von uns außer Eva; sie war nicht dabei. Dem Dolmetscher teilte er kurze Einwände mit, der gab sie an Mattusch weiter, und wir hofften wieder. Aber Mattusch versprach, und zwar nie ungebührlich schnell oder laut, sofort den Mangel zu beheben und das Hindernis zu beseitigen. Uns redete nicht er, sondern der Dolmetscher an: wir bekämen Bescheid und sollten uns darauf einrichten. Meine Mutter rief: »Wo sollen wir denn hin?!« Als der Besuch weg war, ging es mit ihr durch: »Ich renne weg, irgendwohin, ganz egal, ich kann nicht mehr...« An der Gartentür konnten wir sie einholen, beschwichtigen, zum Umkehren bewegen. Dann verging ein Tag nach dem anderen ohne Bescheid, und wir verloren die Angst vor der Ausquartierung. Schon Anfang Juli, als die Gegend sowjetisch besetzt worden war, hatte meine Mutter Notlager vorbereitet – auf dem Boden in einem langen, niedrigen Zwickel unter dem schrägen Dach. Dort sollten Eva und ich uns beim Herannahen von Russen verstecken. Warum sie auch mich für gefährdet hielt, weiß ich nicht mehr. Die Russen kamen nicht, alles mögliche blieb uns erspart, nur etwas Wohnraum mußten wir abgeben. Bis Herbst 1945 hatten wir noch die Westflüchtlinge zu Gast, an die wir gewöhnt waren: meine Tante Mieze und ihre Haushälterin Änne aus Münster und Frau Pfeffer und Frau Alfring aus Mönchengladbach. Sie reisten alle vier zusammen ab und versuchten, die gefährliche Grenze in Richtung Westdeutschland zu übertreten. Der gehbehinderten Frau Pfeffer mißlang das, oder der Mut verließ sie; von der Geschichte gibt es zwei Versionen, ihre eigene und eine bald danach von Tante Mieze aus Münster brieflich mitgeteilte. Nach zwei Tagen, an einem Sonntagnachmittag, traf sie wieder ein, nahm zwischen uns Platz und langweilte uns mit ihrem langen Bericht. Dann setzten wir die Hausmusik fort: Herr Kaysel sang, meine Mutter begleitete ihn am Klavier, Frau Kaysel, mein Vater, Eva, ich und heute auch Frau Pfeffer, die wir nicht gern dabei hatten, der wir aber Kaysels Bekanntschaft verdankten, waren Publikum.

Aus der Tagebucheintragung vom 23. 11.: »Am Sonntag und an vielen Wochentagen kommen jetzt oft Kaysels zu uns, ein reizendes Ehepaar aus Mönchengladbach. Er war Lehrer am Konservatorium ebenda, daneben selbst Sänger und auch Komponist. Vor noch wenigen Wochen (jetzt nicht mehr in dem ungeheizten Zimmer) sang er uns aus seinen Kompositionen vor. Früher begleitete ihn Tante Mieze, seit sie wieder weg ist, er selbst. Er hat einen wunderbaren Stil, der an Hugo Wolf erinnern soll (H. W. kenne ich so wenig, daß ich darüber nichts sagen kann). Seine Begleitungen sind, ohne die Lieder, auch schon als selbständige Musikstücke zu denken. – Besonders gut gefielen mir, beziehungsweise beeindruckten mich ›Golgatha‹ (Gottfr. Keller) u. ›Wiegenlied‹ (Fr. Hebbel). Ganz großartig! – Heute kam eine herrliche Nachricht: Christian lebt, er ist in einem am. Lager in Frankreich. Hoffentlich geht es ihm gut! Es scheint ja so, denn gestern kam der Vater des besten Freundes v. Ch. mit einem Brief von seinem Sohn, der die ganze Zeit m. Chr. zusammengewesen war (v. d. Schule bis zur Gefangenschaft) u. sehr zufr. schrieb. Er hat Nummer eine Million usw. – 17, Ch. – 16. Hoffentlich kommt v. Ch. auch noch ein Brief! Der Brief von Klaus (›Micki‹) Helke war vom 9., der v. Ch. vom 13. Mai 1945.«

Die Unklarheit, daß die erste Nachricht über Christian von seinem Freund zu stammen scheint und daß andererseits auch ein von ihm selbst geschriebener Brief da war, kann ich nicht mehr aufhellen. »Reizend, wunderbar, ganz großartig, herrlich« sind Übertreibungsmittel aus unserem Familienjargon, genauer: aus dem Jargon der Familie meiner Mutter, den Eva und ich und mit Vorbehalten auch Christian uns zu eigen machten. »Rührend« gehört noch dazu. Mein Vater und seine Verwandtschaft übertrieben auch, aber anders: »Riesig gefreut, kolossal gut gegessen«. Diese Ausdrücke übernahmen meine Geschwister und ich nicht. In beiden Familienhälften war es Sitte, sich, wenn es darauf ankam, etwas zu stark auszudrücken. Darauf kam es an, sobald etwas Positives gesagt werden mußte, das die Privatsphäre berührte – Familie, Familienfreunde, der Familie ergebenes Personal, auch den vor einigen Jahren gestorbenen Dackel Kai. In der Familie meiner Mutter gehörte auch Musik zur Privatsphäre; in der meines Vaters hatte man Respekt vor guter Musik, aber kein Unterscheidungsvermögen. Mein Vater war unmusikalisch, und seine manchmal durch Sentimentalität gekräuselte Gleichgültigkeit gegenüber der Musik finde ich bei mir wieder. Im Gegensatz zu ihm kann ich falsche Töne von richtigen unterscheiden. In scheinbarem Gegensatz zu dieser Feststellung stehen die falschen Töne in dem obenstehenden Tagebuchzitat. Ich wollte die Musik ebenso tief genießen wie meine Mutter und anscheinend auch Eva (der ich nicht ganz traute), aber nach einigen Atemzügen irrte ich ab und hörte nicht mehr zu. Das gestand ich mir nicht ein, ich sah davon ab, wie von einem schon überwundenen Übel; denn ich nahm mir immer wieder vor, nun aber schleunigst heimlich Musik verstehen zu lernen. Ich litt daran; auch von dem Daranleiden wollte ich nichts wissen. Noch jahrelang wagte ich nicht, meiner Mutter oder Eva den peinlichen Defekt zu offenbaren.

Das Sichanpassen trennte Innen und Außen, Wahr und Vermeintlich. Meine Freude darüber, daß Christian lebte, war aufrichtig. Aber ich fühlte mich nicht ganz von ihr ergriffen, forschte ihr nach, suchte etwas hinter ihr und fand: abirrende Gedanken; fast nichts; mich selbst nicht. Erschreckt den Schreck vergessend, nahm ich den Kopierstiftstummel und kritzelte »herrlich« hin.

7 Kraut und Rüben

Zwischen der Tagebuchseite 20 vom 23. November 1945 und der erst 1948 mit veränderter Schrift beschriebenen Seite 21 liegt ein halbes Blatt aus einem Buch, anscheinend einem Schullesebuch. Auf der einen Seite steht ein vollständiger, auf der anderen ein mit Versen beginnender unvollständiger Text.

Erste Seite:

»Deutsche Größe
Aus einem Gedichtentwurf

Darf der Deutsche in diesem Augenblicke, wo er ruhmlos aus seinem tränenvollen Kriege geht, wo zwei übermütige Völker ihren Fuß auf seinen Nacken setzen und der Sieger sein Geschick bestimmt – darf er sich fühlen? darf er sich seines Namens rühmen und freuen? darf er sein Haupt erheben und mit Selbstgefühl auftreten in der Völker Reihe?

Ja, er darf's! Er geht unglücklich aus dem Kampf, aber das, was seinen Wert ausmacht, hat er nicht verloren. Deutsches Reich und deutsche Nation sind zweierlei Dinge. Die Majestät des Deutschen ruhte nie auf dem Haupt seiner Fürsten. Abgesondert von dem politischen, hat der Deutsche sich einen eigenen Wert gegründet, und wenn auch das Imperium unterginge, so bliebe die deutsche Würde unangefochten.

Sie ist eine sittliche Größe, sie wohnt in der Kultur und im Charakter der Nation, der von ihren politischen Schicksalen unabhängig ist. –«

Zweite Seite:

»der die ganze Welt bestach.
Höhern Sieg hat der errungen,
der der Wahrheit Blitz geschwungen,
der die Geister selbst befreit;
Freiheit der Vernunft erfechten
heißt für alle Völker rechten,
gilt für alle ew'ge Zeit.

Nicht aus dem Schoß der Verderbnis, nicht am feilen Hof der Könige schöpfte sich der Deutsche eine trostlose Philosophie des Eigennutzes, einen traurigen Materialismus, nicht da, wo die Meinung Tugend präget, wo der Witz die Wahrheit wäget. Nicht Redner sind seine Weisen. – Darum blieb ihm das Heilige heilig.

Ew'ge Schmach dem deutschen Sohne,
der die angebor'ne Krone
seines Menschenadels schmäht,
der sich beugt vor fremden Götzen,
der des Briten toten Schätzen,
huldigt und des Franken Glanz.«

Die Texte sind aus Fraktur gesetzt, das Papier ist holzhaltig und vergilbt. Das Buch, aus dem es herausgerissen ist, muß im Krieg erschienen sein, und zwar vor 1943, denn danach wurde im Deutschen Reich die Frakturschrift nicht mehr angewandt. Ein so frühes Erscheinungsdatum ist allerdings unglaublich: 1942 glaubte man noch an den Sieg, und kein Schulbuchmacher hätte der Jugend etwas zu lesen gegeben, das an verlorene Kriege erinnert und auf eine Zeit der Unterlegenheit einstimmt. Egal, wann die Texte verfaßt sind, ob zwischen 1806 und 1813 oder nach 1918; Im 2. Weltkrieg schwächten sie den Siegeswillen, indem sie die Niederlage als überlebbar, das Weiterleben als ehrbar darstellten. Eine Schwächung des Siegeswillens konnte man sich, wenn man nicht hingerichtet werden wollte, bis zum allerletzten Kriegstag nicht leisten. Ein Herausgabetermin vor dem 8. Mai 1945 ist also nahezu unmöglich, ein solcher danach erst recht: Fraktur war jetzt verpönt, und Eigenlob auf Kosten der Besatzungsmächte verfiel der Zensur; in den ersten Nachkriegsjahren nahmen alle vier es sehr genau damit. Später, etwa ab 1950, konnte eine pommersche, ostpreußische oder schlesische Landsmannschaft solche Texte wieder drucken, auch in Fraktur, aber ich weiß genau, daß ich 1950 keinen Bedarf mehr daran hatte. Der Ausriß liegt zwischen Eintragungen von 1945 und 1948; ich glaube, daß ich ihn schon 1946 nicht mehr hätte aufbewahren wollen.

Seit dem 1. Oktober 1945 fuhr ich wieder nach Magdeburg zur Schule, und zwar in Zugabteilen und meistens auf einem Sitzplatz. Gelegentlich musterte ich dann die anderen Fahrgäste und war stolz auf sie, wenn sie gutgeschnittene, charaktervolle, intelligente Gesichter hatten. Ich stellte mir Besatzungssoldaten dazu vor und sah sie beim Anblick dieser guten deutschen Gesichter betroffen und nachdenklich werden. Im Winter brach der Zugverkehr nicht gänzlich, aber jeden Tag beinahe zusammen; meine Eltern meldeten mich für die Zeit bis zum Frühjahr von der Schule ab. Danach waren die Morgenzüge überfüllt, ich benutzte sie monatelang nur auf Puffern oder Trittbrettern. Mein morgendlicher Zeitvertreib im Zugabteil und der Zettel im Tagebuch passen zusammen. Anderes Gleichzeitige paßt nicht dazu oder nur dann, wenn man das nicht Passende auseinanderhält und beim Denken an das eine das andere vergißt.

Die höllenhaften Vorgänge in den sogenannten Lagern des vernichteten Staates wurden von manchen Leuten für eine Lüge der Alliierten gehalten. Auch die Lager selbst – Drahtzäune, Gebäude, Einrichtungen – waren nach einer hier und da hervorgedrucksten Meinung das Werk unserer Kriegsgegner: ein eiligst errichtetes Täuschungswerk, das »uns seelisch das Genick brechen« solle. Mit solchen Meinungen hatte ich nichts zu schaffen. Ich sah die Gesichter, aus denen sie kamen – keine *guten deutschen Gesichter,* sondern dumme –, und erkannte sie als Ausflüchte. Ich zweifelte nicht an dem Grauen, es griff in immer wiederkehrenden Vorstellungen und in meinen Träumen Platz. Inzwischen, wenn es schlief, bedauerte ich adlige Gutsbesitzer und ihre zerstörte Idylle, begeisterte mich für Sinfoniekonzerte und Hausmusik, beschrieb auf russisch Abenteuer in den Anden, zeichnete allerdings, aber aus Versehen, einen Gehenkten an den Rand, erbettelte von einem Sanftmütigen fünf Mark, ließ mir Tiraden über deutsche Größe einleuchten und suchte mir unter Bahnfahrgästen Herrenmenschen aus, bei deren Anblick die Besieger des Grauens, das in mir saß, aber gerade schlief, häßlicher aussehen sollten. Wie vereinbarte ich das alles in meinem Kopf?

Es ging, weil ich uns für unschuldig hielt. Dieses Wir war eine wechselnde Größe. Manchmal, wenn ich »wir« dachte, gehörten nur meine Mutter, Eva und Christian dazu, manchmal auch die zahlreiche Familie meiner Mutter, oder ich bezog den Bruder meines Vaters und dessen Frau und schließlich meinen Vater selbst mit ein, obgleich ich ihn, nur ihn, nicht ganz unschuldig fand. Er gehörte dazu, weil er nun einmal da war; ich duldete ihn. Für das Grauen, das um uns gewesen war, machte ich ihn nicht verantwortlich, ich warf ihm aber vor, daß er es nicht erkannt hatte, und immer noch nicht erkennen wollte. Ich wollte nichts von ihm geerbt haben und nicht so sein, wie ich ihn einschätzte: uneinsichtig, unmusikalisch, rechthaberisch.

8 Heinroth

Meine Mutter führte Notizbücher über jedes von uns drei Geschwistern. In dem mich betreffenden steht unter dem 26. 12. 45: »(...) Seit 1. x. 45 ist das Domgymnasium wieder da, u. Stephan ging auch hin nach fast zweijähriger Pause. Inzwischen war die Schule seit Dez. 43 evakuiert, u. St. blieb hier u. hatte wöch. einmal Unterricht in Griechisch u. Mathematik bei Studienrat Helmig in Magdeburg (e. guter, interessanter Mensch, wir haben uns befreundet). Seit Januar 45 (am 16. Januar Magedburg so furchtbar durch Bomben zerstört!) gar keinen Unterricht mehr, alles allein. Nun kamen die Jungens im Herbst alle wieder in die 4. Klasse (Untertertia), aber jetzt, Weihnachten, haben sie doch die meisten nach Kl. 5 versetzt. St. ist seit Ende Nov. nicht mehr in die Schule gegangen. Seit die Russen immer mehr Schienen fortgenommen haben, gehen immer weniger Züge, u. es ist kaum noch möglich, e. regelmäßige Schulfahrt durchzuführen. 5 Stunden warten u. mehr kam vor. Jetzt ist er abgemeldet für den Winter. Gestern bekamen wir noch sein Zeugnis geschickt, alles ›gut‹ bis auf Handschrift u. Musik ›genügend‹.«

Der Lehrer, der mir im Winter 1945/46 mit Privatstunden in Mathematik und Griechisch aushalf, war nicht der Magdeburger Studienrat Helmig, sondern der zehn Minuten von uns entfernt wohnende Studienrat Heinroth. Beide waren Mitglieder der NSDAP gewesen. Helmig hatte meiner Mutter bald zu verstehen gegeben, daß sein politischer Geschmack so fein sei wie der ihre, daß er den »Bonbon« jedenfalls nur aus Weltklugheit, zur Abwendung unsinniger Widrigkeiten, am Jackenaufschlag trage. Nachher entging er denn auch den Maßregelungen, die man meinem Vater altershalber ersparte. Im Herbst war er wieder im Schuldienst.

Heinroth war Schauspieler und Kommunist und später Nazi und Oberschullehrer gewesen – alles mit Begeisterung. Ein fröhlicher Mann und von einer Atmosphäre umwogt, die mir wie ein rosiges Gewölk erscheint und in der sich jeder gut aufgehoben und zum Sichäußern ermuntert fühlte. Meiner Mutter hatte er ihre bedenkenlos offenbarten antinazistischen Grillen verscheucht wie ein freundlicher Hausarzt.

(»Heinroth meint ja... Vielleicht hat er doch recht.«) Jetzt waren ihm seine beiden Berufe verwehrt, seine zwei politischen Überzeugungen waren erschüttert, sein Einkommen ähnelte der Minimalrente meines Vaters, und von Arbeitseinsätzen blieb er nicht verschont, da er erst etwa fünfzig Jahre alt war und geradezu blühend aussah, wenn er gesund war. In meinen Privatstunden war er erkältet. Auf dem Höhepunkt der langen Erkältung hatte er Fieber, tränende Augen, ein gerötetes Gesicht und schüttelte nach zehn Minuten betrübt den Kopf; er könne sich nicht konzentrieren. Der Unterricht war kostenlos, da es »den Menschen wie den Leuten« gehe. Er hatte mehr Bücher als meine Eltern und großenteils ganz andere; er ermunterte mich, mir auszuborgen, was und wieviel und für wie lange Zeit ich wolle, je mehr desto besser. Als ich E. T. A. Hoffmanns sämtliche Werke in drei Wochen durchgelesen hatte und zurückbrachte, wollte er sie mir schenken. Das Geschenk war mir zu groß. Er winkte zur Bücherwand hinüber: »Dann such dir was anderes aus. Such dir aus, was du willst. Was du willst.« Freundlich, aber nicht heiter. In meinem Kopf gab es einen wortlosen Kommentar dazu: die sich leerende, zum hölzernen Skelett verarmende Bücherwand, nur Häufchen von Ramsch bleiben in ihr stecken, Kursbücher, alte Zeitschriften, und davor Heinroth mit der ausgestreckten Hand wie ein trauriger Imperator, der nichts mehr will. Sein Leichtsinn gefiel mir nicht. Wenn er zum Plündern einlud, wollte ich nicht zu den Plünderern gehören; wenn ich nichts annahm, kränkte ich ihn. Der Verlust, den er zu wollen schien, sollte das Büchergebäude wenigstens nicht schwer teffen. Kein breites Loch in der Mitte, sondern nur ein schmales am unteren Rand. Dort standen Bildbände. Ich hockte mich davor hin und fand einen, der mich nicht interessierte: über die »Lo-Chan«, Skulpturen, die Mönche darstellten, in einem chinesischen Tempel. Heinroths Verhältnis zu diesem Bildband schätzte ich als locker ein. Er durchschaute mich: Wieso denn ausgerechnet so was Fernliegendes? Er stellte mir Prüfungsfragen über mein Interesse an der chinesischen Zivilisation, von der ich nicht viel mehr als Teetassen kannte. Aber mir fiel eine Sammlung chinesischer Märchen ein, die meine Mutter besaß, und ein verführerisches Detail darin: Ein alter Maler verabschiedet sich von seinen Schülern, steigt in das eben von ihm vollendete Bild, sein letztes, und verschwindet, gemächlich wandernd, hinter einer Baumgruppe. Die Geschichte gefiel Heinroth, aber mein Interesse für die »Lo-Chan« glaubte er mir nicht. Er versuchte mir den dikken, prächtigen, kurz vor dem Krieg in Frankreich erschienenen

Bildband über moderne französische Malerei in die Hände zu drücken, den ich schon einmal nach Hause mitgenommen hatte. Ich bestand auf den »Lo-Chan« und bedankte mich feierlich mit Handschlag, während er immer noch den Kopf schüttelte.

9 Aufrufe

Im Herbst 1945 gab es eine Sonderzuteilung an unraffiniertem Zucker, sogenanntem Melassezucker. Er war braun, feucht und schmeckte etwas salzig. Im Vorratskeller stand einer unserer größten Kochtöpfe voll davon. Jeder hatte ein persönliches Gefäß mit einem Teelöffel, der, solange Zucker im Kochtopf war, nicht abgewaschen wurde. Meins war eine mit Landschaftsmotiven bedruckte blauweiße Steingutdose. Wenn ich aus der Schule gekommen war, und nachdem mein Vater und ich je zwei bis drei Teller Suppe gegessen hatten, ging ich in den Keller, füllte meine Dose nach und aß die Portion Zucker während des Nachmittags auf. Die anderen machten es ebenso. Manchmal löffelten wir alle gleichzeitig, jeder in einer Ecke des einzigen geheizten Zimmers. Es war keine gemeinsame Mahlzeit; es erinnert mich an Austeilung und Einnahme der Arzneimittel im Tagesraum eines Krankenhauses.

In diesen Wochen stand man bei dem einzigen Pferdeschlächter von Salzelmen Schlange. Die anderen Schlächter hatten in ihren vorschriftsmäßig geöffneten Läden oft nichts anzubieten außer Vertröstungen. Beim Pferdeschlächter gab es Mettwurst, sie reichte für alle »aufgerufenen« Fleischzuteilungsabschnitte. Die Felder auf den Lebensmittelkarten waren nicht mehr mit *Fleisch, Fett, Nährmittel* usw. beschriftet, sondern numeriert. Aufgerufen wurden die Nummern im Mitteilungsblatt, einem kleinformatigen, vierseitigen Lokalzeitungsersatz, der außer amtlichen Mitteilungen nur ab und zu eine Todesanzeige enthielt. Die Mettwurst schmeckte wie grobe Braunschweiger, sah aber aus wie Salami. Ich aß die zwischen meinen Schulbrotschnitten eingeklemmten dicken Wurstfladen mit großem Appetit. Mein vormaliger Abscheu vor Pferdefleisch war verschwunden.

Am Anfang des Winters wurde in unregelmäßigen, dann aber großen Schwüngen Nährhefe verkauft. Lebensmittelkartennummern wurden dazu nicht aufgerufen. Vielleicht stand trotzdem ein

Hinweis im Mitteilungsblatt. Ich glaube nicht; es beschränkte sich auf Unerläßliches, da es damit reichlich eingedeckt wurde. Die Nährhefe war ein ockerbraunes, mehliges Pulver, das salzig und pikant schmeckte. Mehr als einen Löffel voll Pulver konnte man nicht genießen, das konzentrierte Aroma fiel einem bald auf die Geschmacksnerven. Aber es ließen sich gute Sauerkrautaufläufe damit backen. Das Sauerkraut stand in einer mit Schwarzwaldmotiven bemalten Vase, die so hoch wie ein Tisch war, einem Hochzeitsgeschenk an meinen Vater und seine erste Frau. Der dazu verwandte Weißkohl stammte aus unserem Garten. Nach den Hausmusiknachmittagen blieben Kaysels bei uns zum Abendessen. Der Auflauf kam im »Küchenwunder« auf den Tisch, einer nicht sehr großen Backform aus Aluminium. Die Nährhefe schmeckte nunmehr wie Parmesankäse, erinnerte aber auch an Pilze. Fleisch enthielt der Auflauf nicht, man entbehrte es auch nicht, nur war das Ganze zuwenig für uns alle. Mein Vater und ich hatten den größten Hunger; wir verleugneten ihn beide. Nach der vielen, ernst, genießerisch und sorgfältig dargebotenen Musik glaubte ich das Essen nicht gleich wieder so wichtig nehmen zu sollen. Er wird ähnlich gedacht haben. Außerdem nötigte uns die Tatsache, daß wir Gäste eingeladen hatten und Gastgeber waren, zur Gesittung. Dabei hatten unsere Gäste nichts Nötigendes, sie machten es uns leichter.

Frau Kaysel bemerkte und betrachtete alles aus einer lustigen, luftigen höheren Warte, in ihrem Horizont schien nichts zu fehlen oder unbemerkt zu bleiben. Sie benannte einen alten Eindruck und gleich darauf etwas am Tisch Geschehendes mit genau treffendem, schnellem, gründlichem Witz. Einen so scharfsinnigen und dabei unbekümmerten Menschen hatte ich noch nie kennengelernt. Wie hatte sie die zwölf dumpfen Jahre so selbstbewußt überstehen können?

Herr Kaysel war langsamer und naiver. Er hatte ein großes, faltiges Gesicht und tiefsinnige blaue Augen. Wenn sie etwas gut gesagt hatte, sah er sie dankbar an und lächelte. Er war ein Mecklenburger, knochig, groß und dünn. Sie stammte aus Krefeld und hatte die im Rheinland nicht seltene genießerische, leicht auftrumpfende Eleganz. Eigentlich waren beide die Freunde meiner Mutter. Die Sympathie zwischen allen dreien war offensichtlich stark und tief, sie beschränkte meinen Vater, Eva und mich meistens aufs Dabeisein, Zuschauen und Zuhören.

Kaysels sind in Schönebeck wahrscheinlich die letzten Westflüchtlinge gewesen. Sie reisten nicht auf dem normalen Schleichweg nach Mönchengladbach zurück, sondern im D-Zug und mit Legitimationspapieren. Diese Regelung brauchte Zeit und kam erst im Januar 1946 ins Rollen.

1946

1 Normalisierung

Melassezucker habe ich nie wiedergesehen, auch die gesunde und markenfreie Nährhefe verschwand aus den Kaufläden. Meine Mutter bekam auf ihre Karte VI Mengeneinheiten wie die, in denen es heutzutage Kaviar gibt, zum Beispiel 62,5 Gramm Speck. Wenn man Glück hatte, stand man dafür nur eine Stunde an. Dem Speckblöckchen wurden auf der Waage Splitterchen vom Umfang einer Heftklammer abgesäbelt oder angedrückt. Man starrte abwechselnd auf die Waagenskala und die Hände der Verkäuferin und achtete auf das halbe Gramm, ein Fetzchen weißlicher Substanz, das wegen seiner Winzigkeit nicht mehr als Speck erkennbar war. Das Auswiegen dauerte lange, die Waage brauchte nach jedem Schnippeln nicht enden wollende Augenblicke, bis sie sich wieder eingependelt hatte. Die Verkäuferin hätte vielleicht allmählich, im Laufe vieler ruhiger Monate, das für diese Arbeit benötigte Mengengefühl einer Goldschmiedin oder Zahntechnikerin entwickeln können. Jedoch die Umstände ließen keine Entwicklung zu, der Laden stand voll nervöser, hungriger, zum Schimpfen aufgelegter Menschen, und das gutgemeinte, aber alles weiter verzögernde Resultat waren zittrige Hände, an schlimmen Tagen sogar Schnitte in Fingerkuppen und blutbesudelter Speck. Pflaster gab es nicht zu kaufen, die Wunde mußte auf andere, langwierigere Weise geschützt werden. Die in diesen Unfall hineingerissene Kundschaft sah ohnmächtig zu; man konnte nichts tun; durch Schimpfen gerinnt kein Blut. Es fielen auch Kunden in wirkliche Ohnmacht. Nicht so viele, wie man glauben sollte. Es brachte nur Nachteile, jedenfalls befürchtete man sie und hielt sich tunlichst bei Bewußtsein. Nach dem Erwachen aus einer Ohnmacht wurde man keinesfalls vorgelassen. Immer waren Schreihälse da, die das Braten einer solchen Extrawurst nicht duldeten: In Ohnmacht fallen könne man auch, sehr gut sogar, man mache es nur nicht. Schon diese Erfahrung, auch wenn es keine eigene war, schreckte ab und steifte den Rücken. Außerdem konnte man ja die Ohnmacht, sobald man sich ihr überließ, nicht nach Gutdünken beenden. Inzwischen mochte der Hintermann schon bis zur Waage aufgerückt, seinen Speck bekommen und den Laden verlassen haben. Die übrigen würden einen vielleicht nicht mehr als schon lange dagewesenen Kunden anerkennen. Das Schlimmste konnte geschehen: daß man sich ganz hinten anstellen mußte, außerhalb der Ladentür und noch meterweit weg, falls die Schlange so weit reichte.

Meine Mutter fiel in diesen Aufruf- und Anstehjahren kein einziges Mal in Ohnmacht, auch nicht in Fiedlers Lebensmittelgeschäft, wo sie nichts riskiert hätte. Frau Fiedler, ihre Freundin, hätte ihr geholfen, Herr Fiedler später auch, er befand sich noch ein paar Monate in britischer Gefangenschaft. Dabei war meine Mutter sehr entkräftet. 1946 wog sie nur 85 Pfund; im Jahr davor war sie noch eine rundliche Frau gewesen. Einmal kam sie vom Anstehen zurück und erzählte, Frau Soundso habe sie auf der Straße angehalten und gesagt: »Na, Frau Stolze, Sie sehen aber furchtbar aus«; und kommentierte: »Nett. Hört man gerne.«

Unser Garten erbrachte gute Ernten an Obst und Gemüse. Einiges konnten wir tauschen, zum Beispiel Tomaten gegen Brot. Wenn Frau Fiedler zu Besuch kam, brachte sie immer etwas Eßbares mit; nicht viel, die behördliche Aufsicht war sehr genau. Meine Mutter hatte sich auf den Namen einer ihr fremden, in der Schweiz wohnenden Freundin einer verstorbenen Tante besonnen, mit Hilfe einer in Weimar wohnenden Mittelsperson die Adresse herausgefunden und auf gut Glück hingeschrieben. Sehr bald kam der erste ausländische Brief, den ich je aus unserem Briefkasten geholt hatte: mehrere Seiten in schräger Altedamenschrift, viele Fragen und die feste Versicherung, sie könne sich's leisten, uns zu helfen, und tue es gern. Ein großes Paket voller Lebensmittel folgte nach, und die Paketsendungen wiederholten sich etwa alle zwei Monate. Meine Mutter lernte Lebensmittelschieberinnen kennen und begann Dinge aus Silber und Kristall gegen Butter zu tauschen. Mein Vater lernte einen Bauern kennen, der juristischen Rat brauchte und Nachbarn mit ähnlichen Sorgen hatte. Bezahlt wurde mit Rübensaft, Dauerwurst und selbstgemachten Würsten in Dosen. Dem Bruder meines Vaters in Magdeburg war sein vierstöckiges Textilgeschäft von Bomben zertrümmert worden, aber er verkaufte wieder Textilien in zwei Hinterzimmern, und ein neues, einstöckiges Textilgeschäft war im Bau. Als Kundschaft kamen nach wie vor Bauern aus dem ganzen mittleren Drittel des Gebietes, das Provinz Sachsen geheißen hatte und jetzt Land Sachsen-Anhalt hieß. Sie bezahlten manche Waren nicht mit Bezugscheinen und Geld, sondern mit Hühnern, Enten, Gänsen, Putern, Kaninchen, Körben voller Pilze, Wurstdosen und Speck. Er gab uns viel davon ab.

So zusammengedrängt, sieht diese Lebensmittelmenge nach Wohlleben aus, nach »Fettlebe«, wie die Schönebecker sagen. Auch die Erinnerung drängt die Ernten, Geschäfte und Geschenke zusammen; in Wahrheit verteilten sie sich dünn über einen etwa zweieinhalbjährigen Zeitraum.

Von der Lebensmittelkarte für Hausfrauen und Rentner, Nummer VI, konnte man nicht leben, von Nummer V – Schüler – wahrscheinlich auch nicht. Es sind viele alte Leute verhungert. Daß ein Schüler oder eine noch rüstige Hausfrau verhungert sei, habe ich weder gehört noch gelesen. Ich hatte Karte V, Eva, die Schauspielschülerin geworden war, wohl auch. Mein Vater, obwohl Rentner, hatte nicht Karte VI, sondern Karte IV. Er arbeitete wieder bei seinem Bruder im Textilgeschäft und war als Angestellter gemeldet.

2 Kohlen holen

Günter Willrich tänzelte seitlich aus der Gehrichtung, rülpste lange und tief, beugte sich mit starrem Gesicht vor: dann floß ihm in klarem, ununterbrochenem Strahl aus dem weit offenen Mund ein guter halber Liter Wasser und klatschte aufs Pflaster. Kurzer, kontrollierender Blick nach unten, Kopfheben, meckerndes Lachen, noch ein Tanzschritt. Es hatte gewollt und gekonnt ausgesehen. Ich fragte ihn erstaunt, ob er so was öfter mache. Na klar, sagte er. Ein Hungerkünstler nach einer vermeintlich leichten, ästhetisch befriedigenden kleinen Darbietung.

Ich machte ihm den Gag mit mehrwöchiger Verspätung nach. Dabei merkte ich erst, wie schwer er war. Zuerst ging alles leicht, im Magen grummelte es fast schmerzlos, und oben floß mir das Wasser durch den Kopf, als komme es ganz woanders her. Ich machte, von meiner Begleiterin Trautchen angestaunt, noch einen Tanzschritt, nun schmerzte es im Bauch, und oben wurde mir schwach. Wagen, Menschen und Kohlenhaufen verflachten und entfärbten sich. Ich setzte mich auf den einen Steinpfosten neben der Toreinfahrt und lehnte mich an die Mauer. Erst nach mehreren Minuten traute ich mir zu, wieder aufzustehen und zum Handwagen zu gehen. Er stand nicht weit ab, ich konnte mich an ihm festhalten und nach einer weiteren Pause auch auf das Festhalten verzichten. Trautchen war beim Wagen geblieben. Es war das einzige Mal, daß ich beim Kohlenholen nicht allein war. Sonst hätte ich den Wagen nicht zu verlassen gewagt. Während mir schlecht war, hätte mein Hintermann ihn vielleicht nicht weiter-, sondern aus der Reihe geschoben. Und nachträglich sich wieder einreihen ging nicht, wenigstens traute ich's mir nicht zu. Es erforderte, daß ich jemanden ansprach und bat und zu überzeugen versuchte. Wenn das nicht gelang, konnte ich nur noch den verzweifelten Mut haben, meinen Handwagen, sobald die Wagenschlange weiterrückte, blitzschnell dazwischenzurollen. Das wiederum konnte nur mit Geschimpfe und Rippenstößen und Abschieben enden. Überhaupt: Ich wollte niemand ansprechen; ich traute den Leuten nur Bosheiten und Gewaltakte zu.

Dabei gab es wortlose Übereinkünfte, auf die man sich notgedrungen verließ; jedenfalls dann, wenn man allein Kohlen holen ging. Man mußte den Wagen unbeaufsichtigt in der Schlange stehen lassen, um ins Kontor zu gehen, die Kohlenkarten abzugeben und die Kohlen zu bezahlen. Das ging auch anderen so, aber nicht vielen, die meisten waren zu zweit gekommen. Es ist mir nie passiert, bei fünfzig bis sechzig Kohlenkäufen nicht, daß mich jemand aus der Reihe drängte oder sich einen Platz vor mir ergaunerte. Ich befürchtete es jedesmal. Man war gegeneinander grob und laut, wenigstens hörte es sich so an, aber nicht gegen mich, ich war wie gar nicht anwesend. Stumme Angst bis zum letzten Moment. Eine Erlösung, wenn endlich – und keiner hatte mich abgedrängt – meine Braunkohlen in meine beiden Säcke prasselten. Gleich klangen die rauhen Stimmen der Kohlenmänner nicht mehr drohend, sondern eher humorig. Im Erinnerungsaugenblick kommt die Sonne durch die Wolken, eben war noch alles düster und neblig gewesen. Der mit zwei Zentnern beladene Wagen zog sich viel leichter als vor Stunden der leere. Das knatternde Rollen der eisenbeschlagenen Räder über das Kopfsteinpflaster war jetzt ein angenehmer, lustiger Krach. Zu Hause erzählte ich nichts. Es war nichts zum Erzählen, es waren ja nur Zustände und Umstände gewesen, armselige, langweilige Unabwendbarkeiten, nichts Neues, alles überstanden und gar nicht mehr wahr. Ich kam nicht einmal auf die Idee, daß Kohlenholen zu zweit weniger aufregend sein müsse als allein. Als ich Günter Willrichs Hungerkunststücke nachmachte, war es Zufall, daß Trautchen dabei war, eine Siebzehnjährige aus Ostpreußen, die meiner Mutter stundenweise im Haushalt half. Warum war sie mitgekommen?

Vielleicht war ich ein Rekonvaleszent. Ich war in dieser Zeit oft krank. Einmal hatte ich in Schönebeck was erledigt, drei Kilometer hin und drei zurück, setzte mich zu Hause aufs Sofa und weinte, als wäre es Brauch, beim Sitzen und Ausruhen zu weinen. Meine abgemagerte Mutter hatte noch genug Nervenkraft, um mich auszufragen und vom Weinen abzulenken. Gut, ich hörte wieder auf, es war mir einerlei. Oder doch nicht ganz: mein Vater war hereingekommen und hatte sich irgendwie geäußert, und mein Weinen war ein Protest gegen ihn. Er sollte schweigen und verschwinden, vorher aber zur Kenntnis nehmen, daß ich hungerte, und die Schuld daran sich beimessen. Er hatte uns hineingeritten: aus dem schönen Hamburger Vorort Blankenese ins mürrische Salzelmen (jetzt dachte ich: Schönebeck, weil ich diesen Ortsnamen noch mehr haßte); und seine Nazis hatten uns ins Verbrechen, ins Grauen und in die wohlverdiente Bestrafung hineingeritten, in das wohlverdiente Elend, das jetzt herrschte. Wohlverdient mit dem Unterschied, daß mein Vater hierher gehörte, nach Schönebeck und ins Elend, ich dagegen nicht.

3 Frühling

Im Frühling 1946 fuhr ich wieder zur Schule. Nach zwei Einarbeitungswochen, die bedrückend waren, tat mir die Schule wohler als das stumme, schlotternde Anstehen. Meine Mutter schickte Trautchen öfter als früher zum Anstehen, wir fingen auch an, uns stundenweise dabei abzulösen. Meine Hausaufgaben schrumpften fast auf den Begriff zusammen, den ein Lehrer von diesem Wort hat. Sonst malte ich Glückwunschkarten, zwanzig bis dreißig Stück auf einen Sitz, zu Gold- und Silberhochzeit, Vermählung, Verlobung und Konfirmation, auf gelblichen oder grünlichen Karton. Den bekam ich in großen Bogen und schnitt ihn vor dem Malen zurecht. Ich malte Blümchen mit Wasserfarben, bläßlich in bläßlich, und schrieb den Text mit Schwarz daneben, und zwar in verschiedenen Schrifttypen. Ich mischte gut. Ich kombinierte die Bildmotive mit wechselnden Schriften und diese schon unterschiedlichen Kombinationen mit wechselnden Anlässen, so daß sich keine zwei Karten glichen. Auf weißem Karton hätte es besser ausgesehen. Die gelblichen und grünlichen Gründe brachen die daraufgepinselten Farben, es sah alles aus wie bei Regenwetter. Aber Herr Mahrenholz, mein Abnehmer, hatte keinen weißen Karton mehr. Er war ein Papierwarenhändler am Markt, den ich vorher nur von drei Besuchen in Feldwebeluniform gekannt hatte; ein entfernter Verwandter meines Vaters. Er kam oft angelaufen und bestellte in beschwörendem Ton nach. Es war meine Marktlücke, denn gedruckte Glückwunschkarten gab es nicht zu kaufen. Meine Monopolstellung und der Angriff auf meine Freizeit, der die Nebenbeschäftigung in Arbeit ausarten ließ, veranlaßten mich, meine Preise zu steigern – von anfangs sechzig Pfennig bis auf neunzig. Bevor ich eine Mark erreichte, hatte ich entweder die Lust verloren oder der Karton war alle oder die ersten gedruckten Glückwunschkarten erschienen und unterboten mich.

Ich hatte also Geld, zahlenmäßig viel, wenn es auch nicht viel wert war. Immerhin konnte man damit Trautchen entlohnen. Ich bin nicht sicher, daß ich meinen Eltern etwas von meinem Geld abgegeben habe. Wovon sie sie sonst bezahlten, bei Minimalrente und Sperrung all ihrer Bankguthaben, ist nur durch die Magdeburger Nebeneinkünfte meines Vaters erklärlich.

Die Züge waren so voll, daß ich gar nicht erst versuchte, einzusteigen, ich stieg auf. Ein Puffer oder ein Brett an der Rückwand eines Waggons war immer frei. Nach etwas Einübung konnte ich mich so sicher unterbringen, daß ich während der Fahrt nicht mehr darauf achten mußte, nicht hinunterzufallen: ich las. Alte Groschenhefte von Günter Willrich aus der Serie »Rolf Torring«. Der Frühsommerwind war angenehm. Manchmal wehte er einem Funken zu. Sie drangen in roten Sternenhaufen aus dem Schlot der mit Braunkohle geheizten Lokomotive. An einer Wagenvorderwand waren sie gefährlicher oder wenigstens lästiger; auf den Vorderpuffern des ersten Wagens hielt man es nicht gut aus. Störend bei diesem flotten, luftigen Reisen waren die Bahnbeamten, also gerade jene, die zur Bedienung und Unterstützung der Reisenden da sind. Sie schmissen uns von den Puffern. Das ist nur die gebräuchliche Übertreibung. Sie pflegten einige Meter entfernt zu schreien und zu fuchteln, bis man abstieg. Wenn sie weitergingen, stieg man wieder auf. Ab und zu werden ein Reisender und ein Bahner einen gleichzeitigen schlechten Tag gehabt haben, dann fuhr der Zug ohne den Reisenden ab. Mir ist das nie passiert, was mich wundert, weil ich zum vorzeitigen Aufgeben neigte.

Wenn ich in Magdeburg ankam, war es manchmal morgens, anderntags wieder mittags. Das lag nicht immer an der Unpünktlichkeit der Züge, sondern oft am Schichtunterricht. Es waren Schulhäuser zerstört, und in den heilgebliebenen Räumen lösten sich bis zum frühen Abend zwei bis drei Klassen ab. Egal welche Tageszeit, mir knurrte der Magen. Wenn es Mittag war, ging ich nicht gleich zur Schule, sondern in eine Gastwirtschaft, in der viele Leute saßen, von denen nur sehr wenige etwas zu essen bekamen. Zu diesen Privilegierten gehörte ich. Es kochte Frau Björnson. Beim erstenmal hatte ich mich zu der Frau mit dem norwegischen Namen durchfragen, ihr meinen Namen sagen und einen Gruß von meinem Onkel Albert ausrichten müssen. Marken brauchte ich nicht. Die andern drei bis sieben, die aßen, waren Leute mit Reisemarken. Seltene Leute, obgleich alle Züge mit Reisenden vollgestopft waren; für Hamsterfahrten über die Dörfer gab einem das Wirtschaftsamt natürlich keine Reisemarken, außer man machte auf dem Antragsformular einen triftigeren »Grund der Reise« geltend, aber nur eine kleine Zahl von Gründen galt als triftig. Wer sonst noch im Lokal saß, trank vermeintliche Fleischbrühe, vermeintlichen Kaffee oder vermeintliches Bier. Einmal kamen Polizeibeamte in Zivil, prüften unsere Ausweise und entzogen der Gaststätte einige Gäste.

Plötzlich »ging es nicht mehr bei Frau Björnson«. Ich bekam nur diesen Satz gesagt und kann mir darunter alles mögliche vorstellen, von Krankheit oder Unlust der Frau Björnson bis zur Schließung des Lokals. Ich wechselte in ein anderes über. Dort saß ich ganz allein im ersten Stock, es war eine Art Hotel, alles war still, kein anderer Gast zu hören. Still, vielleicht heimlich kam eine Frau herein und brachte mir Sauerkraut und Kartoffeln. Mehr oder anderes gab es nicht. Wenn ich aufgegessen hatte, ging auch ich still weg. Bezahlt hatte hier wie bei Frau Björnson mein Onkel Albert, der Textilkaufmann.

Dieser Onkel war in den ersten Nachkriegsjahren eine wichtige Instanz für uns. Wenn wir Hilfe gegen Hunger oder auch gegen Kälte brauchten, wandten meine Eltern sich an ihn anstatt an ein Amt für Härtefälle. Ein solches Amt gab es nicht, und es würde uns mit Recht nicht als Härte-, sondern als Normalfall eingestuft haben.

Er war zwei Jahre jünger als mein Vater, sah ihm ähnlich und war ihm ganz unähnlich. Wenn sie zusammen waren, zumal auf seinem Boden, also vor allem in seinem Geschäft, schien er sich von meinem Vater stark unterscheiden zu wollen. Mein Vater wiederum schien aufzuatmen, wenn sein Bruder sich entfernt hatte. Mir ging es ähnlich. Onkel Alberts Wohltaten schmeckten mir, ich war ihm auch dankbar, aber in seiner Abwesenheit schmeckten sie mir besser. Meine Mutter und er schätzten einander.

Ich hätte mich mit meinem Vater solidarisieren können, aber dazu kam es nicht. Er machte es mir zu schwer. Kaum war Onkel Albert außer Sicht, schien mein Vater geneigt, sich zu verleugnen und dafür Onkel Albert zu verkörpern. Es entschwand die etwas bedrückte ruhige Haltung, auf die er bis eben beschränkt gewesen war, mein Vater wurde lauter, schneller, gebieterischer, und wenn er sich sehr wohl fühlte, konnte er schallend lachen wie sein Bruder. Fast so.

4 Ochtmersleben

Zu Beginn der Sommerferien saßen Eva und ich im Zug von Salzelmen nach Magdeburg. Im Nebenabteil eine Frauenstimme, die mir mit ihrer Lautstärke und wandlungsarmen Tonhöhe in die Ohren stach. Ich sah nach, wer es war: eine kleine schwarzhaarige Frau in mittleren Jahren.

In Magdeburg hatten wir Aufenthalt. Wir gingen in das Zimmer im ersten Stock, wo ich auf Kartoffeln mit Sauerkraut abonniert war, und bekamen auch etwas zu essen. Dann in einen Zug nach Marienborn. Vom Bahnhof Ochtmersleben bis zum gleichnamigen Dorf waren zwei Kilometer zu laufen. Mir war bänglich, und ich war Eva dankbar, daß sie mitkam. Sie tat es ganz freiwillig, ich hatte sie nicht darum gebeten.

Wir fragten uns zum Hof des Herrn Königs durch. Sein Wohnhaus war eine große Villa, hellgrünlich und weiß, mit Jugendstilornamenten. Hier sollte ich vier Wochen gut essen und dafür ein bißchen im Garten arbeiten. Ein Arrangement von Onkel Albert.

Wir betraten eine zweistöckige Halle mit Treppe und umlaufender Galerie. Gegenüber öffnete sich eine Glastürhälfte. Ein Zwilling von Onkel Albert kam gemessenen Schritts über das Parkett und begrüßte uns mit Onkel Alberts Stimme. Er griff nach meinem Koffer, aber den wollte ich selbst tragen. Wir stiegen die Treppe hinauf. Vor uns hergehend, redete er weiter. Seine Stimme war etwas tiefer und etwas weniger fett als die meines Onkels, seine Diktion weniger herausfordernd, dafür sorgfältiger. Sie waren Schulfreunde gewesen. Er öffnete uns ein Zimmerchen mit einem hochgetürmten, rot überworfenen Bett. Aus dem Fenster sah man jenseits einer Umfassungsmauer ein Stück Dorfstraße und andere Häuser.

Man aß in der sehr großen Küche im Souterrain zu Abend. Außer Herrn Königs, Eva und mir saß noch die Haushälterin Fräulein Träger mit am Tisch. Allein die Kartoffeln waren hinreißend gut: groß und mehlig aus der Pelle platzend, die sich in langen Fetzen abschälen ließ, von zartestem Geschmack und angenehmster Konsistenz. Nach einem Blick und einem Bissen fühlte ich mich sicher vor den ekligen Überraschungen, mit denen unsere Salzelmener Kartoffeln seit Jahr und Tag aufwarteten. Es gab für jeden eine gebratene Taube. Gemüse oder Salat wohl auch, eher Gemüse als Salat. Ein vertrauenswürdiges, gründlich zu genießendes Essen. Herr Königs machte mit Eva Konversation. Als ich sie zur Bahn bringen wollte, richtete er das Wort an mich: Er sei nachher noch auf, ich könne bei ihm anklopfen, wenn ich einen Wunsch hätte, zum Beispiel etwas zu lesen.

Auf dem Rückweg wollte ich aus Furcht vor meinem Unbehagen nicht nachdenken, nur die Augen der Landschaft und die Lungen der Landluft aussetzen. Ich war noch nie allein für mehrere Wochen unter Fremden gewesen. Als ich bei ihm klopfte, dämmerte es schon; er hatte Licht gemacht. Er öffnete seinen Bücherschrank, wieder eine Glastür, und trat beiseite. Ich suchte unter anderem einen Roman aus, der, glaube ich, »Frühlingsstürme« hieß und von einem Robert Hohlbaum stammte. Darin las ich noch eine Weile vor dem Einschlafen. Die Geschichte spielte im 17. Jahrhundert in Breslau, meist unter Juden im Ghetto, aber mit Verbindungen nach draußen, darunter auch Liebe. Das Buch war unter dem Mordregime erschienen, es kann nur ein antisemitisches Machwerk gewesen sein. Dafür hielt ich es auch, aber falsche Informationen waren mir lieber als gar keine. Wenn die Liebe zwischen Judenmädchen und Christenjüngling nicht schon nach wenigen Seiten langweilen sollte, durfte das Mädchen nicht durchweg abstoßend sein.

Sie war von einem oft rührenden Vertrauen in sich und ihn und die Zukunft erfüllt, doch erschien sie immer um einige Grade überhitzt, wie wenn sie Fieber hätte. Der Leser sollte wohl denken:

wenn sie wieder gesund ist, ist sie eine ganz normale Jüdin, eine, die nicht lieben und nicht geliebt werden kann. Ohne solche Quintessenz hätte die Reichsschrifttumskammer den Roman »sittlich nicht einwandfrei« befunden und verboten. Das wußte ich ungefähr, trotzdem las ich weiter, freute mich, wenn das Mädchen vorkam, und las dann langsamer: ich untersuchte jeden ihr geltenden Wortzusammenhang auf versteckte, vielleicht versehentliche Sympathie. In etwa zwei Wochen las ich das Buch durch, fast bis zuletzt hoffend, obgleich ich den enttäuschenden Schluß mehrmals vorweggenommen hatte.

5 Arbeit

Das Gutshaus sehe ich immer aus der Himmelsrichtung, aus der wir kamen, wenn wir es betraten. Ich halte sie für Süden, habe aber keine Anhaltspunkte dafür. Links, also auf der Westseite des Hauses, lag eine erhöhte Terrasse mit Gartenstühlen, von denen die Farbe abblätterte. Man schaute in einen blauschwärzlichen Park hinein, der klein war und dennoch tiefgründig erschien. Er umfaßte einen Teich, auf dem grünlichen Wasser schwammen zwei Schwäne. Im Norden waren Wiesenstücke mit Obstbäumen und ein Küchengarten mit Gemüsen, Salaten und Gewürzen. Auf der Wiese glaube ich Fohlen zu sehen, kein unwahrscheinlicher Luxus, es könnte der Nachwuchs der Gäule gewesen sein, die die Ackerwagen und auch einige Feldbearbeitungsgeräte zogen. Im Osten und Südosten waren Lärm und Staub wie beim Kohlenhändler und allergröbstes Kopfsteinpflaster, aber der Anblick war nicht schwärzlich, sondern ging von verwittertem Ziegelrot über Ocker und Graugelb bis zu schmutzigem Weiß. Dort lagen im Karree eine Scheune für Heu und Stroh, ein Erntesilo, vielleicht auch eine Mühle (denn ich habe im ersten Stock des Silos Mehlsäcke, die per Flaschenzug heraufkamen, hereinziehen und einlagern helfen); und dann Wagen- und Geräteremisen und Stallungen. Motorlastwagen gab es nicht, geschweige denn einen Pkw. Eine riesige Dreschmaschine war da, auch mindestens ein Traktor. Und ein Taubenturm, aus dem es gurrte. Das viel spektakulärere Fußvolk der Hühner, Enten und Gänse fehlte hier oder fiel nicht auf, es mag sich über die Wiesenstücke im Norden verteilt haben. Dort habe ich mich nur in den allerersten Tagen aufgehalten und wenig umgesehen. Ein alter Mann hatte mir eine kräfteschonende langweilige Beschäftigung zugewiesen, die mich unterbeanspruchte. Ich fand mich faul und meinen Zeitvertreib nutzlos. Die Vorstellung, vier Wochen lang Schönheitsreparaturen an Apfelbaumblättern und Grasbüscheln vornehmen zu sollen, entsetzte mich so sehr, daß ich Herrn Königs um Audienz ersuchte. Meinen Vater bat ich ungern, meinen Onkel nie um etwas; Herrn Königs, der echter als beide zusammen wirkte, der das von beiden vergeblich imitierte Vorbild zu sein schien, diese immer handelnde, beängstigend zeit- und zielbewußte Autorität bat ich erstens um Gehör und zweitens um die Gnade, auf den Feldern arbeiten zu dürfen. Er wollte nicht: Mein Onkel habe extra gesagt usw. Ich wurde dringlich. Er antwortete ruhig, nicht poltrig, dann gab er nach, schärfte mir aber ein, ständig auf mein Befinden zu achten und sofort, wenn es sich verschlechtere, die Arbeit niederzulegen.

Die Arbeit fing früh an, endete spät, war meistens schwer und wurde fast ausschließlich von Frauen und Mädchen geleistet. An Männern wirkten mit: der Lenker des Traktors mit dem jeweiligen Anhänger – mal zum Mohrrübenverziehen, mal zur Frühkartoffelernte – und unser alter Aufpasser, mein Beschäftigungstherapeut aus den ersten Tagen. Gelegentlich auch ein Verwandter von Herrn Königs; er hatte Verwaltungsfunktionen. Seinen Sohn, der uns abends mit dem Ackerwagen abzuholen pflegte, konnte man auch schon fast zu den Männern rechnen, obwohl er erst fünfzehn Jahre alt war, also gleichaltrig mit mir. Ich war 180 Zentimeter groß, aber außer in Zentimetern noch ein Halbwüchsiger.

Sehr anstrengend waren die Arbeiten, bei denen der Traktor das Tempo diktierte. Zu den Kartoffeln mußte man öfter in die Knie gehen, die vollgeworfenen schweren Körbe weiter und schneller schleppen als einem natürlich war. Beim Rübenverziehen hockte man wie einer, der scheißt, unter Regentropfen (das passende Wetter war meist vorhanden) in der morastigen Furche, watschelte in dieser Haltung voran wie ein Beinamputierter, sortierte die kostbaren Mohrrüben wie Geldscheine und vertat sich oft in der Hast, so daß die mickrigen am Rande der Furche stehen blieben und die großen starken beiseite flogen. Schlechte Arbeit demoralisiert. Obgleich niemand meine Arbeit schlecht nannte, machte ich sie im Traum wieder gut. Ich erwachte mehrmals davon, daß ich am Kopfkissen zupfte wie an Rübenschöpfen. Einmal wirkte Frieren beim Erwachen mit: Ich hatte meinen Arbeitsplatz verbessern wollen und war mit dem Kopfkissen, aber ohne Deckbett, auf den Bettvorleger umgesiedelt.

Spaß machte die Flachsernte. Da ging man aufrecht übers Feld, nahm sich fünf Pflanzenreihen vor, mal gebeugt, mal hingehockt, griff mit links hinein, bündelte einen fußlangen Pflanzenstand und zog ihn mit leichter Mühe heraus, wiederholte das ein paarmal, bis der rechte Arm, der alles trug, genug hatte, und legte das dick gewordene Bündel hinter sich ab. Es ging und stand sich wie im Traum, auch das dazu gebotene Wetter war traumhaft: zuerst blauer Himmel, dann Schwüle, Wind und Finsternis und zehn Minuten warmer Platzregen, dann eine eisen- bis silbergraue Pause, dann kleine, schnellwüchsige blaue Löcher und wieder Sonne. Ich hatte bald den Bogen raus und wurde ehrgeizig. Ich vergrößerte die Bündel auf meinem rechten Arm und damit die Abstände zwischen den Bündeln hinter mir. Das war sinnvoll, denn wer sie einsammelte, mußte sich dann seltener bücken. Danach machte ich alle zehn Meter kehrt und holte das auf der Strecke Abgelegte zusammen, oder die Frau, die die nächsten fünf Flachsreihen in Angriff nahm, packte ihre Bündel auf die meinen und besorgte für beide Reihen das Einsammeln.

Für die Frühstückspause war ich versorgt mit einem Henkelmann voll Milch mit Ersatzkaffee und vielen guten Klappstullen. Andere aßen trockenes Brot; das beeinträchtigte meinen Appetit, aber nicht meinen Hunger. Ich gab nichts ab, ich bot es gar nicht erst an, schon aus Schüchternheit nicht. Ich saß zwischen den Frauen und Mädchen wie ein Kind, sagte nichts oder murmelte etwas Belangloses, und es wurde selten beantwortet. Die meisten von ihnen waren keine Einheimischen, sondern Vertriebene aus dem Sudetenland. Sie wohnten in Nebengebäuden des Gutes von Herrn Königs.

Andere waren noch unterwegs: Nahe beim Flachsfeld hielt ein langer Zug auf dem Wege nach Westdeutschland, die eine Hälfte Güterwagen, die andere Personenwagen, alles überfüllt mit Menschen, Sperrgut und Federbetten. Die Leute in den Personenwaggons reisten schlechter als die anderen: ihr Weg zum Auslauf war länger und enger, außer, sie kletterten durchs Fenster und sprangen anderthalb bis zwei Meter tief; denselben Weg zurück hätten nur Akrobaten bewältigt.

6 Andere Kostgänger

Herr Königs hatte einen Landbesitz von knapp 100 Hektar. Diese Zahl hätte fünfzehn Monate früher nichts Besonderes bedeutet, jetzt bedeutete ihre Verfehlung Glück: Güter ab hundert Hektar Größe waren entschädigungslos enteignet und unter Neubauern aufgeteilt worden. Herr Königs wurde nicht als Gutsbesitzer, sondern als Bauer eingestuft.

Aber sein Tageslauf schien nicht der eines Bauern zu sein, sondern der eines Herrn, der auch noch andere Interessen hat. Welche? Das suchte ich nicht zu erkunden. Ab und zu hörte ich ihn von seiner verstorbenen Frau sprechen, vielmehr: er erwähnte sie kurz, aber oft, wohl jeden Tag. Sie hatte den kleinen Park angelegt, die seltenen, landfremden Bäume gepflanzt, den Teich graben und mit einem schmalen Uferweg umziehen lassen und auch die beiden Schwäne angeschafft. An den ersten Abenden ging ich im Park spazieren, der trotz seiner Kleinheit etwas Labyrinthähnliches hatte. Einmal pflückte ich zwei kleine grüne Äpfel und aß einen davon, während ich langsam den Teich umrundete. Beim nächsten Sonntagsessen zeigte mich Fräulein Träger mit Trompetenstimme dem Hausherrn an. Ich war von einem Ausflug zurück und guter Laune und lächelte noch, als ich ihn grimmig, dann grämlich gucken, dann schlucken sah. »Dann geht er eben nicht mehr in den Park«, sagte er trocken, »wenigstens in den nächsten Tagen nicht.«

Ich begriff nicht, warum er die Entwendung zweier grüner Äpfelchen so schwer nahm; im Gemüsegarten hingen Hunderte, vielleicht Tausende, von Chausseebäumen konnte man sie schütteln, und viele blieben – selbst im Hungerjahr 1946 – im Gras liegen. Von seiner Frau hatte ich ihn erst selten murmeln hören. Später erzählten mir zwei andere Kostgänger, ein altes Ehepaar aus Berlin-Steglitz, beim Bohnenschnippeln auf der Terrasse, was für ein Engel sie gewesen sei. Von Onkel Albert erfuhr ich das nicht. Als er mich über die Sommerferien ausfragte, erwähnte er nicht Herrn Königs' Frau, sondern sofort »die Trägern«: »Ist die immer noch da, der alte Drachen? Die ist ja unausstehlich!« Mit so einem Bekenntnis hatte er mich noch nicht beehrt. Ich fand es erfrischend, weil ich Fräulein Träger mit keiner kritischen Elle vermessen, sondern als maßlos akzeptiert und ertragen hatte. Sie war etwa 1 Meter 90 groß, hatte ein Männergesicht wie aus Holz geschnitzt, Hände, Füße, Haltung und Gang wie ein Mann, und ihre Stimme dröhnte penetrant wie die eines rauflustigen Mannes. Monströs, aber nicht abstoßend. Bei Tisch war Herr Königs viel zurückhaltender.

Das Steglitzer Ehepaar aß in seinem Zimmer, vermutlich aus Angst vor Fräulein Träger. Bei uns in der Küche saßen und schlangen ein acht- und ein zwölfjähriger Berliner, beide aus Pankow, beides Arbeiterkinder. Arbeiter hatten nichts zu tauschen und nicht einmal genug von dem Geld, das nichts wert war, also werden sie gratis gewohnt und gespeist haben. Den Achtjährigen fürchtete ich: fast doppelt so alt und fast doppelt so groß wie er. Er terrorisierte mich und den Zwölfjährigen mit nicht vielen, aber guten, jeden Tag brauchbaren Einfällen. Von den Erwachsenen wurde er nie zurechtgewiesen, weil er sie mit seiner ungeheuren Frechheit amüsierte und ihnen gegenüber brav war. Ein massiver, federnder Wonneproppen. Der nicht viel größere Zwölfjährige sah halbverhungert und leidend aus. Ich war morgens benommen von dem bevorstehenden Tag, abends müde von der Arbeit und nebenbei in einem mich beschämenden Zweifel: ob ich ihm wie ein Erwachsener eine runterhauen oder mich wie ein Kind mit ihm balgen solle. Von irgendwann an herrschte Ruhe. Da die Erwachsenen mir nicht halfen und da er nicht von selber nachließ, muß ich wohl die Ruhe hergestellt haben. Mir ist so, als hätte die Lösung damit zu tun, daß er seine Methode auf junge Katzen anwandte: als sei ich nun endlich wütend genug gewesen, um ihn zu verjagen. Auch sein Gebrüll glaube ich zu hören.

Ein Apropos bildet sich heraus: Die jungen Katzen kamen über die Kopfsteine, von denen jeder länger war als sie, schräg auf mich zugerannt und überholten ein kleines Mädchen, das barfuß daherkam und einen Blechteller voll bläulicher Magermilch trug. Sie achtete weniger auf den Boden, der nicht frei von Glasscherben war, als auf das schwappende Gesöff. Wo die Steine aufhörten und die niedrige Grasböschung des Parks anfing, stellte sie den Teller hin und hockte sich daneben, um zuzusehen, wie es den Katzen schmeckte. Ich setzte mich auf die Grasböschung.

Ich fragte sie nach ihrem Alter. »Fünf.« Zehn Jahre jünger als ich. Unmöglich zu entscheiden, ob ich sie von oben wie ein Onkel oder geradeaus wie ein Kind anschauen solle. Was sie hier mache? »Siehst du doch.« Nein, überhaupt? »Wir sind schon lange hier... da war ich erst vier... wir sind zu Fuß hergekommen, hat lange gedauert... manchmal sind wir auch gefahren.« »Mit dem Zug?«

»Nein, Pferdewagen. Jeden Tag schlechtes Wetter. Manchmal war's schön. Aber kalt. Da sind Leute erfroren, die lagen dann im Straßengraben, auch viele kleine Kinder, nein, die sind verhungert.«

Manches nimmt man erst mit Hilfe einer Assoziation wahr. Sie hatte eine dürftig bekleidete Zelluloidpuppe auf dem Schoß und hielt sie mit einer Hand fest. »Hast du die Puppe schon lange?«

»Ja, die kommt immer mit mir mit.«

Ich rutschte von der Böschung herunter und bezog Hockstellung. Sie hatte ein ebenmäßiges Frauengesicht, das mich an jemand erinnerte (inzwischen weiß ich an wen: Frau Kaysel). Ein schönes und kluges Gesicht. Eine fünfjährige Frau. Fortwährend befremdete mich unser Altersunterschied. Um uns herum schien ein Nebel zu entstehen. Ich sah sie an und genoß den Rhythmus, in dem sie weitererzählte, aber ich hörte ihr nicht mehr zu. Endlich sprang ich auf die Füße und belog sie wie einen Erwachsenen: »Ja, verdammt, ich muß was tun, ich muß noch 'n Brief schreiben! Mach's gut!«

Vor- oder nachher an demselben Tag, ich glaube vorher, gab es ein Kontrasterlebnis, was Größen anbelangt: Der riesenhafte Stier besprang eine Färse, eine einjährige Kuh, die nur ein Drittel so groß war wie er. Es war der erste Liebesakt, den ich sah, mich kümmerte jedoch nur das Mißverhältnis der Körpermassen. Sie verwinkelte ihre Beine und sackte ins Stroh nieder, man zog den widerstrebenden Riesen weg und half ihr wieder auf. Das wurde mehrmals wiederholt. Ich fragte den Sohn des Verwalters, ob sie denn riskieren wollten, daß die Kuh sich die Beine bräche, aber er lachte nur. Noch zehn Minuten Spannung, dann ließ sein Vater den Versuch abbrechen. In der Nähe wieselten die Katzen um ihren leeren Blechteller herum.

7 Ausflug

Von einem Feld aus, das an einer Hügelflanke lag, sah man in etwa zwei Kilometer Entfernung das Dorf Drackenstedt. Es erschien in dem Dunst des Sommermorgens flach wie auf einem von Dürer gemalten Aquarell. Das Gefüge seiner Mauern und Dächer war für ein Dorf ungewöhnlich enggedrängt. Schön im Zentrum der Kirchturm, dessen Dach sich von den Häuserdächern fast nur durch seinen höheren Sitz unterschied.

Die Arbeit an diesem Tag war leicht: irgendwelche Sträucher ausreißen und zu einem Haufen zusammentragen, wo sie dann verbrannt wurden. Die Beschäftigung machte Spaß, wenn ich auf sie achtete, aber sie verlangte keine Konzentration und lenkte mich immer nur für Augenblicke von der Aussicht auf Drackenstedt ab. Am liebsten wäre ich gleich hinübergelaufen. Das zog ich jedoch nicht in Betracht, ich hielt mich für verpflichtet zu arbeiten.

Ich arbeitete dreimal mehr, als man mir hatte zumuten wollen, und das schon seit etwa zwei Wochen. Gerade heute hätten die Frauen mein Teil ohne Mühe miterledigen können. Anlässe, nicht weiterzuarbeiten, konnte es mehrere geben, nicht nur den einen, den mir Herr Königs eingeschärft hatte, und warum sollte es nicht ein erfreulicher sein: Lust zu wandern! Schließlich hatte ich Ferien, und die sollten nicht in erster Linie der Landwirtschaft, sondern meinem Wohlbefinden dienen. Diese Überlegung blieb außerhalb meines Kopfes, ich ackerte bis Feierabend und nahm mir den Weg nach Drackenstedt für nächsten Sonntag vor.

Sofort nach dem Frühstück ging ich weg. Der zwölfjährige Berliner wollte mitkommen. Diesmal wollte ich ihn nicht dabei haben. Ich machte ihm das irgendwie klar, und er blieb zurück.

Ich freute mich auf ein Stadtbild wie von Dürer aquarelliert – nun ganz nah und zum Drinherumspazieren. Die Szenerie, die ich dann durchstreifte, enttäuschte mich hier und bestätigte meine Hoffnungen dort. Die enttäuschenden Aspekte waren häufiger. Drakkenstedt war doch nur ein Dorf. Die Bauten waren niedriger und standen nicht so mittelalterlich eng beieinander, wie es von weitem ausgesehen hatte. Stellenweise zum Trost ein ganz hübsches handwerkliches Detail.

Meine Schritte knackten auf dem Kopfsteinpflaster wie die eines Eroberers, denn kein Einwohner – außer Katzen und Hunden – ließ sich vor mir sehen. Wo waren sie alle? Wahrscheinlich in der Küche, in der Kirche und in der Kneipe. Einige vielleicht auch beim Friseur, denn dessen Ladentür stand offen. Es herrschten Sonne und Staub, ich bekam Durst. Die Kneipe fiel mir dazu nicht ein, ich weiß gar nicht, wie sie aussah, ich vermute nur, daß es in Drakkenstedt eine gab.

Hergewandert war ich in einem nach links gestreckten, dann nach rechts verlaufenden Bogen. Am anderen Ende von Drackenstedt gelangte ich wieder zwischen die Felder, ging weiter und hoffte auf eine Abzweigung in Richtung Ochtmersleben. Sie fand sich: eine schmalere Landstraße. An ihrem Schnittpunkt mit dem Horizont standen hohe Bäume in regelmäßigen Abständen, darunter parkartiges Gehölz, dazwischen ein mächtiges Walmdach. Den Anblick erkannte ich wieder, wenn auch seitenverkehrt. Man sah das Anwesen von der anderen Seite, wenn man auf der Straße zwischen Dorf und Bahnhof Ochtmersleben war. Schon am Abend meiner Ankunft hatten Eva und ich es ein ganz hübsches Ausflugsziel genannt. Nun absolvierte ich diesen Ausflug gleich mit.

Das Walmdach thronte auf einem schlichten, aber barocken Gutshaus, aus dem ein Lärm wie aus einem Schwimmbad drang. Inletts und Decken in den offenen Fenstern, überall Wäsche zum Trocknen, Abfälle auf dem zertretenen Rasen, viele Kahlschläge im Gehölz, die nach Wut und Bedürftigkeit anstatt nach Gartenpflege aussahen. Ich bedauerte den nicht mehr hier weilenden Gutsbesitzer und stellte mir ihn mit Familie und Gästen in weißem Gartengestühl auf dem satten Rasen vor, in halblautem Geplauder begriffen und von geschultem, ganz stillem Personal mit Tee und Gebäck versorgt.

Zum Erzählen war das nichts. Ich war mit diesem Thema ohnehin auf der Hut. Vielleicht hätte ich bei Fräulein Träger und Herrn Königs mehr Glück gehabt als bei Peter v. K. Mit dem Steglitzer Ehepaar, besonders mit dem Mann, hätte ich es nach Herzenslust durchnehmen können, aber ich glaube, er ließ mich gar nicht zu Worte kommen. Das war in der letzten Woche und auf der Terrasse, wo ich, statt auf dem Feld zu arbeiten, Kartoffeln schälte oder Bohnen schnippelte. Der Steglitzer setzte sich dazu und unterbreitete mir ausführlich Partien aus seinem Leben. Vergangenes, zu Betrauerndes. Zum Beispiel die Wandervögel: er hatte diesen Verein mitgegründet, und in den zwanziger Jahren waren auch seine Kinder beigetreten und hatten viel davon gehabt – bis 33; dann wurde der Wandervogel gleichgeschaltet und ging in der Hitlerjugend auf. Er selbst habe 1938 noch ein gutes Werk an einem jüdischen Geschäftsfreund, der auswandern wollte, tun können. Der Betrieb wäre so und so arisiert worden, aber er habe einen anständigen Preis geboten und wohlgemerkt auch gezahlt. Das erklärte er mir so genau, als hätte er einen Rückerstattungsrichter umzustimmen. Der hinausarisierte Geschäftsfreund wird angefangen haben, sich um seine Rechte zu kümmern. Mir fiel die Frage nicht ein, ob es einen Unterschied gegeben habe zwischen der anständigen Bezahlung eines Juden und einem marktgerechten Preis.

8 Russische Suppe und Deputat

Zu einer Landidylle bei prächtigem Wetter paßte manövertreibendes, über Haus und Hof hereinbrechendes Militär. Diese Abwechslung wurde uns in meiner letzten Ferienwoche zuteil. Die Ordnung wurde auf den Kopf gestellt und blieb einige Stunden so stehen. Ich war meinen Arbeitsplatz im Küchendienst los und durfte herumlungern und gaffen.

Unsere Küche war beschlagnahmt. Fräulein Träger, die dort zu wohnen schien, mußte russischen Köchinnen Platz machen. Das war fremdartig; ich kannte Manöverschilderungen aus dem wilhelminischen Deutschen Reich und vor allem den Bilderschmuck dazu: Da sah man nur Männer, auch in und vor der Küche. Die Sowjetarmee ließ sich ihre Suppe von Frauen kochen.

Im Hause standen Türen sperrangelweit offen und knallten wieder zu, Vorhänge wehten, es roch im Treppenhaus nicht mehr nach naß aufgewischtem Holz, sondern wie Gartenluft. Würdevoll öffnete Herr Königs den hackenknackenden Offizieren die Glastüren seines Salons, das gab Luftzug und einen weiteren Türenknaller. Wir alle, Gäste wie Gastgeber, benahmen uns, als hätten wir soeben denselben, von Tolstoi oder Fontane stammenden Roman gelesen.

Währenddessen wurde unten emsig an der Suppe gearbeitet. Mehrere Sowjetbürgerinnen machten sich daran zu schaffen, von uns war keiner dienstverpflichtet worden. Manche, ich auch, hätten gern geholfen: damit es schneller ging. Trotz Gewirbel und Geschrei sah man keinen Fortschritt. Ich hatte Hunger. Durch die offenen Küchenfenster sah man drinnen Berge von zerschnippelten Gemüsen und gewürfeltem Fleisch. Nach langer Zeit kam ein anderer Klang auf: Kochgefäße wie Kirchenglocken. Das Gerenne hörte auf, das Geschrei ebbte ab. Es begann zu duften, fremdartig, aber gut.

Ich holte mir Augustäpfel, natürlich nicht aus dem Park, sondern aus dem Obstgarten. Diese Äpfel sättigen nicht, sie steigern nur den Appetit.

Neue Hörfolge zum quälend guten Geruch; Kochtopfgeläute und Wechselgang mehrerer kurz und bündig gellender Stimmen, anschließend Getrappel und Gestampfe aus dem Inneren der Villa, die Treppe empor. Eine Sowjetbürgerin trat vor die Küchentür, musterte uns, wies nach drinnen und begab sich selbst wieder hinein. Sie wies auf den hundehüttengroßen Kochtopf und sagte: »Essen!« Dann begab sie sich woandershin. Das war schon die Räumung der Küche gewesen.

Wir setzten uns wie gewohnt um den großen Eßtisch, auch Fräulein Träger und Herr Königs. Die Suppe war fett und ganz klar, aber es schwamm eine halbe Welt an Zutaten darin herum. Fräulein Träger knurrte eine unwirsche Anerkennung. Solche Suppen kochte sie nicht, sie band und verdickte alle Flüssigkeiten mit Mehl. Wir speisten zugleich mit dem Manöverstab, oder wie das Gremium im Salon hieß. Die Herren aßen so sprunghaft wie kleine Kinder. Immerfort ratschten Stuhlbeine, knallten Hacken und Türen. Fräulein Träger knurrte eine Bemerkung in bezug auf das Parkett. Herr Königs sagte gar nichts. Nach einer Stunde war alles hinausgepoltert und vom Hof gebraust, und Fräulein Träger konnte das Parkett inspizieren.

In diesen letzten Ferientagen scheine ich für meinen Lebensunterhalt nicht mehr viel getan zu haben – nicht mehr viel auf die gewohnte Weise. Ich sehe mich mit dem Zwölfjährigen frühmorgens zu einem Vorhaben aufbrechen, das uns beiden neu war. Den Achtjährigen nahmen wir nicht mit, er war jetzt so klein geworden, wie es seinem Alter entsprach.

Wir wollten einen Hamsterbau suchen und freilegen und die Wintervorräte des Hamsters beschlagnahmen. Mehrere Male hatten wir Pech, an meinem letzten Sonntag hatten wir Glück. Wir fanden den kleinen Eingang am Rande eines Feldes, über das gleichzeitig der Bauer Sasse geschritten kam, ein Zweimeterriese von urigem Typ. Er sagte freundlich etwas Unverständliches, wir antworteten, er schritt weiter. Wir arbeiteten sorgsam wie Archäologen; nach einer Viertelstunde hatten wir die Vorratskammer sauber aufgedeckt. Sie enthielt eine beachtliche Menge schwärzlicher, appetitlich aussehender Linsen, etwa zwei Pfund. Beim Einsacken warf mich eine Ohrfeige zwei Meter zur Seite. Ich konnte gerade noch den Verursacher erkennen: Bauer Sasse. Dann stellte ich mich tot. Den Zwölfjährigen schien es nicht so heftig erwischt zu haben. Als ich noch regungslos blinzelte, richtete er sich schon wieder auf. Der Hamsterbau war zertrampelt, Schuhgröße 46. Sasse stand in bedrohlicher Nähe auf der Landstraße und beobachtete uns. Wir machten uns in entgegengesetzter Richtung davon. Mir ist so, als hätte ich trotz allem einen Posten schwarzer Linsen mitgenommen und als hätten sie nachher zu Hause gut geschmeckt.

Beim Mittagessen fand der Zwölfjährige nichts dabei, das Erlebnis zu erzählen. Ich wollte es verschweigen, nicht nur weil es mich beschämte, sondern weil es mir unverständlich war. Fräulein Träger, die noch nie gelächelt hatte, und Herr Königs lächelten überraschenderweise. »Mit Sasse soll man sich nicht anlegen«, sagte Herr Königs. »Ausgerechnet«, sagte Fräulein Träger. Aufklärung gab es nicht.

Am letzten Tag, nach dem Mittagessen, händigte mir Fräulein Träger zwei Säcke aus, die dem Hamstervorrat ähnelten, aber viel schwerer waren. Ich mußte sie mehrmals darum ersuchen, es fing an zu eilen, wenn ich meinen Zug noch kriegen wollte. Es war das mir zustehende Deputat. Mein Koffer stand schon neben mir. Nachdem sie sich ein paarmal taub gestellt hatte, schrie sie unversehens »jaaah!«, riß die Säcke aus der Speisekammer und schmiß sie mir vor die Füße. Der eine enthielt getrocknete Erbsen, der andere Roggenkörner. Beides zusammen ein halber Zentner, dazu der Koffer. Mit schmerzenden Händen und Schultern und brennendem Schweiß in den Augen kam ich auf dem Bahnhof an, zehn Minuten zu früh.

9 Rückfahrt

Auf dem Bahngelände stand die kleine schwarzhaarige Frau, die vor vier Wochen, als wir von Salzelmen nach Magdeburg gefahren waren, im Nebenabteil gesessen hatte. Das Wiedersehen war kein Wunder, da ja ein großer Teil der Bevölkerung unablässig in Zügen unterwegs war auf der Suche nach Eßbarem. Ich sah zu, wie sie einstieg, und stieg zwar in denselben Wagen, aber in dessen anderes Ende.

Nach einer knappen Stunde hielten wir in Magdeburg auf Bahnsteig 6. Wir schleusten uns alle dicht an dicht in die Treppenschlünde des Unterführungstunnels ein und schwankten rennend und einander anrempelnd mit unseren schweren Säcken und Taschen den langen, im Krieg unbeschädigt gebliebenen Tunnel hinunter. Ich hatte es so kommen lassen, daß die kleine schwarzhaarige Frau in Sichtweite vor mich geriet. Sie hatte es eilig. Wenn sie einen Schritt zulegte, wo sich eine kurze Gasse zwischen Menschen bot, tat ich es auch.

Mir schmerzten wieder Hände und Schultern. Die Frau war leichter bepackt und darum schneller. Ich verlor sie ab und zu aus den Augen und sorgte dafür, daß ich sie wiederfand. Die Treppe zum Bahnsteig 2 war meine, aber ich wollte sehen, wo die Frau blieb. Wäre sie weitergegangen in Richtung der zerstörten Schalterhalle des Bahnhofs, hätte ich sie laufenlassen. Ich sah sie zum Bahnsteig 1 abbiegen. Erst als über den unteren Treppenstufen nichts mehr von ihr zu sehen war, wandte ich mich ab und stieg, parallel zu ihr, die Treppe zum Bahnsteig 2 hinauf.

Drüben verdeckte ein Zug den Blick auf den Bahnsteig. An unserem stand keiner. Man wartete in einer nicht erdrückenden, aber wenig Boden leer lassenden Menge. Ich hatte mich etwa zwanzig Schritte weit von der Mündung der Treppe aufgestellt, die drei Gepäckstücke vor meinen Knien, und schlenkerte die Arme.

Eine kleine, magere, bebrillte Frau mit dünnen grauen Haaren kam heraufgerannt. Sie drängte sich zwischen Dutzenden von Personen hindurch, stellte sich keuchend vor mir auf und fragte mich: »Wo is'n meine Schwägerin?« Ich antwortete: »Auf Bahnsteig eins.« Meine Promptheit wunderte mich, daher dieselbe Auskunft noch einmal als ganzer Satz: »Die ist zum Bahnsteig eins raufgegangen.«

»Danke«, keuchte sie und eilte davon, die Treppe wieder hinunter. Ich hatte sie noch nie gesehen.

10 Presse von auswärts und ein Besuch

Auf dem Platz vor dem nicht betretbaren Stadttheater, in das eine Bombe gefallen war, stand ein Tapeziertisch voll Zeitungen und Zeitschriften. Nicht selten waren die von Amerikanern redigierte »Neue Zeitung« und die von Briten redigierte »Welt« dabei. Ihr zunehmendes Genörgel über die Russen fand ich erfrischend zu lesen. »Der Tagesspiegel« und der »Telegraf«, beide in Westberlin von Deutschen herausgegeben, gerieten fast nie auf den Tapeziertisch; sie wurden in unserem Rundfunk und unseren Zeitungen nur mit dem Beiwort »Hetzblatt« erwähnt. Andererseits nannten unsere Medien den RIAS nie nur RIAS, sondern den »amerikanischen Hetzsender RIAS«, während sie die westdeutschen und den anderen Westberliner Rundfunksender ungekennzeichnet ließen.

In einer Seitenstraße neben dem Theater war Schwarzer Markt. Aus Furcht vor Razzien blieb ich am Eingang der Straße stehen und beobachtete von dort aus die enggedrängten, meist stillen Grüppchen der Handeltreibenden. Einmal verhafteten drei Militärpolizisten zwei sowjetische Soldaten, ein zackiger, an Pantomimenkunst erinnernder Vorgang ohne Zögern, ohne sichtbare Überraschung, ohne Mienenspiel. Ich hatte angefangen, nachmittags eine Zigarette zu rauchen; die Zigaretten kaufte ich einen Kilometer vom Schwarzen Markt entfernt am Hasselbachplatz. Dort streunten unauffällige Händler einzeln herum; nahmen Blicke entgegen und verschwanden hinter Haustoren; man folgte dem Verkäufer erst nach einer Pause.

In einem neu verglasten Laden in einer Ruinengasse am Breiten Weg – kleine blasige Scheiben in einem Holzrahmengitter – saß jemand an einem Schreibtisch, ein Telefon zur Rechten und einen Besucher vor sich. Auf einem anderen Tisch lagen in Stapeln »Nouvelle Revue Française« und eine Illustrierte »Cigogne« aus Straßburg. Ich kaufte »Cigogne«, weil sie auch einige Artikel in elsässischem Dialekt enthielt. Beim nächstenmal sah ich hinter den Fensterscheiben andere Leute zwischen denselben Möbeln und keinerlei Waren mehr. Da ich jeden Tag zum Bahnhof ging und dort meistens warten mußte, verbrachte ich viel Zeit vor dem neugezimmerten Zeitungskiosk in der oben aufgerissenen Schalterhalle. Es hingen nur Ostzeitungen, aber Westzeitschriften aus. Die meisten trugen den Vermerk »Jahrgang 1 / Nummer 1«. »Nummer 2« war seltener. Alle paar Tage müssen sich in den drei Westzonen Gründungen und Abbrüche ereignet haben. Beständig blieb die »Neue Auslese«, ein kleines, dickes, textreiches, immer erhältliches, obwohl von Amerikanern ediertes Heft. Jedes brachte außer amerikanischen, französischen und britischen auch eine etwas geringere Menge sowjetischer Beiträge, die weiter abnahm. Im gleichen Format, aber nicht offiziös wirkend, sondern musisch, erschien im November 1946 »Athena«, Jahrgang 1, Nummer 1. Wie es nun schon wieder vorkam, hatte ich im Zug einen Sitzplatz und Ruhe zum Lesen. Der Name des Herausgebers war mehrsilbig, vokalreich und mutete indisch an, Druck- und Verlagsort war der französische Sektor von Berlin. Zu Hause war Besuch eingetroffen: mein Bruder Christian, den ich über zwei Jahre nicht gesehen hatte. Als erstes holte ich das »Athena«-Heft aus meiner Schultasche und zeigte es ihm, selbst befremdet von meiner kindlichen Art, das Wiedersehen zu bewältigen.

Der Briefwechsel zwischen ihm und uns war mit der Zeit regelmäßig geworden. Als Briefperson aß und schlief er gut, las Bücher und nahm an Sprachkursen und anderen Lagerveranstaltungen teil. Einmal lenkte er einen Lastwagen der US-Armee nach Tours, nur weil er dort zum Zahnarzt mußte; wohl mit irgendeiner nicht ganz stichhaltigen Genehmigung, aber ohne Führerschein. Das amüsierte uns wie ein Studentenstreich. Der ganze Aufenthalt nahm sich von weitem wie ein Studium oder Praktikum aus. Da wir immer Hunger hatten, galt für unser Gefühl das eigentliche, jeden Tag erfolgreiche Studium dem guten Essen. Meine Mutter meinte, hoffentlich könne er es noch eine Weile genießen.

So mager wie wir war er nicht, aber doch verändert; er sprach, ging und hantierte mit einer Behutsamkeit, die ich an ihm nicht kannte; er schien sich ständig davor in acht zu nehmen, aus der Haut zu fahren. Wir verhinderten Esser ermaßen nicht, wie es einem bekommt, mehrere Jahre lang am Alleinsein gehindert und mit anderen verhinderten Privatmenschen zusammengesperrt gewesen zu sein. Nach einigen Tagen, als er einiges erzählt hatte, wandelte mich eine Vorstellung davon an, aber neben der Vorstellung von reichlichem Essen verblaßte sie wieder. Er reiste bald nach Münster zurück; bei der Entlassung hatte er als Heimatadresse die Wohnung von Tante Mieze angegeben.

11 Zeichnungen

Ein Viertel des »Athena«-Heftes war mit Porträtfotos und Kurzbiographien gefüllt, je zwei auf einer Seite: Dozenten der Berliner und Weimarer Kunsthochschule. Für 1946 reicht es noch, »Berliner« statt »Westberliner« zu sagen. Die Kunsthochschule in Ostberlin (Weißensee) war entweder noch nicht gegründet oder hatte nur Fachschulstatus, Unterscheidungen zwischen späteren Westberliner Kunstbeamten, Nationalpreisträgern der DDR und DDR-Flüchtlingen konnten noch nicht markiert werden. Henselmann (Weimar) war noch fünf Jahre entfernt von seiner Verantwortung für die Ostberliner Stalinallee und ihren furchtsamen Baustil. Carl Hofer (Berlin) genoß noch vier bis fünf Jahre Freiheit von den Adjektiven, die er dann bis zu seinem Tode 1955 nicht mehr loswurde: im Osten formalistisch, im Westen literarisch. Literarisch war schlimmer für ihn, weil es Mangel an Kunstverstand bedeutete und weil er seine Kunst im Geltungsbereich dieses Vorwurfs ausübte; seit der Befreiung von den Nazis leitete er die Berliner Kunsthochschule.

Dort wollte ich hin. Einladend sah er nicht aus: harthölzern, scharfsinnig, unnachsichtig, fast zornig. Was ich noch malte und zeichnete, gefiel nur meiner Mutter, andere bekamen es auch nicht zu sehen. Ich hatte nur innere Leere zu zeigen. Jedesmal wenn ich anfing, tat es mir leid um die weiße, meiner Leere trefflich entsprechende Bildfläche. Einmal blieb der Zeichenlehrer Griesing neben meiner ängstlichen Zeichnung stehen und sagte: »Der Herr Stolze war früher ein großer Maler. Wo ist das nur hin!« Seit er nicht mehr die NSDAP verkörpern durfte, klang sein Pathos kauzig. Ich deutete ein Kopfnicken an. In Salzelmen besuchte ich mit leeren Händen, aber eilfertig eine Malerin in mittleren Jahren, von der ich erst einen Tag zuvor gehört hatte. In der Nazizeit wird sie nicht haben auffallen wollen; Mangel hatte sie nicht gelitten, da sie Miterbin eines Großbauern war. Sie empfing mich sehr freundlich, stellte mir einen segeltuchbezogenen Klappsessel zurecht und rückte blau-rot-gelbe, starkformige, an »Brücke« und »Blauen Reiter« erinnernde Gemälde vor mir aus- und nebeneinander. Solche Bilder kannte ich nur durch Reproduktionen. Jetzt bekam ich ursprüngliche, auf keinen drucktechnischen Nenner gebrachte Ausdehnungen und Oberflächen zu sehen. Die Produzentin, in einem bläulichen, andersfarbig gesprenkelten Kittel, war sehr gesprächig. Hinter dem großen Atelierfenster und der halboffenen Glastür hatten wir Sonnenflekken, rauschendes Laubwerk und Hühnergackern. Eine wunderbar fremde Zeitscholle, rings umlaufen von acht- und kunstlosen, hungernden, an Essen denkenden Leuten und umlegt von einem mürrischen Land, das nur für Zuckerrüben und Kartoffeln, Essen und Hungern gut war. Ich dankte ihr aufrichtig, ging aber nie wieder hin, da ich nichts weiter zu sagen wußte und ihr meine Bilder nicht zeigen wollte.

Ein andermal besuchte ich einen Herrn Schmey, einen Tip von Studienrat Heinroth, den ich auf der Bahn zwischen Salzelmen und Magdeburg getroffen hatte. Heinroth durfte wieder unterrichten, aber zur Sühne für seine Nazivergangenheit und zur Probe auf seine Erkenntnisbereitschaft nicht an einer Oberschule, sondern an einer Grundschule. Er wirkte heiter und war nicht mehr erkältet. Er sagte, Zugang zu Malmaterial für mich habe einer namens Schmey, und nannte mir die Adresse; schönen Gruß.

Herr Schmey hatte eine Wohnung nicht weit von uns in einem der schöneren Häuser von Alt-Salzelmen: spätklassizistisch, hohe Stuckdecken, zweiflügelige Türen, großflächige Fenster. Der Raum, in den er mich einließ, war leer bis auf Tisch und Stühle, an den Wänden lehnende Mappen unbekannten Inhalts und Stapel von Aktenordnern. Er hatte ein rundes, freundliches Katergesicht. Nach einer Viertelstunde war ich so redselig, als hätte ich lange meine Muttersprache entbehren müssen. Er hatte Zeit. Wenn ich, aus meiner Begeisterung auffahrend, ihn danach fragte, winkte er ab und zu; zu hieß weiterreden. Er fragte mich, ob ich Lust hätte, zu einem Lichtbildervortrag über Carl Hofer mitzukommen, um 19 Uhr 30 in Schönebeck. Ich rannte nach Hause, um Bescheid zu sagen, und zurück zu Herrn Schmey. Das Gespräch auf den drei Kilometern nach Schönebeck war meins, für die Bilder an der Wand fühlte ich mich zuständig, den Vortrag hörte ich kaum. Auf dem Rückweg erzählte Herr Schmey von einem Zeltlager in den zwanziger Jahren. Sie hatten dicht an dicht gelegen wie Sardinen, da sei manches passiert, einfach weil die so wichtige Körperdistanz aus Mangel an Zelten nicht habe gewahrt werden können, und unmittelbar neben ihm ein wunderhübscher, tief nachdenklicher Junge, aber er sei stark geblieben, und darauf sei er heute noch stolz. Ich wußte, daß es Homosexualität gibt, aber zu antworten wußte ich nichts. Ich fürchtete, er wolle heute abend von dem Stolz auf seine Stärke ablassen; mein Widerwille wird deutlich gewesen sein. Wortkarg begleitete ich ihn zu seiner Wohnung und ging nach Hause.

Aus dem Malmaterial wurde nichts. Dabei lag mir die Ahnung fern, ihn verärgert zu haben. Ich fing an zu zeichnen: mit Tinte auf Geschäftsakten von Onkel Albert, die mein Vater nach Salzelmen verlagert hatte und die altershalber zwecklos geworden waren. Die Durchschlagpapiere sortierte er für sich aus, um sich damit die Nase zu putzen, da es keine Papiertaschentücher gab und da meine Mutter sich vor in die Wäsche gegebenen Stofftaschentüchern ekelte. Den starken Rest überließ er mir. Das Papier ermutigte mich, weil die Rückseiten durch Abdrücke von Schriftzeilen belebt waren. Meine Zeichnungen hatten alle eine satirische Tendenz, aber vielerlei Zielrichtungen. Er betrachtete sie schmunzelnd, meine Mutter fand sie köstlich.

Als ich einen starken Packen davon zusammen hatte, gab ich ihn eines Morgens Herrn Schmey; er fuhr jeden Tag nach Magdeburg, ebenso wie mein Vater, Eva, ich und Heinroth. Schon am nächsten Tag gab er mir den Packen zurück mit dem Rat, alles, am besten das ganze Leben, sein zu lassen. Die Zeichnungen seien: pathologisch! psychotisch! gefühllos! Der Zug näherte sich. Es wäre mir lieber gewesen, wenn er sich, wie meistens, verspätet hätte. Ich wollte Herrn Schmey im Freien noch etwas fragen, da ich ihn nicht richtig verstanden zu haben glaubte. Er stieg ein. Im Abteil stand man eng beieinander. Auf meine Frage, die hier nicht mehr unaufgeregt klingen konnte, antwortete er kaum, dann begann er ein Gespräch mit Heinroth. Während der dreiviertelstündigen Fahrt versuchte Heinroth ein Gespräch zu dritt, Schmey eines mit ihm und ich gar keins mehr zu führen. Immer wenn ich Schmey wiedersah, ignorierte ich ihn so emsig, daß er vor meinen Augen verschwamm; er hatte mit diesem Umgangsmittel mehr Erfahrung. Wenn ich Heinroth allein traf, beeilte er sich, mir Fragen zu stellen, die ich nicht ohne weiteres mit Schimpfen auf Schmey beantworten konnte. Ich antwortete kurz und schimpfte dann doch auf Schmey. Auf einmal forderte er mich auf, dann und wann ins Domizil des »Kulturbundes zur demokratischen Erneuerung Deutschlands« zu kommen und die Zeichnungen mitzubringen. Dort stellte er mich einem feinen alten Herrn vor, der Maler oder Zeichenlehrer gewesen sein muß. Dieser nahm alle Zeichnungen, die Schmey getadelt hatte, in die Hand und lobte meinen »beneidenswert sensiblen, leichten Strich«. »Siehste, es gibt immer mehr als nur eine Meinung«, sagte Heinroth zufrieden. Im Kulturbund gefiel es mir, ich wurde Mitglied. Bald danach gab es dort ein Revirement: der neue Kulturbundleiter war Herr Schmey.

12 Speisesitten

Im November wurde Onkel Alberts neues Geschäftshaus eröffnet, ein einstöckiger, L-förmiger Straßeneckbau mit ockerfarbenen Rauhputzmauern, kleinen vergitterten Fenstern, einer schweren Holztür und bläulichrosa leuchtenden Neonröhren, meines Wissens der zweite Nachkriegsbau in Magdeburg nach dem »Dalmatia«. Die dreistöckige Fassade des »Dalmatia«, das Tanzmusik, artistische und kabarettistische Unterhaltung anbot, erinnerte im Gegensatz zu dem Bau meines Onkels schon an moderne Architektur. Schulkameraden von mir wagten sich hinein und nannten den Jugoslawen, dem es gehörte, einen ganz gerissenen Hund, wie wenn er ihnen seine Beute gezeigt hätte. Er verzog bald nach Westdeutschland.

Wir feierten in dem kantinenähnlichen Vereinszimmer einer Gaststätte. Sobald alle saßen, verteilte der Prokurist einen größeren und einige kleine Gutscheine. Den größeren gab man ab, als das Essen kam, für die kleineren bekam man Bier und entweder »Trinkbranntwein«, einen wasserklaren Schnaps, oder Likör. Gegessen wurden Kartoffeln mit Sauerkraut und einer braunen Sauce und je eine Scheibe Wellfleisch. Man aß konzentriert und wortlos. Dann sprach Onkel Albert. Bis er geendet hatte, waren die geleerten Gläser gegen volle ausgewechselt, so daß alle auf die Zukunft des Webwarengeschäftes trinken konnten. Ein Baritonsänger vom Stadttheater, langjähriger Kunde, trug die Lieder »Caprifischer« und »Ja, der Chiantiwein« vor. Meine Mutter war nicht da. Gerade ihr hätte eine zusätzliche Mahlzeit notgetan, aber Gemütlichkeit unter vielen fremden Leuten, noch dazu zwischen geschlossenen Fenstern, war ihr ein Greuel. Eva und mir eigentlich auch; nur aus Pflichtgefühl gegen unsere Gesundheit, also um das Essen nicht verfallen zu lassen, feierten wir mit.

Wenn Frau Fiedler Geburtstag hatte, unterzog sich meine Mutter mit mir zusammen einer solchen Pflicht. Eingezwängt zwischen Tischplatte, Hausfrauen und Wand, litt ich unter der Vorstellung, mich zur Toilette hindurchzudrängeln. Frau Fiedler arbeitete an einem Nebentisch, auf dem zwei runde Kuchen und ein Stapel Kuchenteller standen. Auf jeden Teller legte sie zwei Stück Kuchen. Die Zahl der Teller entsprach der Zahl der Hungrigen. Wenn sie die Kuchen unzerteilt auf den Kaffeetisch gestellt hätte, wäre mancher Teller leergeblieben, vielleicht auch Geschirr zerschlagen worden, nicht im Zorn, sondern aus Hast. So äußerte sich die Gier nur als Sorge und in der Unfähigkeit, solange noch verteilt wurde, zu sprechen und zuzuhören. Als die Verteilung geglückt war, war auch die Sorge vergessen, und nach dem Kuchen kamen Gespräche auf.

13 Im Harz

Anfang Dezember verschwanden Wolken und Gegenwinde aus der Atmosphäre. Der Himmel war blau, die Temperatur betrug 20 Grad minus, die Thermometer schienen nicht mehr zu funktionieren. Manchmal veränderte sich die Skala kaum merklich. Wenn die Flüssigkeit anstieg, wandelte meine Mutter der Mut an, sich Tauwetter vorzustellen. Wenn die Flüssigkeit wieder gesunken war, fand ich mich bestätigt in meiner Gewißheit, daß die Bläue und der starre Wind uns überdauern würden. Das Leben verengte sich auf die Herbeischaffung feuchter Braunkohlen und die schwierige Mühe, damit ein Zimmer, ein einziges, zu erwärmen; auf die Besuche bei dem nicht zugefrorenen Wasserhahn im Keller, alle zwei Stunden Tag und Nacht; auf die Minuten am Radio zum Empfang des Wetterberichts, des strengen Tagesbefehls, aus dessen Wortwahl man immer etwas Versöhnliches herauszudeuten versuchte. Im Abfluß des Waschbeckens im Badezimmer wuchs unter dem Wasserhahn, der getropft hatte und dennoch eingefroren war, ein Stalagmit bis zur Höhe von zehn Zentimetern heran; er wurde ein Vierteljahr alt.

Indessen verschickte mein Vater mit der Bahn zwei Kartons voll Kartoffeln, Gesamtgewicht ein halber Zentner. Er hatte die Eingebung, Weihnachten und Neujahr mit uns in einer Winterfrische verbringen zu sollen. Uns anderen waren nur bombastische Hindernisse sichtbar. Beim Einpacken und Abschicken der Kartoffeln hat ihm keiner geholfen, er bat gar nicht erst darum. Plötzlich wurde die phantastische Reise am Eßtisch besprechbar – indem meine Mutter den ihr, Eva und mir unsäglich gewesenen Namen Viktorshöhe aussprach: Wenn wir wirklich nach Viktorshöhe wollten, müsse vorher noch eine Unmenge geregelt werden, eine Unmenge! Eva und ich schwenkten mit unseren Meinungen hinterher. Von dem Namen Viktorshöhe löste sich das Bild meines sinnlos tätigen Vaters, nun rauschten verschneite Tannenwälder um eine warme Gaststube mit Tellern voller braungebrutzelten Wildbratens. Es war so früh vor Weihnachten, daß meine Mutter einen Brief nach Münster schicken konnte, den Christian noch erhielt, bevor er über die sogenannte grüne Grenze zu uns kam. An einem sonnigen Vormittag bei 20 Grad Kälte traf er ein. Für den nicht eingefrorenen Wasserhahn im Keller wollte die Familie aus Danzig sorgen, die bei uns einquartiert war. Das sechzehnjährige

Mädchen, das meiner Mutter im Haushalt half, sollte die Rolläden herunterlassen, um der Kälte und den Dieben das Eindringen zu erschweren.

Dann kommt eine Unstimmigkeit: meine Eltern und ich reisten ohne Christian ab, vielleicht auch ohne Eva. Unser Abteil war nicht ganz dunkel. Die Fenster waren mit Brettern verschalt, durch deren Ritzen trotz dem immerwährend blauen Himmel Schnee hereintrieb. Im Wartesaal in Aschersleben aßen wir mitgebrachte Pellkartoffeln mit Salz. In Gernrode, einem schönen, bergigen Ort mit einer kathedralengroßen frühromantischen Kirche, gab es eine von Onkel Alberts Kontaktpersonen: den Besitzer eines Pferdeschlittens. Wir warteten auf ihn in einer Gaststube, in der es vier Jahre zuvor, als ich mit meiner Mutter zusammen vor Schule und »Pimpfen« ausgerückt war, noch Brot mit Harzkäse gegeben hatte. Auf dem Schlitten war nur für drei Personen Platz. Christian war nicht da, Eva glaube ich zu hören, wie sie sanft, umsichtig, alle Gesichtspunkte nennend, meine Eltern überredete, den Schlitten zu besteigen und mich mitzunehmen. Sie werde mit Christian nachkommen.

Um das Berggasthaus Viktorshöhe herum war noch Tag, aber es dämmerte bald. In den Schlafzimmern knackte und summte die Zentralheizung. Selbstgefühl wagte sich in die Muskeln: anstatt vor Kälte gekrümmt herumzuhuschen, bewegte man sich aufrecht, geradezu genüßlich. Auf Eva und Christian warteten wir bis kurz vor Mitternacht. Leute in der Gernroder Gastwirtschaft hatten ihnen erklärt, man müsse nur immer der Telegraphenleitung folgen. Die Drähte waren kaum sichtbar gewesen, der jeweils nächste Pfahl unauffällig hinter verschneiten Fichten, der plan erscheinende Weg eine Folge vorborgener Bodensenken und Wurzelknoten. Christian war still und erschöpft, Eva angeregt und gutgelaunt. Aber nun beanspruchte sie ein Zimmer für sich allein. Wie wir uns die Verteilung unserer drei Zimmer vorher gedacht hatten, weiß ich nicht mehr. Wir änderten sie, mein Vater, Christian und ich wohnten zu dritt; mein Vater schnarchte. Zum Frühstück ging man um einen Teil der kleinen Gebäudegruppe herum in ein Fachwerkhaus mit der Aufschrift »Gasthaus Viktorshöhe«. Innen links lag die Gaststube, ehemals mehrere kleine Räume, deren Zwischenwände bis auf eine entfernt worden waren. In der stehengebliebenen Wand saß ein grüner Kachelofen und heizte die verschieden großen Raumhälften. Es duftete eher nach Eichen- als nach Fichtenholz. Andere Pensionsgäste waren ein Herr aus Strausberg bei Berlin mit einem ostelbischen Adelsnamen und eine Familie aus Magdeburg. Deren Kopfzahl habe ich vergessen, einprägsamer ist das Frühstück geblieben, nein, auch das nicht: nur daß sie besser frühstückten als wir. Wahrscheinlich habe ich weggesehen, um mir nicht durch Mißgunst den Appetit zu verderben. Sicher ist, daß sie heißes Wasser bekamen und eine große Dose Nescafé zwischen sich stehen hatten. Herr von X. trank und aß nichts Besseres als wir, daher sehe ich ihn und seinen neben ihm männchenmachenden Terrier noch deutlich. Man wurde nicht satt, auch mittags und abends nicht. Die Magdeburger Familie schien jedesmal Nachschlag zu kriegen; ich sah nicht hin. An den Feiertagen nahm die Qualität zu, aber nicht die Menge. Mein Vater erwirkte, daß wir mehr Kartoffeln bekamen, gegen das Versprechen, noch einmal einen halben Zentner herzuschicken.

In der Silvesternacht gab der Wirt Kirschwein und Schnäpse aus. Der Kirschwein schmeckte mir und ermutigte mich, dem Mädchen, das mit dem Tablett voll Schnapsgläser herumging, immer wieder in den Weg zu treten. Zum Pinkeln spazierte man an den Waldrand, die 20 Grad Kälte waren eine willkommene Erfrischung. Auf einem Rückweg von dort sah ich meinen Vater gegen einen geschlossenen Fensterladen anrennen. Er hielt ihn für die Tür. Ich ergriff ihn am Arm und geleitete ihn leutselig plaudernd in die Gaststube. Er hatte sich die Stirn an dem eisernen Figürchen blutig gestoßen, das den Fensterladen verriegelte. Ich machte kehrt und suchte einen hölzernen Schuppen auf, in dem ein Klosett war, das selten benutzt wurde, ein Holzkasten über einer Grube, schlief ein und erwachte davon, daß Herr von X. »Herr Stephan Stolze!« rief. Ich tappte heraus. Christian und mein Vater waren schon schlafen gelegt worden. Meine Mutter, die nur ein Glas Kirschwein getrunken hatte, lag seit langem im Bett und kämpfte, wie sie am Neujahrstag schilderte, mit dem gräßlichen Gefühl, in einem sich drehenden Schacht unaufhörlich zu fallen. Im Morgengrauen streckte mein Vater die Beine aus dem Bett und urinierte, auf der Seite liegend, auf den Dielenboden. Um diese Zeit gingen Eva, Herr von X. und die Familie aus Magdeburg erst schlafen. Mittags war Eva schon wieder guter Dinge. Meiner Mutter war übel. Die beste Medizin für sie war Kaffee. Daher machte ich den Kaffee zum Gegenstand eines Streits, den ich bis auf sein Ende vergessen habe. Jemand könnte vorgeschlagen haben, der Magdeburger Familie etwas Nescafé abzuhandeln. Was wir dafür hätten bieten können, weiß ich nicht; vielleicht sollte an das Mitleid der Leute appelliert werden. Ich folgere, daß das Vorhaben meinem Vater zu peinlich war. Er sagte mehrmals nein. Zu wem? Ich glaube, daß Christian überredet worden war, ihn zu überreden. Eva saß mit mir an einem anderen Tisch und murmelte: »Ich hasse ihn, ich hasse ihn.«

Seit dem Einsortieren, Fortkarren und Abschicken der Kartoffeln war mir keine Entwicklung aufgefallen. Ich hatte gehungert und gefroren und hungerte nun, wenn auch erträglichermaßen, in einer warmen Gaststube inmitten verschneiter Wälder weiter. Ohne Zögern hielt ich meinen Vater wieder für eine ziemlich unnütze Person. Haß war mir zuviel, richtig waren Kälte und Schweigen. Zu seiner und der Nazis Zeit hatte er mich in Sommerfrischen, wenn meine Mutter nicht dabei war, zu einem richtigen deutschen Jungen machen wollen. Ein Schnellkursus auf weiten Spaziergängen mit Christian und mir, vom Losgehen bis zum Zurückkommen kein argloses Wort, nur Spott über meine Scheu vor Turnen, Schwimmen und »Pimpfen«. Mit zehn Jahren hatte ich ihm mein Vertrauen entzogen, ich teilte ihm nur noch Unumgängliches mit und sprach sonst nicht mit ihm. Nachmittags in Viktorshöhe setzte er sich mit einem Stoß alter Geschäftsbriefe, deren Rückseiten frei waren, an einen Tisch und schrieb: »Wilhelm Stolzes Leben. Von ihm selbst erzählt.«

1947

1 Heizen und Ernten

Unser Haus schaute uns mit eisblinden Fenstern entgegen. Die Sechzehnjährige war zu ungeschickt gewesen, die Rolläden herunterzulassen, und zu beschämt, um den Leuten aus Danzig Bescheid zu sagen. Meine Mutter wollte das Mädchen nie wiedersehen. Die Kälte im Zimmer war so schikanös, daß uns zu ihrer Erklärung der Winter nicht reichte, wir brauchten einen Schuldigen. Im Bett wurde mir bis zum Morgen nicht warm. Man schlief vollständig angezogen unter einer Schicht von Stepp- oder Daunen- und Wolldecken. Meine Mutter trug beim Schlafen Fausthandschuhe und ein Kopftuch; wenn man sie so liegen sah, lachte sie über ihre Verpackung. Am ausdrucksvollsten fror Eva: zornbebend, als sei die Kälte eine behördliche Zumutung, die sie überhaupt nichts angehe. Sie konnte andererseits am besten heizen. Mein Vater hatte den eisernen Ofen und für die Küche eine sogenannte Kochhexe beschafft, sonst hätten wir selten kochen und gar nicht heizen können. Wenn er jedoch den Ofen, wie er es nannte, »beschickte«, stieg die Temperatur im Zimmer nicht über 17 Grad. Eva schaffte 20 Grad, manchmal mehr. Meiner Mutter und mir ging das Feuer oft schon zwischen Papier und Reisig und den Obstbaum-Aststükken aus. Unser tägliches Kältemaß von 20 Grad minus reichte bis in den März hinein, dann kam ein heißer, grün-roter Sommer. Das Rote sind die Tomaten, die meine Mutter züchtete und in großen Mengen erntete. Mein Vater besorgte »Topinambur«, ein staudiges, anderthalb Meter Höhe erreichendes Gewächs, das sich rasch wie Unkraut vermehrt. Es bildet Knollen, die, wenn man sie kocht, weich und wäßrig werden und im Geschmack an Teltower Rübchen erinnern. Wir aßen sie fast jeden Tag, als Beilage zu Kartoffeln oder als Ersatz für Kartoffeln.

2 Anhalten

Ich gehe die Pfännerstraße hinunter und werde von Uwe Zieband angehalten. Ehe ich nach Worten suche, gebrauche ich den Kriegs- und Nachkriegsausdruck »anhalten«. Zieband kenne ich kaum, ich weiß aber, daß er »gesessen« hat. Er sagt, er habe Zeit gehabt, nachzudenken: die Redensart, mit der einen Staatsanwälte ins Gefängnis schicken. Lange habe er sich gesträubt, er habe es sich nicht leicht gemacht, aber nun wisse er, was er wolle: beim Aufbau des neuen Deutschlands mithelfen. In der »Freien Deutschen Jugend«. Ob das nicht auch mich interessiere? Ich beeile mich, nein zu sagen. Er ist mein Jungschaftsführer gewesen. »Im Glied« hat er mich nie gesehen, er hat mich nur auf der Straße angehalten und mein Attest geprüft, das neuer als ein Vierteljahr hat sein müssen, sonst war es abgelaufen, und ich mußte antreten. Ich sage glatt: Damals habe ich nicht mitgemacht, und jetzt mache ich auch nicht mit. Er bedauerte das, will mich aber nicht drängen. Seine Stimme kräht nicht mehr, sondern klingt warm, seine Diktion ist nicht mehr brüchig, sondern schwingend.

3 Orsina

Das Magdeburger Stadttheater sollte in Schönebeck mit »Emilia Galotti« gastieren. Da noch Platz im Bus war, durfte Eva mit einsteigen. Man wartete auf die Darstellerin der Gräfin Orsina. Statt ihrer kam die Nachricht, sie habe hohes Fieber. Eva wurde gefragt und bejahte, aber sie müsse noch den Text lernen. Aufstöhnen, Kopfschütteln. Eva sagte: Doch, es sei möglich. Man reichte ihr das Rollenheft. Sie begann zu lernen, beauftragte jemand, uns zu benachrichtigen, und lernte sitzend, aussteigend, sich umziehend und sich schminkend weiter. Frau Fiedler kam mit umgebundener Schürze angerannt. Wir eilten zu dem Nottheaterbau an der Friedrichstraße. Ein Weltmann trat vor den Vorhang und bat um zwanzig Minuten Geduld wegen plötzlicher Krankheit und dankenswerten, das Unmögliche ermöglichenden Einspringens. Die Orsina rauschte auf die Bühne, akzentuierte scharf, versprach sich nicht und wartete nicht auf das Geflüster aus dem sperrhölzernen Souffleurkasten, in dessen Nähe sie vorsichtshalber bleiben sollte. Sie zitterte nicht vor Angst zu vergessen, was sie sagen sollte, sondern vibrierte vor Angriffslust. Sie sprach mit starker, fremder Stimme und unternahm plötzliche, die Partner zum Ausweichen vor dem Reifrock nötigende Schritte.

4 Ludmila Tcherina

Bevor Eva im Herbst in Köthen, anderthalb Bahnstunden von uns entfernt, ein Engagement antrat, ging sie oft mit mir ins Kino. Wir sahen die ersten DEFA-Filme, einige englische und französische und nur einen sowjetischen. Danach ging meine Mutter mit. Der »Dreigroschenoper«-Film von 1931 machte mir Spaß und zu meiner Überraschung auch ihr. Zuschauer tappten hinaus; als Licht gemacht wurde, waren nicht viele übriggeblieben. Der noch neue französische Film »Un revenant« beeindruckte uns beide, so daß wir auf dem Heimweg zunächst nicht viel sagten. Meinen Grund, zu schweigen, behielt ich weiter für mich, lobte alles übrige und sparte ihn aus wie einen Brunnen: eine junge Schauspielerin namens Ludmila Tcherina. Louis Jouvet, ein nicht mehr erwarteter Heimkehrer, rächt sich tödlich an seiner vielköpfigen Sippschaft. Den Schuldigen geschieht recht, aber auch die ganz Jungen, die zur Zeit der Intrige, die ihn vertrieben hat, noch gar nicht gelebt haben, verschont er nicht. Ludmila Tcherina, im Film eine arglose Nichte, von Beruf Tänzerin, stürzt vom Schnürboden. Ich glaubte Jouvet vorher ein Bedauern anzusehen – das er jedoch seinem Vorsatz unterordnete. Sooft mich keiner anredete, auch beim Mittagessen, vergegenwärtigte ich mir die Tänzerin. Manchmal schritt ich ein und wendete die Gefahr ab. Wir empfahlen den Film ich weiß nicht mehr wem, und ich ging mit ins Kino, ohne viel Neigung dazu zu zeigen.

5 Hungerödeme

Eines Spätnachmittags kam mein Vater ins Haus und sagte, jemand anderes solle »die Pflanzen wässern«, er sei zu schlapp. Ein Neugier weckendes Eingeständnis, denn sonst arbeitete er, bis nichts mehr zu tun war. Meine Mutter bekräftigte sofort, er solle sich mehr schonen. Ich war so verblüfft von beiden, daß ich fast unwillkürlich hinzufügte, ich wolle das Gemüse gießen. Ein andermal stritten sie sich im Garten; meine Mutter ließ ihn stehen, kam in die Veranda, wo ich Schularbeiten machte, und gab folgendes wieder: Er sage, früher habe immer zuerst der Familienvater zu essen gekriegt, so viel, bis er genug hatte, dann erst Frau und Kinder. Das sei rechtens, und das verlange er nun auch. Sie habe ihn angeschrien: Die Kinder bauen noch auf! Wir bauen längst ab! Dazu habe er sich taub gestellt.

Er fühlte sich immer öfter schlapp. Seine Füße und Unterschenkel schwollen straff und rosig an. Sein Bruder überredete einen Kunden, der Arzt war und ein Sanatorium im Harz leitete, zu der Sondervergünstigung, meinen Vater für fünf Wochen in Pflege und Verpflegung zu nehmen. Die dürftige Verpflegung balancierte die Medikamente nicht aus. Er kehrte mit greisenhaften Schritten, zitternden Händen und einer gestörten Verdauung zurück und legte sich sofort ins Bett. Doktor Guichard kam mit seiner alten Ledertasche voller Medikamente, ließ einiges da und verschrieb noch mehr. Das Gesicht und die Hände meines Vaters, mager, bleich, welk, schienen mit dem, was Doktor Guichard aufdeckte, betrachtete, wieder zudeckte, den prallen, rötlichen Füßen und Unterschenkeln, nichts mehr gemein zu haben. Die Medikamente rührte er nicht an, auf das Schimpfen meiner Mutter antwortete er nicht. Plötzlich lagen auf dem Nachttisch neben ihm vier dicke, grau eingebundene Bücher. Er muß abgewartet haben, bis sonst keiner zu Hause war, um die Treppe hinab zu seinem Bücherschrank zu tappen und sich diesen Lesestoff zu holen: Sebastian Kneipps gesammelte Werke. Kneipp war Mitte bis Ende des 19. Jahrhunderts Pfarrer in dem bayrischen Ort Wörishofen gewesen. Die grauen Bände waren mit Beschreibungen von Krankheitsfällen, Heilverfahren und Genesungen und mit vielen Illustrationen gefüllt. Durch Portionierung und Variierung der Methode ergaben sich etwa ebenso viele Heilverfahren wie Gebrechen. Zu etwas Wunschgemäßem hatten sie alle geführt, und wenn es nur eine Linderung der Schmerzen war. Das Heilmittel war kaltes Wasser: als ruhende Masse, der man seine ganze Person oder auch nur einen Körperteil unterzog; als Duschregen, dem man sich vollständig oder teilweise stellte; als beinahe fester, aus einem Schlauch abgeschossener, ein ausgemachtes Ziel mit einer bestimmten Intensität treffender Körper.

Die Verwandlung des heißen Sommers in Kälte vollzog sich langsam und fiel mehrmals in wohlige Milde zurück. Aber durch Furcht vor dem Frieren hätte sich mein Vater wohl auch nicht beirren lassen. Jeden Tag hielt er das Badezimmer ein dutzendmal für eine halbe Stunde besetzt, plätscherte und duschte. Doktor Guichard rief, die Treppe herunterpolternd, er gebe die Verantwortung auf und werde nicht wiederkommen. Wenn meine Mutter meinen Vater zur Vernunft mahnte, schwieg er. Von der Hoffnung auf unsere Sympathie schien er sich befreit zu haben. Sein Mitmensch war Kneipp, sein Umgang kaltes Wasser, sein Ziel die Fortsetzung eines unerfreulichen Lebens.

Die herrschende Macht, Russen und Kommunisten, nannte er »diese Banditen«; das Unterste war ihm zuoberst gekehrt. Meine Mutter versorgte ihn unfreundlich wie eine überarbeitete Krankenschwester, Eva zeigte ihm Feindschaft, ich Gleichgültigkeit. Manchmal, selten, bekam er ein Briefchen von einem, der mit ihm zusammen in Göttingen studiert hatte. Darüber freute er sich so ausgiebig, daß es uns befremdete. Solcher Briefwechsel endete nach und nach mit Todesanzeigen. Der Garten gedieh gut, ausgenommen die Weintrauben, die meinem Vater besonders am Herzen lagen: Jedes Jahr, wenn sie noch klein waren, spritzte er sie mit einer Kupferlösung ab, woraufhin sie zu Pfefferkörnern zusammenschnurrten. Sonntags erbaute er sich in der Kirche. Bis Kriegsende war ich gern mitgegangen, meine Mutter zuweilen auch, aber ohne die Nazis langweilte uns die Erbauung, und er mußte allein hingehen.

Zu Anfang des Winters sehe ich ihn wieder den Ofen heizen. Gleich daneben stand das Marmortischchen voller Tassen, die kalten Kräutersud enthielten; Salbeitee, Leinsamentee und andere Tees. Er schaute vom Nachmittag bis zum Abend auf die darüber pendelnde Wanduhr und nahm die vorgeschriebenen Teelöffelmengen ein. Seine Hände zitterten nicht mehr. Meine Mutter nahm die üblen Düfte und die schmierigen Tassen in Schutz: er wisse genau, was ihm guttue.

6 Kundschaft

Auf der Straße, die zwischen der Bahnlinie und dem Gradierwerk entlangführt, sehe ich hinter einem moosbewachsenen Zaun unter Fliederzweigen an einer feuchten, moosbewachsenen Hauswand ein Schild:

F. Wunderlich
Buchhandlung
u. Antiquariat

Ein Holzschild mit verblaßter bräunlicher Schriftbemalung; mir ist es neu. Ich öffne ohne zu zögern die Gartentür. Es ist wie eine

Pause vom Üblichen: Üblich ist, daß ich in fremdes Terrain nicht eindringe, außer ich bin dazu gezwungen oder dort angekündigt. Als Einschränkung spüre ich das Übliche nur dann, wenn es wie ein Krampf nachläßt. Manchmal braucht der imaginäre Muskel eine Erschlaffung, dann handle ich gedankenlos. Die Tür ist ein Seiteneingang, die Klingel ist ein Glöckchen, das drinnen scheppert, nachdem ich an einem Griff gezogen habe. Eine alte Frau macht auf, zeigt auf die Treppe und verschwindet hinter einer Korridortür. Ein Stockwerk höher öffne und betrete ich einen Raum wie ein großes Wohnzimmer mit Wänden voll alter Bücher und einem Tisch so lang wie zwei Betten, auf dem Neuerscheinungen liegen. Hinter einer angelehnten Tür wird ein Gespräch unterbrochen. Ich höre Schritte, die ich kultiviert nenne: präzise aufsetzend, in ganz gleichmäßigem Zeitmaß, ausdruckslos. Jedesmal quietscht entweder das Linoleum oder das Schuhleder. Es ist ein kleiner Herr mit sehr dicken Brillengläsern. Er sagt wenig, lächelt ein Augurenlächeln und geht wieder. Bald danach kommt seine Frau aus dem Parterre. Sie hat einen schaukelnden Gang infolge eines Hüftleidens, ist größer als er, redselig und neugierig. Mir fällt ein, ihr meine Kinder- und Jugendbücher anzubieten. So statte ich mein Eindringen nachträglich mit einem ohne weiteres verständlichen Vorsatz aus. Ich glaube zwar nicht, daß mich je ein Mensch fragen wird, warum ich hier eingedrungen sei, aber ich ertrage mich hier selbst nicht ohne vorgeschobenen Grund. Auch so noch finde ich mich grund- und zeitlos. Mir ist etwa so, als stellte ich eine Person dar, die nicht hier ist, die aber auch nicht woanders sein kann, da ich ja hier bin.

Sie ruft ihn dazu. Er sagt, Karl May sei, glaube er, jetzt mißliebig. Er wisse es nicht genau, aber je genauer man frage, desto seltsamer die Antworten. Vielleicht genüge den maßgebenden Leuten schon eine genaue Frage, um ihm den Laden dichtzumachen. Also Karl May lieber nicht. Das übrige könne ich ihm mal zeigen. Damit ist mein Vorsatz gemeldet und als Grund anerkannt. Mit der Muße, die ich außerdem noch habe, widme ich mich den Bücherwänden, geduldig entziffere ich Buchrückenbeschriftungen, neugierig ziehe ich manches heraus, blättere, vertiefe mich sogar; auf die Zeit, die ich verdränge, kommt es mir nicht mehr an.

7 Beurteilungen

Wir besuchen eine frühere Schülerin meiner Mutter, die mit ihren drei Kindern in Staßfurt wohnt, vier Bahnstationen entfernt. Ich bringe eine Mappe voller Zeichnungen und Wasserfarbenbilder mit, denn es wird ein Maler oder Kunstkenner dort sein. Gleich nach dem Öffnen der Mappe fasse ich mich als Kind auf. Was er anrät, fragt oder bemängelt, versehe ich mit Antworten, die nur Schnörkel sind – artige, bestätigende oder auch durch Zögern Zweifel andeutende. Er sagt das Wort »Brotberuf«. Kunst sei ein schweres Leben, und er ersehe nicht, ob ich das könne. Ich verabscheue die Zukunftsvorstellung »Brotberuf«. Mein Gefühl sagt mir, ich sei ein Genie; im Grunde ertrage ich keinen Vergleich und halte mich für *das* Genie. Andererseits sind mir meine hier entblößten Produkte peinlich, ich erkenne in ihnen nur Unvermögen, Vertuschung und Anmaßung; ich hoffe, daß meine Scham sich als weltfremd, als allzu rigide erweisen werde. Der Mann fand das, was er sah, offenbar nicht besser als ich und zog seine schauderhafte Folgerung. Am Ende wird mir heiß, auf dem Gang zum Bahnhof stolpere ich, im Zug merke ich am Pulsschlag, daß ich Fieber habe. Ich beschimpfe Mitfahrende, deren Drängeln mich erbost. Zu Hause im Bett habe ich 39 Grad und einige Striche darüber. Am nächsten Morgen bin ich wieder gesund.

Mit dieser Mappe besuche ich auch einen in Magdeburg, einen etwa dreißigjährigen Maler, flott und nett wie Evas Kollegen am Köthener Stadttheater. Da ich angekündigt bin, brauche ich nicht viel zu sagen. Er erwähnt, daß er in Paris studiert habe. Zu sehen sind elegante weibliche Akte. Ich vollziehe einen Rundblick mit einem nicht abschätzigen, aber auch nicht wohlgefälligen Gesichtsausdruck, dabei nicke ich sachte und flach mit dem Kopf. Ich könnte behaupten, es sei nur ein Kopfwiegen gewesen. Es ist immerhin möglich, daß die Aktbilder von einem Kitschfabrikanten stammen, den er nicht mag, und daß er mein Urteilsvermögen prüfen will. Die Bilder sind ihm zuzutrauen, aber ich traue der Wirklichkeit das Allergegenteiligste zu. Er hockt auf etwas Niedrigem, hat die Mappe vor sich auf dem Boden und bleibt bis zum letzten Blatt gleichmäßig nett; weder bei den schlimmsten noch bei den besten Blättern verändert er sich. Ich finde, daß er sich wie ein Kunde, der billig kaufen will, benimmt. Eine oft wiederkehrende Eigenart gefällt ihm nicht. »Siehste, da ist das wieder«, sagt er.

Wenn er mein Lehrmeister werden soll, werde ich mir seinen Geschmack merken müssen. Ich verteidige die Eigenart nicht, nehme mir aber auch nicht vor, sie abzulegen. Er klappt die Mappe zu, ich nehme sie unter den Arm. Von ihm halte ich nichts, von dieser Einschätzung und von mir, der von seinen Einschätzungen nichts hält, auch nichts. Wir verabreden seinen Besuch bei meinen Eltern und schütteln uns die Hände.

Bei uns zu Hause wirkt er nicht so flott, der Polsterstuhl scheint ihm zu hoch zu sein. Von der ihm mißfälligen Eigenart sagt er munter: »Er hat schon versprochen, er will sich das abgewöhnen.« Ich lächle höflich, meine Mutter nicht. Als er weg ist, zitiert sie ihn: »Abgewöhnen! Versprochen abzugewöhnen! Das ist ja eine furchtbare Auffassung!« Ich erkenne das als meine Meinung, die ich nicht zu haben wage, bin betroffen, da meine Mutter eine meiner Eigenarten ernster nimmt als ich, und freue mich, daß man nicht in mich hineinschauen kann und daß ich den Maler, ohne mich zu äußern, losgeworden bin.

8 Mitmachen

Also gehe ich weiter zur Schule. Am Wochenende werden uns Orte und Zeiten des Unterrichts für die nächste Woche zum Mitschreiben diktiert. Wo und wann auch immer bekommen wir jeder ein Brötchen, das infolge verfrühter Backtermine und verzögerter Transporte niemals knusprig, sondern immer lederig ist. Ab November gibt es außerdem eine große sauersüße Ascorbintablette.

Nach dem Unterricht – heute in einem fremden Schulhaus vom späten Vormittag bis etwa 16 Uhr – warten einige von uns, auch ich, bis alle da sind, die zum Hasselbachplatz wollen. Gesprochen wird von dem Chemielehrer Esser, der die letzte Stunde gegeben hat. Sie loben ihn, zuerst gleichzeitig, dann sauber nacheinander. Stichworte und Bewertungen aufgereiht wie in einem einträchtigen, Pausen und Textabweichungen ausschließenden Kanongesang. Diese Wallung muß sehr schnell, gleich nach dem Verlassen der Klasse, also auf den Treppen, entstanden sein. Ich habe nichts davon bemerkt; um den Anschluß nicht zu verlieren, füge ich etwas Bekräftigendes hinzu. Daraufhin schließt mich einer mit der zutreffenden Vorhaltung aus, ich könne doch mit Esser nichts anfangen und er mit mir auch nicht. Ich versuche unbekümmert auszusehen.

Nachdem wir losgegangen sind, bin ich auch von nichts Besonderem mehr bekümmert, ich spüre nur einen schwachen Druck aufs Luftholen, eine leichte Mißlichkeit im Brustkorb. Den Weg mache ich am Rande mit. Wenn wir uns beim Ausweichen oder beim Überqueren einer Straße umgruppieren, so daß ich in die Mitte gerate, ziehe ich mich wieder an den Rand zurück. Mir fehlt Gesprächsstoff. Sobald mich einer anredet, ängstige ich mich vor der Pause, die gleich einreißen wird und an der ich schuld sein werde. Beim In-der-Mitte-Gehen verwandle ich mich in einen trottenden Turm, an dem vorbeigeredet werden muß. Ich mag mich nicht sehr. Die anderen, die mich mittrotten lassen, mag ich noch weniger, aber ich will nicht ausgeschlossen werden. Damit die Tonangebenden mich nicht ausschließen, stimme ich ihnen zu; dabei vermerke, verabscheue und vergesse ich ihr großspuriges Gehabe.

Am Hasselbachplatz stellen wir uns auf immer dasselbe Stück Fußweg, das nicht breiter ist als seine beiderseitige Fortsetzung. Vor uns auf der Fahrbahnmitte hält die Straßenbahn, manchmal drängt sich einer mit angewinkelten Ellbogen Schimpfworte murmelnd zwischen uns durch, oder ein Polizist fordert uns auf, Platz zu machen. Einige Schritt weiter stehen Mädchen an einem Laternenpfahl, an den sie ihre Schultaschen gelehnt haben. Sie sind weniger zahlreich, kommen später und gehen früher. Wir zucken mit den Beinen wie Sportler bei Lockerungsübungen und rauchen ohne Unterlaß, unsere Gesichter drücken heitere Gewißheit aus. Ich trage einen Hut, einen alten, aber flotten. Wäre ich der einzige mit Hut, würde ich ihn das nächstemal zu Hause lassen. Schließlich sagt einer, der nicht ich bin, »ich ziehe Leine«, und geht weg. Ich verlasse meinen Posten frühestens als zweiter. Solange ich noch zu sehen bin, gehe ich unsicher; dann ist das Ritual für heute beendet.

Wie kann man sich diese Anpassungsqual zumuten? In den letzten Nazijahren hatte ich ein leichtes Leben gehabt, vorgeblich krank, von der Schule und den »Pimpfen« befreit und nicht genötigt, ja oder nein zu sagen, etwas zu tun oder zu verweigern. Das Milieu war kaum wirklicher als ein Film gewesen, von dem man sich abwenden kann; ich hatte mich meinen Vorsätzen und Vorstellungen zugewandt. Als der Nazifilm ablief, erwiesen sie sich als seine Spiegelungen, sie verloren ihren Grund, ihren Sinn und bald allen Reiz. Ich richtete die Praxis, mich abzuwenden, gegen mich selbst; die Sehnsucht nach Selbstbewußtsein trieb mich zu selbstbewußten Altersgenossen, und deren Vorbild entselbstete mich zu ihrem Schatten. Was ihnen Spaß machte, begriff ich nur als Wiederholung, als Konvention. Jetzt war die Konvention dran, Mädchen zu beeindrucken. Sie erforderte Mut, Witz und Spontaneität. Eine artistische, nicht erlernbar scheinende Lebenskunst. Um sie dennoch zu erlernen, ging ich bei den sonnigsten Kameraden in die Lehre. Ich wunderte mich über meine zunehmende Schwerfälligkeit und fürchtete, das Naturell meines Vaters sei dabei, mich einzuholen.

9 Gastfreundschaft

Zur Tanzstunde komme ich in einem schwarzen Anzug mit dunkelgrauen Streifen, der im selben Koffer gelegen hat wie der Hut. Beides hat meinem vierzehn Jahre älteren Halbbruder gehört, als er so alt gewesen ist wie ich jetzt, 1933 oder 1934. In dem Anzug kann ich mich unbesorgt sehen lassen, obgleich die Wattepolster, die breite, waagerechte Schultern vortäuschen, aus der Mode gekommen sind. Die neue Herrenmode können nur wenige bezahlen, sie ist keine Norm: Schultern ohne Watte, sehr lange zweireihige Jacketts und Hosen, die eine Handbreit über den Knöcheln enden, so daß man die weiß-bunten, quergestreiften Socken sieht. Die Träger solcher Anzüge halten wir für Schieber. Das Hemd, das ich trage, hat mir Trautchens Mutter aus einer weißen Damasttischdecke geschneidert; ich habe zwei davon. Dazu ein schwarzroter seidener Schlips aus demselben Koffer wie Hut und Anzug.

Nach der Tanzstunde fährt kein Zug mehr. Ich übernachte bei einem jener Mitschüler, mit denen ich nicht reden kann. Eine ältere Schwester von ihm ist mit Eva befreundet. Die Leute bewohnen am Rande eines Fabrikgeländes eine Villa im Stil eines Loireschlosses, rote Ziegelmauern und weiße Pilaster und Friese. Die Zentralheizung durchwärmt das ganze Gebäude, Vertriebene sind nicht darin einquartiert, zum Frühstück wird anstelle von Kaffee-Ersatz Kaffee getrunken. Eines Abends sitzt ein uniformierter britischer Major im Wohnzimmer, nicht wie ein Sieger, sondern wie ein Geschäftsfreund, und hat eine Flasche Scotch Whisky mitgebracht. Eine Verlagerung des Betriebes in die britische Zone wird sachte vorbereitet. Man will damit noch warten, bis der Mann der ältesten Tochter aus sowjetischer Gefangenschaft heimkehrt. Auf dem Hof steht ein Auto, ein viersitziges Kabriolett: Mein Mitschüler lädt mich mitunter zu kurzen Stadtfahrten ein, bei denen er sich nicht von der Polizei erwischen lassen darf, da er keinen Führerschein hat.

Seine Mutter sagt zu jemandem, der sich gerade dazusetzt: »Denk mal, dem alten Stolze geht's so schlecht.« Ich muß lachen, erkünstele einen Lachanfall und erkläre, das höre sich so an, als ob eine Gutsbesitzerin von einem Tagelöhner rede. Hätte ich die Dame kritisieren wollen, so hätte ich es nicht gewagt; es klingt allerdings doch wie eine ironische Kritik. Die Dame sieht stattlich und vornehm aus, ihr Sohn und ihre Töchter ähneln ihr. Der Vater scheint so wenig Achtung zu genießen wie mein Vater bei uns. Er ist unansehnlich. Wenn er den Raum durchquert, unterbricht man Gespräche, redet aber nicht mit ihm; er selber sagt wenig. Er läßt Lackfarben herstellen, und zwar in mindestens zwei Güteklassen. Ein Posten der einen ist uns durch Evas Vermittlung verkauft worden. Diese Qualität blättert unablässig von den Türen, alle paar Tage hilft man mit dem Handfeger nach. An den frisch aussehenden Anstrichen im Elternhaus meines Mitschülers ist nichts auszusetzen. Als ich diesen Vergleich endlich einmal anstelle, spendet er seinem Vater ein ironisches Lob wie für einen Schlauheitsbeweis in einem Gesellschaftsspiel.

Meistens ist ein kleines Zimmer für mich frei. Sobald ich allein bin, streife ich den Krampf von den Lächelbacken und den hochgezogenen Schultern ab wie eine Gummihaut und genieße es, zu lesen und noch lange wach zu bleiben. Morgens komme ich ungern hervor. Jeder Schritt auf der Treppe ins Erdgeschoß ist eine wundersame Anmaßung, die ich, falls mich einer zur Rede stellt, nicht rechtfertigen kann. Jeder Beliebige, auch die Putzfrau, dürfte mich anhalten.

Diejenigen Tanzschüler-Eltern, die genug Platz und Bewirtungsmittel haben, geben Hausbälle. Ich werde nur in dieses Haus eingeladen. Als ich komme, hat man noch mit Tischdecken zu tun, es klingelt, eine Brünette tritt ein, und man setzt uns zusammen ins Wohnzimmer. Sie hat schöne, nicht spöttische Augen und ist mir angenehm, infolgedessen kann ich kein Wort sagen. Während ich Wörter prüfe und verwerfe, sagt sie auch nichts. So verstreicht eine Viertelstunde. Dann sind alle da, es gibt Essen, jeder findet eine Tischdame, obgleich nicht jeder eine mitgebracht hat. Rechts neben mir sitzt die Schönste von allen. Der Sohn des Farbenfabrikannten hat ein etwas näheres Verhältnis zu ihr, aber ganz offensichtlich ist es nicht. Ich frage sie, was sie werden will. Sie antwortet mit gedrosselter, Heiserkeit imitierender Stimme und in dem trägen Tonfall, der Erfahrung, Erfolg und Desinteresse am Erfolg anzeigt: Schauspielerin. Sie wird mitteilsam und erwähnt Einzelheiten, Hindernisse, Begleitumstände. Sooft sie Pausen läßt, schmeichle ich ihr maßlos. Dabei wird sie gewahr, mit wem sie sich abgibt, antwortet einsilbig und wendet sich ab.

10 Damen

Es war Sitte, nach der Tanzstunde eine Dame nach Hause zu bringen. Meine Mitschüler kannten diese Sitte; einige, viele oder gar alle außer mir hatten schon eine Dame gefunden. Ich sah mir passieren, daß eine erste, zweite, dritte, soundsovielte Dame nein sagte, immer schneller, immer unfreundlicher, da die Reihenfolge ja einer Bewertungsskala gleichkam, und daß einer, der längst ihr Herr war, hinzutrat und sie mir fröhlich grinsend wegnahm. Also musterte ich gleich diejenige heraus, die mir am meisten mißfiel, die unterste Sprosse der Bewertungsskala. Ich ging ohne Eile hin und empfahl mich ihr mit einem einzigen, nicht einmal fragenden Satz und ohne Lächeln. Wahrscheinlich hat sie die Beleidigung nicht ganz verkannt, aber sie war noch ausdrucksärmer als ich. Stimme und Wortwahl wie von einer alten Tante entliehen. Das kräftigte meine Stimme und meine Wortwahl, fast konnte ich schon eine Dame unterhalten. Beim Weggehen hatte ich die Idee, eine schöne Seele in ihr zu suchen, aber auf dem Wege gab ich mir keine Mühe mehr. Ich hoffte, nicht mit ihr Straßenbahn fahren zu müssen: am Haltegriff schwanken, sie anschauen und immer wieder plaudern. Sie sprach nur, wenn sie gefragt wurde. Wir hatten nur zu laufen, es war auch nicht weit.

Wir verhielten uns wie unter Aufsicht. Man redete sich mit Sie an. Mit einer Dame sprach man nicht ziellos wie mit einem Freund, sondern man flirtete. Flirten hieß, das ganze Gehabe mit Zielbewußtsein zu durchtränken. Ich wußte nicht, wie man das macht; und da meine Dame sich äußerlich nicht lohnte und ihre Seele, die sich vielleicht auch nicht lohnte, allzutief unter der Kruste versteckt hatte, sparte ich mir die Arbeit. Einmal brachte ich sie noch nach Hause, dann versuchte ich sie umzutauschen. Einen

Monat später – es war abends noch wärmlich gewesen, jetzt herrschte Frost – hatte ich viel Glück: Eine frisch hinzugekommene Dame mit dunkelbraunen Stirnlöckchen, einem niedlichen Gesicht, einem mitteilsamen Naturell und einer rundlichen, aber netten Figur war unbefangen genug, sich mit mir zusammen sehen zu lassen. Ich saß mit ihr gesprächig und fast fröhlich in der Straßenbahn.

Während einer anderen Straßenbahnfahrt sah ich drei Mädchen zu, die hinter der Glastür auf der Plattform standen. Ich fand sie tierähnlich, etwa wie Hirschkühe, und sehr anziehend. Keine Schülerinnen, sondern junge Arbeiterinnen. Ich sagte mir, daß ich mit jeder von ihnen gern zusammenliegen und kein Wort dabei hören wollte; und daß es mir zuwider war, mit einer Frau, die sprechen konnte, ins Bett zu gehen. Je sprechfähiger, desto schauderhafter: wie mit einer Schwester oder einem Mann.

Einmal, ausgerechnet beim Tanzen, vergaß ich den in mir regierenden Herrn. Ich tanzte schlecht und ungern. Gräßlich war der Beginn: Auf ein Zeichen des Tanzlehrers stürzten die Herren in breiter Front auf die an der anderen Längswand bereitstehenden Damen zu, kramten in Windeseile herum wie beim Schlußverkauf, bis jeder eine hatte, und fälschten die Panik sogleich zu einem Lächeln ab, von lieb bis gebieterisch, mit dem sie nun in aller Ruhe dem Einsatz der Musik entgegensahen, eventuell den Takt mit einer Schuhsohle vorwegnehmend. Aus Unlust zu konkurrieren, ließ ich mir Zeit und geriet an ein schlaksiges Mädchen mit einem sondierenden Blick, der Selbstbewußtsein vermuten ließ. Neiderweckend sah sie nicht aus. Angenehm leichte Bewegungen waren mir an ihr aufgefallen, aber die waren wohl eher ein Ausfluß als eine Quelle des Selbstbewußtseins. Bei mir war kein Prestige zu holen, trotzdem nickte sie nicht naserümpfend wie eine Dame, sondern sachlich wie ein Mitmensch. Hätte sie den Kopf geschüttelt, so wäre sie unabgeholt geblieben; ich traute ihr zu, daß ihr auch das recht gewesen wäre. Getanzt wurde Wiener Walzer. Ich verzählte mich immer. Bei Walzer war die Gefahr am geringsten, aber aus Furcht bewegte ich mich holprig. Das Mädchen schien mein Holpern vorauszuberechnen, sie machte es stimmig. Ich staunte und mußte lächeln. Ihre Taille war nur wie eine wegwehende Gardine zu spüren. Unsere Bewegung war ein simples Kreiseln, meist im Uhrzeigersinn, selten im entgegengesetzten. Variationen ließ ich lieber bleiben. Dafür schafften wir pro Takt immer längere Kreissegmente. Fliehkraft begann zu wirken und bewirkte, daß die Taille des Mädchens sich versteifte, aber auf einmal wehte sie wieder davon wie zuvor. Sie hatte sich entschlossen, mir zuzutrauen, daß ich nicht loslassen und auf den Füßen bleiben würde. Sie lächelte, ich auch. Rundum nur verschwimmende Querstreifen, ein Gefühl wie als kleiner Junge auf dem Karussell. Dazu ein idiotisches rhythmisches Klatschen; das war eine vom Tanzlehrer geltend gemachte Sitte. Alles stand rhythmisch klatschend im Kreise um uns herum. Zum Schluß sind wir wohl doch noch krachend aufs Parkett gefallen, aber vielleicht irrt sich mein Gedächtnis, das mir in diesem finsteren Zeitraum keinen Lichtschimmer gönnen will. Ich begleitete meine Tänzerin nicht nach Hause und fragte nicht einmal nach ihrem Namen. Die Tonangebenden unterhielten sich am nächsten Tag über sie und machten dazu das vielsagende Gesicht, das in Romanen von der Jahrhundertwende Herren machen, die sich über eine Hure unterhalten. Ich durchschaute das als hohl, wagte aber nicht, die Herren durch Nachfragen in Verlegenheit zu bringen.

Zum Abschlußfest des Tanzkurses – man sagte nicht Fest und noch nicht Party, sondern Fête – sollte jeder etwas zu trinken mitbringen. Ich belud einen Handwagen so hoch es ging mit leeren Flaschen aus unserem Keller und zog ihn zu einer vier Kilometer entfernten Schnapsfabrik. Die Flaschenannahmestelle schien die größte und lebhafteste Abteilung des Betriebes zu sein. Man lud aus, zählte und gab mir einen Bon. Damit ging ich in ein kleines Büro, in dem auf einem Regal Schnapsflaschen standen, und bekam für sehr wenig Geld zwei Flaschen Trinkbranntwein. Meine Mutter versetzte eine Probe davon mit Holundersaft. Wir wollten es noch mit Kirschsaft und schwarzem und rotem Johannisbeersaft versuchen, aber das Holundersaftgemisch schmeckte unübertrefflich gut. Ich schüttelte aus den beiden Flaschen Schnaps drei Flaschen Gemisch zurecht und trug sie in Begleitung der Dame mit den dunkelbraunen Stirnlöckchen in die Tanzschule. Es gab eine Bar, dort lieferte ich sie ab. Diese Nacht, die bis zum Morgen dauerte, entschädigte mich für viele Demütigungen und Selbsterniedrigungen. Keiner hatte so reichlich und so wohlschmeckendes Getränk mitgebracht. Immer wieder grüßte mich einer mit einem dunkelrot gefüllten Gläschen, auch der Tanzlehrer kam herbeigeschwankt: Er habe sich in mir getäuscht, ich sei ja doch ganz prima. Da mir die Stirnlockige jetzt sehr gefiel, gab ich ihr einen

Kuß. Sie lachte verblüfft. Ich küßte sie wie ein Kind, hielt also die Lippen beisammen. Für ein weiteres Gläschen Holunderschnaps nahm ich sie wieder auseinander.

11 Erdbeben

Danach sah ich keine Dame wieder. Während das Tanzenlernen zu Ende ging, stellte es sich mir immer einhelliger als eine mühevolle, zeitraubende Nebenarbeit dar. Ob Mitschüler es anders hielten, ist mir nicht bekannt, da ich mit keinem über etwas sprach, das ihn oder mich näher anging. Den Anzug trug ich nur noch zu den letzten Tanzstunden, den Hut setzte ich nicht mehr auf. Zu dem Abschlußfest erträumte ich mir ein Mädchen aus Salzelmen. Sie wußte davon: Eines Nachmittags bei Frau Fiedler hatte ich probiert, ob sich dieser Traum aussprechen lasse. Frau Fiedler hatte mir angeboten, das nächstemal, wenn das Mädchen einkaufen komme, etwas davon zu sagen. Ich hatte nein geantwortet und ja gemeint. Hinter meinem unbekümmerten Gesicht war alles ohne Hoffnung. Wenn ich das Mädchen, eine gelenkige, antikische Gestalt mit lose wehendem schwarzem Haar, auf mich zuschreiten sah, erstarrten mir die Knie, und der Boden weigerte sich, uns beide zu tragen: Unter mir bäumte er sich auf und wälzte mich, eine zähe Welle bildend, langsam an ihr vorbei. Sie warf mir einen vielleicht fragenden Blick zu, genau konnte ich nicht hinsehen. Ich habe nie ein Wort zu ihr gesagt; kein Wort aus meinem Wortschatz war es würdig, von ihr gehört zu werden. Selbst mit Träumen behelligte ich sie nicht; ich träumte von hirschkuhähnlichen Jungarbeiterinnen. Wegen der Samenergüsse hielt ich mich für ein Ungeheuer, außerdem fürchtete ich auszulaufen und zu vertrocknen. Schließlich beschwor ich ein Gottesurteil herauf. Ich ging heimlich zu einem fremden Arzt in Magdeburg und sagte ihm mit fester Stimme einen oftmals memorierten Satz auf, in dem das Wort Pollutionen vorkam, das ich aus dem Lexikon hatte und angenehm sachlich fand. Anstatt aufzuspringen und mit krebsrotem Gesicht »hinaus, hinaus!« zu rufen, meinte er nur, die Natur sei reich, kaum zu erschöpfen, und ich solle mir keine Sorgen machen. Das Honorar für diese Erlösung war entweder so klein, daß ich es bar bezahlen konnte, oder die Sozialversicherung hatte ein System, bei dem man keine Krankenscheine brauchte.

1948

1 Gedichte

Zwei Bekannte von mir bekamen mit uns zu tun: Helmig als Griechisch- und Heinroth als Deutschlehrer. Auf dem neuen Lehrplan stand auch Russisch. Der Russischlehrer, kein bloßer Sprachkundiger, sondern ein Studienrat wie die anderen, war ein freundlicher Herr, der uns wenig Arbeit zumutete und kaum die Stimme hob, wenn wir sie vernachlässigten. Wir hatten nichts gegen ihn, nur gegen die Sprache der Besatzungsmacht. Anderen Lehrern merkten wir an, daß wir uns darüber einig waren, daß Russisch nichts mit Wissenschaft, sondern nur mit der Kriegsniederlage zu tun habe. Das meiste bei Luzie Sobolewski Gelernte hatte ich vergessen.

Helmig duldete allerdings kein subversives Gerede. Er nannte es zuerst dumm, weil gefährlich für uns alle, später dumm, weil unsachlich, destruktiv ohne Standpunkt und überdies auch gefährlich. Die SED nahm ihn als Genossen auf, er begann ihr Abzeichen zu tragen. Heinroth noch nicht. Seinen ersten Auftritt bei uns beobachtete ich mit Bangen, dann mit Erleichterung; ich hatte mir eingebildet, daß meine Mitschüler alle, wie verschieden auch sonst, darin gleich seien, daß sie einen guten Mann verkennen würden.

Freiwillig las ich keine Gedichte. Jetzt, als Heinroth uns einige aus Goethes Jugendzeit vorlas, verliebte ich mich in sie, weil sie dem unansprechbaren antikischen Mädchen ähnelten und so an seine Stelle rückten. Beim Nachlesen entschwebten sie mir wie undeutliche Gefühle. Ich zog sie in das Gitterwerk der Buchstaben zurück, las nach, hörte auf zu begreifen und ließ sie wieder frei – sooft ich wollte. Eine beliebig wiederholbare Reihe von Zeitanwendungen: Lust haben, nicht begreifen, wieder einfangen, nicht verstehen, wieder loslassen; mit Lust sich sehnen, mit Neugier und Absicht nachdenken, mit der Zeit etwas mehr begreifen. Es waren eben Objekte, fremd wie Frauen, aber verfügbar, ermutigende Ziele für mein sonst im Kreise gehendes Vorstellungsleben. Ich bekam sogar Lust, die Formulierungen, die den Vorgang anstifteten, nachzusprechen. Einmal hatte ich vergessen, »Prometheus« auswendig zu lernen. Ich prägte mir den Wortlaut in zehn Minuten Pause ein und war dann fast sicher, ihn so glatt äußern zu können wie eine eigene Meinung. Da ich mir trotzdem mißtraute und die

Schadenfreude der anderen fürchtete, wartete ich ab und war froh, daß Heinroth mich übersah. Auf der Fahrt nach Salzelmen erzählte ich ihm davon. Er lachte und sagte: »Ich dachte, Sie sind übergründlich. Nächstesmal werde ich Sie erwischen.« Seine immer prompter einsetzenden Sprüche zur Verteidigung der Besatzungsmacht und ihrer Helfer – des spurlosen Verschwindens von Personen, der sklavischen Ausdrucksweise, die sich im Rundfunk und in den Zeitungen durchsetzte – nahm ich ihm nicht übel, weil ich ihn brauchte. Wenn ich ihn besuchte, öffnete mir manchmal seine mindestens zwanzig Jahre jüngere Frau, ein hübsches Mädchen, und zog sich wieder zurück wie eine Tochter, die andere Interessen hat. Eines Tages fand er sie nicht mehr vor, sie war nach Westdeutschland abgereist.

Einmal saßen wir im Lehrerzimmer einer fremden Schule in Mänteln, nur etwa sechzehn Mann, mehr paßten nicht an den Tisch; das kurz vor dem Abitur gemachte Klassenfoto zeigt 26 Schüler. Wir hatten Goethes Gedicht »Ganymed« angehört, ohne Husten, Scharren und nervöse Handbewegungen. Ein Kommuniqué würde die Vermutung, »nicht schlecht bedient worden zu sein«, festgestellt haben oder »die stille Anerkennung des Fehlens von Peinlichkeit«. Dann las uns Heinroth Gretchens Monolog »Ach neige, du Schmerzensreiche...« vor, mit den von ihm gewohnten eifrigen Abstufungen zwischen hoch und tief, laut und leise, zögernd und schnell. Er geriet höher hinauf, als seine Stimme eigentlich zuließ; es wirkte wie eine mißglückende Turnübung. Wäre ich der einzige Zuhörer gewesen, so wäre mir Kichern gar nicht eingefallen. Als andere kicherten, zog ich nach. Ein Mann muß lachen, wenn ein anderer Mann eine Frau darstellt. Wenn der Darsteller es witzig meint, kann man offen lachen, sonst wird es peinlich. Heinroth überhört das Kichern viele krampfhafte Atemzüge lang, bis er endlich das Buch zuklappt und mit seiner natürlichen Stimme sagt, es gehe noch nicht, wir seien zu jung. Ich finde uns mißverstanden, da wir ja gar nichts gegen Liebe und Tragik haben; zum Kichern hat uns nur seine Schamlosigkeit gereizt, sich in eine Frau hineinzuversetzen. Wir sprechen tief, nur einige schaffen es noch nicht. Zwei kleine Sanfte sagen in der Pause wenig, sie sondern sich überhaupt ab. Wenn einer von ihnen im Unterricht den Mund auftun muß, piepst ihm nicht selten einer nach. Wenn ich überrascht werde, setzt auch meine Stimme ziemlich hoch ein; ich wappne mich gegen Überraschungen.

2 Wanzen, Spiegeleier, neues Geld

Am Stadttheater Köthen war Eva »jugendliche Liebhaberin« und »jugendliche Salondame«. In einem neuen deutschen Lustspiel lag sie meist auf einem breiten vergoldeten Bett neben einem Schwert, auf dessen anderer Seite ein Offizier aus der Belle Époque in Hellblau mit Epauletten lagerte. Ich habe Fotos von ihr als Haitang in Klabunds »Kreidekreis«, als Dame in einem Konversationsstück, das in Klubsesseln spielte, und wie sie in einem Abendkleid, mit langer Zigarettenspitze, am Flügel lehnt und einen satirischen Text rezitiert. Aus ihren späteren Engagements hat sich kein Foto erhalten. In Köthen besuchte ich sie zweimal. Zuerst in einem sauberen Mietshaus, das noch fast ein Neubau war, also kurz vor Kriegsbeginn errichtet. Dann bei »Muttchen Streuber«; vor deren Klo hing keine Tür in Angeln, sondern eine Wolldecke an einem Gardinenbrett, und im Untermieterzimmer gab es Wanzen. Dort wohnte Eva zusammen mit einem großen, breitschultrigen Kollegen, dem jugendlichen Helden Günter Simon. Er hatte aschlonde krause Haare, auf der Stirn eine tief eingekerbte Querfalte und darunter kleine, scheinbar tückische Augen; er war gutmütig und nahm viel Rücksicht. Die Grenzen seiner Rücksichtnahme auf Eva zog ihm der Spaß, den er an anderen jungen Frauen hatte. Von Muttchen Streuber, einer alten Witwe, die Hühner hielt, ließ er sich jeden Tag Spiegeleier gefallen, die er sich dann mit Eva teilte. Die Frau brachte immer nur einen vollen Teller und räumte grimmig, aber stumm zwei leere Teller ab. Sie hatte Eva nur darum aufgenommen, weil er gedroht hatte, er werde sonst ausziehen.

Im Sommer zog er mit Eva nach Schwerin. Ein guter Tausch: einen hölzernen Mehrzweckbau gegen ein schönes Residenztheater, das allerdings nur ihn, nicht auch Eva anstellte; ein Posemuckel gegen die Hauptstadt des Landes Mecklenburg-Vorpommern; und die über Sofa und Bettdecke marschierenden Wanzen gegen Flöhe, die, meist entfernt von ihm, auf den dunkelroten Samtsesselreihen des Residenztheaters herumsprangen. Sie fanden zwei zusammenhängende Zimmer, in deren einem sie auch kochen konnten. Bald danach luden sie mich ein.

Die Bahnfahrt erforderte keine besonderen Fähigkeiten mehr. Ich reiste in einem D-Zug-Abteil, wo Sitzfläche frei blieb und vier bis sechs Leute aßen, tranken, rauchten und sich hinter Lektüre verschanzten. Westpresse las keiner, sie wurde nicht mehr verkauft und war somit verboten. Das alte Geld war im Frühsommer 10 zu 1 gegen ein neues eingetauscht worden, das in Ost und West Deutsche Mark hieß, aber die Einigkeit endete mit der Namensfindung. Die Westmarkscheine sahen aus wie Dollars, die Ostmarkscheine wie von einem provinzlerischen Reklamefachmann, und ihre Kaufkräfte klafften auseinander. Das Geld entzweite auch die ehemalige Hauptstadt: Die Westberliner Mächte USA, Großbritannien und Frankreich hatten das Ostgeld in Westberlin gelten lassen wollen unter der Bedingung, daß die Sowjetunion sie an der Verwaltung des Ostgeldes beteilige. Daraufhin ließ die Sowjetunion keine Landverkehrsmittel mehr nach Westberlin. Seit Ende Juni schafften die Westmächte in Flugzeugen heran, was die Westberliner zum Nichtverhungern brauchten. Andererseits lud der Ostberliner Magistrat die Westberliner ein, in Ostberlin Lebensmittelkarten zu beantragen. Im RIAS erdachte man ein Scherzpaar, dem die Westberliner nicht nacheifern sollten: Herrn Schimpf und Frau Schande. Beide ließen sich immer wieder von den Kommunisten beschwatzen, in Ostberlin einzukaufen und so die Härte Westberlins aufzuweichen, dessen innere Freiheit sie gedankenlos genossen. Ihre Fünf-Minuten-Sketche überlebten das Ende der Blockade, 1949, und das Ende der Zuteilungswirtschaft in Westberlin, wohl ein Jahr später, um weitere zwei Jahre. Zuletzt fielen sie außer der Freiheit auch der befreiten Wirtschaft in den Rücken. Zöllner begannen zu lauern und nahmen manchem alles ab, auch Ostzöllner: weil man dort fürchtete, leergekauft zu werden.

3 Heimat

Ein Mietsblock aus Backsteinen. Die quadratischen Fenster saßen plan und unvertieft in der Mauerflucht, ihr weißgestrichenes Rahmenwerk nahm fast so viel Platz ein wie die Glasscheibchen. Mitte der zwanziger Jahre hat man überall in Norddeutschland so ähnlich gebaut: »hanseatisch«; viel älter ist der Eklektizismus noch nicht, der das Nachzuahmende räumlich eingrenzt anstatt zeitlich. Seit der Gründerzeit lagen zuerst das hohe, dann das späte Mittelalter am nächsten, um die Jahrhundertwende die Renaissance, und bis zum Ersten Weltkrieg war noch Zeit, die gesamte Barockarchitektur auszubeuten. Von Romanik bis Barock immer das Eindrucksvollste, erst später das Nächstliegende, die einheimische Spielart.

Enge Hinterhöfe vertrugen sich mit dem hanseatischen Bausinn nicht schlechter als mit dem wilhelminischen. Ohne elektrisches Licht sah man in Evas und Günter Simons Zimmern wenig, es blieb meist angeschaltet, wie auch das Radio. Stromsperren scheint es nicht mehr gegeben zu haben, im Halbdunkel oder bei Kerzenschein sehe ich uns nicht dasitzen. Ich sehe auch nicht Leute vor Läden Schlange stehen und nicht einmal uns selbst Lebensmittel einkaufen; es scheint uns kaum Zeit gekostet zu haben, nachher aber stehen Frühkartoffeln und Blumenkohl auf dem Tisch. Einmal kauften wir jungen Männern in einer sonst leeren Straße drei amerikanische Zigaretten ab, Stückpreis zwei Deutsche Mark. Vor der Währungsreform haben sie sechs Reichsmark gekostet.

An einem Vormittag strahlt die Sonne in eine schmale, lichte und schattige, ziegelbraune und weißlackierte, wärmliche Geschäftsstraße. Ich betrachte die zwei oder sechs Schaufenster einer Buchhandlung; jedes ist durch Holzstege in drei senkrechte Rechtecke unterteilt. Dahinter stehen und liegen die beträchtlichen Ausstöße der erst dreijährigen ostzonalen Buchproduktion. Nur wenige Deckel und Rücken erkenne ich wieder, allmählich einige mehr, bis nicht mehr viel Unbekanntes, offenbar sehr Neues, übrigbleibt. Dieses wenige kann den fremden ersten Eindruck kaum bewirkt haben, es muß an der Komposition liegen. Man stellt hier Bücher anders zusammen als in Magdeburger Schaufenstern, auch anders als das Ehepaar Wunderlich. Ich fühle mich fast wie im Ausland. Der Akzent, mit dem um mich her Deutsch gesprochen wird, scheint mir derselbe zu sein wie in Blankenese bei Hamburg, wo ich seit elf Jahren nicht gewesen bin. Hamburg ist nicht weit, wie die gelben, schwarz beschrifteten Wegweiser zeigen.

Ich genieße einen gewissen maritimen Geruch, nach Fisch oder nach Tang, dabei trennt uns vom Meer noch ein breiter Landstreifen. Das nächste Gewässer, das so duftet oder schwach mitduftet, ist der schmale Pfaffenteich. Seine aus saftig grünen Bäumen aufgereihte Uferallee und die umlaufende Reihe rotbrauner und weißlackierter Häuser haben den mir bekannten, nun ins Optische übersetzten Akzent. Ich setze mich auf eine der rotbraun lackierten Bänke, stehe aber bald wieder auf aus Besorgnis, von mir selbst für einen Rentner gehalten zu werden. Ich gehe zurück zur Buchhandlung und trage Boccaccios »Dekameron« und Cervantes'

Musternovellen zur Kasse. Die Bücher werden einer raschen Umhüllung mit Packpapier unterzogen, rasch weitergereicht und mir mit einem leichten Lächeln und der Frage »Geht das wohl so?« ausgehändigt.

Ich bin also in dem Sprachraum, den ich Heimat nennen könnte. Aber »Heimat« ist ein Naziwort gewesen wie »Volk« und »Jugend«. In meinem Wortschatz war »Jugend« kein Lebensalter, sondern eine strammstehende Menschenmasse. »Volk« war die zusammengerannte Masse der Genasführten, die vor Läden und Ämtern anstand. »Heimat« war ein Ferment in Liedern, die wir hatten singen müssen, ein Stichwort für den Rückblick auf dirigierende, wütend dazwischenrufende Lehrer. Es lebte weinerlich fort im westdeutschen Radio: jeden Tag Heimatvertriebene, jeden Sonntagnachmittag im Wunschkonzert Riesengebirglers Heimatlied. »Riesengebirge, *deutsches* Gebirge, meine liebe Heimat du!« Ein unliebsamer und damit abgetaner Kitsch. Von Unliebsamem zu schweigen war eine in der Nazizeit eingeübte, weiter übliche Unterlassung. Warum man etwas nicht leiden konnte, würdigte man keiner Prüfung, man bekräftigte nur kurz, daß man es nicht leiden könne.

Schwerin mutete mich so an, als habe es hier keine »Jugend« gegeben. Frühere Übungen in »Heimat« argwöhnte ich nur beim Anblick eines Schulhauses. Unliebsam waren die vielen Spruchbänder, die nicht anders aussahen als in Schönebeck, weiße Schrift auf rotem Tuch, an Fassaden und quer über Straßen. Der Wortlaut war der gewohnte: das Lob der Sowjetunion, die Schmähung der westdeutschen Spalter und der amerikanischen Drahtzieher und die Aufforderungen, sich einzureihen und mitzumachen. Meine Abneigung gegen Spruchbänder war eine so übliche Abneigung wie die gegen Ungeziefer, man verschwieg sie jedoch. Ein Regisseur am Schweriner Theater war vor einigen Wochen abgeholt worden und seitdem verschwunden. Eva und Günter Simon waren davon überzeugt, daß er »nichts gemacht« habe; das hieß, er habe seine Abneigung nicht verschwiegen und sei denunziert worden. Seine Freundin, Inge, wagte sich in die Kommandantur. Einigemale kannte man seinen Namen gar nicht, dann erinnerte man sich und riet ihr, sich nicht für einen Saboteur zu interessieren. Sie beantragte Aufnahme in die SED, wurde Genossin, zog nach Berlin und übernahm Ehrenämter. Eva hielt das für eine List. Zwei Jahre nach meinem Besuch in Schwerin machte sie mich mit Inge bekannt: in Berlin im Deutschen Theater, dessen Verwaltungsleiterin sie geworden war. Sie wirkte so heiter und tatkräftig wie die Figuren auf den zum Mitmachen auffordernden Plakaten. Eva sagte mir, sie rede nur noch Parteischablone.

In der Stadtgegend, wo das Schloß und das Theater standen, wo alles weiträumiger war und im Sonnenschein silbrig und gelblich aussah, fand ich ein Museum und ging hinein in noch tiefere Stille. Niederländische Gemälde aus dem 17. Jahrhundert, mehr alte Bilder, als ich je beisammen gesehen hatte. Das Dargestellte beeindruckte mich nicht so sehr wie die dreihundert Jahre alte Substanz. Ich hätte die bräunliche, feinrissige Farboberfläche gern betastet, aber in jedem Saal saßen Aufseher, grauhaarige, grau gekleidete Männer, die ich nervös machte. Ich trat so nah an die Flächen heran, daß ich sie fast mit der Nase berührte. Dann räusperte sich einer. Ich trat zurück und wieder vor oder wechselte zum nächsten Bild über, trat auch dort, mit einem wie aus Versehen etwas längeren Schritt, sehr nahe heran und nutzte die Zeitspanne bis zum Räuspern. Ein Ort des Schweigens und Sichräusperns. Es schien eine besondere, von dem draußen befindlichen Sommer 1948 abweichende, etwas langsamere Zeit zu gelten. Den Kopf neigend, mich älter fühlend begab ich mich wieder ins Freie. Draußen hatte ich einen kleinen Zeichenblock und einen Bleistift in der Hand. Ich schlenderte über mehrere eng bemessene, durch kurze Treppen verbundene Plätze auf eine halbkreisförmige Ausbuchtung, wo ein kunstreicher, aber untätiger Springbrunnen stand. Den Halbkreis bildete ein Säulchengeländer mit Steinbänken, dahinter lag ein mehrere Meter tieferes, mit niederen, üppigen Bäumen bewachsenes Terrain. Ich hatte Hunger, aber ich fühlte mich wohl dabei. Ich rutschte auf den Steinbanksegmenten herum, fand eine schöne Aussicht – Bäume und Türme hinterm Brunnen – und zeichnete sie. Es wurde halb drei; wahrscheinlich sah ich von meinem Platz aus eine Turmuhr. Vor 15 Uhr 30 konnte Günter Simon nicht zu Hause sein, und erst dann gab es Essen. Die Zeichnung hielt ich mehrmals für fertig; wenn ich schon aufgestanden war, klappte ich den Block noch einmal auf, fand etwas zu verbessern und setzte mich dazu wieder hin.

4 Das xx. Jahrhundert

Zu lesen fand ich außer »Dekameron« und »Musternovellen« einige Nummern einer Zeitschrift namens »Das xx. Jahrhundert«. Ich wollte im Badezimmer das Fenster öffnen; dazu stieg ich auf die Klobrille und zog an einer Eisenstange, die anderthalb Meter lang war und am Fenster endete; unterhalb der Plattform befand sich wohl die Speisekammer. Rechts und links der Stange lagen alte Zeitschriften, teils mit Bindfäden verschnürt, teils in Kartons. »Das xx. Jahrhundert« sah elegant aus, eine Nazizeitschrift für solche, die über der Massenpropagande standen. Auf einem Umschlagfoto, mindestens auf einem, waren ebensolche Leute zu sehen: Herren mit grauen Zylindern, Besucher eines Pferderennens, Engländer. Dem Kriegsgegner England waren die meisten Seiten gewidmet. Die USA kamen etwas seltener vor, die Sowjetunion überhaupt nicht, wenn ich mich recht erinnere. Wenn sie tatsächlich weggelassen wurde, dann aus stilistischen Gründen: Bei dem dann unvermeidlichen Thema »bolschewistisches Untermenschentum« hätte man die lässige, beinahe kollegiale Wortwahl aufgeben und geifern müssen wie eine ordinäre Pressestimme. Kühl bedauerte man, daß Briten und Amerikaner sich blind stellten zu ihren Gemeinsamkeiten mit dem Deutschen Reich. Vielleicht waren Angloamerikaner das eigentlich gemeinte Publikum.

Meistens spielte das Radio. Der Schweriner Sender berichtete aus der polnischen Stadt Wroclaw vom »Internationalen Kongreß der Intellektuellen für den Frieden«. Es ärgerte mich, daß der Sprecher Wroclaw und nicht Breslau sagte und daß er verschwieg, daß die Stadt vor drei Jahren noch deutsch gewesen war. Die Abtrennung von Schlesien, Pommern und Ostpreußen nahm ich erst an diesem Nachmittag ernst; ich hatte sie nur vorläufig bei mir untergebracht gehabt, etwa wie ein Gepäckstück, das in keinen Schrank paßt und daher bis auf weiteres auf das Dach eines Schrankes geschoben wird. Oder eben wie eine nicht dauerhafte Nachkriegsmaßnahme, wie das Verteilungssystem durch Marken und Bezugscheine. Das und die Wohnungsnot, die Stromsperren, das Fehlen von Apfelsinen und Schokolade würde irgendwann berichtigt werden, hatte ich wortlos gemeint. Was war richtig? Der Vorkriegszustand, natürlich ohne Nazis; die Weimarer Republik oder das Kaiserreich, letzteres natürlich ohne tropische Kolonien und ohne die annektierten Gebiete Elsaß-Lothringen, Nordschleswig und Westpreußen. Wenn die berichtigende Kraft so freundlich war, uns auch die Länder, die uns nicht gehörten, wieder zuzustecken, annektierte ich sie wieder, aber nur insgeheim. Ich war für gute Nachbarschaft, mein Gelüst nach Expansion war mir peinlich. Ebenso verschwammen meine Wünsche, wenn ich »wir« dachte und uns Deutsche damit meinte. Die meisten unbekannten einzelnen waren mir ja nicht sympathisch. Mit schlesischem Dialekt assoziierte ich Raffgier, Kungelei, falsche Treuherzigkeit. Aber wenn einer die Hauptstadt von Schlesien, in der ich nie gewesen war, Wroclaw nannte, tat es mir so weh, als hätte man unserer Familie einen Teil unseres Gartens weggenommen.

Das Deutsche Reich erwähnte ich nur spöttisch oder bitter, aber der in mir, den ich nicht reden ließ, war ein deutscher Reichsbürger. Allerdings kein gegenwärtiger. Er und die Gegenwart schlossen einander aus, er verweigerte ihr die Anerkennung, die über das dürftigste Sichzurechtfinden hinausging. Das trieb er schon seit längerem so: seit meinem zehnten Lebensjahr, als ich meine erste Berührung mit der Übermacht gehabt hatte, mit den »Pimpfen«. Er hatte uns eins der letzten Jahre vor dem Ersten Weltkrieg ausgesucht, 1911, 1912 oder 1913, das blieb offen. Nach seiner Vorstellung war Deutschland damals reich und glücklich gewesen, auch mächtig, obwohl ohne Nazis, andererseits nicht ganz veraltet, sondern fast noch modern. Ein Jahr vom Ende des 19. Jahrhunderts wäre mir zu alt gewesen. Also machten wir es uns kurz vor dem Ersten Weltkrieg bequem. Auch 1948 schrieb mein geheimer Reichsbürger noch ungefähr 1913.

An diesem Nachmittag war ich allein. Günter Simon probte meistens, auch Eva ging für viele Stunden weg; ich glaube, sie hielt sich in seiner Nähe im dunklen Zuschauerraum auf. Nachdem ich die schöneren Teile der Stadt besichtigt hatte, trieb mich höchstens Langeweile aus den Zimmern. Auf die Felder ging ich nicht spazieren. Häßliche Stadtviertel waren häßlich, also nicht sehenswert. Abends kam ich auf Wroclaw und Breslau zu sprechen, obwohl es mir peinlich war. Simon hörte zu und sagte wenig; diese Wortkargheit bedeutete nicht Ablehnung, sondern ergab sich einfach aus seiner vorsichtigen Langsamkeit im Denken. Eva sagte unerwartet heftig, es sei ihr völlig egal, welche Stadt wie heiße oder geheißen habe und ob da Polen oder Deutsche säßen. Das leuchtete mir ein. Es ging ihr nur um ihr Privatleben, also um Günter Simon. Auch mir ging es nur um mein Privatleben, das andere hatte sich nicht ganz echt angehört und war auch nicht ganz echt. Eine ihrer Nebenbuhlerinnen, eine Schauspielerin, die mit Simon zusammen probte und auftrat, gab nicht klein bei und reiste nicht ab. Eva versicherte mir, daß er sich aus der anderen nichts mache. Im Herbst halfen diese Beschwörungen nichts mehr. Eva reiste selbst ab, sie ließ sich an das Theater in Wismar engagieren. Wismar ist von Schwerin nur 30 Kilometer entfernt. Sie werden sich noch einige Male gesehen haben.

5 Landschaften, Selbstmörder

Mein Gepäck am Nachmittag waren die Pappe eines ausgedienten Zeichenblocks als Unterlage, ein noch Papier enthaltender kleinerer Zeichenblock und eine sehr alte Ledertasche, geformt wie eine Aktentasche, aber nur halb so groß, die meiner Mutter vor dem Ersten Weltkrieg als sogenannte Kollegtasche gedient hatte. Schwärzlich lackiertes, streifig gekerbtes Leder; an den Biegungen und am Verschluß krümelte der Lack und ließ rotbraune faserige Flecken frei, die zunahmen, wenn man mit dem Zeigefinger über ihre Ränder fuhr. Die Tasche enthielt ein zugeschraubtes Marmeladenglas voll Wasser und meinen Tuschkasten mit Pinseln, einen Bleistift, einen Anspitzer und einen Radiergummi. Den Bleistift brauchte ich zum Anlegen der Komposition, später genügten mir dazu ein dünner Pinsel und stark verdünnte Farbe. Über dem Tuschkasten steckten mein Päckchen Tabak, meine Tabakspfeife und meine Streichhölzer, gelegentlich auch ein dickes Schreibheft oder ein Buch oder beides.

Wenn ich aus Magdeburg kam, hatte ich die Schulaufgaben meistens schon erledigt. Dann aßen wir Mittag, und falls mich danach nichts hinderte, ging ich malen. Es gab noch Aufrufe zum Anstehen, die befolgt werden mußten, aber aus dem Spätsommer 48 habe ich keine Erinnerung an zeitraubende Pflichten. Die ersten Bilder malte ich im Neuen Park, einer aufwendigen, weiträumigen Gartenarchitektur, die in den zwanziger Jahren oder Anfang der dreißiger über die Felder südlich von Salzelmen ausgebreitet worden ist. Bei jedem seiner Aspekte ahnte man noch das Grübeln der Fachleute an den Zeichentischen. Ich liebte Parks nicht, aber es hatte eine Bemerkung von Frau Fiedler über einen Spaziergang im Neuen Park gegeben, einen Spaziergang des Mädchens mit den lose flatternden schwarzen Haaren, das ich nicht ansprechen konnte. Einmal ging die hübsche Friseuse vorbei, die in Kämmerers Friseurladen arbeitete. Ich hoffte, sie werde stehenbleiben und herkommen. Sie schaute her, nickte sogar und ging langsam weiter.

Wenn ein Bild fertig war, lehnte ich es an einen Baum, stopfte meine Pfeife und betrachtete es rauchend. Von dem Tabak wurde mir etwas übel. Eine Sorte hieß »Sorgenbrecher«. Korrekter wäre »Rippenbrecher« gewesen, da sie nur aus Blattrippen bestand und einem mit jedem Zug aus der Pfeife das Gefühl eingab, der Brustkorb werde brüchig. Aber anders genannte Sorten hatten dieselbe Wirkung.

Die Antikische kam nicht, die Friseuse ließ sich auch nicht wieder sehen. Ich gestand mir ein, daß ich zu keiner von beiden je ein Wort sagen würde. Also begann ich durch die Felder zu gehen, am liebsten zu der bewaldeten Bodenerhebung »Krähenhütte«, drei Kilometer östlich von Salzelmen. Auf dem südöstlichen Hügel »Bismarckhöhe« (seit 1945: »Bierberg«) und auf dem nordöstlichen »Hummelberg« gab es Gaststätten, auf der Krähenhütte war niemand, selbst auf der Straße dorthin war ich oft weithin allein. Ein einzigesmal kam ein Waldhüter, der mich im Verdacht hatte zu kokeln; da hatte ich die Pfeife gerade ausgeklopft und in die Tasche gesteckt. Eines Abends, nachdem ein kurzer Regen gefallen war und die Sonne sich wieder freigestrahlt hatte, zog ich den Blick langsam kreuz und quer durch das hohe, grelle, von Wolken mit goldenen Rändern durchzogene, windbewegte Panorama und erkannte ausdrücklich an, daß es schön sei und daß ich mich darüber freuen müsse, obgleich kein Mädchen neben mir im Gras saß. In das dicke Heft wollte ich einen Roman schreiben; ich hatte zuviel Skrupel, um auch nur eine Überschrift zu wagen.

Diese Ausflüge machte ich bis Oktober, dann fing ich an zu verzweifeln. Anstatt mich zu töten, malte ich Ölbilder. Ich habe manche Vorkehrungen vergessen, doch fällt mir dazu der neue Apotheker am Salzelmener Markt ein. Er war erst einige Monate da, ein Sachse aus Leipzig mit einem runden, naiven Gesicht. Nachdem ich ihm einmal als einer, der malt, vorgestellt worden war, fragte er mich danach, sooft ich in die Apotheke kam. Ich vermute, daß er mir Ölfarben, Pinsel und Terpentinersatz verschafft hat. Eigentlich wollte er sich von mir porträtieren lassen.

Mit Ölfarben auf dicke Pappen malte ich Hamlet, den Totenschädel betrachtend, und einen Selbstmörder. Während der letztere deutlicher wurde, wurde mir wohler. Meine Mutter kam herein, stand lange vor dem Bild, das schräg vor etwas lehnte, und sagte etwas, das sich anhörte, als spreche sie zu einem Fremden. Es wunderte mich, daß ihr meine Verzweiflung, die ja allerdings jetzt nachließ, nicht aufzufallen schien. »Wundervoll. Dieser Ausdruck. Man kann sich vorstellen, wie dem zumute ist.« Es war ein Mann Mitte fünfzig in einem bläulichen Arbeitsanzug, mit einer Prinz-Heinrich-Mütze auf dem Kopf, der auf einem steinernen Brückengeländer saß und dabei war, sich rechtsüber fallen zu lassen. »Daß du das so ausdrücken kannst!«

Das Bild bekam einen Platz auf dem Buffet in dem heizbaren Zimmer. Onkel Albert und Tante Anna besuchten uns und wurden von meiner Mutter auf das Bild aufmerksam gemacht wie auf einen beliebigen Kunstgegenstand. Als Onkel Albert aufs Klo ging, raunte Tante Anna: »Haste gesehen, wie der sich den anguckt? Der guckt sich den immerzu an!« Die Behörden hatten angefangen, die mittelständischen Unternehmer zu bedrohen. Onkel Albert war keine Hilfsinstanz mehr wie noch vor einem Jahr, er fragte nach nichts mehr und antwortete kaum.

6 Pfennigrechnung

Mein Vater hielt sich auf dem Tischchen neben dem Buffet nur noch drei Tassen mit Kräuteraufgüssen. Von den Hungerödemen war nicht einmal Müdigkeit übriggeblieben. Die Kaltwasserkur, mit der er sich gerettet hatte, war zu einer Anekdote meiner Mutter geworden, die sie gern erzählte, wenn Besuch da war. Dazu gehörten durchaus die Rollen, die sie und der Arzt gespielt hatten, ihr Kleinmut und Guichards aufgeregter Abgang. Guichard hatte zu meinem Vater wieder spärliche Beziehungen aufgenommen – spärlich aus Mangel an Bedarf.

Meines Vaters Unermüdbarkeit war wieder so gleichförmig wie eine Sandwüste; unter anderen Vorzeichen hätte ich ihn vielleicht tapfer in der Wüste wandern sehen. Er rechnete stundenlang Zahlenkolonnen durch, um einen fehlenden oder überzähligen Pfennig zu finden; daß er aufmerksam rechnete, verstand sich von selbst. Beim Abendbrot konnte er plötzlich gute Laune haben, aufhören zu schweigen und sagen: er habe den Fehler gefunden. Meine Mutter fragte, ob das der Pfennig sei, nach dem er seit drei Tagen suche. Ja; nicht seit drei Tagen, sondern seit vorgestern. Aha, also insgesamt doch drei Tage. Wegen einem Pfennig! Wilhelm!! – Ulla, diese Banditen warten nur darauf, daß wir einen Fehler machen. Denen reicht ein einziger Fehler, dann kommen wir in Deubels Küche.

Er war Onkel Alberts Buchhalter geworden. Was er dazu können mußte, hatte ihm eine Angestellte beigebracht. Die Detailfrage, ob sie sich damit überflüssig gemacht hatte, lag mir unendlich fern. Onkel Alberts wackelig werdendes Geschäft, aus dem mein Vater jeden Monat einige hundert Mark heimholte, hauptsächlich indem er nach Pfennigen suchte, unsere wirtschaftliche Grundlage, war mir ebenso gleichgültig wie die Pfennige. Die Staatsmacht hieß nicht mehr »unser Führer«, und höchstes Ziel war nicht mehr der Endsieg, sondern die Erhaltung des Geschäfts. Wenn mein Vater nicht rechnete, schrieb er Briefe an die Instanzen. Manchmal war er stolz auf einen Brief und las ihn uns vor. »Ja, wenn du es für richtig hältst, dann mach es so«, sagte meine Mutter. Seine langen Schachtelsätze gefielen ihr nicht, er selber fand seinen Satzbau einfach und klar. Sein Tun an den Nachmittagen, das Rechnen und Briefeverfassen, nannte er »geistig arbeiten«. Das belustigte uns. »Komm schnell durch, er arbeitet geistig.« Wenn er nach einem Einwurf von ihr lächelte, sagte meine Mutter: »Er lächelt weise.« Ich erwähne das nicht, um uns als boshaft anzuprangern, sondern weil ich es nicht aussparen will.

Er war entnazifiziert und als Mitläufer eingestuft worden. Das holte seine Landgerichtsdirektoren-Pension nicht wieder herbei, aber doch eine gute Rente, 290 Mark im Monat. Das Wort »Rentner« nahm er gern in den Mund, und zwar wie ein Schimpfwort. Dazu immer »diese Banditen«. Er schrieb ihnen Briefe, in denen er auf seinen »in 36 Jahren erdienten Anspruch auf mein Ruhegehalt« verwies und den von ihm geführten 1923er Kommunistenprozeß in Hamburg schilderte. »Genossen«, habe der Verteidiger gesagt, »mit eurem Einverständnis ziehe ich jetzt den Befangenheitsantrag gegen den Vorsitzenden dieses Gerichtes zurück.« Indem die Zeiten sich normalisierten, antworteten die Banditen gewandter und höflicher, aber den 290 Mark fügten sie keinen Pfennig hinzu.

Meine Mutter und ich hatten eine Radiosucht, die nicht nur Kriminalhörspiele und das RIAS-Kabarett »Insulaner«, sondern selbst »bunte Abende« einbegriff. Mein Vater lagerte sich in den dunkelroten Sessel und fragte, ob es nicht irgendwo gute klassische Musik gebe. Er war schwerhörig und unmusikalisch. Trotzdem standen wir manchmal auf und suchten die Skala nach dem ab, was er zu meinen schien. Die Genugtuung, die er nach der Musik mit ganz angemessenen Worten äußerte, glaubten wir ihm nicht, er schien geschlafen zu haben. Auch für Malerei, Plastik und Architektur erwärmte er sich jetzt. Für das Jahr 1949 gab es einen kleinen, aber dicken, reichhaltigen Kunstkalender; meine Mutter hatte ihn mir geschenkt. Er bat ihn sich aus und blätterte ihn langsam durch. Danach sagte er: »Danke, du hast mir eine genußreiche halbe Stunde bereitet.« Wir nickten uns ironisch lächelnd zu; das nahm er nicht zur Kenntnis, ob er es sah oder nicht. In der Nazizeit hatte er Kunstinteresse im allgemeinen für Zeitverschwendung gehalten. Nun sah es so aus, als wolle er sich anbiedern. Meine Wut auf ihn hatte nachgelassen, wie auch Hunger und Kälte nachgelassen hatten. Mir fiel auch ein, daß er uns mit seinem NSDAP-Abzeichen und seinen Ehrenämtern vor den damaligen Banditen abgeschirmt hatte wie eine Plakatwand.

7 Rundfunk und Leipzig

Ich lag auf der als Bett hergerichteten Couch in dem heizbaren Zimmer und genoß eine Erkältung mit leichtem Fieber. Ich hörte Radio. Der Apparat stand auf einem Tischchen rechts hinter dem Kopfende der Couch. Wenn ich am Skalenknopf drehen wollte, mußte ich mich auf den Bauch wälzen und näher herankriechen. Diese Mühe machte ich mir jeden Tag dutzende Male, wenn es wieder soweit war, daß eine Wortsendung aufhörte oder woanders auf der Skala eine anfing. Musik langweilte mich, Langeweile vertrieb ich nur mit Radiohören; ich las nichts außer der Programmzeitschrift, ein 16seitiges Blättchen in bräunlichem Tiefdruck, das immerhin Auszüge aus den Programmen von NWDR und RIAS brachte. Die Zeiten, wann Hörspiele kamen, hatte ich im Kopf. Auch Hörspiele von Ostsendern wollte ich hören, wenn mir nicht die Inhaltsangabe im Programmheft klarmachte, daß es sich um öde Propaganda handelte. Alles Ostzonale war Propaganda, manche war jedoch spannend gemacht. Die beste Tageszeit war der spätere Abend, wenn meine Eltern sich zurückgezogen hatten. Vorher konnte es sein, daß sie Musik oder gar nichts hören wollten oder dazwischenredeten. Ich redete nur dann mit Ruhe, wenn ich sicher war, daß das Radio währenddessen nichts hergab.

Das Fieber blieb weg, die Schule stand mir wieder bevor. Ich sagte meiner Mutter, daß ich die Schule aufgeben und mich an der Leipziger Kunsthochschule anmelden wolle, was auch ohne Abitur möglich sei. An den Entschluß dazu kann ich mich nicht erinnern. Sie versuchte nicht, mich umzustimmen, machte aber ein beunruhigtes Gesicht, das ich wie ein Gegenargument wahrnahm.

Ich packte Wasserfarbenbilder und Zeichnungen, teils flach, teils zusammengerollt, in einen Koffer und fuhr nach Leipzig, um es hinter mich zu bringen. Dort besuchte ich einen alten Mann, dessen Adresse mir der Salzelmener Apotheker gegeben hatte. Nach seiner Auskunft war der Alte ein Maler, mir kam er wie ein Rentner vor, der nur in seiner Freizeit gemalt hatte. Er war im Rentenalter und hatte nunmehr genug Freizeit. Von dem Inhalt meines Koffers fand er ungefähr die Hälfte »ordentlich«, sonst sagte er: »Das ist Beschäftigung.« Das war sein Negativurteil. Vielleicht kannte er jemand an der Hochschule für Graphik und Buchkunst, oder er kannte dort keinen. Der ganze Tag ist nebelhaft, wie wenn ich nur halbwach gewesen wäre.

Die Stadt gefiel mir. Ich paßte auf, wo ich hintrat, denn der Boden war mit Hügelchen aus matschigem, durchscheinendem Schnee bedeckt, zwischen denen sich fußtrittförmige Teiche hielten. Alles höher und breiter als in Magdeburg, auch das Portal, der marmorne Treppenaufgang und das Wohnzimmer des Alten. Übrigens trug er einen weißen Kittel, vielleicht besaß er eine Werkstatt. Es war noch hell, als ich ihn verließ. Einen Stadtplan hatte ich nicht, Leute nach dem Weg zu fragen war mit peinlich. Einmal saß ich in der Straßenbahn, meist befand ich mich unmittelbar auf dem Steinboden. Die Enttrümmerung, mit der man hier weiter war als in Magdeburg, hinterließ prärieartige Platzgebilde. Straßenbahnen quietschten in Winkeln darüber hin, die sich jetzt hätten strekken können. Zuweilen sah ich durch eine ferne Lücke wieder ein Stück Hauptbahnhof. Er galt als der größte Bahnhof Europas. Seine Platzfassade war nicht unzerstört, aber dennoch ihrer unmäßigen Länge nach erkennbar und sehr eindrucksvoll geblieben. Noch wollte ich nicht abreisen. Ich geriet in die Nähe eines anderen Imponiergebäudes, das ich für den Justizpalast hielt; er war es auch. Justizpaläste auf Abbildungen, die ich gesehen hatte, lassen einen quadratischen Grundriß erkennen und haben über dem Zentrum eine Kuppel, deren Grundriß nicht rund, sondern wiederum quadratisch ist. Man könnte glauben, daß diesem Schema irgendwelche funktionellen Notwendigkeiten zugrunde liegen.

Als ich vor der Hochschule für Graphik und Buchkunst anlangte, dämmerte es schon. Ich hatte einen Grund, erst jetzt zu kommen. Entweder gab es Besuchszeiten wie im Krankenhaus, oder ein Professor erwartete mich nicht vor 17 Uhr. Beides glaube ich nicht, aber ich kann mir meinen trägen Umgang mit der Zeit dieses Tages nicht anders erklären. Ein Weilchen hielt ich mich im äußersten Vorraum auf, einem länglichen Windfang zwischen zwei hohen, oft klappenden, Aktentaschen und Zeichenmappen und deren plaudernde Träger hindurchlassenden Bogentüren. Ich ordnete meine Augen in Richtung auf Plakate und Hausmitteilungen an der rechten Seitenwand, schaute aber kaum hin. Die Betrachtung der linken Seitenwand erließ ich mir, und plötzlich kehrte ich um. Sehr erleichtert schlenderte ich zum Bahnhof. Dort kaufte ich die Zeitschrift »bildende kunst«, setzte mich in die Bahnhofsgaststätte und bestellte das markenfreie Essen und ein Bier dazu. Nun war alles harmonisch. Ein Tisch für mich allein, sauberes Tischtuch aus weißem Damast, Löffel und Gabel und eine Menage, die allerdings nur Salz und keinen Pfeffer enthielt, aus schwerem Hotelsilber. Der Kellner, ein ältlicher Brillenträger, sagte »sehr zum Wohle«, als er mir das Bier hinstellte, das Essen schmeckte viel besser als erwartet. Ich las die »bildende kunst« von Anfang an, überschlug keinen Artikel und überflog keinen Absatz. Es war mir ein Bedürfnis, gründlich zu sein. Meinungen, die mich abstießen, schob ich nicht von mir ab, sondern unterzog sie meinem Urteil. Der schreckliche Moment der Feigheit stellte sich jetzt als Umschwung dar, als komische, gut erzählbare Szene, als der unwiderstehliche Durchbruch meines Widerwillens gegen Leipzig. Bei der »bildenden kunst« begann man gegen Maler und Bildhauer, die sich nicht eng an Naturvorbilder hielten, eine grundsätzliche Haltung einzunehmen. Man bildete zwar Plastiken von Henri Laurens und Bilder von Joan Miró ab, ließ aber keine Abbildung ohne mißbilligende Erläuterung. Vor 21 Uhr war ich zu Hause. Meinem Vater wurde der Ausflug so dargestellt, als hätte ich nur in Hinblick auf später, auf die Zeit nach dem Abitur, nachsehen wollen, wie mir Leipzig gefalle.

8 Zwei Funde

Ich stand immer wieder lange im Antiquariat Wunderlich, obgleich sich in den Regalen nicht viel veränderte. Über manche Bücherrücken schlug ich fünf-, sechsmal einen Blickbogen, weil ich sie beim erstenmal nicht hatte sehen und dann bei dieser Übereinkunft mit mir hatte bleiben wollen. Dabei verschliß sie zu einer Gewohnheit, und ich vergaß deren Sinn, so daß ich neugierig wurde und beim siebentenmal eine Lücke in den Bestand riß, um eine Lücke in meiner Kenntnis des Bestandes zu schließen. Mit Lafcadio Hearn, vier blaugoldene Jugendstilbände, assoziierte ich die schönen Jahre von 1813 bis 1900 und einen blumigen Schwätzer. Als ich nachsah, fand ich in einigen Sekunden nichts Überraschendes und schloß die Lücke wieder. Meine Mutter fand Heinrich Mann verstiegen, eitel, überhaupt unerträglich. Endlich schlug ich »Heinrich Mann / Der Untertan« auf. Pappband von 1918, schlechtes Papier und enger Fraktursatz, der an Wirsingkohl und Petersilie erinnerte, aber der Text war ungeheuer frisch geblieben und hatte ein mitreißendes Tempo. Ein Stuhl war nicht da. Ich suchte Frau Wunderlich, bezahlte und eilte nach Hause, um beim Lesen sitzen zu können. Vorne drin stehen mein Name und die Jahreszahl 1949 in der teigigen, unterbrechungslosen Schrift, die ich 1948 noch nicht hatte. 1948 war sie enger, hielt nicht Linie, zog nicht durch und enthielt zu kleine Buchstaben. So steht mein Name in einem 1909 herausgegebenen, italienisch geschriebenen Führer durch das Römische Nationalmuseum. Das Bändchen löste sich schon auf, als ich es fand. Ich nahm es mit wegen Abbildung 19: »Testa di fanciulla greca (Igea?). (V-IV sec. a. Cr.). Sala IV.« Ein sich etwas nach rechts neigender Mädchenkopf auf einem säulenfußähnlichen Sockel. Die Nase ist beschädigt, aber man ergänzt sie sich leicht. Die Wangen haben eine gesunde Fülle, der Hals ist sehr stark. Den Gesichtsausdruck finde ich verschlossen und trotzig. Ich ließ das Bild fotokopieren. In der Fotokopie, einer Vergrößerung aufs Doppelte, verschwimmt der auf der Vorlage deutlich sichtbare Kopfumriß mit dem schwarzen Hintergrund, so daß dieser in die Schatten im Gesicht eindringt. Wangen und Hals wirken schmaler, Grautöne sind eingeschwärzt, was die äußerst fein geformten Überwölbungen der Augen sehr vereinfacht. Die Augen selbst, in der Vorlage blicklos, haben in der Fotokopie einen traurigen Blick. Die vollen Lippen verziehen sich schmerzlich, die Rundungen und der hartnäckige Hals sind nicht wiederzuerkennen. Das vitale Gesicht ist zu einem leidenden abgemagert, und so habe ich es mir von Anfang an eingeprägt. Den Museumsführer holte ich nicht mehr oft aus meinem Bücherschränkchen. In Gesprächen mit meiner Mutter war der Mädchenkopf nichts weiter als ein Meisterwerk. Fotokopiert ähnelt er der Schwarzhaarigen, mit der ich mich für den Tanzstundenball hatte ausstatten wollen.

9 Helga

Das war lange her. Im Zug nach Magdeburg empfahl ich zwei Schülern des Domgymnasiums den »Untertan« von Heinrich Mann. Mein Schweigen, an das sie gewöhnt waren, war überstanden wie eine Erkältung mit Heiserkeit. Ich schnitt die Themen an, wie ein Hausvater Brot austeilt, und wenn es nicht schmeckte, verlangte ich Gegenargumente. Meine Wissensgrundlage, die die anderen nicht hatten, bestand neben dem »Untertan« aus drei neu gekauften Broschüren: Franz Mehring, ›Der historische Materialismus‹; Engels, ›Ursprung der Familie‹; und dem ›Kommunistischen Manifest‹. Die erstere hatte ich gelesen, in den letzteren nur hier und da einen Absatz. Ich fragte meine Fahrtgenossen, ob es ihnen nicht komisch vorkomme, daß sie in einer Front mit Spießern, alten Nazis und ganz alten Kaiserreichsuntertanen zusammenstünden. Nicht, daß ich Kommunist sei, noch lange nicht, vielleicht niemals. Dabei beobachtete ich ein rundliches Mädchen mit einem runden, blicklosen Gesicht. Einmal hatte ich sie aus der Kunstgewerbeschule kommen sehen, die Onkel Alberts Geschäftsneubau gegenüberlag. Sie schien nur einen nach innen gewandten Blick zu haben; sie war auch nur eine Botin: ein einfach dargestelltes, nur der Information dienendes Motiv. Eines Morgens geschah die Variation. Die Botin war nicht da, ihren Platz nahm eine ähnliche ein – etwas weniger rundlich, großer Busen, hellere Haare, fröhliche Augen. Wie es kam, daß sie in unserem Abteil saß, hatte ich nicht bemerkt. Sicher ist, daß nicht ich zu ihr, sondern daß sie zu mir etwas sagte, ungefähr in dem Sinn, ich solle nur so weitermachen und mich hoffentlich vergaloppieren. Ich wußte, daß sie Helga hieß. Ihr Vater war ein immer noch beängstigender Grundschullehrer, dessen Methode mir erspart geblieben war. Ihre Schwester, die mir in Salzelmen oft über den Weg lief, hatte sein finsteres Gesicht geerbt, Helga ähnelte ihm nicht. Sie war etwas älter als ich.

Wenn ich Klassenkameraden den »Untertan« empfahl, erzielte ich nur ein Aha. Meine Verallgemeinerungen wurden von den klareren Denkern widerlegt; dann zog ich mich auf meine ältere Position zurück, die des Künstlers, der mehr ahnt als weiß und sich nicht so gut ausdrücken kann. Ich ertrug die halben Tage in der Schule jetzt leichter, es war mir auch gleichgültiger geworden. Eine Fertigkeit lernte ich von einem Tag zum anderen: Zigarettendrehen. Ich hatte ein Maschinchen, das aus einem Aluminiumbügel und zwei von einer Kunststoffrolle umgebenen Holzwalzen bestand. Diese Geräte lagen kolonnen- oder pyramidenweise in jedem Tabakladenschaufenster. Dem ältesten von uns, der schon Soldat gewesen war, machte ich damit das Drehen einer Zigarette vor. Er sagte ganz ernst, das müsse man mit den bloßen Fingern können. Abends konnte ich es und bewies ihm das am nächsten Mittag nach der letzten Stunde, als wir allein waren und rauchen wollten. Wir fuhren nicht mit demselben Zug, aber beide Züge fuhren erst in anderthalb Stunden. Inzwischen erledigten wir unsere Hausaufgaben. Wenn der Hausmeister kam, um die Heizungen kleiner zu drehen, legte ich meine Zigarette in das Fach unter der Pultplatte, während der ehemalige Soldat ruhig weiterrauchte. Der Hausmeister murmelte beim Hinausgehen »Rauchen verboten«, damit wir nicht glaubten, er habe keine Augen im Kopf. Einen Vormittag lang, der schnell verging, war ich abwechselnd gespannt und ernüchtert. Helga hatte morgens gesagt, sie werde mal bei uns nach dem Rechten sehen. Wieso? – Mal sehen, wie du dasitzt. – Das mache sie ja doch nie. – Das werde ich schon merken. Sie hatte sich tatsächlich den Weg in unsere Klasse beschreiben lassen. Nach der sechsten Stunde trat sie ein, ihre Verlegenheit schön bewältigend. Sicher drehte ich ihr eine Zigarette, vielleicht wollte sie nicht rauchen. Ich hoffte in der Achtung des Exsoldaten so hoch zu steigen, daß er es den anderen weitersagte. Er ließ seine Hausaufgaben liegen und beteiligte sich zuerst sitzend, dann in unserer Nähe stehend am Gespräch. Er stellte ihr Fragen, die mir noch nie eingefallen waren: Ob sie auch noch zur Schule gehe? Wo? Und was sie werden wolle. Die Antworten klangen ebenso einfach. Ich hörte zu wie ein Kind, verwirrt von meinem Mangel an Neugier. Indessen wandte sie mir ihre unbeirrten blauen Augen zu und fragte mich, ob ich soweit sei. Mein Mitschüler sagte: Na dann viel Spaß, ich hab' noch ein bißchen Zeit. Viel mehr Zeit als wir hatte er nicht, ich verstand einigermaßen, daß er uns nicht stören wollte. Auf der Straße mit ihr allein, nahm ich Gesprächsgegenstände auf wie Werkzeuge und ließ sie wieder fallen. Sie unterhielt mit ihrer warmen, unangestrengten Stimme ein Geplauder wie ein Feuerchen, das nicht brennen will. In Salzelmen, nicht weit vom Bahnhof, mußte sie nach rechts, ich nach links. Wenn es stimmt, daß sich in sieben Jahren die Körpersubstanz vollständig erneuert, habe ich seitdem fünf Metamorphosen hinter mir. Durch diese Vorhänge hindurch sehe ich Helga und mich noch so deutlich, als ob ich uns einholen und mich mit ihr nach rechts führen könnte; nachmittags könnten wir dann zur »Krähenhütte« gehen oder abends ins Kino. Kaum hatte ich ihr mittags in Salzelmen den Rücken gekehrt, scheine ich sie vergessen zu haben. Eines Morgens im Zug war sie nicht fröhlich, und plötzlich weinte sie. Das Gespräch zwischen den beiden jüngeren Domgymnasiasten und mir kam nicht in Gang, einer sagte: »Er ist abgelenkt, weil Helga geweint hat.« Das bestätigte ich sehr nachdrücklich, da ich Helga mein Mitgefühl zeigen wollte, fühlte mich aber nicht dafür zuständig, sie zu fragen, was los sei. Eine Metamorphose hindurch war ich noch oft in Salzelmen, ohne ihr ein einzigesmal zu begegnen.

10 Nahrhaftes

Viele Wochen lang stand im Keller ein niederländischer Margarinekarton, der bei seinem Eintreffen zwanzig Halbpfundpakete enthalten hatte. Da die Margarine aus dem Westen war, schmeckte sie uns besser als die Butter, die wir zu kaufen kriegten. Aus Chile kam von dortigen Verwandten ein Streifen Magerspeck. Packpapier und Briefmarken waren durchölt, das Äußere des Specks war zu Schmalz geworden, aber er war gut durchgeräuchert und schmeckte nach seiner dreimonatigen Reise um so herzhafter. Seit den beiderseitigen Währungsreformen wurden wir vor allem aus Westdeutschland beliefert. Auf mehrere Absender war Verlaß wie auf ein vierzehntägiges Abonnement – Verwandte und frühere Kolleginnen und Schülerinnen meiner Mutter; mein Vater steuerte Nachkommen aus seiner ersten Ehe und eine alte Dame bei, die noch seine erste Frau gekannt hatte. Meine Mutter konnte sich jeden Tag mit Bohnenkaffee stärken und sogar davon verschenken. Die westdeutsche Schokolade, die im Herbst noch eine körnige, Füllstoffe ahnenlassende Konsistenz hatte, verdiente ab Weihnachten schon das höchste Lob, den Namen Friedensware. Seit Beginn der Paketzeit waren die für mich mit eingepackten Zigaretten genauso schön umhüllt wie die amerikanischen. Das allererste Päckchen war Marke »Collie«. Über dem feinen Schriftzug lag vor sattem Grün ein Windhund, das Ganze befand sich hinter Cellophan wie hinter einem Schaufenster. Bedauernd riß ich die Steuerbanderole ein, zerstörte ich das Schaufenster, entfaltete ich das Silberpapier; dann weidete ich meine Augen an dem dichten, goldbraunen Gehäusekern. Eine Weile atmete ich den Geruch ein, der mich überraschte, weil er an Backobst und Honigkuchen erinnerte. Endlich packte ich zu und lockerte, gleich wieder ganz behutsam, eine Partie aus dem Gesteck, zwei bis drei hochempfindliche Stäbchen in feingestreiftem Seidenpapier. Eins legte ich beiseite, die anderen beiden bugsierte ich in ihr immer noch enges Futteral zurück. Das Beiseitegelegte hob ich auf und sog daran, ohne es anzuzünden. Schließlich strich ich ein Streichholz an und hielt das Flämmchen unter jenes Ende der Zigarette, das ich nicht zwischen den Lippen hatte. Nun rauchte ich so eine. Mir wurde schwindlig, aber wohlig. Am liebsten genoß ich dieses Schwindelgefühl am Sonntagmorgen, wenn ich im Bett lag und noch nicht gefrühstückt hatte.

Tante Anna beschrieb meiner Mutter, wie man falschen Hackepeter macht: Haferflocken kochen, mit Tomatensud vermischen, kalt werden lassen, rohe Zwiebelscheiben dran und Salz drüber; Pfeffer war Mangelware. »Und das schmeckt mir denn so jut.« Onkel Albert und ihr schickte niemand Pakete aus dem Westen. Meine Mutter gab ihnen Kaffee, Schokolade, Margarine, Ölsardinen und anderes ab und schrieb Briefe, die bewirkten, daß manchmal doch ein Paket bei ihnen einging. Oft erzählte mein Vater beim Mittagessen, Onkel Albert habe im Geschäft »das heulende Elend« gehabt. Das Finanzamt belauerte ihn, aus Berlin und der Landeshauptstadt Halle kam eine unternehmerfeindliche Verfügung nach der anderen. Er habe schon wieder damit gedroht, »den ganzen Bettel hinzuschmeißen«. Mein Vater selbst war bekümmert, aber ruhig. Die Briefe, die er Behörden schrieb, nannte er jetzt Schriftsätze. Wenn seine Gründlichkeit Onkel Albert in Wut brachte, verbat sich mein Vater neuerdings diesen Ton und fügte Vorhaltungen hinzu, bis sein Bruder mit beiden Händen abwinkte.

Außer falschem Hackepeter kannte man schon lange zwei auf dickem Mehlbrei basierende Brotaufstriche: falsche Leberwurst und falschen Kochkäse; neuerdings aber gab es Tütchen mit Leberwurst- und Kochkäsegewürz zu kaufen. In der Schule wurden mittags Kübel geöffnet, die heißes, kostenloses Essen enthielten, meistens Kohl- oder Kartoffelsuppe mit Fleischeinlage. Eine neugegründete Firma, die »Handelsorganisation«, abgekürzt HO, eröffnete Lebensmittelgeschäfte und einige Restaurants, wo man sogar Hasenbraten essen konnte, teuer, für Normalverbraucher zu teuer, aber markenfrei. An der Friedrichstraße wirkte ein Arthur Kromnick, der es billiger machte. Er ist mir ein Rätsel geblieben. In seinem Fenster stand ein Schild »Bürgerlicher Mittagstisch«. Auch in den Hungerjahren hatte er es nicht weggenomen, und vor der Tür hatten Leute Schlange gestanden. Jetzt war die Tür frei zugänglich. Eines Sonntags probierten wir es und bestellten das Stammgericht. Herr Kromnick sagte halblaut: »Ich habe schönen Schweinebraten da. Könnse mit Rotkohl oder Sauerkohl kriegen. Ohne Marken. Zwei fuffzig.« Er ähnelte sehr dem von Josef Lada gezeichneten braven Soldaten Schwejk. Manchmal lehnte er in der Tür, die zur Küche führte, faßte uns alle in einem Blick zusammen, die noch Hungrigen, die Essenden und die Gesättigten, und lächelte. Dann zapfte er gleich wieder Biergläser voll, trug auf, räumte ab, alles in Eile und daher beim Laufen stärker watschelnd, als wenn er ein Tempo gewahrt hätte, das seinen kurzen Beinen gemäßer war, aber sachte und sorgsam. Seine Geschäftigkeit brachte ihm nur Dankbarkeit und Wiederkommen und den Anblick ein, wie es allen schmeckte; das Geld kann nur zum Weitermachen gereicht haben. Bei dem Spottpreis für den Schweinebraten denkt man an Schwarzschlachtung. Das ist nicht weiterdenkbar: Jeden Augenblick konnte ein Volkspolizist eintreten, sich setzen, den Braten riechen, fragen, ungläubig lauschen, Verstärkung holen und das Lokal schließen, es ist jedoch nie geschlossen worden. Als ich sieben Jahre später zum letztenmal in Salzelmen war, trug Arthur Kromnick immer noch Braten auf und sah nicht so aus, als hätte er Sorgen.

1949

1 Kommunisten, Emigranten

In Westberlin war der »Kulturbund zur demokratischen Erneuerung Deutschlands« schon 1947 verboten worden (die SED, die Jugendorganisation FDJ und der »Demokratische Frauenbund« dagegen nicht, sie blieben dort auch weiter legal, als die Bundesregierung 1956 die KPD illegalisierte). In Magdeburg war der Kulturbund keine Kampforganisation und kein taugliches Infiltrierungsmittel, sondern ein Sammelbecken. Die Mitgliedschaft in ihm galt wenig, sie wies mich weder den vielen als einen Kommunisten aus noch den wenigen Kommunisten, die ich kannte, als einen, der anfängt durchzublicken. Das Wort Kommunist gehörte in dieselbe peinliche Kategorie wie Exhibitionist oder Masochist. Einmal hatte sich ein Mitschüler verspätet und sich damit entschuldigt, daß er noch für die Partei zu tun gehabt habe. Für welche Partei? KPD. Das war vor dem Vereinigungsparteitag von KPD und SPD, dem 21. April 1946, sonst hätte er SED gesagt. Er hätte genausogut sagen können: Ich hatte noch mit Wichsen zu tun. Der Lehrer, ich weiß nicht mehr welcher, und wir alle lachten. Wahrscheinlich wir alle, ich sah nicht viel; bei solchen Ausdrücken lachte jeder für sich. Sein Aufenthalt in unserer Klasse ist mir wie einer der damals häufigen Organisationsfehler erschienen, der auch bald durch einfaches Ausbleiben korrigiert wurde. Drei Jahre später hätte die Klasse sich das Lachen verkniffen, aber an Peinlichkeit hatte der Kommunismus bei uns nichts verloren.

Meinen Klassenkameraden verschwieg ich auch meine Mitgliedschaft in dem harmlosen Kulturbund, aus der ich woanders kein Geheimnis machte. Sonst hatte ich meine Angst, ausgeschlossen zu werden, fast überwunden. Ich sagte mir schon, daß ich sowieso ausgeschlossen sei. Wie ich dabei merkte, war es ein ganz vertrauter Zustand, ich brauchte mich nur noch auf ihn zu versteifen: mich der gerade herrschenden Stimmung verweigern, schweigen, nein sagen, heute das Gegenteil von dem sagen, was ich gestern gesagt habe usw. Natürlich fiel es mir dadurch leichter, daß wir in einigen Monaten Abitur machen und dann nichts mehr miteinander zu tun haben würden. Jemand gab mir Moltkes Spitznamen »der große Schweiger«. Ein anderer, der mir noch nie ein böses

Wort gesagt hatte, sagte plötzlich, an meinem Gesicht entlangstarrend, laut: »Ich kann den Kerl nicht leiden. Eine Fresse zum Reinschlagen.« Meine Demut hatte mir Nichtbeachtung eingetragen, die Arroganz machte mich auffällig. Gespräche begann ich fast nur noch mit Außenseitern, mit den Kindlichen, mit denen ich nicht hatte verwechselt werden wollen, und mit dem ehemaligen Soldaten, der das Imponier-Einmaleins verlernt hatte und mich mit kritischem Humor betrachtete. Es wollten einige Theater spielen: das Lustspiel »Flachsmann als Erzieher« von Otto Ernst. Ich hatte es mit Vergnügen gelesen, mehrmals, da es in einem Regal meiner Mutter stand, die vierzig Jahre zuvor, in einer sogenannten Liebhaberaufführung ihres Lehrerkollegiums, selber mitgespielt hatte, wobei ihr durch eine Umarmung eine Rippe gebrochen worden war. Als mir einer eine Rolle anbot, hatte ich ihn schon erwartet und sagte, über diese Klamotte könne keiner mehr lachen, und ich sei die falscheste Besetzung: vor Zuschauern würde ich meinen Text vergessen, wahrscheinlich in Ohnmacht fallen; sie sollten lieber mal versuchen, den Untertan von Heinrich Mann zu dramatisieren, der sei genauso alt, aber alles andere als eine Klamotte; dafür sei ich eventuell zu gewinnen. Die Aufführung von »Flachsmann als Erzieher« sah ich mir an, allein zwischen Fremden und nun doch darunter leidend. In der Pause versuchte ich mit zwei Klassenkameraden zu reden; sie fertigten mich einsilbig ab, gebrauchten also meine eigene Waffe gegen mich.

Im Kulturbund meldete ich mich an zwei Abenden mit je einer Frage zu Wort, Mutproben, die Antworten vernahm ich kaum. Wenn das Publikum so aussah wie das matte Bild, das ich von ihm behalten habe, dann waren es 30- bis 60jährige Leute aus der Mittelklasse; kein ansehnliches Mädchen, kein vitaler Arbeiter, kein imposanter Greis. Doch äußerten sich andere gewandter, klüger und länger als ich. Das eine Thema war die Wiedervereinigung Deutschlands, am zweiten Abend hielt ein Literaturprofessor Kern aus Halle einen Vortrag über Thomas Manns »Doktor Faustus«. Er wies uns die Stockholmer Ausgabe vor, so daß jeder den Vorderdeckel sehen konnte; deutsche Nachdrucke gab es noch nicht. Auch sonst hatte er uns so viel voraus wie ein Prediger der Kirchengemeinde: die Kenntnis des Buches, Mitteilungen aus der Welt des Verfassers, sogar vom Verfasser selbst, das zu Vergleichen ermächtigende Wissen und die trainierte Beredsamkeit. Man nahm in sich auf, was er bot, oder man entschied sich, von Buch oder

Autor oder beiden nichts wissen zu wollen. Die »anschließende Diskussion« hielt sich lange an eine nicht zur Sache gehörende Frage an den nicht anwesenden Dichter: an die schon dreieinhalb Jahre alte Unordentlichkeit, daß er nicht in die Heimat zurückkam. Ein Vierteljahr nach Kriegsende hatte ihn der daheim gebliebene Schriftsteller Walter von Molo in einem offenen Brief dazu aufgerufen. Das hatten viele nicht vergessen. Professor Kern vertrat den Emigranten geduldig in seinem sächsisch akzentuierten Germanistendeutsch, und ich nickte dazu, weil auch ich lieber im Ausland gewesen wäre. Er war, glaube ich, selbst emigriert gewesen. Da die Leute sich nicht zufriedengaben, stellte er endlich doch fest, daß die Frage abwegig sei. Zu ihr ist auch unser Lateinlehrer einmal abgeschweift, ein trockener Mickerling, der oft abschweifte, mit dem überhaupt gut auszukommen war. »Wenn er nicht will, dann soll er bleiben, wo der Pfeffer wächst«, sagte er, »so nötig haben wir ihn nicht. Wer nicht will, der hat schon.« Viele stimmten ihm lärmend zu. In meinem Umkreis fragte keiner danach, was zum Beispiel Heinrich Mann, Bertolt Brecht oder Alfred Döblin von einer Heimkehr zu uns hielten; von Döblin, der sie sich zugemutet hatte, kannte ich nicht einmal den Namen.

Thomas Mann war derjenige Emigrant, den die meisten im Auge behielten. Was meinten sie zu Hermann Hesse? Im Deutschunterricht kam er ebensowenig vor wie Thomas Mann und die drei eben Genannten, aber auch nicht in Latein: Ihm nahm man nichts übel. 1946 gab es Leute, die stolz auf Deutschland waren, weil Hermann Hesse, einst deutscher, seit langem aber Schweizerbürger, den Nobelpreis bekam. Andere kehrten heim und schienen mir eben darum nur für unsere enge Weltprovinz zu taugen. Die Zeitungen versorgten uns mit Bildern, auf denen nur immer Anna Seghers und Johannes R. Becher sich begrüßten oder von Kindern mit Blumensträußen, Kongreßvorsitzenden, berühmten ausländischen oder namenlosen inländischen Kongreßteilnehmern begrüßt wurden. Meine Mutter, die jetzt oft in die Stadtbücherei ging, hatte sich dort einen Erzählungsband von Anna Seghers aufdrängen lassen und empfahl ihn mir: »Furchtbar grausam, aber sehr eindrucksvoll.« Aus Achtung davor, daß sie sich auf so ungewohnte Lektüre eingelassen hatte, überflog ich die Erzählungen. Andere Händeschüttler: die Arbeiterschriftsteller Willi Bredel, Hans Marchwitza, Eduard Claudius, der Satiriker Erich Weinert, waren für uns nur Nachkriegsnamen. Im Deutschunterricht kamen sie alle nicht vor. Nach einem Schulbrauch, nämlich weil wir die Abiturklasse waren, hatte ihn der Direktor übernommen, ein hoch über dem Pensionsalter stehender Greis, der in träumerischem Tempo Gedichte von Heine und Goethe und – munterer, da es ihm nicht gefiel – ein behördlich verordnetes Ding demontierte: die Übersetzung des Prosapoems »Die Krim« von dem sowjetischen Schriftsteller Konstantin Paustowski.

2 Gehart Eisler

An einem heißen Sommertag ging ich zu einer Feier für einen neuerdings bei uns prominenten Händeschüttler, Gerhart Eisler. Was in den Zeitungen stand und aus dem Radio quoll, nahm ich auf eine Weise in mich auf, die eigentlich nicht geht: Ich hielt alles Mitgeteilte für möglich oder wahr und glaubte zugleich kein Wort. Das Ergebnis ähnelte dem Anfang: Gleichgültigkeit.

Eisler, ein kommunistischer Journalist, war vor drei Jahren den amerikanischen Antikommunisten aufgefallen und seitdem weder in Ruhe noch außer Landes gelassen worden. 1949 drohte ihm ein mehrjähriger Gefängnisaufenthalt. Er rettete sich in New York auf den polnischen Passagierdampfer Batory; dessen Abfahrt wurde verzögert, doch am Ende nicht verhindert. Nun unternahm Eisler eine Tournee durch die Ostzone. Nach Musik und den Vorworten einiger anderer wurde er auf dem Podium über einem breiten Wäldchen von Blumensträußen sichtbar. Er schüttelte Hände; man hörte nichts, man sah einer eher privaten Begrüßungsszene zu. In dem vollbesetzten Saal wurde geklatscht, und das Klatschen organisierte sich bald in einem Marschtakt, wie man es aus dem Radio kannte. Ich bewegte aus Furcht vor meinen Nachbarn ab und zu die Hände, jedoch lautlos. Die Feier ging ihren Gang, ich beobachtete sie ohne technisches Interesse wie eine Maschine, die ohne Menschenmühe zu laufen schien. Ein Redner fiel mir auf, ein spanischer Arbeiter, der ungeschickt Deutsch, aber Magdeburger Dialekt sprach. Rechts vom Podium hing die Fahne der spanischen Republik: Er war es, der sie nach Deutschland entführt hatte (Hinweis des Veranstaltungsleiters). Nach Nazideutschland? Später? Durch welche Zufälle und auf welchen Wegen nach Magdeburg? Auf dieses Abenteuer wäre ich gespannt gewesen, nur im Irrational, da ich mich genug auskannte, um mir keine Hoffnung zu machen, daß es erzählt werden würde. Alle Nebenpersonen beschränkten sich auf Grußworte an die Hauptperson, auf Verallgemeinerungen der Vergangenheit, Schmähungen des gegenwärtigen Hauptfeindes, des US-Imperialismus, und Gelöbnisse für die Zukunft. Nach Durchquerung dieses Redegestrüpps kamen endlich das Mikrofon und Gerhart Eisler zusammen.

Er nahm sich die Freiheit oder sollte sich die vorgebliche Freiheit nehmen, von sich zu erzählen. Dazu eignete er sich auch. Anschaulich, weil besonders ausführlich, mit Humor, mit Spaß an Komischem schilderte er die Flucht auf das Schiff und die nervös machenden Tage bis zum Verlassen des Hafens. Sein behaglicher Tonfall klang wie der eines Mannes, der gut beobachtet hat und weiß, was er sagt, und sein Wiener Dialekt nahm sich hier wie die Sprache eines freundlichen, erfolgreichen Einzelgängers aus. Mir war dabei so, als besitze er diese Vorzüge nur noch leihweise; als habe er sie der SED übergeben, die sie in einer Requisitenkammer einlagere und ihm nur noch zu parteidienlichem Gebrauch gegen Quittung ausborge; als ob er alltags im Büro weder spontanen Tonfall noch Wiener Dialekt anreißen dürfe, sondern ganz gewöhnliches Funktionärsdeutsch benutzen müsse, weil das andere teure Devisen koste. Da er nun einmal Kommunist war, hielt ich seine Art und Weise für organisiert und zweckabhängig bis ins flüchtigste Detail. Zum Schluß verallgemeinerte, schmähte und gelobte er denn auch wie seine Vorredner und erzielte erlöst aufbrausenden Beifall: als wären wir alle aus inneren Irrfahrten zurückgerufen worden und vergewisserten uns nun, daß wir noch die Hände ineinanderschlagen konnten. Ein Mädchen aus einer uniformierten Jugendgruppe ganz rechts auf dem Podium fing im Klatschtakt an zu hopsen wie ein Kind und selbstvergessen zu lächeln. Gerade sie bekam einen Blumenstrauß zum Weiterreichen in die Arme gelegt. Sie übergab ihn Gerhart Eisler, knicksend. Er warf alles auf den Podiumstisch, um mit beiden Armen winken zu können. Mein neuer Sommeranzug, ein Geschenk von Onkel Albert, hatte dadurch, daß ich schwitzte, an den Kniekehlen, am Rücken und an den Ärmeln scharfe Falten ausgeprägt und war im ganzen verblüffend weit geworden. Es war im Saal ebenso heiß wie draußen. Beim Weggehen klebten die Hosen vorn fest und flatterten hinten wie ein Gewand.

3 Prüfung

Ich fragte den mit dem Klassenbuch beschäftigten Lehrer, ob das der Stoff sei, den wir uns fürs Abitur merken müßten. Ja, sagte er. – Brauchen wir nichts weiter aufzufrischen oder so? – Na ja, es kann nicht schaden, wenn Sie sich das und das noch mal einprägen. Es gab mehrere solche Gespräche, doch nicht so viele, wie die Klassenfrequenz multipliziert mit der Anzahl der Lehrer ausgemacht hätte. Es reichte, wenn einer von uns fragte, er gab die Auskunft weiter. Für die Lehrer schienen sich Entlarvungstechniken nicht mehr zu gehören. Sie stellten kaum noch Fragen. Oft gab es ein Verstummen und einen beruhigenden oder warnenden Blick. Niemand, der an die Prüfungskommission dachte, sprach aus: »Diese Banditen.« Einmal kamen drei Funktionäre, um unser politisches Wissen zu prüfen. Wir setzten uns im Lehrerzimmer zu je vier Mann ihnen gegenüber. »Das ist ja nicht viel«, resümierten sie, und abschließend: »Das ist ja erschütternd. Finden Sie das nicht selber?« Wir machten keinen Unterschied zwischen politischen Kenntnissen und politischen Meinungen und gaben die letzteren nicht preis.

Unsere Brüderlichkeit umfaßte nicht alle, vier von uns wurden vom Lehrkörper nicht mehr berücksichtigt. Kein gemurmelter Ratschlag, kein bedeutsamer Blick. Zu diesen Opfern gehörte ich nicht, ich sah mich gut geborgen. Für die Mathematikprüfung, der ich nicht gewachsen war, konnte ich mir einen Nebenmann sichern, der in Mathematik meistens Einsen schrieb. Nach mir versuchten ihn noch andere zu engagieren. Das war beunruhigend; ich war ihm sonst so gleichgültig wie er mir. Aber nein, einen einzigen Nachbarn für seine andere, die rechte, Seite nahm er noch an, dann bekannte er sich zu dem Vertrag mit mir und schloß sozusagen sein Buchungsbüro.

Wir schrieben im Zeichensaal, jeder zwei Meter vom nächsten entfernt. Unter der langen Tischfläche war eine zweite glatte, schwarzlackierte, ununterbrochene Ablage. Die Aufsichtspersonen, die nach dem Stundenplan wechselten, wirkten schläfrig. Mein Gewährsmann schnellte mir auf der Ablage einen Zettel zu. Ich vermutete Fehlerlosigkeit und arbeitete einen Fehler ein, um die Zensur 3 zu treffen, die mir seit langem zugeteilt wurde, obgleich sie mir nicht zustand. Wenn ich auf dem Papier zu Besserem abwich, würde ich mit Kreide an die Tafel und meine vollständige

Unwissenheit offenbaren müssen. Ich bekam die 3. In Latein verschaffte ich mir die 2, die ich brauchte, mit Hilfe einer sogenannten Schwarte (deutsche Übersetzung in einem kleinen, schmalen Dünndruckheftchen; man ließ sie sich per Nachnahme auf ein Postamt schicken). In Griechisch machte ich es ebenso und mußte mich dennoch der Prüfungskommission präsentieren: im Profil an einem Tischchen neben Helmig vor der Stirnseite des Zeichensaals. Es wundert mich, daß er mich nicht alleinlassen mußte. Er soufflierte mir die Verdeutschung so nachdrücklich flüsternd, daß ich um ihn und dann auch um mich Angst bekam. Nichts geschah. Meine Wissenslücken Physik, Chemie und Biologie brauchte ich nicht zu zeigen. Mein Wahlfach war Kunst, selbstgemachte und andere. Griesing führte mich in einen leeren Raum und gab mir ein Thema und drei Stunden Zeit zum Zeichnen. Das Ergebnis ließ Mißtrauen gegen leere Flecken und gegen die Prüfer erkennen; am sichersten glaubte ich sie durch Fleiß zu beeindrucken. Sie empfingen mich dann mit der aufrecht hingestellten Farbwiedergabe eines hellblauen Bildes von Matisse, die aus der »bildenden kunst« herausgeschnitten war. Dazu sollte ich etwas sagen. Ich fühlte mich allen überlegen wie ein Gutachter. Fragen, die allmählich eintrafen, beantwortete ich in einem hingehauchten, Spezialwissen vortäuschenden Jargon. Alle schienen zufrieden oder doch einig zu sein. Meine Abiturnote war 3, wie erwartet.

Einige Tage später hörte ich, der X. habe bei der Mitteilung, er sei durchgefallen, alle Haltung aufgegeben; es liege an charakterlicher und körperlicher Schwäche: »Der X. onaniert jeden Tag.« Der mir das erzählte, wie wenn er dem X. jeden Tag zusähe, faltete gerade eine Tüte voll großer schwärzlicher Süßkirschen auf, die er sich eben gekauft hatte. Er bot mir davon an. Ich kaute. Onanieren fand ich ehrenrührig, schon das Wort vermied ich. Ich wollte in eine Bildergalerie, die oben in einem Mietshaus eröffnet worden war, die erste in Magdeburg. Drei mir unbekannte Magdeburger Maler stellten aus. Für mich stand fest, daß man in Magdeburg nichts werden könne; wer sich hier niederlasse, sei nichts geworden und habe keine Hoffnung mehr.

Die Bilder beirrten mich auch nicht. Die Machart der auffälligsten war ein grobes Gespachtel in Farben wie Backstein, Quark und Kot. Meine Wasserfarbenbilder hatten feinere Abstufungen und nicht so brutale Gegensätze. Sie ähnelten den Farbwiedergaben von Aquarellen des Malers Karl Schmidt-Rottluff in einem neu erschienenen Bildbändchen. Ich malte in unserem Garten, der dabei besonders dicht und wildwüchsig aussah. Rötliche, nur kleine Bauteile schauten durch die Lücken im Grünen. Es umwucherte mich scheinbar von weither und sehr nahe. Wenn diese Vorstellung verblaßte, erneuerte ich sie. Bewegungen schadeten ihr. Ich rührte mich kaum und nährte das Gefühl, Wurzeln zu bilden und pflanzenähnlich weiterzuleben. Manchmal räusperte ich mich und war davon überrascht wie von einer fremden Stimme. Sonst hörte ich nur das Klingen und Plätschern, wenn ich den Pinsel im Wasserglas ausspülte.

Zweimal fuhr ich noch nach Magdeburg. Wir trafen uns in unserem ehemaligen Klassenraum. Es sollte eine sogenannte Abiturzeitung geschrieben und während der Abiturfeier verteilt und vorgelesen werden. Vor zwei Jahren hatte es eine Tanzstundenzeitung gegeben, lauter qualvolle Witzchen. Ich haßte diese Vergangenheit noch. Als ich zur Beratung den Satz beitrug, daß ich auf eine Bierzeitung keinen Wert legte, hieß es: »Nee, du nicht, aber wir.« Beim Feiern im Ratskeller saßen auch Lehrer unter uns; nun gehörte es sich, sie mit ihren Spitznamen anzureden. Dazu machte ich ein angeekeltes Gesicht. Es gab zu essen und viel zu trinken, ich brach alles wieder aus. Jemand ließ mich und noch einen bei sich übernachten.

4 11. 6. 82

Kurz nach 11 Uhr Polizeisirenen. Kurz danach rannten 20 bis 30 junge Leute auf das Grundstück hinter meinem Balkon, bis an den Bauzaun, hinter dem Schwerinstraße 13 neu gebaut wird. Sie sind wieder weg. Bauarbeiter auf dem Neubau Zietenstraße 23 riefen ihnen »Arbeitslager« zu. Auf der anderen Hausseite, Schwerinstraße, gehen Gruppen ohne Eile. Leute lehnen auf Kissen gestützt aus den Fenstern. Von weiter her knallte es wie Schüsse. Jetzt – 11 Uhr 25 – hört man nichts mehr. – Präsident Reagan ist vor anderthalb Stunden in Tempelhof gelandet. Ich fürchte, daß meine Kinder sich an der Demonstration beteiligen.

Die Kreuzung Schwerin-/Zietenstraße hat sich belebt, dort stehen und gehen ca. 100 Leute. Die »Kutscherstuben« haben die Jalousien heruntergelassen, »Café Nollendorf« hat offen, das »Zieten-Eck« kann ich von meinen Fenstern aus nicht sehen. 11 Uhr

40 war das. Zehn Minuten später kommen Gruppen aus Richtung Maaßenstraße. Dahinter sieht man Wagendächer, es könnten Polizei-»Wannen« sein. Die Fußgänger werden nicht verfolgt. Rechts hinunter, Richtung Frobenstraße, sieht man nur wenige. – Die Bauarbeiter auf den beiden Baustellen bauen weiter. Man hört die Kreissäge, mit der sie die Betonverschalungen zurechtsägen. 11 Uhr 55 vielstimmiges Geschrei aus der Winterfeldtstraße, die ich infolge des Neubaus an der Zietenstraße nicht mehr sehen kann. – 12 Uhr: Es kamen einzelne von rechts aus der Zietenstraße gerannt. Andere fangen etwas mit den Absperrungsbrettern der Straßenbaustelle an. Sie lehnen zwei Bretter von rechts und links auf den Drahtzylinder, der einen jungen Baum schützt. 12 Uhr 05: Sie haben eine gebrechliche, quer über die Schwerinstraße reichende Absperrung daraus gemacht. Es hat sich geleert, man kann in der Maaßenstraße Polizeiwagen und Polizisten erkennen. Fußgänger zwischen dort und hier bewegen sich ohne Eile. Von weiter her hört man wieder Geschrei. Jetzt Polizeisirenen in der Winterfeldtstraße. 12 Uhr 13: In der Maaßenstraße sehe ich keine Polizisten mehr. Die Wagen sind umgruppiert: Vorhin stand ein blauschwarzer in der absperrenden Reihe, jetzt nur noch weiß-grüne. 12 Uhr 20: Hoch über den »Wannen« raucht es. Der Rauch, dunkelgrau, kommt von links in die Straßenperspektive. 12 Uhr 25: Es haben sich wieder welche auf das Grundstück geflüchtet. Fünf Bauarbeiter schreien »weg da, ihr Banditen«, sie werfen massenhaft und gezielt Bretter hinunter. »Leute bei der Arbeit stören!« – 12 Uhr 28: Geschrei aus der Zieten- und Winterfeldtstraße, brandiger Geruch. Leichter Rauch aus der Zietenstraße. 12 Uhr 30, Schwerinstraße: Polizisten mit Schilden ziehen durch die Zieten- Richtung Bülowstraße, ca. 25 Mann, keine Konfrontation mit den ca. 50 an der Kreuzung stehenden Gruppen. – Im Garten unter meinem Balkon einige junge Männer. Bauarbeiter rufen ihnen zu: »Zu feije, wa?« 12 Uhr 37: Vor Café Nollendorf stehen etwa zehn Polizisten. Enge Gruppe, die sich nur durch die Uniform von den anderen unterscheidet. Man tut einander nichts. Auch die fünf, die vor zehn Minuten hinten im Hof waren, sind jetzt dort. Es kommen zwei Mann mit einem zweiteiligen Apparat, den ich für Fernsehausrüstung halte. 12 Uhr 42: Barbara H. rief an und fragte, ob ich von Anne und Anna gehört habe. Julian sei zu Hause, sie habe eben dort angerufen. »Wir wollen uns keine Angst machen, die haben wir ja sowieso«, sagte sie. 12 Uhr 55: Ich rief Julian an, er hat die

Schule früher verlassen, weil er Schmerzen unter einer Achselhöhle hat. Ein roter Streifen sei nicht zu sehen. Er hat es schon seit zwei oder drei Tagen. 13 Uhr: 15 bis 20 Leute, die auch Gäste sein können, vor Café Nollendorf. Hinter der Kreuzung Nollendorf-/Maaßenstraße ein Feuerwehrwagen. Sirenen sind fast immer zu hören. 13 Uhr 05: Vielstimmiges Geschrei aus Richtung Winterfeldtplatz. Etwa 20 Leute rennen aufs Grundstück hinter dem Altersheim und wieder zurück zur Zietenstraße, aus der man eine Sirene hört. 13 Uhr 10: In der Zietenstraße Sirene aus stehendem Fahrzeug, nur sekundenlang. – Wieder Geschrei aus der Winterfeldtstraße. 13 Uhr 12: Feuerwehr, durch Mauerlücke kurz sichtbar, kommt von links durch die Winterfeldtstraße. Rauch an der Ecke Winterfeldt-/Zietenstraße. Schüsse. Geschrei, Scheibenklirren. Auf dem Dach des roten Hauses Winterfeldtstraße 35 erscheinen welche und schauen herunter, jetzt auch auf dem weißen links daneben. Einer schien etwas auf die Straße werfen zu wollen, zwei andere schienen ihn daran zu hindern. 13 Uhr 17: Unter dem Neubau vier Bauarbeiter und zwei junge Männer. Ein Bauarbeiter zeigt auf unseren Baukomplex: »Haut hier ab, geht da hin!« Antwort, ironisch: »Jawoll! Tschüs!« – 13 Uhr 20: Es sind jetzt drei Mann, sie stehen am Bauzaun zu Schwerinstraße 13. – Offenbar wollten sie wieder auf die Straße. Der alte Bauarbeiter von eben rief ihnen alles mögliche zu: »Bleibt da!« – »Scheiße wenn man feije is, wa?«; dann: »Grüßt mir Hamburg!« Antwort: »Grüß mir Adolf!« – 13 Uhr 25: Barbara H.: Anna sei sicher noch in der Schule, sie schreibe heute eine Klausur. Anne habe sie eben aus dem Urbankrankenhaus angerufen, E. sei am Arm verletzt. – 13 Uhr 30: Die Polizeiwagenkette, die an der Maaßenstraße gestanden hat, ist nicht mehr da. B. guckte aus dem Nebenfenster und erzählte mir einiges, von dem ich nicht viel verstand. Wie wenn ich heute nicht nur kaum einen Ton rauskriege, sondern auch schwer höre. Er habe von seiner Montagestelle bis hier zwei Stunden gebraucht. – 13 Uhr 35: Die Dächer an der Winterfeldtstraße sind leer. – Gleich danach Geschrei aus dieser Richtung und Sirenen. Drei Gestalten auf dem roten Haus. 13 Uhr 40: Geschrei und Klatschen. Schüsse, metallisches Donnern, Glasklirren. 13 Uhr 45: Zwei Mädchen gehen über das Dach des weißen Hauses hinüber auf das rote, die eine zieht sich im Gehen den Pullover aus. Sie schreiten frei wie auf einer Straße. 13 Uhr 50: Schwerin- und Nollendorfstraße bis Maaßenstraße haben sich geleert. Schon seit einer Weile sitzen Neugierige auf den Bänken der Fußgängerzone. Auf dem von hier aus sichtbaren Stück Maaßenstraße sieht man Massen vorbeigehen; gehen, nicht laufen. – 13 Uhr 55: Die Maaßenstraße hat sich geleert, man kann den Laden auf der anderen Straßenseite sehen. Fußgänger und Radfahrer in beiden Richtungen, keine Autos. Von der Maaßenstraße her kommen wieder Gruppen die Nollendorfstraße herunter. – 14 Uhr 05: Die entgegengesetzte Richtung, Frobenstraße, sah die ganze Zeit aus wie nicht betroffen. – 14 Uhr 30: Ich rief Julian an, währenddessen kam Renate. – Seit einer halben Stunde ist in Hör- und Sichtweite alles friedlich.

(12. 6.) Zehn Minuten später kam sehr überraschend Barbara V. Sie war nach Berlin gekommen, um an der vorgestrigen genehmigten Demonstration teilzunehmen. Was sie, wie ich vorher, für Schüsse hielt, waren keine: Von einem der beiden Neubauten zwischen hier und Frobenstraße wurden Bretter heruntergeworfen. Nach einigen Minuten Unterhaltung gab es auf der Schwerinstraße Lärm. Wir gingen hinüber. Links, Zieten- und Nollendorfstraße, und vor uns Demonstranten, viele vermummt. Rechts aus der Frobenstraße kam ein Polizeifahrzeug mit hoher Geschwindigkeit hinter drei Weglaufenden her, stellte sich dann vor der Baustelle Schwerinstraße 13 quer auf die Straße. Von den dreien hatten zwei die jetzt auch dort aufgerichtete Barrikade nicht übersteigen können. Sie warfen sich hin. Zwei Polizisten aus dem Fahrzeug schlugen sie, zerrten sie zu dessen Hintertür und schoben sie hinein. Von links kamen 15 bis 20 Mann gerannt und bewarfen die »Wanne« mit Steinen. Aus der Baustelle Schwerinstraße 13 quoll eine Gruppe Uniformierter und räumte die Barrikade beiseite. Die Steinwerfer rannten nach links zurück. Tränengas. Viele Leute lehnten aus den Fenstern. Wir verzogen uns, weil es in die Augen biß, und machten Durchzug. Aus Richtung Maaßenstraße näherte sich in Straßenbreite Polizei. Eine Menge Leute drängte sich ins Café Nollendorf, das Türgitter wurde verriegelt. Polizisten nun auch aus beiden Richtungen der Zietenstraße. Kurze Erholung vom Tränengas. Danach stand eine Reihe »Wannen« da, und aus der Maaßenstraße kamen weitere dazu. Polizeizusammenrottung vor Café Nollendorf, aber sie drangen nicht ein, obgleich die Tür wieder auf war. Drei Festnahmen, die weder eilig noch brutal wirkten. Einer wurde dreimal aus einer Wanne heraus und in eine andere hineingenötigt. Ein anderer, dessen Hemd in Fetzen hing,

wurde herausgeholt, fotografiert und wieder hineingeschoben. Das Armumdrehen – so daß der Abgeführte sich tief vornüberbeugt und stolpert – kam nicht vor. Ein Teil der Wannen fuhr in Richtung Frobenstraße ab. Etwas später ein ruhiges Bild: Gruppen von Polizisten und Gruppen Jugendlicher standen da, als hätten sie nichts miteinander zu tun. Es gab auch eine aus beiden Teilen bestehende Gruppe. Nachbarn aus den Häusern erschienen auf der Straße. Sowohl nördlich wie südlich von uns ab und zu wieder eine Rauchwolke, die Brände waren verdeckt. Bis etwa 17 Uhr noch Durchzüge größerer Demonstrantengruppen, Gegenbewegungen uniformierter Gruppen und einige gleichzeitige Tränengaswürfe. Bald danach setzte sich eine junge Frau von gegenüber auf die Straßenbank aus Drahtgeflecht und hatte sich was zu lesen mitgebracht. Etwa 17 Uhr 30 wagte sich Barbara V. aus dem Haus und ging in Richtung Frobenstraße und dann zur Potsdamer. Sie ist nicht zurückgekommen.

Angefangen hat alles damit, daß die für gestern angemeldete Demonstration nicht genehmigt wurde. Um zehn, während Reagan in Tempelhof landete, versammelten sich einige Tausend auf dem Nollendorfplatz. Polizei umspannte den Platz mit Stacheldrahtrollen und ließ nur einen Durchlaß, den man höchstens im Gänsemarsch passieren konnte. So beschrieb es nachher im SFB ein Mann von der AL. Die Interviewerin, deren Stimme ich von Vormittagssendungen kenne, duzte ihn; sie nahm mit einer gewissen Leidenschaft gegen die AL Partei: Die AL habe auf der Demonstration bestanden, obgleich die Demonstration verboten und die Gewalttätigkeit der Polizei demnach vorauszusehen gewesen sei. Der AL-Mann hielt ihr entgegen, daß ein Verbot uns nicht davon entbinde, uns gegen die katastrophale Aufrüstung zu wehren. Die Gewalttätigkeit mancher Demonstranten bedauere auch er. – Wie haben sich die auf dem Nollendorfplatz Versammelten aus dem Stacheldrahtkäfig befreit? Ich weiß es noch nicht. Laut Nachrichten sind 240 Personen festgenommen worden und 43 Polizisten verletzt, einer von ihnen liege im Krankenhaus. Wie viele Demonstranten verletzt sind, wurde nicht gesagt. 15 Autos sollen in Brand gesteckt worden sein, darunter auch Polizeifahrzeuge. Ein Möbelgeschäft am Nollendorfplatz wurde ausgeräumt, die Möbel wurden zum Bau von Barrikaden benutzt; das hatte auch Barbara V. gesehen. Heute vormittag in der »SFB-Expertenrunde« riefen zwei Hörer an. Der erste fragte, ob man die AL für die »bei den gestrigen Krawallen« entstandenen Sachschäden haftbar machen könne; der andere: ob ein Sprecher der SFB-Jugendsendung »Tamtam« zur Rechenschaft gezogen werde, der zu der verbotenen Demonstration aufgerufen habe. Die Expertenrunde erklärte sich für unzuständig.

Präsident Reagan soll nur drei Stunden dagewesen sein. Er sprach vor US-Militär in Tempelhof, dann brachte man ihn an die Friedrichstraße, wo sie nach Ostberlin übergeht (Checkpoint Charlie). Dort sagte er, daß er gern mal rübergehen und die Leute fragen würde, warum sie die Mauer gebaut hätten, aber er wisse ja die Antwort: wegen der Anziehungskraft der Freiheit. Zurück zum Flugplatz und im Hubschrauber zum Schloß Charlottenburg von 20000 Gästen mit Einladungskarten. Ihnen hielt er eine dritte Rede. Dann im Hubschrauber zurück nach Tempelhof, ins Flugzeug und abgeflogen.

5 Bei Gewitter

Als wir den Eingang der Schönebecker Oberschule gefunden hatten, klatschten Regentropfen hinter uns her. Auch andere rannten unter den Portikus. Wir schickten uns an, uns nach dem Raum durchzufragen, wo der Maler Knispel Bilder zeigen wollte, aber gleich die ersten drei Halbwüchsigen beschrieben uns den Weg. Sie folgten uns in dem Abstand, den ein Treppenabsatz ausmachte, in schummrige Korridore voll dumpfer Sommerwärme. In dem Vortragsraum war ein als Künstler vermutbarer Mann dabei, die Vorhänge aufzuziehen. Draußen war es blaugrau geworden wie nach Sonnenuntergang, es blitzte und donnerte, Wassermassen und Baumkronen rauschten. Vor der Tafel hing ein mit dünnen Leisten gerahmtes grünliches Gemälde, darunter lehnten noch einige mit den Rückseiten nach vorn. Hinter den Schulpulten saßen etwa zwanzig Personen.

Ich weiß nicht, wie wir davon erfahren hatten, warum ich hinwollte und was Eva bewog, mitzugehen. Vielleicht hatte ich gehört, daß Knispel Dozent an einer Kunstschule war: Burg Giebichenstein in Halle. Ich erinnere mich nicht an einen Vortrag von ihm und ob er nur eigene Arbeitsergebnisse zeigte oder ob unter den mit der Vorderseite an der Wand lehnenden Bildern auch Bilder oder Reproduktionen von Bildern anderer Maler waren. Ich verstehe auch nicht, daß er gekommen war – mit diesem schweren Gepäck zu diesem geringen Publikum, wenn er es sich auch zahlreicher vorgestellt haben mag. Es stand kein Schönebecker Zeichenlehrer da, keiner, der sein Studienkollege hätte gewesen sein können und ihn zu dem Ausflug überredet hätte.

Das Licht wurde unversehens grell und machte aus dem vor der Tafel hängenden Landschaftsbild ein scheinbar ganz anderes; er zog die Vorhänge wieder zu. Das Bild hatte Wald zum Gegenstand, ein Kiefernwäldchen. Die Farben waren mehr oder weniger ins Graue gebrochen und klanglos. Die vorwiegend spitzigen Formen waren rücksichtslose Abstraktionen, aber keine Vereinfachungen, sondern aufgespalten in zahlreiche gläsern und steinern wirkende Kleinformen. Knispel selber war ein schlanker, hochgewachsener Mann Mitte Dreißig mit einem jung aussehenden Apostelkopf – Stirnglatze, ziemlich lange, blonde, wellige Haare, befremdend helle Augen. Er sprach deutlich und mit einer ständigen leichten Schärfe, als rechnete er von vornherein mit Widerspruch. Nachher, während der Raum sich leerte, redeten wir ihn an. Wir werden uns von den Verständnislosen distanziert haben, und er wird erwidert haben, Ablehnung sei das Normale, da die Leute im allgemeinen verlernt hätten, unbefangen zu sehen. Dann habe ich ihn wahrscheinlich nach der Burg Giebichenstein gefragt, und wenn, hat er mir den Bewerbungstermin und die Adresse gegeben.

Draußen, wo wieder die Sonne schien, musterten Vorübergehende den ungewohnt langen und weiten Rock, der Eva umflatterte. Er schien zu einem schöneren Gehen zu ermutigen, zu der Entdeckung, daß man gehend ruhen, bei sich bleiben kann. Andere Geherinnen schienen nur ihre Ziele im Sinn zu haben; ihre Selbstwahrnehmung schien sich auf Kopf und Schultern zu beschränken – die nach alter Mode hoch und breit wattierten Schultern. Den »New Look«, der die Selbstwahrnehmung bis zu den federnd abrollenden Fußsohlen erweiterte, hatten amerikanische Textilhersteller erfunden, die mehr Stoff verkaufen wollten. Auch in der Ostzone, wo Textilien knapp waren, drang er durch. Bald sah man Röcke, die mit anderem Stoff durch lange spitze Dreiecke erweitert und auf wehende Sockel gehoben waren.

6 Die Grenze

Barbara trat auf die ziegelsteinerne Verandatreppe hinaus und rief mir mit angenehmer Stimme zu, das Essen sei fertig. Zugleich war auch mein Bild fertig geworden. Sie war eine Vertriebene aus Pommern, achtzehn Jahre alt wie ich, groß und wendig, hatte lebhafte Augen und eine gebogene Nase, ein sogenanntes Bourbonenprofil. Ich stand gern bei ihr herum und redete vom Haushalt oder über Kunst. Mein Vater machte beim Essen Komplimente und Konversation. Eva war wieder abgereist, für die nächste Spielzeit hatte sie ein Engagement in Güstrow. Meine Mutter feierte ihren Geburtstag in Hannover. Um sie beunruhigten wir uns nicht, das Überqueren der grünen Grenze nach Osten galt als ungefährlich für eine ältere Frau.

Der Ausdruck »grüne Grenze« veraltete gerade. Dabei hatte man sich einen von Banditen gezogenen Stolperdraht vorstellen können, der den Weg zum Wagnis, aber nicht zum Vergehen machte. Während die Grenze solider wurde, erkannte man ihr das Grün ab und sich selber die Farbe zu, mit der wir Unrechttun bezeichnen: Man ging »schwarz über die Grenze«, so wie man schwarzschlachtet und schwarzarbeitet. Im Sommer kam das Gerücht auf, eines Tages im August könne »jeder in den Westen«. Es war der Tag vor den Wahlen zum ersten westdeutschen Bundestag. Vielleicht wollten Russen und »Banditen« die Wahlen durcheinanderbringen. Hinter einer Schranke bei Marienborn versammelten sich Tausende, von gegenüber erschollen Sprechchöre »Kommt doch rüber!« Nach Stunden, in denen Wartende in Ohnmacht sanken, wurde die Schranke hochgekurbelt.

Meine Mutter hatte sich abends entschlossen und war am nächsten Morgen mit dem frühesten Zug abgereist. Herzkrank und immer noch sehr mager, hatte sie auf dem Gepäckmarsch andere überholt, war beim Warten nicht ohnmächtig geworden und beim Rennen in den Westen nicht gestolpert. Zwischen Helmstedt und Hannover hatten sich Wunder an Hilfsbereitschaft ereignet. Die Verwandten legten ihr nahe, in Hannover zu bleiben, wir könnten ja nachkommen. Wer es geschafft hatte, aus der Ostzone herauszukommen, den glaubten sie eigentlich nicht dorthin zurückkehren lassen zu dürfen.

Die Ostzone hatte sich von Westen aus gesehen verwandelt, obgleich sie sich weniger verändert hatte als Westdeutschland. Die

Hungerjahre hatten wir in allen vier Besatzungszonen noch als Hinterbliebene des Deutschen Reiches verbracht. Dabei hatte der Zufall, unter welche Besatzungsmacht man geraten war, eine geringere Rolle gespielt. Jetzt besann man sich auf ihn. Man wurde gewahr, daß man seit Kriegsende vier Jahre gelebt hatte, immerhin ein Drittel der Zeit, die die Nazis beherrscht hatten, eines nachträglich sehr lang wirkenden Zeitraums, aber er war nun selber schon lange her. Gegenwärtiger als die gemeinsame Vergangenheit war der neue, wachsende Unterschied. Im Westen bildeten sich die Vorzüge der Weimarer Republik heraus, im Osten die Nachteile der Stalinschen Diktatur. Im Westen Redefreiheit und Privatleben, im Osten Sklavensprache und Angriffe aufs Privatleben. Im Westen Schaufenster voller »Friedensware«, im Osten unsichtbare, sehr geringe oder nicht eßbare Produktionserfolge. Im Westen allerdings auch Arbeitslose, aber es ging ja aufwärts; im Osten Arbeit für jeden, Vorschriften für alles und keine Aussicht auf Lockerung. Man fing beiderseits der Zonengrenze an, die Ostzone grau zu finden, das sogenannte Trizonesien dagegen bunt und lustig. Wenn ich »man« sage, halte ich mich an die Leute, die ich kannte; Fabrikarbeiter und Neubauern, westdeutsche Arbeitslose und westdeutsche Kommunisten gehörten nicht dazu.

Jemand schickte meiner Mutter die eben erschienene westdeutsche Ausgabe des »Doktor Faustus«. Die Anwesenheit dieses Buches bei uns war eine Sensation, fast als wäre der Verfasser selbst gekommen, säße in der Veranda und schaute uns prüfend an. Nach meiner Mutter nahm ich es mir ehrfürchtig vor und las es schnell und gründlich, dankbar für die Autorität, die ich darin gesucht hatte und bestätigt fand. Etwa gleichzeitig bekümmerte es mich, daß Thomas Mann seine Rede zu Goethes 200stem Geburtstag nicht nur in Frankfurt hielt, wo die Freiheit wohnte, sondern gleich danach Wort für Wort genauso in Weimar. Damit wertete er die Zone der Unfreiheit eigensinnig auf. Ich vermutete, daß er diejenigen, die ihm die Tatsachen klarzumachen versuchten, für Nichtsnutze hielt und daß er damit auch recht habe. Aber Tatsachen waren schließlich Tatsachen.

7 In der Straßenbahn durch Halle

Anfang September fuhr ich mit einer Mappe voller »Arbeiten« nach Halle. Die Straßenbahn absolvierte eine lange, gewundene, schmale, altertümliche, wohlerhaltene Geschäftsstraße, die sich zum Marktplatz öffnete, einer ermunternden Szene. Die sehr verschiedenartigen Architekturen berührten einander wie Glocken, dissonant aber fröhlich, von dem schmuckreichen hellgrauen Rathauskasten aus den zwanziger Jahren über den dicken Roten Turm und das Händel-Denkmal und viele andere steinerne Individuen hin bis zu der zweitürmigen Kirche, die mächtig hochragt und dennoch an eine sitzende Frau erinnert. Ich brauchte eine Bescheinigung; Leute zeigten mir ein bauchiges Fachwerkhaus neben der Kirche. Drinnen knarrten unebene, weiträumige Dielen. Eine Dame rasselte das Papier durch die Schreibmaschine, ließ es stempeln und unterschreiben, was etwas länger dauerte, brachte es so geschwind zurück, daß es flatterte, und wünschte mir viel Erfolg.

Zurück über die bucklige Ebene zur Haltestelle. Meine Straßenbahn, Linie 3, hatte vorne den Namen »Kröllwitz« stehen. Die Fortsetzung der Hauptgeschäftsgasse war so schmal, daß sie größtenteils halbdunkel blieb, nur auf die Giebel schien Sonne. Vor Windungen zog sie sich zusammen und vollzog dann enge Kurven wie Kunststücke. Die dreigliedrige Wagenkette, unser beweglicher Aufenthalt, schrieb alles nach wie ein Griffel, mit einer zweckvergessen scheinenden, scheinbar vor allem um Quietschen bemühten Sorgfalt. Auf den vorbeigleitenden Straßenschildern stand »Geiststraße«. (Ich habe in zweieinhalb Jahren keinen Hallenser gefragt, wer »Geist« war oder ob sie früher »Heiliggeiststraße« geheißen habe.) Es wurde heller, der Zug glitt in das Tempo, das nur die Technik uns ermöglicht, und tönte baritonal. Auf beiden Seiten in luftiger Entfernung reihten sich sogenannte Bausünden vom Ende des 19. Jahrhunderts, dazwischen Klassizistisches. Ein jammernmachender Bogen nach links, Aufseufzen und Stillstand. Ein Verkehrsknotenpunkt. Eine Menge Leute drängte zu den Ausgängen hinaus und wurde durch eine geringere Menge ersetzt. Ich stand auf der hinteren Plattform des letzten Wagens und schaute durchs Rückfenster. Erst als wir den Verkehrsknotenpunkt verließen, erfaßte ich dessen enorme Häßlichkeit. Hochaufgeschossene Fassaden, denen Stuck und Putz in Fladen abgefallen war, in einem formlosen, hier zu engen, dort durch Alter und Unglücksfälle unterbrochenen Kreise aufgestellt wie zu einem Chorgesang, der den Menschen die Musik austreiben sollte: Ja, so schlimm sieht's aus im Leben, alles andere ist Schwindel. Bald begannen grüne Lindenzweige über die rechten Augenreihen der Straßenbahn hinzuwischen. Die Gebäude, weiterhin von der Jahrhundertwende, wurden teurer – niedriger und schöner proportioniert. Links ein langes, breites, offenbar rechteckiges Geviert voller Stämme, Sonnenreflexe und Wipfel, wo Mütter auf Bänken saßen und Kinder spielten, plötzlich beendet durch eine finster drohende Fassade, laut Aufschrift ein Naturkundemuseum. Wir schlichen an seiner beschatteten Seitenfront entlang, fensterarmen, kaum gegliederten Stockwerken aus grob behauenen Steinquadern, einer Wandung wie für die »Kerker« von Piranesi, die nur Papier geblieben sind. Ein Zuchthaus wird kaum so höhnisch zwischen die Wohnungen geklotzt wie eine Zwingburg, vor der man zittern soll; die Gitter sollen nur nützlich wirken, Fassadenschmuck soll ablenken, das Ganze pflegt einer Fabrik ähneln zu wollen. Das Museum stammte aus meinen Wunschjahren kurz vor dem Ersten Weltkrieg. Den Architekten, vielleicht auch die Stadtverwalter, die ihn gewähren ließen, muß ein Teufel in die Ahnung hineingeritten haben, daß es der öffentlichen Hand ziemlich bald gefallen werde, sich zur Faust zu ballen.

Die Straße blieb schattig und gewann an harmloser, wohnlicher Dürftigkeit, dann fiel etwas Sonnenschein auf uns, und zugleich gondelten wir bergab und mit Schwung rechts um die Ecke ins pralle Licht zwischen mehrhundertjährige staubgraue, dem Verfall nahe Häuser. Noch eine Linkskurve, während der mir jemand Bescheid winkte, und wir hielten; ich stieg aus. Auf eine buchtförmige Erweiterung einer Hauptverkehrsstraße mit hügeligem Kopfsteinpflaster, die sich gleich links dahinter wieder nach rechts wandte und die Straßenbahn mit sich nahm. Wie es dort weiterging, war durch eine hohe Feldsteinmauer verborgen, die Bäume und alte Giebel einfriedete. Ein hölzernes Tor, das sie unterbrach, war verschlossen. Ich ging nach rechts an ihr entlang. Sie bog tief ein und trug jetzt Dächer und Fachwerkwände. Unten tat sich ein grüner, schluchtähnlicher, breiter werdender Graben auf. Der Weg über den Graben führte in grünen Schatten und auf ein Parktor zu, das offenstand. Rechts ein altes Wohnhaus aus graurötlichen Porphyrquadern, links eine hölzerne Zugbrücke und hinter ihr ein Tor aus schwarzbraunen Balken. Ein Flügel stand offen. An beiden Flügeln hingen Hinweise: ein größerer auf das »Burgfest« mit schrägem Überkleber »Ausverkauft«; eine handgeschriebene Bitte um Nägel für die Dekoration, auch um kleinste Mengen und krumme und rostige. Zwei Frauen kamen heraus, die physiognomisch ganz verschieden waren und sich dennoch ähnelten, mit simpel auf Nackenlänge gestutzten Haaren, freundlich zwinkernden, offenbar kurzsichtigen Hexenaugen und Arbeitskitteln, die von getrocknetem Ton starrten. Hinter dem Tor auf dem Hof machte sich ein hoher, dunkler spätgotischer Giebelbau breit, rechts davon stand ein zierlicher, gelblicher, im übrigen schmuckloser Rokokopavillon. In seinem ersten Stock befand sich das Sekretariat.

8 Benndorf, Basteln und Schwejk

Der Direktor, der Architekt Professor Hopf, hielt uns im Gemeinschaftsraum eine Rede. So kann er die Prüfung, wahrscheinlicher aber den ersten Studientag eingeleitet haben. Denn zusammen mit seinem blaugrauen Anzug glaube ich auf Tischen an den Wänden aufgereihte, mit Namensschildern versehene Häufchen zu sehen: die fertigen Prüfungsarbeiten.

Ohne Zweifel ist es der Prüfungsbeginn, der durch den Studentenratsvorsitzenden Carlo Benndorf belebt wurde. Am ersten Nachmittag fuhr er zwischen uns Beschäftigte mit der Wucht eines Verantwortlichen, der weiß, daß alle anderen sich keine Gedanken machen. »Uo schlaft ihr? – Uär hat kain Quortier? – Uolltr uff nor Porkpank üpornachten? Alsso ohm sin Madratzen, tie raichn for zähne, zwölwe, mähr nich. Hand hoch, uär schläft ohm? – Sin immor noch e por. Tor Glaine kann pai mir schlafen. (Das war ich.) Prauchs kaine Pange ham, pin kain Uarmor, vorraise heute noch. Alsso sowait alles glor.« Er war schon Ende Zwanzig, gedrungen aber mager, äußerst brünett, sein Gesichtsausdruck war düster, starr vor Aufmerksamkeit, und seine Reaktionen blitzschnell: der leibhaftige Johnny Controlletti. Sein Taufname war Karlheinz.

Als ich mich in der Tür des Studentenratszimmers zeigte, kam er schon auf mich zu. »Haste tain Guffor? Haste. Langor: tenk an alles, nich daß mor Glaachn gomm.« Der Lange lächelte milde. Wir überquerten nur schräg die Straße. »Das ist die Pauline«, sagte Benndorf. Ich sah kein Mädchen kommen oder aus dem Fenster schauen. Er meinte das Haus, auf das wir zugingen, ein breites, gelb getünchtes Giebelhaus mit hohem Dach, schätzungsweise aus dem 17. Jahrhundert. Es diente der Burg Giebichenstein als Studentenheim. Wer Glück hatte, konnte kostenlos dort wohnen, aber nur ein Jahr lang, dann mußte er wieder ausziehen.

Die Tür stand halb offen, sie scharrte schwer über den Steinboden. Er wohnte gleich links im Erdgeschoß. Seine Zimmertür war, glaube ich, nicht abgeschlossen. Dahinter mochte man Holzdielen oder Ziegelfliesen betreten; augenfälliger an Benndorfs Fußböden – er hatte zwei aneinanderschließende Zimmerchen – war ein grauer, filzähnlicher Flor. Es war ganz normaler Staub, aber so dicht und gleichmäßig wie eine frühmorgendliche, noch unbetretene Schneedecke. Trittspuren waren nicht zu sehen oder fielen nicht auf. Benndorf machte mich mit seinem Couchbett bekannt, auf dem Wolldecken lagen, mit seinen Büchern und mit dem, was er zu essen hatte: Oben auf dem Bücherregal standen Marmelade, Margarine, Brot, Salz, Tee und Zucker und etwas Geschirr. Er zeigte mir noch Badezimmer und Küche und den Dreck und Speck, der überall klebe, und den an einer Tür hängenden Fege- und Aufwischplan. Ich möchte meinen, daß ich nur Frauennamen darauf gelesen habe. Er sagte, ein Plan hänge immer da, aber ich sähe ja, was er wert sei. Säue die! Dann stopfte er eine Aktentasche voll, sagte, er müsse »steigen«, er fahre nach Weißenfels und komme erst übermorgen abend wieder, drückte mir die Hand und ging weg.

Couch und Decken rochen nach Füßen, der Becher war inwendig schwarzbraun von Teeablagerungen, das Messer war verschmiert, der Teller voller Krümel und Marmeladetropfen. Teller und Messer benutzte ich, Tee trank ich nicht; dazu hätte ich in die Küche gemußt, und das hieß Gefahr laufen, Pauline-Bewohner zu treffen. Ich fand eine Flasche Brause und ein Glas, das sich auswaschen ließ. Aufs Klo, also ins Badezimmer, mußte ich ja doch, aber es ging schneller. Vor der Treppe erwischte mich eine von draußen hereinkommende Frau mit Topfhaarschnitt. Sie wußte oder ahnte, daß ich bei Benndorf wohnte, und wünschte mir freundlich zwinkernd, es zu überleben. Ich verteidigte ihn: es sei ganz gemütlich. Sie stapfte kichernd die Treppe hinauf. Wegen der Brause hatte ich Skrupel, aber ich wollte Benndorf einen Zettel oder auch gleich Geld dafür dalassen. Die Hälfte der Brause hob ich mir fürs Frühstück auf. Zu lesen holte ich mir auf die Couch Wilhelm Müselers

»Europäische Kunst« von 1948 und einen eingebundenen, dicken Jahrgang einer Zeitschrift, die entweder vom »Bauhaus« herausgegeben worden oder deren wesentliches Augenmerk das »Bauhaus« war. Dann schlief ich so gut wie einer, der sich alles selbst eingerichtet hat und damit zufrieden ist.

Vormittags zeichneten wir einmal nach der Natur, das anderemal »aus dem Kopf«. An einem Nachmittag kneteten wir Tonfiguren, am anderen »gestalteten wir in Material«. Der Professor, der die Naturstudie beaufsichtigte, hieß Erwin Hahs, Haß oder Hass; sein Nachname war strittig. Er war klein und schmalbrüstig, hatte lange graue Haare, auf den ersten Blick und manchmal auch von neuem war sein mageres Gesicht geradezu wütend vor Traurigkeit. Als Motiv hatte er uns einen großen und einen kleinen Tonkrug auf einem Tuch auf einem Bauernstuhl aufgestellt, der die Dielenritzen spitzwinklig konterte. Ein vorzügliches, einschläferndes Prüfungsmotiv. Meist war er zugegen, ich hörte ihn aus wechselnden Richtungen flüstern. Einmal warf er einen Blick auf mein Papier und noch einen auf mein Gesicht, sagte aber nichts.

Aus dem Kopf sollten wir nichts Beliebiges holen, uns wurde das Thema »Apfelernte« gestellt. Von einem großen, breiten, schön gekleideten Herrn, dessen Schuhwerk zirpte. Er trug eine Brille mit dünnem Goldrand, seine Stimme war dünn und hoch, seine Worte wählte er wie einer, der niemals Scheu hat, sich ganz privat zu geben. Ich malte ein Bild, auf dem alles zum Thema Gehörende zu sehen war, Äpfel, Körbe, Leitern und Leute, alles nebeneinander, Überschneidungen nur zipfelweise. Überschneidungen waren mein immer wieder verfehltes Problem. Anfangs vermied ich sie wie Fehler, und wenn dann alles flach wirkte, vermißte ich räumliche Tiefe und half mit Farbe nach wie mit Schminke. Einer sprach mich auf meinen Tuschkasten an: ob er ihn mitbenutzen dürfe, er habe keinen. Ich konnte ihm keinen Pinsel borgen, aber er kam auch so zurecht. Er tauchte seinen Zeigefinger ins Wasserglas, schnellte ihn in die Farbtiegelchen und stempelte sein Papier mit trockenen und verschwimmenden Abdrücken und Wischern. Das Ergebnis, das schon nach Minuten klar war, ähnelte einem Flikkenteppich. Es hatte einen eigentümlichen Schick. Der Professor, Charles Crodel, nahm es wahr und fand es »ganz witzig«.

Fürs Kneten lagen außer einer Wanne voll Ton Holzbrettchen bereit, die als Sockel dienen sollten, und bleistiftlange, polierte, in Kanten und Spitzen auslaufende Holzwerkzeuge. Den Meister,

Gustav Weidanz, einen kleinen, humorig nuschelnden Greis, vertrat eine Assistentin, da er sich bald verdrückte. Sie blieb gerechterweise bei jedem stehen, ließ jedes Gebilde als Voraussetzung zum Weitermachen gelten und sagte etwas Nützliches dazu. Man fing an, sie um Hilfe zu rufen, Wehgeschrei und Gelächter kamen auf, überhaupt Gespräche. Ich knetete einen Hirten mit Schlapphut und Bart und angelehntem Vierbeiner, Schaf oder Hund.

Das »Gestalten in Material« begann mit dem bedrückenden Anblick des Materials: mehrere große Kisten voller Wollknäuel, metallener Korkenzieherlocken, Sperrholzecken, Rundholzenden, Papier- und Pappstreifen und Papprollen, dazu auf jedem Tisch Leim und Scheren. Vor den Kisten stand Knispel, musterte uns mit seinen hellen Augen und behauptete, dieser Müll sei für einen schöpferischen Menschen das schönste Material, das, welches ihn reize und ihm Spaß mache, das den Spieltrieb in ihm erwecke: den tiefsten schöpferischen Trieb; bei vielen Leuten sei er bekanntlich verkleistert. Und darum solle dieser Nachmittag bitte nicht als Bastelnachmittag mißverstanden werden und Spiel nicht als Spielerei. Spiel sei ein sehr ernstes Tun. Und dieser Prüfungsabschnitt sei der entscheidende. Ein bißchen kritzeln und pinseln könne mancher – und damit manches nicht Vorhandene vortäuschen. Hier und jetzt werde sich das Eigentliche zeigen.

Kaum war er weg, waren die Kisten hinter drängelnden Prüflingen nicht mehr zu sehen. Ich blieb noch sitzen. Anstelle des Spieltriebs hatte ich Magendrücken. Ein dickes Mädchen sprang auf und rief, sie hasse das, es sei trotz allem Gerede Basteln, was denn sonst! Gar nichts werde sie machen! Ich ließ ab von mir und nickte ihr zu. Sie fing meinen Blick auch auf; sie lachte verzweifelt. Jemand sagte: »Hör doch nicht schon auf, wenn du noch gar nicht angefangen hast!« Ich beobachtete die Dicke. Sie steckte sich eine Zigarette an. Auch andere taten nichts; stiere Blicke, fummelnde Hände. Die Dicke ging leider doch zu den Kisten, durchfurchte eine wie Badewasser, zerrte mit einem Ruck zwei Hände voll heraus und ließ alles auf den Tisch fallen. Ich stand auf, hielt bei ihr an und sagte vorwurfsvoll, nun tue sie ja doch was. »Ach – ich hoffe, daß mir jemand hilft.« – »Ich kann so was nicht.« – »Ich auch nicht.«

Ich traf eine unerklärliche Auswahl an Metallbändern, Fäden, Wellpappe und Rundhölzern. Einer, der mir gegenüber saß, bastelte eine Ritterburg. Das kam mir nicht schöpferisch vor, aber sein stetiger, absoluter Mangel an Ratlosigkeit beeindruckte mich. Der, der meinen Tuschkasten mitbenutzt hatte, sagte zu mir: »Du mußt was Größeres machen. Die wollen sofort was sehen und nicht so lange hingucken. Ich hab' was gemacht, da müssen sie aufpassen, daß sie's durch die Tür kriegen.« Er zeigte mir in einem anderen Raum eine lange schiefe Ebene aus Wellpappe auf einigen sich kreuzenden Trägern aus zusammengefalteten Wellpappenstreifen, die auf Wellpappe standen. Nichts als Wellpappe. Kein Gefummel mit vermehrbaren Applikationen, sondern die Verbindung zweier Ebenen mit den schnellsten Mitteln; die geradlinige Lösung einer umschweifig gestellten Aufgabe. Das machte Knispel zu einem Umstandskasten, nein, zu einem Gegner, zu meinem Gegner, zum Gegner aller Langsamen, Unsicheren und Leichtgläubigen. Es mochten viele auf sein bedrohliches Postulat hereingefallen sein und nun nach ihrem schöpferischen Trieb suchen und fürchten, sie hätten keinen oder einen zu schwachen. Über Leugnungen dieses inneren Gewölks freute er sich vermutlich, da sie ihm die Zweckmäßigkeit seiner Sortiermethode bestätigten. Je karger die Lösung ausfiel, desto erfreulicher mußte er sich wohl verstanden fühlen. Der Hersteller der schiefen Ebene antwortete auf Fragen: »Das soll sein: eine Weltraumschiffabschußrampe. Oder 'n Affenklo. Alles scheißegal, ich schreib' nur meinen Namen dran.«

Ich klebte weitere Applikationen an mein Gefummel. Denn da ich nun hereingefallen war, folgte ich einer Spielregel, die besagt, daß man einen Fehler von selbst bemerken muß; wenn ich ihn so lange verkenne, bis ein anderer ihn mir zeigt, habe ich verloren und muß bei dem Fehler bleiben. Mein Machwerk war ein unverzeihlicher Fehler, da half nur noch Beschönigen. Ich kniff die Augen zusammen, um das Ding zu verundeutlichen und weiterhelfende Ähnlichkeiten zu erahnen. Der Ritterburgbauer, ein drahtiger, markiger Kerl, fragte mich, was das werden solle. Ich improvisierte einen galgenhumorigen Namen. Er sandte mir über seine Zinnen hinweg einen besorgten Blick zu. Auch der mit der schiefen Ebene, der jetzt überall Ratschläge gab, kümmerte sich noch einmal um mich: »Wenn du da noch was Langes dranfummelst, ein ›konstruktives Element‹ (das betonte er ironisch), dann kriegt das Ding was Kostbares. So sieht's nach nischt aus.« – »Keine Lust mehr, ich hör' jetzt auf.« – »Kannst es auch draufspießen auf was Langes, dann sieht's aus wie 'ne Palme. Soll ich's dir machen?« – »Nein, keine Lust mehr.«

Am Abend, aber es war noch hell, standen wir alle zwischen Kornhaus und Sekretariatspavillon. Oben befand sich ein Lautsprecher und übertrug den Festakt, mit dem in Berlin die Deutsche Demokratische Republik gegründet wurde. Hinter den Fenstern über uns sollten Leute um einen langen Tisch sitzen und Fragen stellen. Wir wurden einzeln und in alphabetischer Reihenfolge hinaufgerufen. Wer fertig war, bekam den Namen des nächsten mit auf den Weg und rief ihn unten aus. Das Mädchen, das nicht basteln mochte, hieß Elfriede Koschwitz; der Schlaue, der mir hatte helfen wollen, hieß Hans Georg Manthey; der Burgbauer hieß Alfred Mayer. Ein großes Mädchen, Gisela Bernius, also schon lange dran gewesen, machte vor mir halt und sammelte mir Haare vom Kragen: »Du mußt bei den Herrschaften 'n guten Eindruck machen!« Auf ihren schwarzen Locken war ein zu kleines Jägerhütchen befestigt. Als jemand darüber witzelte, antwortete sie selbstironisch. Sie sprach mit baltischem Akzent und war auch aus Riga.

Auch sonst ging wohl keiner weg, obgleich das Prüfungsergebnis heute nicht mehr zu erwarten war. Neugier und Sympathie hielten uns zusammen. Mir gefielen mehrere Mädchen, und die hektische Lustigkeit steckte mich an. Manthey kam herunter und erzählte: »Ich hab' gleich gesagt, ich bin dumm, ich versteh' nichts von Politik. Haben sie gefragt, ob ich das gut finde. Hab' ich gesagt, von Dazulernen ist noch keiner dümmer geworden.« Das fand ich nicht so bewundernswert wie seine »Apfelernte« und seine »Gestaltung in Material«. Ich kannte die Diplomatie des braven Soldaten Schwejk noch nicht, da das Buch erst einige Jahre später in der DDR erschien; sonst hätte ich Manthey literarisch geadelt gefunden, auf unsere Situation geschlossen und auch sie humoristischer eingeschätzt. Die Großsprecherei aus dem Radio ärgerte mich, und mein Gefummel vom Nachmittag bedrückte mich noch. Jetzt wollte ich meinen Mann stehen, nicht finster oder frech, sondern klar und heiter. Mein Vorgänger rief meinen Namen. Ich stieg je zwei Stufen auf einmal und trat klar und heiter vor den Tisch. Der lange Studentenvertreter und die Bildhauerassistentin saßen da; diese beiden lächelten mir zu. Einen Stuhl wies man mir nicht an. Man zeigte auf ein Plakat an der Wand: Wie mir das gefalle? Ich hatte es schon in der Stadt gesehen. Es avisierte in Gestalt einer vorwiegend blauen, violetten und orangeroten Wolke eine Kunstausstellung. Sogleich stellte ich klar: »Es gefällt mir nicht.« Das bewirkte Gemurmel. Die Spannung, die plötzlich da war, machte mir Spaß. Auf die Frage »warum nicht?« wandte ich mich dem Plakat zu wie einem fertig zu machenden Stück Arbeit; vor lauter Behagen entschloß ich mich um und machte nicht einfach das, was man sah, fertig, sondern holte aus bis zum noch unverdorbenen Entwurfspapier. Welchem Zweck habe das Plakat dienen sollen? Welche Mittel habe der Graphiker für zweckdienlich gehalten? Dienten sie dem Zweck? Nein. Man – »also wenigstens ich« – assoziiere am ehesten Waschmittelschaum. Auch der einfachste Zweck sei nicht erfüllt, der Hinweis auf Was, Wann und Wo sei so mühsam zu entziffern wie auf einem alten Grabstein. Mehrere lächelten. Zufrieden ging ich die Treppe hinunter, drehte mir eine Zigarette und berichtete, wie ich Scheiße Scheiße genannt hatte. Inzwischen stand Carlo Benndorf bei uns. Langsam, düster wandte er sich mir zu: »Na du! Na du! Das Plakat ist von Funkat!« – »Wer ist Funkat?« – »Das weißt du auch nicht. Der sitzt mit oben, der ist der Direktor.« – »Ich denke, Hopf ist Direktor.« – »Hopf ist *noch* Direktor, Hopf geht nach Berlin. Tjungejungejunge.«

»Das ist mir egal«, sagte ich wahrheitsgemäß. Ich war sicher, daß man Scheiße, ausgenommen politische, Scheiße nennen darf, daß Empfindlichkeiten nichts gelten, daß die Gerechtigkeit sich immer durchsetzt. »Das Plakat *ist* Scheiße, davon abgesehen«, sagte Benndorf. Außer mir war keiner danach gefragt worden. Benndorf enttäuschte mich, weil er hinter seinem Schicksalsgesicht ein Gerät im Kopf hatte, das dem Registrieren von Kleinkram diente. Gekränkte Eitelkeit war für mich Lustspielkleinkram, bewegte nichts und brauchte keine Rücksicht. Ich fuhr zufrieden zum Bahnhof und nach Hause, wartete ohne Sorge auf den Brief »Prüfung bestanden« und wunderte mich nicht, als er kam.

Es wunderte sich Manthey. Einen Monat später auf der Zimmervermittlungsstelle gerieten wir nebeneinander, es gab nur noch Zwei- und Dreibettzimmer, er fragte mich: »Nehmen wir's zusammen?«, und ich sagte ja. In der Straßenbahn nach Halle-Diemitz erzählte er, er habe zu Hause erzählt, da sei ein ganz netter Mensch gewesen, der es leider bestimmt nicht geschafft habe. Von selbst kam ich nicht darauf, daß er mich meinte; durch das Fahrgetöse und wegen seines halblauten schlesischen Genuschels verstand ich ihn sowieso schwer. Funkat, ein schüchterner Mann, der kaum Freunde hatte, wird seine ganze neue, noch angefochtene Autorität für mich aufgeboten haben.

9 Tageslauf

Unser Zimmer in Diemitz war für mich meist dunkel oder von einer Lampe beleuchtet, bei Tageslicht sah ich es selten; ich fuhr fast jeden Sonnabendnachmittag nach Salzelmen und kam erst Sonntagabend oder Montagfrüh zurück. Wir wohnten in einem dörflichen Backsteinhaus im ersten Stock hinter zwei Fenstern, die zu beiden Seiten von je einem Bett flankiert wurden. Zwischen den Fenstern stand ein Waschtisch. Am Fußende von Mantheys Bett stand ein Kleiderschrank vor dem Stück Wand, hinter dem Frau Kalb schlief. In der Mitte hatten wir einen großen viereckigen Tisch mit vier Stühlen. Unter uns war ein enger Lebensmittelladen, wo wir uns manchmal Brause kauften. Auch zum Klo, einem sogenannten Plumpsklo, mußten wir nach unten, es stand an einer Hofmauer. Als Mietpreis habe ich mir fünfzig Mark monatlich gemerkt. Frau Kalb machte uns zum Frühstück ein Getränk, gab uns Teller und Messer dazu und wusch selbst ab. Wir tranken eine Art Schokoladenpudding, auf Trinkstärke verdünnt, mit Klumpen und Milchhautfetzen. Aber Kakaopulver gab es nur in der HO, viel zu teuer für Normalverbraucher. Vielleicht kochte sie uns nur einmal Kakao, und er stammte aus einem Paket aus dem Westen.

An der Straßenbahnhaltestelle trafen wir Kommilitonen: Werner Kilz, Hermann Störmer, Paul Jasch und den »Pipifax« (so nannte ihn Manthey). Man stieg am Reileck, dem häßlichen Verkehrsknotenpunkt, in die 3 um. Der Unterricht begann um acht in unseren Prüfungsräumen, drei mittelgroßen, auf einem L-Grundriß miteinander verbundenen Zimmern. Im größten stand ein mächtig aber freundlich proportionierter gelblicher Kachelofen, der eines der beiden anderen mitheizte. Die Form des Ofens wie auch die Kacheln hatte der humorige alte Bildhauer entworfen. Dort versammelten wir uns zu Befehlsempfang oder Programmbesprechung. Die Versammlung hatte keinen Namen, Knispel oder Heuer beriefen sie mit Zeitwörtern ein: Kommen Sie oder kommt bitte mal. Die Anrede lautete »Sie«, aber vor allem beim Antworten gebrauchten beide auch »ihr« und »du«. Wir Kommilitonen duzten uns. Willi Sitte, der später Knispel als Leiter des Grundsemesters ablöste, jünger oder nicht viel älter als viele von uns, sagte öfter »du« als »Sie«.

Bei Knispel war es mehr ein Befehlsempfang, bei Heuer nur eine Programmbesprechung. Knispel stellte verlegen machende Fragen, Heuer lud durch seine gemütliche Art zu Gegenfragen ein. Er drehte sich im Stehen, ohne auf seine Finger zu schauen, eine Zigarette nach der anderen. Nach einstimmendem Gemurmel kam das Wort Vorlesen vor, verging und erschien am Ende wieder in der immer noch halblauten Frage, wer gut vorlesen könne. Die Findung des Vorlesers dauerte lange, da es uns bei Heuer nicht schwerfiel, nein zu sagen. Der Lesestoff war schon zu sehen, ein Reclamheft mit Märchen von Gogol. Eine Buchhändlerstochter aus Stralsund hörte als erste auf, sich zu drücken. Wir sollten uns ganz entspannt das Märchen »Der Wij« anhören und dann Illustrationen dazu zeichnen. Wenn Heuer bei mir stehenblieb, freute ich mich, weil er in fast jeder Zeichnung etwas »ganz Schönes« fand. Fand er nichts, so harrte er trotzdem aus, indem er etwas Weiterhergeholtes äußerte, und hängte halblaut einen kurzen Ratschlag an, ehe er weiterging.

Knispel forderte uns einmal auf, ein Fahrrad zu zeichnen. Er ließ uns eine Stunde Zeit. Während dieser Stunde war er in allen drei Räumen zugange und schaute zu, wie unsere Gedächtnislücken, Funktionsunkenntnisse und Täuschungsversuche zu Tage traten. Es lag überraschend nahe, die Proportionen zu verfehlen: einen Fahrradrahmen, auf dem ein Mensch würde sitzen, lenken und treten können, ohne sich zu verrenken. Auch eine zweckmäßige Befestigung der Räder war schwer zu erfinden, wenn man sich nicht an sie erinnerte. Einer, der es konnte, war Alfred Mayer. Er saß mir gegenüber wie während der Prüfung beim Materialgestalten, neben sich ein pickliges, aber vitales Mädchen, das er sich als Freundin ausgesucht hatte. Der Tisch war zwei mal drei Meter groß. Rechts neben mir saß jetzt Manthey, links ein ostpreußischer SED-Genosse. Mit weiterem »Gestalten in Material« hat uns Knispel verschont, glaube ich und glaube es andererseits nicht; ich habe diese Mißlichkeit aus meinem Gedächtnis getilgt. Ton kneteten wir einmal in der Woche, aber selten zu massiven Figuren; meist schichteten wir aus Tonwürstchen Hohlkörper auf. Andere Arbeiten am Tisch waren »Räumliches Zeichnen« und »Schrift«. Der Zeichenlehrer, ein Ingenieur, beschrieb uns als »angenommen« einen Körper mit bestimmten Abmessungen, Kerben, Nuten, Abschrägungen oder Hinzufügungen, den wir dann in einem ebenfalls bestimmten Aufsichtswinkel darstellten. Das Idealergebnis, das nie erreicht wurde, waren lauter im wesentlichen gleiche Zeichnungen. Der Schriftlehrer brachte uns zwei Schriften bei, die in der Burg Giebichenstein entworfen worden waren, die eine von ihm selber, eine Antiquaschrift ohne Serifen: Mit ihr waren unsere Studentenausweise und Studienbücher beschriftet, die Eintrittskarten zum Maskenball, Türschilder, schulische Hinweise, Verlautbarungen des Direktors und selbstgesetzte bibliophile Drucke benutzten sie – so gut wie alles, was in der Burg gesetzt oder geschrieben wurde. Die andere Schrift stammte aus den zwanziger Jahren, eine Unziale, schwerer lesbar, aber effektvoller. Der Effekt war schon nach wenig Übung zu sehen, das System der Schrift und die Konstruktion der Feder wirkten wie Hebel, die auch ein Handlanger bedienen konnte. Der Schriftlehrer teilte unsere Zufriedenheit nicht, er neigte sowieso zum Verdrossensein. Meistens schickte er nur seinen Assistenten.

Einen Nachmittag lang erläuterten uns die Leiterin der Emailwerkstatt und ihre vorwiegend weiblichen Schüler die Emailtechnik, nach und nach besichtigten wir Töpferei, Metallbearbeitung, graphische Techniken, Weberei und die Innenarchitektur, die einer einfachen Tischlerei glich; was darüber hinauswies, war der Gedankenreichtum des Architekten Engemann, eines begabten Redners. Er hatte Direktor werden wollen, zeitweilig wohl auch sollen, und überall vernahmen wir noch Bedauern, daß nicht er, sondern Funkat es geworden war. Funkat empfing uns als Werbegraphiker, Buchbinderei und Einbandgestaltung zeigte uns Nauhaus, ein schlanker älterer Herr von professoraler Eleganz. Er hatte ein Fußleiden, das sich verstärkte, wenn ihm Weisungsbefugte etwas zumuteten: dann brauchte er einen Spazierstock. 1949 war er noch selten dazu genötigt. Die Werkstatt des Bildhauers Weidanz und die Malklassen von Haß und Crodel werden wir auch betreten haben. Wir sollten uns unser Handwerk frühzeitig aussuchen. Manche waren nur auf Probe da für ein halbes Jahr; einige Gesichter wurden mit der Zeit stiller und blasser und verschwanden dann.

Je einmal in der Woche gab es Vorträge von Engemann über Architektur und von Crodel über Malerei, die ersteren mit graphischen Darstellungen, die letzteren mit Lichtbildern, beides für alle obligatorisch. Der Gemeinschaftsraum, das halbe Erdgeschoß des Kornhauses, hatte nicht genug Sitzplätze für alle 120 Burgschüler. Jedesmal reihten sich Stehende an den Wänden auf. Wir ermaßen gern Engemanns weiten Horizont und genossen Crodels feine Treffsicherheit, aber mancher, auch ich, kämpfte dabei mit dem

Einschlafen, weil die Balkendecke niedrig und die Luft dick war. Einmal schnarchte einer so frei wie nachts im Bett. Der Vortragende brach ab, zeigte lächelnd auf ihn und raunte: »Da! Wir wollen ihn nicht wecken!« Es wurde leise gelacht. Er setzte gerade noch hörbar seinen Vortrag fort. Das war weder Engemann noch Crodel, sondern Crodels Feind Haß. Da Crodel Lichtbildervorträge hielt, hielt auch er welche, oder vielleicht andersherum. Ungerechterweise traute man immer Crodel die Ideen und Haß die Nachahmung zu. Gedruckt hieß er meist Haß oder Hass, aber an seiner Ateliertür stand in seiner Handschrift Hahs, das kleine h in Sütterlinschrift, also mit Unterlänge, so daß das hs denn doch wieder einem ß ähnlich sah. Wenn ihn jemand »Herr Professor Haß« anredete, setzte er nichts daran aus.

10 Initiativen

Mittags gingen wir in die Gosenschänke, das Eckhaus gegenüber der Burgmauer an der Straßenbahnhaltestelle; ein etwa zweihundertjähriges, graubraun überputztes Fachwerkhaus mit großem Tanzsaal, der am Wochenende voll Menschen und Musik war, aber »Die Tänze Boogie-Woogie und Jitterbug sind in meinem Betrieb verboten. Der Wirt«. Links hinter der Tür zur Gastwirtschaft stand ein gußeisernes, goldbronziertes Huhn, das in alten Zeiten auf fünf Pfennig eine Kinderhandvoll Schokoladenreis herausgegeben hatte. Die beiden niedrigen Speiseräume enthielten zu viele Tische, die Tischrunden zu viele Stühle, an jedem Tisch waren Stühle besetzt, man mußte sich hinsetzen, wo gerade einer frei war, und überlaut werden, wenn man sich bei dem Lärm hörbar machen wollte. Die Kellnerin wehrte sich gegen die auf sie eindringenden Wünsche mit Vertröstungen, die wie Schimpfkanonaden tönten. Wir zahlten für zehn Tage im voraus, erhielten ein langes, zehnmal gestempeltes und datiertes Stück Kassenbonpapier und gaben es abrißweise zurück. Manchmal leisteten wir uns eine Faßbrause für 18 Pfennig.

Abends aßen wir in unserem Zimmer Brot und tranken Brause und lasen oder besuchten Kilz, Störmer und Jasch oder wurden von Kilz, Störmer und dem Pipifax besucht. Paul Jasch besuchte keinen. Er war ein schwerblütiger Mann, Mitte Zwanzig, der sich nichts zutraute; nach einigen Monaten hörte er auf zu studieren, er blieb einfach weg. Der Pipifax wurde von uns weder besucht noch zum Besuch ermuntert, ein argloser Kindskopf, immer tätig und fröhlich, nie nachdenklich, meist im blauen FDJ-Hemd. Noch vor Weihnachten gaben wir ein Fest. Frau Kalb sagte: »Sie können ruhig lustig sein, ich leg' mich auf mein taubes Ohr, da hör' ich nischt.« Den Satz mit dem tauben Ohr, das sinngemäß nach oben gehört, berichtigten wir nicht, um sie nicht doch zu ärgern. Wir luden ein: Alfred Mayer und seine Freundin, Kilz und Störmer, Elfriede Koschwitz und ihre Freundin Rita Nachbauer. Zu trinken gab es Bier und Weinbrandverschnitt. Alfred Mayer brachte einen elektrischen Plattenspieler mit, seine Freundin trug die schweren Jazzplatten. In der Mitte, wo sonst der Tisch stand, tanzten wir. Nach Mitternacht klopfte Frau Kalb von ihrem Bett aus an die Wand hinter dem Schrank, und wir hörten sie sagen, sie wolle sich nun doch mal rumdrehen. Alfred Mayer und seine Freundin stiegen halbangekleidet in mein Bett, Elfriede Koschwitz und ich legten uns zu Manthey; Kilz auf den Fußboden und Störmer, nach Hinauswurf unserer Schuhe, in den Schrank, oder umgekehrt. Rita Nachbauer setzte sich an den Tisch und las. Wenn jemand das Licht ausknipste, sprang sie schimpfend auf und knipste es wieder an. Elfriede, die sich für sie verantwortlich fühlte, rief ihr zu, sie solle nicht so zickig sein. Ab und zu wachte ich auf und streichelte Elfriede Koschwitz. Sie ließ es sich gefallen, bis ich zaghaft wurde und dann von neuem anfing; da protestierte sie laut. Einige lachten. Alfred Mayer und seine Freundin schienen einander in Ruhe zu lassen. Beim nächsten Einkaufen schilderte uns der alte Lebensmittelhändler, wie er die ganze Nacht davor gezittert habe, daß wir mit der Zimmerdecke in seinen Laden herunterstürzen würden. »Dann könnte ich Ihnen die Brause nicht verkaufen, die Margarine auch nicht. Auch kein Geld rausgeben!« Als eine Kundin hereinkam, setzte er ihr den ganzen Hergang auseinander. Sie beschaute uns schmunzelnd und sagte: »Schön, wenn man noch jung ist.«

Über Weihnachten in Salzelmen brachte ich einen Arm voll Tapetenreste an mich, die zwischen dem Dach eines Schrankes und der Kellerdecke viele Jahre überdauert hatten. Ich trennte von einer Rolle ein achtzig Zentimeter langes Stück ab und bemalte die graugelbliche Rückseite mit Wasserfarben, nicht von ungefähr wie sonst, sondern nach einem detailreichen Entwurf. Ein Hochformat: Blick in eine schmale, leere, vor Quergebäuden endende

Straße, rechts und links junge, hagere kahle Bäume. Der Stamm des vordersten hatte eine mehrfarbige, durchweg rissige Borke, oben gabelte er sich fleißig, die Astgabeln überschnitten sich kühn, das von ihnen gebildete Feldersystem durchwuchsen krumme Zweige und pfeilgerade Schößlinge. Das Kopfsteinpflaster in seiner Nähe vertiefte sich im Doppelsinn auf die Bordsteinkante und den unteren Bildrand zu: in eine Muldenform und in einen dunklen, heftigen Farbakkord. Im Zentrum von Mulde und Akkord lag ein gitterförmiger, purpurroter Gullydeckel. Abwässer hatten aus der Mulde alles Schwemmbare in ihn hinuntergeschwemmt. Die vieleckigen Pflastersteine ragten aus engen Schluchten empor, und die Schluchten übersprang keine Farbnuance, jeder Stein hütete seine eigene Farbe. Zusammen gesehen schillerten sie. Weiter oben wirkte das Bild wäßrig wie feuchte Herbstluft. Der Gesamteindruck war grau-gelb-grünlich, spitzig und gläsern.

Anfang Januar breiteten wir vor Knispel die Ergebnisse unserer Weihnachtsferien aus. Wer nichts hatte, hatte nichts, aber keiner trug die Spießermeinung vor, daß die Feiertage zum Feiern da seien. Das künstlerische Erlebnis macht nicht halt vor Schranken wie Schlafenszeit, Küche oder Bahnhof oder Sonntagnachmittag und Kalenderfesten – meinte Knispel und meinten auch wir; das Gegenklischee von dem Künstler, der nach der Uhr lebt und außerhalb seiner Dienstzeiten faulenzt, war uns nicht geläufig. Meine Stadtlandschaft gefiel Knispel auf den ersten Blick, auch beim Weiterreden fand er nichts zu bemängeln, obgleich er sich ausführlich mit ihr abgab. Sie wies alles auf, was ich mir von seinen An- und Zurechtweisungen gemerkt hatte, und gab mit sympathischem Ungeschick den Eindruck wieder, den ich von seiner Malweise hatte. Dabei war ich mir keineswegs schlau vorgekommen; ich hatte nicht an Knispel gedacht, oder wenn, dann ganz unklar, ohne Furcht, ohne Berechnung und nur Momente lang. Ich war erleichtert, den richtigen Weg gefunden zu haben, einen durchaus geradlinigen: zum Einverständnis mit Knispel und, dann ganz in Ruhe, zu allem Material der Welt auf der Suche nach etwas, auf das ich Lust haben würde: ganz andere Farben, Gesichter, Rhythmen, Gangarten, Strichelsysteme.

1950

1 Solidarität

Wir bekamen kein Geld mehr. Solche Überraschungen kamen in den folgenden zwei Jahren mehrmals, jedesmal anders, insgesamt ein nicht mehr zu ordnendes Durcheinander. Im Januar 1950 wurden mir, glaube ich, 75 Mark Stipendium ausbezahlt, Manthey dagegen erhielt anstelle seiner 130 Mark gar nichts. Die Neuerung hing mit der Berufsbezeichnung seines Vaters zusammen: Schaufensterdekorateur. Im Herbst werden die Geldverwalter ihn für eine Art Arbeiter gehalten haben, bei einer späteren Aktendurchsicht dann wohl für einen Angestellten oder gar für einen Unternehmer. Seine Verdienstnachweise schienen dabei nichts auszumachen. In der kleinen Stadt Salzwedel, wo er untergekommen war, gab es nicht viele Schaufenster zu dekorieren. Von ihm bekam Manthey also keinen Pfennig.

Mein Vater war im Antrag, anders als im Leben, nicht Rentner und Angestellter, sondern nur Rentner. Im Herbst hatte er mir eröffnet: »Mein Sohn, ich gebe dir hundert Mark monatlich.« Ich staunte, weil es eine dreistellige Summe war und weil ich gar nicht daran gedacht hatte, ihn um Geld zu bitten. Er lachte und sagte: »Glaub nur nicht, daß du damit große Sprünge machen kannst. Aber mehr kann ich nicht entbehren.« Es gefiel mir, daß er meine Ahnungslosigkeit nicht zu einer ihm bekömmlichen Pose ausnutzte. In Halle kam ich prächtig aus. Die Abschaffung von Mantheys Stipendium erschien mir nur wie ein Witz, der mit Lebensfristung nichts zu tun habe, ebenso wie sein Geschimpfe darüber. Er hielt jeden an, den wir trafen, um die Sache bekanntzugeben und weiterzuschimpfen. Er müsse seinen kaputten Pappkoffer packen und abhauen, bloß weil sein Vater kein Kanalrutscher sei, als solcher würde er ein paar Piepen mehr verdienen und ihm welche abgeben können. Der Alte esse trocken Brot mit Mostrich oder Hund. Hund sei kein Fleisch, sondern heißes Wasser mit trocken Brot zum Eintunken. Er sei spindeldürr, und bei seiner Mutter höre man die Knochen wie Würfel klappern, wenn sie durchs Zimmer tapere. Alles Politik. Wenn er eine Pause machte, schob ich ein, daß wir mit meinem Geld auskommen würden. Meine Brieftasche kam mir vor wie ein Champignonkeller, in dem der Geldpilz ohne Wartung immer dicker wird. Ich freute mich darauf, sie sauberzumachen. Manthey fuhr fort: Alles Quatsch, aus mit der Kunst, er werde mitlatschen ins HO-Kaufhaus und dem Alten den Farbtopf halten und den Bleistift anspitzen, und später werde er den Posten erben, den Farbtopf hinstellen und den Bleistift selber anspitzen, damit das Geld zusammenbleibe.

Das Unglück kam Knispel zu Ohren; Manthey hatte es nur Kommilitonen mitgeteilt und sich von Dozenten nichts erhofft. Im Morgengrauen am Kachelofen sagte Knispel, einer von uns werde seinen Koffer packen und abhauen müssen, nicht wegen Faulheit oder Unbegabtheit, sondern wegen Bürokraten. Er wies auf Manthey und mich; wir saßen immer zusammen. Er fragte uns, ob wir die Miete schon bezahlt hätten. Ja. Wieviel Geld wir noch hätten. »Mindestens 120 Mark, damit kommen wir aus«, sagte ich fest. Er lächelte wie mein Vater, wurde wieder gläsern und fragte alle, was sie von dem schönen Wort Solidarität hielten; was von diesem Anlaß zu Solidarität, und wem etwas dazu einfalle. Zuerst meldeten sich einige ältere, kirchlich organisierte Mädchen. Die Stralsunder Buchhändlerstochter schlug den anderen vor, sie alle sollten uns beide reihum zum Essen einladen. Auch Mantheys spätere Freundin Brigitte Reuter und Gisela Bernius, die mir während der Gründung der DDR Haare vom Kragen gesammelt hatte, verhießen uns Mahlzeiten. Elfriede Koschwitz fügte hinzu, sie habe immer Lebensmittelkarten übrig und wolle sowieso nicht so viel essen. Mehrere nickten und meinten dasselbe. Nur Mädchen. Schwach erinnere ich mich, daß es eine Stellungnahme eines der drei SED-Mitglieder gegeben habe: Die Behörde wisse wahrscheinlich genau, warum sie dem einen ein Stipendium gebe und dem anderen nicht. Dazu habe Knispel eine scharfe sarkastische Bemerkung gemacht.

Auch Carlo Benndorf war SED-Mitglied. Wir stellten ihn auf dem Burghof und prüften ihn mit dem nun schon gründlich ausformulierten Unglücksbericht. Beim Lauschen musterte er uns abwechselnd. Es entstand der Eindruck, als prüfe er seinerseits uns: als hätten wir die Aufgabe, sein eigenes, Carlo Benndorfs, Unglück zu veranschaulichen, und als sei er nun gekommen, um zu prüfen, ob wir unseren Text gemeistert hätten; ob uns nicht doch noch ein gefühlloser Ton, ein flacher Klang, ein schiefer Ausdruck unterlaufe. Die Späße in Mantheys Repertoire entlockten ihm kein Lächeln. Als er endlich antwortete, tat er es in einem gegensätzlichen

Stil, tief, kehlig und schleppend: »Es ist eine hundsgemeine Schweinerei! Ich schäme mich! Der Lange hat wie immer geschlafen. Als ich von Weißenfels zurück war und die Scheiße roch, war's zu spät. Ich darf den Langen nicht aus den Augen lassen, es passiert mir auch nicht wieder, das versprech' ich euch. Aber versprecht ihr mir, wenn's hart auf hart kommt, daß ihr dann zu mir kommt! Nicht vergessen, Jungs!«

Nie habe ich Pfennige zusammengezählt, die nicht reichten, oder Frau Kalb wegen der Miete vertröstet oder das Abendessen eingespart. Immer wieder kramten Mädchenfinger in Handtäschchen oder Portemonnaie nach Lebensmittelmarken und drückten sie Manthey oder mir in die Hand. Sonntagabend beschrieb er mir das Mittagessen bei der oder jener, oft mißlungene Speisen und beklommene Gespräche. Er will nach dem Essen sofort gehen, harrt aber doch noch eine Weile aus und raucht, wenn er hat, eine nach der anderen. Das Rauchen wird geduldig ertragen. Einmal erschrickt er über die Frage: »Hast du Verlangen?« Die Betreffende geht jeden Sonntagvormittag in die Kirche, sie wirkt nicht lebensfeindlich, eher wie eine Hebamme, doch fällt einem zu ihr höchstens Arbeitslust ein. Er grübelt lange, ob sie ihm ihr Beilager angeboten hat oder ob der Satz »Hast du Verlangen?« noch eine andere Bedeutung haben kann; er selbst hat ihn nicht so verstehen wollen, wie er ihn verstanden hat. Zu Ostern hat er Hunger gelitten, weil alle verreist gewesen sind. Er lag auf dem Bett und sagte, so liege er schon zwei Tage da. Gegessen hatte er trocken Brot mit Mostrich, wie sein Vater in Salzwedel. Ich brachte Westlebensmittel und Westzigaretten mit. Frau Kalb steht es gar nicht, daß sie ihm kein Essen abgab; vielleicht war auch sie verreist.

2 Ekel und Musik

An einem heißen Tag im Mai zogen wir um. Das höchste Gepäckstück auf dem hochbeladenen Handwagen war ein auf eine Reißschiene gestülpter römischer Legionärshelm aus goldbronziertem Pappmaché, den ich auf dem Maskenball im Februar getragen hatte. Unser Beweggrund war die Meinung von Kommilitonen gewesen, daß man geräumiger und doch billiger wohnen könne. Das Wohnungsamt der Universität hatte uns zwei Zimmer für 45 Mark vermittelt, bei Frau Limmer, Uhlandstraße 4.

Sie war eine kleine, traurige Witwe, die Wohnung trotz dem Sonnenschein halbdunkel, die beiden Zimmer länger vernachlässigt als das übrige und am häßlichsten: wie verdrückte Kartons, da sie einem spitzen Winkel des Hinterhofs angepaßt waren, hoch und eng wie Mülleimer und oben verdämmernd wie Kirchenschiffe. Die Tapeten, braun wie von Rembrandt, bildeten Lufthügel und lange Taschen. In Bettlagerhöhe waren Farbabweichungen, die nicht mir, aber Manthey auffielen: schwärzliche, teils klecksförmige, teils in die Länge gewischte Flecken. Die Betten rochen nach altem Schweiß. Die Aussichten aus den beiden Fenstern rechts und links der Verbindungstür sind beschrieben, wenn ich drei Mauern, 45 Schornsteine und ein Sechzehntel Himmelsblau aufzähle. Die 45 Schornsteine wurden nach dem Einzug zu unserem Bonmot, es mögen ein paar weniger gewesen sein. Vor dem Einzug aber handelte Manthey die Monatsmiete auf 40 Mark herunter; mir lag das so fern wie eine Schlägerei. Er sagte nicht Saustall, aber so könnten wir die Zimmer nicht nehmen, das könne keiner, wir müßten vorher Decken und Wände streichen. Frau Limmer wollte in erster Linie alles so lassen, in zweiter tapeziert haben, nicht gestrichen. Sie hätte entgegnen können, daß sie Tapeten und Kleister bezahlen wolle und dafür von den 45 Mark nicht abgehe, aber sie rechnete anders oder gar nicht; nach einem Schweigen gab sie mit trostlosem Gesicht und erstickter Stimme nach. Unsere Getränke mußten wir uns selber kochen, mithin sollten wir die Küche benutzen dürfen. Es war auch ein Badezimmer da. Die Wohnung lag im dritten Stock, im Treppenhaus roch es nach Ungutem, die Uhlandstraße war, anders als das Reileck, auf einheitliche Weise und lückenlos häßlich, die sie und ähnliche Jammertäler kreuzende Ludwig-Wucherer-Straße steuerte ihre wüste, hallende Breite dazu bei. Zwei Kilometer entfernt, bei einem letzten Blick auf unser helles Zimmer bei Frau Kalb in Diemitz, bereute ich alles. Frau Kalb gab uns so unbekümmert her, wie sie uns aufgenommen hatte: »Na, viel Glück die jungen Herren, na sehnse mal zu, studiernse schön, vergessense mein'n Waachen nicht, den brauch' ich noch.«

Wir packten unser Umzugsgut frühmorgens ins Vorderzimmer und schleppten aus dem Hinterzimmer alles außer den Bettgestellen dazu. Die Tapeten lösten sich von unten bis oben knatternd ab, man glaubte den Schrei »endlich!« zu hören. Darunter bröckelte es. Lange Zeit hatten wir nur mit Gips zu tun. Als das Hinterzimmer fertig war, ging für solche, die sie sahen, die Sonne unter. Im

Vorderzimmer hantierten wir unter lederfarbigem Lampenlicht. Spät nach Mitternacht schleppten wir das Hinterzimmer wieder frei. Die Betten rochen wie am Morgen. Die Wände waren meistenteils noch feuchtgrau, hier und da glänzten sie noch. Wir verschafften uns im Vorderzimmer Sitzplätze, rauchten einige Zigaretten und murmelten »Scheißbude«, viel mehr nicht. Manthey sah man den Herzschlag am Halse an. Ich war schlechter Laune, weil ich mich den ganzen Tag nach seinen Erläuterungen hatte richten müssen, da ich noch nie Gips oder Farbe angerührt oder Wände angestrichen hatte. Der Geruch aus den Matratzen und Federbetten einigte uns notdürftig. Mal murmelte er, mal ich etwas von Auf-dem-Fußboden-Schlafen. Dann schliefen wir doch in den Betten. Morgens umgab uns ein Halbdunkel zum Nichtwachwerden. Während ich den Tisch für das Frühstück freiräumte, ging er ins Badezimmer. Er kam mit einem Lachanfall zurück: Frau Limmer habe ihn gefragt, wovon er denn in der ersten Nacht unter dem neuen Dach geträumt habe. Gleich werde sie mich dasselbe fragen. Ich wollte ihr nicht begegnen, sie mir auch nicht. Als ich vom Badezimmer zurückkam, war die Tür ihres Wohnzimmers, die vorher halb offen gestanden hatte, geschlossen. Nach dem Frühstück lehnten wir die Matratzen vor die Betten, öffneten das Nachtschränkchen, das eine Moderduftquelle war, sperrten auch den Kleiderschrank auf und zogen sogar die Tischschublade heraus. Die Fenster standen ja offen. die Wände waren trotz der sommerlichen Wärme noch nicht überall trocken.

In der Uhlandstraße fühlte man sich wie eine Küchenschabe auf dem Boden eines Topfes, auf der Wuchererstraße wie ein Ameisensoldat auf einem Exerzierplatz. In der Straßenbahn wurde mir leichter. Die Schaffnerin war ein sauberer Mensch mit frischer Menschenstimme, Fahrgäste unterhielten sich in undämonischem Tonfall, auf dem Luxemburgplatz unter grüngoldenem Gesprenkel und Sonnenflecken spielten Kinder Kriegen, das Naturkundemuseum war eine böse gemeinte, aber unverkennbar menschliche Bauleistung, dann lachten sogar Gesichter dies- und jenseits der Glasscheibe, wenn sie es nicht schon seit längerem taten, nette Gesichter; und in der staubgrauen Burgstraße sank der Putz mit trokkener Würde vom Fachwerk. Die Luft hier draußen roch nach Autotreibstoff, nach den Bäumen des Burggeländes und nach dem Wasser der Saale, die hinter der Burg dahinfloß. In den breiten Graben neben dem Zufahrtsweg schien die Sonne und beleuchtete unten eine lockende Szenerie: grünen Rasen und weiße Gartentische, an denen Mittag gegessen wurde. Wir gingen hinunter. Der Wirt der Burgkantine, Herr Witter, machte jetzt der Gosenschänke Konkurrenz, ein dicker, brünetter, mürrischer Mann, der Carlo Benndorf wie ein Vater oder Onkel ähnelte. Wir baten ihn im Vorbeigehen um Essen und je einen halben Liter Bier; das brauchten wir jetzt. An einem Tisch saß Brigitte Reuter allein. Sie nickte zustimmend und sah uns nicht neugierig, aber zuhörbereit an. Wir stöhnten und gebrauchten alles und nichts treffende Kraftworte. Als wir das Bier hatten, auf dem zuwenig Schaum war, fing ich an, unser Elend zu schildern. Manthey löste mich ab, verselbständigte alle Effekte und beseitigte zwischen den Widersprüchen alles Überleitende. Sie verhielt sich zu seinem grellen Witz ebenso ernst wie Carlo Benndorf zu unserer vormaligen Repertoirenummer. Auch sie war eine Brünette, etwas füllig, mit einem feinen Madonnengesicht wie aus der italienischen Frührenaissance. Beim Anreden und Zuhören sah sie einem genau in die Augen. »Warum seid ihr dahin gezogen?« Geld sparen. Wir sparen zehn Mark, außerdem Fahrzeit. Außerdem haben wir beim Mieten nicht viel gerochen. Außerdem haben uns die 45 Schornsteine gefallen. Sie zeigte weder Mitleid noch Belustigung, lud uns aber für einen der nächsten Abende zum Essen ein.

Ich habe unseren Ekel nicht übertrieben. Begründen kann ich ihn nicht so tief, wie er war. Seltsam ist auch, daß Manthey sich viel selbstverständlicher und tiefer ekelte als ich. Er brachte mich erst darauf. Mit seiner verzerrten Mimik, der gerümpften Nase, dem krampfig tanzenden Adamsapfel, den zurückzuckenden und dann gewaltsam in die Inletts und Matratzen greifenden Händen schuf er einen Maßstab, gegen den sich Gleichmut oder gar Humor gar nicht erst zu bilden wagten. Ich allein in unseren Zimmern hätte den Gestank als bedrückend hingenommen wie anderes auch und es unentschieden gelassen, ob ich mich gegen ihn abstumpfen oder ihn mit meinem eigenen Geruch, hoffentlich noch nicht Gestank, vertreiben würde. Manthey hatte seit vier Jahren, seit der Vertreibung aus dem polnisch gewordenen Bad Salzbrunn in Schlesien, mit seinen Eltern in Quartieren gehaust, die nicht luftiger waren als Frau Limmers Untermieterzimmer. Ich hatte stets in einem sauberen, von Blütenduft und Wind umgebenen Einfamilienhaus gewohnt. Aber während mir nur etwas sonderbar wurde, starb er fast vor Ekel. Abends fing er tatsächlich an, vom Tod zu sprechen;

die Halsschlagader klopfte dazu. 1946 war er wegen einer Lungenentzündung in ein Krankenhaus gelegt und mit schädlichen Medikamenten behandelt worden. Das hatte er überlebt, aber mit einem irreparablen Herzfehler.

Wir gingen in das Musikaliengeschäft in der Geiststraße, das reichhaltigste von Halle. Ich kaufte für fünfzig Mark ein als »Gelegenheit« bezeichnetes Grammophon zum Aufziehen und mehrere Jazzplatten, das Stück zu sechs Mark. Es gab nur einige ältere aus den Westzonen, zwei davon mit Aufnahmen aus den dreißiger Jahren, und einige neuere von der DDR-Firma »Amiga«. Manthey überredete mich, noch zwei mehr mitzunehmen, die er mir abkaufen werde, sobald er wieder ein paar eigene Piepen habe. Wenn wir abends nach Hause kamen, kurbelten wir noch vor dem Essen das Grammophon an, und dann hörten wir stundenlang Jazz. Über uns wohnte eine alte Dame mit dem bedeutsamen Namen Kampf. Einmal ließ sie uns hinaufbitten und bekannte uns, auf dem Sofa liegend, ihre Kränklichkeit und Ruhebedürftigkeit. Das nächste war ein Beschwerdebrief an den Studentenrat der Universität. Der Universität: die »Burg Giebichenstein, Kunstschule und -werkstätten der Stadt Halle« war irgendwann kurz zuvor in das »Institut für angewandte Kunst der Martin-Luther-Universität Halle-Wittenberg« umgewandelt worden. Der Wandel änderte auch die Stipendien, diesmal könnten meine 75 Mark auf 50 und Mantheys Nullstatus auf dieselbe Summe gebracht worden sein. Im Studentenratsbüro nahm ein jovialer Jurastudent unsere Behauptung, bei uns herrsche nach 22 Uhr Stille, wie eine Bescheinigung zu seinen Akten und gab uns einen betrachtsamen Satz über das Zusammenleben von alt und jung mit auf den Weg. Frau Kampf begann mit Stiefel oder Besenstiel auf ihren Fußboden zu stampfen. Weil sie damit um 20 Uhr 30 anfing, also die Sperrstunde um anderthalb Stunden vorzog, fanden wir uns berechtigt, die Sperrstunde um ebensoviel Zeit zu verschieben. Unerwarteterweise machte Frau Limmer uns Mut; Frau Kampf war ihre Feindin. Sie selber hörte nichts, beteuerte sie. Wir gehorchten einem ständigen, unersättlichen Appetit auf exakten und jäh verworfenen Rhythmus, auf den langen, manchmal schrecklich erstickenden Atem hinter Trompete, Klarinette und Saxophon, auf betäubenden, dann eisig abbrechenden Trommelwirbel. Die Fenster standen immer offen. Erst im späteren Sommer schlossen wir sie: Beim Hereinkommen stank es uns nicht mehr, und bevor wir das

Grammophon aufzogen, fiel uns schon Frau Kampf mit ihren Leiden ein.

3 Am Tisch

Wir hängten die geweißten, aber unheimlich gebliebenen Wände zu. Nach Pfingsten kam ich mit einer Rolle Zeichnungen zurück – blaue Tinte auf quadratischen Abrechnungsbögen aus Onkel Alberts Geschäft – und füllte damit Wandlücken, bevor ich mich hinsetzte und eine Zigarette rauchte. Einige Heilande waren dabei, Schmerzensmänner. Als der schmerzlichste plan hing, lachte Manthey und nannte ihn den »Wurzelfresser«. Ich war zufrieden mit der Zeichnung, weil ich sie schnell und bedenkenlos gemacht hatte. Mit einem groben Holzspan als Werkzeug hatte ich mich einem Wutstrom anvertraut, der in falsche Richtungen auszubrechen drohte; was nachher zu sehen war, erinnerte mich nicht an Rücksichten und an mich selber, ich fand es neuartig. Manthey begrüßte den Wurzelfresser jeden Morgen mit diesem Namen. Schließlich sagte er ganz ernst, er finde ihn nicht gut. Ich sähe doch selbst, daß das keine Gestaltung, sondern hilflose Gewalt sei. Aber er tat mir nicht den Verdruß an, den Wurzelfresser in meiner Abwesenheit abzuhängen.

Mir gefiel an meinen Zeichnungen auch die Häßlichkeit ihres Materials, das Tintenblau und das Liniensystem, das sich durch das dünne, billig glänzende Papier durchprägte. Was Manthey währenddessen zeichnete, weiß ich nicht mehr, dabei bedeckte es sicher einen Anteil der Aufhängefläche. Wir zeichneten auf dem Eßtisch. Mit schwarzer Tusche auf kleinen Bögen besseren Papiers illustrierte ich Szenen aus einem kurz zuvor gehörten Hörspiel: Ein unglücklicher Mensch, Monsieur Biche, entdeckt, daß er fliegen kann, sich einfach vom Boden trennen und schweben wohin er will; davon erhofft er sich viel, wird aber nur um so unglücklicher. Diese mehr disziplinierten Produkte nahm ich mit in die Burg zum Vorzeigen; den Wurzelfresser ließ ich zu Hause. Wir schrieben auch Gedichte, nichts Gemütvolles, sondern zum Verdutzen und Spaßmachen. Wer uns besuchte, bekam sie vorgelesen. Ich achtete sehr auf die Beifallsdosierungen; Manthey auch, wie er mir später erzählte. Aus dem Studienalltag in der Burg hat mein Gedächtnis in dieser Zeit nichts Besonderes aufgehoben, er verblaßt sogar gegen zwei Stücke »Bismarckeiche«: Ich sehe uns oder mich oft über die Wuchererstraße zum Konditor gehen, »Bismarckeiche« sagen, die drei Treppen damit hinauf und zwischen Gedichten oder Zeichnungen essen. Es war ein halbiertes Baumstämmchen aus Tortensubstanz, die Rinde bestand aus kakaohaltiger Butterkrem und war mit etwas Grünlichem bestreut, um noch echter auszusehen. So nahrhaften Kuchen bekam man schon wieder; dank unserer Kolleginnen hatten wir ja auch genug Lebensmittelmarken. Die Kirchensusen, wie Manthey sie nannte, besorgten uns Freiplätze an einem evangelischen Mittagstisch. Die Universität beschenkte alle Hallenser Studenten dreimal mit einem Kilo Hackepeter und einer Portion Fett, zweimal ein Liter Speiseöl, einmal ein Kilo Butter. Wer diese Waggonladungen bezahlte, die erste Frage, die mir heute dazu einfällt, interessierte uns damals nicht. Wir standen Schlange, aber es war ein lustiges Anstehen. Danach kauften wir frisches, noch warmes Brot und verzehrten Brot und Hakkepeter in einer kurzen, ununterbrochenen Mahlzeit. Manthey machte sich gern den Spaß, das Brot der Länge nach aufzuschneiden, so daß es armlange, lappig wedelnde Stullen gab. Trocken Brot mit Senf aß er nicht mehr. In einem Gesundheitsamt hatte man unser ganzes Grundsemester gewogen und Manthey, mich und noch einige als untergewichtig bezeichnet. Wir wollten zunehmen. Am Studienplatz aßen wir Kekse aus einer Konditorei in der Burgstraße, die knirschten und »Heidesand« hießen. Bevor wir sie kauften, spähten wir durch die Glastür; wenn die alte Bäckerin nicht zu sehen war, gingen wir mitunter lieber Wurst kaufen. Manthey liebte es, sie zum Lachen zu bringen. Nach einigen Sätzen Unsinn, mit der Zeit immer früher, zog sie die Schultern hoch und heulte, inzwischen die Tüte abreißend, das Schäufelchen schiebend und leerend, die Waage beobachtend, die Tüte schließend und herüberreichend: »Hu!-hu!-huuuuhhh!« Dabei konnte er sich nicht ruhig auf den Beinen halten, er tänzelte herum, drehte sich um sich selbst, verschluckte sich und hustete. Bei unserem Eintreten machte sie bald ein bedrücktes, mißtrauisches Gesicht. Eines Tages begann sie schon in diesem Moment zu zucken und zu heulen.

4 Bessere Sitten

Der evangelische Mittagstich stand zwischen guten, bejahrten Mietshäusern, über städtischen und privaten Bäumen, in einer Etagenwohnung im zweiten Stock. Das Wohnzimmer, mehrere Fenster und ein Balkon, ließ reichlich Raum um einen langen Tisch herum, an dem zwanzig Personen Platz hatten. An der Fensterwand gruppierten sich Tischchen mit Sesseln. Vor dem Hause wuchs Rotdorn. Wir stellten uns auf den Balkon, bis das Essen kam, rauchten und klopften die Asche auf den Rotdorn hinunter, denn Aschenbecher gab es nicht. Wenn man versehentlich einen anderen Gast anblickte, fing der den Blick so schnell auf, als hätte er ihm schon entgegengesehen, und strahlte einen ermunternd an, augenscheinlich gespannt auf alles, was er nun anvertraut bekommen sollte; oder er kam einem mit einer trefflichen, vor Interesse beinahe dreisten Frage zuvor. Wir waren nicht böse, eher gar keinen Willens; Gegenfragen fielen uns nicht ein. Ich kann ruhig wir sagen: Unsere steifen Manieren waren verschiedener Herkunft, aber hier glichen sie sich. Zu essen gab es vor allem schwedische Spenden: Büchsenfleisch, Backobst und Kakao. Daraus ließen sich Gulasch, Kompott und Schokoladenpudding machen. Abwechslung war nur in Nuancen möglich. Uns schmeckte alles sehr gut, und wir wurden satt. Eine der Frauen, die kochten, brachte Nachschub auf den Tisch, ungeachtet daß die meisten Gäste sich den Bauch drückten, den Teller zuhielten oder mit beiden Händen fuchtelten.

Eines Mittags ergriff ein Herr an der von mir aus gesehen rechten Stirnseite des Tisches das Wort: stellte sich vor und gab einige Lebensdaten hinzu, wobei er jeden einmal wie unter vier Augen anschaute. Nach diesem Muster, sagte er dann, sollten wir uns doch nun alle, wenn uns seine kleine Anregung recht sei, zu erkennen geben. Niemand widersprach. Das Einverständnis war vollkommen, wenn auch oberflächlich und sanft niederdrückend. Der Herr, der sich die Freiheit zu sprechen genommen hatte, wurde von uns anderen, die nur gekaut hatten, still als unser Sprecher anerkannt, obwohl oder gerade weil er uns als erstes eine kleine Pflicht zumutete. Er ging ja mit gutem Beispiel voran; und einer Pflicht entzog man sich nicht, erst recht nicht einer versäumten. Es hatte wirklich etwas gefehlt, ein ebenso entbehrlicher oder unverzichtbarer Zubehör wie die Servietten, die es nicht oder vielleicht doch gab; passend erscheinen mir Tuchservietten, eingerollt in unterschiedliche Serviettenringe, an denen man seinen Platz immer wiedererkennt.

Ich hatte die anderen nur durchgemustert, keine hübschen Mädchen gefunden und mich aufs Essen beschränkt. Nun war ich fast so bestürzt, als säße ich mit verschmutzten Händen am Tisch; dabei aber ganz sicher, daß ich in einem anderen Milieu überhaupt nicht bestürzt sein würde. Die uns zugemutete Lebensart fand ich gut, wollte auch keine bessere suchen, da besser nur noch widerwärtiger gewesen wäre. Aber fast ebenso entschieden stufte ich sie als läppisch ein, als eine launische Nachforderung, als die Laune eines mich nichts angehenden Herrn, mir so etwas wie ein Dankliedchen abzunötigen. Nach meinem Verständnis war ich hergekommen, um mich sättigen zu lassen, und nicht verpflichtet zu einem Brauch, der mehr Selbstdarstellung erforderte als der Gebrauch von Löffel und Gabel.

Das Leben ist ein Markt, auf dem man sich alle paar Augenblicke einem Händlerzuruf verweigern kann. Es gefällt mir, so weiterzuschreiben: Als ich dran war, schüttelte ich den Kopf und nahm einen Mund voll Gulasch; oder: sagte ich: »Ich bin hier inkognito«; oder: »Ich heiße Rumpelstilzchen«; oder: »Meinen Namen behalte ich für mich, sonst ist er weg.« Es stimmt nicht so. Manthey und dann ich stellten uns vor mit Namen, Geburts- und Wohnort und derzeitiger Tätigkeit. Ebenso wie wir würgten die meisten Tischgenossen an solchen Angaben dermaßen, als holten sie das gespendete Gulasch wieder hervor. Eine Frau, vielleicht auch mehrere Gäste, die ich zu einer sympathischen Person zusammenziehe, äußerte sich errötend mit Anmut und einem Lächeln. Sie paßte sich bereitwillig an und wirkte dadurch schön. Ich sehe Manthey und mich davonstolpern und gegen unser Unbehagen anrauchen. Der nächste Eindruck bringt bequemere Umstände: eine um mehrere Stunden spätere Tischzeit mit einer kleinen, etwa sechsköpfigen Runde von Essern, die nichts wollen als essen. Sogar ein Aschenbecher hat abends dagestanden.

5 Ein Unfall

Vier Räume im Hause meiner Eltern sind einer nach dem anderen mein Schlaf- und Wohnzimmer gewesen. In diesen Sommerferien wohnte ich in dem Zimmer, wo der Bücherschrank meines Vaters und das Klavier standen. Es war Sonntag Morgen. Ich rauchte im Bett eine Westzigarette. Abwechselnd ein Lungenzug und ein starkes, langsam ausschwingendes Schwindelgefühl. Meine Mutter öffnete leise die Tür, bot mir Frühstück an und fragte, ob ich Lust auf Spiegeleier mit Speck hätte. Zwei Jahre nach der Hungerzeit schmeckte mir immer noch das Nahrhafteste am besten. Sie hatte schon um sieben gefrühstückt, mein Vater wahrscheinlich etwas später, jeder für sich; um dreiviertel zehn ging er in die Kirche. Ich frühstückte im Bett, auf dem Tablett ein Kännchen mit Tee, Dosenmilch aus dem Westen, Zucker, Tasse, großer Teller mit zwei Brotscheiben, die in Fett geröstet und mit den auf Speckstreifen gebratenen Eiern belegt waren. Ich rauchte noch eine Westzigarette, dann war ich begierig auf kaltes Wasser fürs Gesicht. Außer Gesicht und Hände wusch ich mir morgens nichts, also zog ich mich gleich vollständig an. Währenddessen hörte ich meine Mutter in die Veranda und durch die Tür zum Garten gehen. Als ich die Schnürsenkel zu Schleifen gebunden hatte, begann ein kehliges, eintöniges Schreien. Ich rannte hin und fand meine Mutter auf der Verandatreppe, die Füße auf der zweitobersten Stufe, das Gesicht unten auf dem Fußabtreter, der aus stählernen Rippen bestand. Unter diesen Rippen wuchs eine Blutlache an, sonst bewegte sich nichts. Sie schrie eintönig weiter, dabei schien sie bewußtlos zu sein. In mir lief ein Dialog ab, etwa: Ich weiß nicht – Trottel – ich weiß nicht – Trottel... Im nächsten Augenblick fragte Frau Schumann: »Wie ist denn das passiert?« – »Ich weiß nicht.« Sie stand hinter dem Zaun. Normalerweise grüßten sich Schumanns und Stolzes nicht. Nach dem Krieg, aus dem ihr Mann nicht zurückgekommen war, hatte sie sich zur Krankenschwester ausbilden lassen. Sie sagte: »Nicht anrühren, ich hol 'n Krankenwagen.« Für mein Zeitgefühl wieder im nächsten Augenblick waren zwei Mann mit einer Tragbahre da, hinter ihnen Frau Schumann; die Träger griffen zu wie Arbeiter, die stets diese und keine anderen Griffe ausüben. Ich dankte Frau Schumann stotternd vor Beredsamkeit, kein Ende absehend. Ihr Gesicht erschien mir gütig. Ich bemerkte an ihr eine Handbewegung, sah die Träger um die Hausecke biegen und rannte hinterher. Sie schoben die Bahre mit meiner Mutter durch eine rückwärtige Flügeltür in den Krankenwagen. Meine Mutter trug etwas um die Stirn, das sich mit Blut vollsog. Sie wurde wach und murmelte: Was ist passiert... was ist los. Dann bemerkte sie mich mit fast geschlossenen Augen und sagte: Du bist bei mir. Ich wollte nicht denken, ein Nichts ist bei dir, aber andere Gedanken hatte ich nicht. Ich duckte mich vor der Vorstellung, daß ich allein reglos neben ihr gehockt und die wachsende Blutlache angestarrt haben würde.

Das Krankenhaus kannten wir nur als Anblick durchs Eisenbahnfenster, eine kleine gelbe, etwa fünfzigjährige Backsteinfassade weit hinter Feldern in der Mitte der Strecke zwischen Schönebeck und Salzelmen. Die Träger und ich betraten es an der Ostseite, die man vom Zug aus nicht sah. Der alte Chefarzt ähnelte fast dem Gebäude, es war seit mehreren Jahrzehnten sein Arbeitsplatz. Im Vorbeitraben hielt er vor mir an: »Sind Sie der Sohn? Die Wunde muß genäht werden, der Blutverlust ist sehr hoch, mehr kann ich noch nicht sagen, kommen Sie nachmittags wieder.«

Zu Hause in der Küche spülte ich Waschlappen und Handtücher in kaltem Wasser aus. Das Blut floß ab, Haut- und Fleischfetzen blieben länger hängen. Mein Vater war nicht da; wahrscheinlich von der Kirche zurück, von Frau Schumann benachrichtigt und auf dem Weg ins Krankenhaus. Nachmittags fanden wir uns in einem Saal voller Betten ein. Das Gesicht meiner Mutter war gelb und aufgedunsen unter einem Mullverband. Mein Vater raunte ihr langsam und deutlich zu, er habe oder wir beide hätten bei Kromnick gut und ausreichend gegessen: Schweinebraten mit Bayrisch Kraut und je zwei Kartoffelklöße. Er wollte ihr die Sorge nehmen, ob wir satt würden, wenn sie nicht kochte. Wenn er davon geschwiegen hätte, hätte ihr die Sorge nähergelegen. Sie murmelte: »Sehr interessant, sehr wichtig.« Er fragte: »Wie?« Sie deutete ein Abwinken an, indem sie eine Hand auf der Bettdecke etwas anhob. Beim Vernähen der Wunde hatte sie sagen hören: »Die Frau kommt nicht durch.« Aus Furcht, sie zu töten, hatte man sie nicht einmal örtlich betäubt, aber sie hatte nichts gespürt.

Die Genesungswochen habe ich so im Kopf, als wäre ich nicht zu Hause gewesen und als hätte ich auch meinen Vater nicht gesehen. Ich finde mich in dem Krankensaal und auf dem Hin- und Rückweg, aber nicht auf dem ganzen, sondern nur auf dem zehn Minuten langen Drittel, das am Krankenhaus endet und anfängt, mit gezuckerten Erdbeeren aus unserem Garten in einem Gefäß. Meine Mutter zeigte mir die einige Betten entfernt liegende Frau, die die Erdbeeren in mehrere Portionen aufteilen sollte, einige Tage später rief sie ihr zu, und schließlich stand sie auf und portionierte selbst. Dann mußten wir mit »ach heute doch nicht schon wieder« und Tellerchenwegziehen fertig werden. Natürlich reichten die Erdbeeren nicht für alle, aber viele Schönebecker hatten Schrebergärten. Mit zwei Frauen freundete meine Mutter sich an, sogar dauerhaft, die übrigen störten sie nicht einmal beim Schlafen. In den dreißiger Jahren war sie eine Erster-Klasse-Patientin gewesen, in Einzelzimmern und mit Telefon am Bett. Nach ihrer Beschreibung waren es immer das schönste Zimmer und das beste Krankenhaus gewesen, der scharfsinnigste, feinfühligste und ihr am herzlichsten verbundene Arzt und das netteste, aufopferungsfreudigste Pflegepersonal. Dieses Krankenhausgefühl hatte sich auch in der Massenunterkunft nicht ganz verloren. Das Essen war unappetitlich, die Ärzte taten ihre Arbeit, so daß sie dann getan war, aber ohne den Eifer, sich selbst zu übertreffen; die Schwestern erwähnte sie kaum. Doktor Homuth sei ein ganz großartiger Chirurg und außerdem, bei aller Kurzangebundenheit – die wohl daher komme, daß er für sein Alter viel zuviel zu tun habe –, ein zutiefst gütiger Mann, das merke sie. Er habe einen leichten Schlaganfall diagnostiziert und trocken gescherzt, sie solle froh sein, daß sie so viel Blut verloren habe, das entspreche der richtigen Sofortmaßnahme, einem Aderlaß.

6 Güstrow, Barlach

Am Ende des Sommers wandeln wir mit Eva unter weißlichen alten Giebeln in Güstrow. Die Stirnnarbe meiner Mutter ist noch gerötet und wulstig, aber sie fühlt sich wohler als früher. Im Hotel wird die kurze Speisekarte, auf der schon Posten ausgestrichen sind, wie ein Gutes und Bedenkliches mitteilender Brief gelesen. Danach wird der Lesestoff mit der Kellnerin durchgesprochen. Sie ist nicht ohne Schreibzeug, läßt aber eine ganze Weile im Gespräch verrinnen, ehe sie die Arme anwinkelt und damit ihre Bereitwilligkeit anzeigt, die Ergebnisse des Gesprächs weiterzuleiten.

Güstrow ist kleiner als Schwerin, der Dom ist größer und altertümlicher. Im Dom mache ich Bleistiftzeichnungen, in Elektrogeschäften finde ich zwei ältere, in Westdeutschland hergestellte Jazzplatten. Eva können wir nicht auf der Bühne sehen, da das Theater Sommerferien macht. Sie und ich spazieren zusammen aus der Stadt hinaus zu dem Hause, das Ernst Barlach sich hat bauen lassen, bevor die Nazis den Staat übernahmen. Ein Giebelhaus aus Backsteinen, das mit ihren Vorschriften für Privatbauten durchaus übereinstimmt. In seiner Wohlerhaltenheit wirkt es noch wie ein Neubau. Ein kleiner, wortkarger Mann, Friedrich Schult, läßt uns ein. Solange er uns im Hause herumführt, klingelt es nicht wieder, wir bleiben zu dritt. Er ist mit Barlach befreundet gewesen. Walter Muschg (»Die Zerstörung der deutschen Literatur«) schreibt: »Das Haus am Heidberg in Güstrow war schon 1931 unsicher, seine Bewohner hielten abwechselnd Nachtwache, um nicht im Schlaf überfallen zu werden, und lebten in ›einer Art Belagerungszustand‹.« Und: »Seit 1936 war er zu keiner Arbeit mehr gekommen. Er war zur ›Vogelscheuche‹ geworden und traute sich nur noch für die nötigsten Einkäufe nach Güstrow hinein.«

Wir treten aus dem kühlen Museum heraus und lassen uns auf weißlackiertem Gestühl vor einem Ausflugslokal nieder. Das breit angelegte Gebäude sieht aus wie ein Hotel, doch gibt es irgendwelche Anzeichen, daß keine Gastzimmer mehr vermietet werden. Auf der Gartenterrasse sind nur wenige Tische frei von Ausflüglern. Die Verzehrliste, ein zweimal längs gefaltetes Stück Glanzkarton, verzeichnet außer Bockwurst und Frikadellen nur Getränke und einige Sorten Eis, aber es wird auch Kuchen gegessen. Eva hat mich zu der schönsten Aussicht genötigt, dem Blick auf Güstrow mit Dom und Schloßtürmen. Solche Aufmerksamkeiten sind eine Eigenart von ihr, wenn sie sich wohl fühlt. Sie selber schaut auf Rücken und Gesichter, auf nähere Vegetation und einige rote Dächer. Von etwas weiter links aus könnte ich der Länge nach durch die Allee blicken, auf der wir gekommen sind. Das Terrain ist sanft gewellt. Die Alleebäume sind wahrscheinlich Linden. Die glatteren Oberseiten der Blätter funkeln in unaufhörlich wechselnden Flecken- und Punktkonstellationen. Die Kellnerin hat einen raschen Schritt, der anzeigt, daß sie ihn nicht lange bei uns unterbrechen will. Ungeduld muß keine Eigenart der Kellnerin sein, Personalmangel ist eine Eigenart von Gartenlokalen. Wir nähern unser Sprechtempo ihrem Gangtakt an und verzögern es wieder, um nicht selber ungeduldig zu wirken. Was denn Eisbecher Excelsior sei. Sie zählt die Zutaten auf, wie wenn sie sie flink irgendwo abliest. Und Eisbecher Venezia? »Der schmeckt gut«, Aufzählung der Zutaten, »soll ich zweimal bringen?« – »Die ist nett«, sagen wir. Nett darum, weil sie uns preisgibt, was ihr schmeckt. Woanders hört man doch oft Abfertigungen wie »Bei uns schmeckt alles, nur eben verschieden« oder »Da müssen Sie schon selber entscheiden«. Sie riskiert, daß wir hinterher sagen: »Was haben Sie bloß für einen Geschmack!« Nein, bei uns riskiert sie es eben nicht, sie guckt sich trotz aller Eile die Leute an. Sie ist noch jung, aber viele Ältere, die ihr ähneln – offenherzig, herzhaft entscheidend –, waren schon erwachsen, als Barlach sich nicht mehr in die Stadt wagen mochte, die sie nach wie vor bewohnen. Als er vor zwölf Jahren starb, war ich sieben Jahre alt, aber er ist nicht mein Zeitgenosse gewesen; da die Jahreszahl 1938 nun einmal feststeht, verlege ich sein Sterbelager in eine andere, undatierte Vergangenheit. Neben seinem Bett steht ein Öllämpchen, die Gasse davor ist stockfinster und knöcheltiefer Morast. In den Hütteneingängen tuscheln zahnlose Weiber, die nicht lesen und nicht schreiben können. Vor dem Mond baumelt ein Gehenkter. In der Kneipe dreschen Bauern einander Knüppel auf die Köpfe, die davon nicht einbrechen. Ein Takt wie von Pferdegetrappel, das nichts Gutes ankündigt, skandiert das Ganze. Mit der Allee, der Gartenterrasse und Barlachs wie neu aussehendem Hause stimmt es nicht überein. Ich kann mir die Nazizeit nicht mehr so vorstellen, als hätte ich sie miterlebt; es ist etwas Abschließendes zwischen ihr und mir wie der Vorhang zwischen Bühne und Zuschauerraum. Nein, hinter dem Vorhang läuft ein Film, ein Dokumentarfilm. Er zeigt, wenn ich den Vorhang beseitige, dies und jenes Bekannte, nicht ganz Neue. Die bekannte Handlung und das alte Milieu wirken verändert, sozusagen künstlerisch umgesetzt, und mich selber entdecke ich nicht; meine Rolle hat ein anderer übernommen. Dieser Nachwuchsschauspieler unterzieht sich der Pimpfenprüfung und grüßt manche Personen mit »Heil Hitler«. Es ist offensichtlich, daß er sich nicht gern, sondern aus Vorsicht anpaßt. Die Vorsicht kann ich kaum nachfühlen. Mit jedem, der will, spreche ich von den Nazis wie einer, der unter ihnen aufgewachsen ist, aber zuinnerst spüre ich, daß es sie zu meinen Lebzeiten nicht gegeben hat.

7 Umgang mit Frauen

Wir gehörten schon zur Malklasse von Erwin Haß, da kam ein Student der Wirtschaftswissenschaften durch die Glastür, der Dekorateure suchte. Viel Geld könne er nicht bieten, aber freien Eintritt und Freibier und, na gut, Freikarten für je eine Freundin und auch für sie noch Freibier. Manthey fragte mich nach unserer Gewohnheit »Wollen wir's machen?«, ich stimmte zu, Grünewald und Voigt schlossen sich an. Der Saal im Universitätshauptgebäude, wo die Wirtschaftswissenschaftler feiern wollten, war zwei Stockwerke hoch, rechteckig bis auf Säulen und Stuck und »schwer zu verzaubern« (Grünewalds Ausdruck). Der Auftraggeber verschönte auch unsere Vorbesprechung mit Freibier. Mit am Tisch saß ein blondlockiges, engelhaft schönes Mädchen. Ein Weilchen konnte ich charmant sein wie ein Draufgänger, dann wußte ich nicht weiter. Auch Grünewald setzte Charme auf. Manthey musterte die oberen Teile des Saales und äußerte Dekorationseinfälle, die dem Wirtschaftsstudenten einleuchteten und Spaß machten. Er spendierte eine zweite Runde aus der von ihm verwalteten Gemeinschaftskasse. Das schöne Mädchen trank Brause. Da ich noch nicht verstummt war, fragte ich sie, ob man sie auf dem Fest wiedersehen werde. Statt ihrer, die lächelte, sagte unser Gastgeber: »Wenn ihr sie einladet? Nee, diesmal nehm' ich sie noch mit rein, Gretchen heißt sie. An sich sind wir auseinander.«

Ich gab meine Freundinnenfreikarte Elfriede Koschwitz. Wir waren schon zusammen im Tanzcafé Künzel gewesen und gern bis nach dem Rausschmeißer »Die kleine Stadt will schlafengehen« geblieben. Ich freute mich Schritt für Schritt bis vor ihre Haustür, daß mein Verhängnis, zu langweilen, ausblieb, und hatte es eilig, dieses Gelingen zu retten. Küssen wollte ich sie nicht, sondern sie schon geküßt haben. Ich scheute den Bruch im Verhalten: eben noch geredet und harmlos gelacht, plötzlich im Angriff wie ein Biß in den arglosen Mund. Küssen war mir eine Mutprobe, die ich aufschob, die unterste Stufe der Leiter, die über langsam besser Werdendes schließlich ins gemeinsame Bett führt. Für den Anfang stellte ich mir nichts Besseres vor als einen auf den Mund plazierten Kinderkuß. Wenn ich das Wort »Zungenkuß« hörte, was möglich ist, scheine ich es überhört zu haben wie einen fremden Fachausdruck. Dazu paßt meine Abneigung zu singen. Ich mied oder mich mieden Phantasien davon, was man mit seinem Munde tun könne außer Sprechen und Essen. Zuweilen erträumte ich mir das Bewundernswerteste, nur in der Literatur sich Ereignende: das scheinbar absichtslose Knüpfen einer Argumentationsgirlande, die unversehens am Ziel festmacht und dort Verblüffung und noch mehr Neugier auslöst. Da ich nicht gut argumentieren konnte, blieb mir nur die Gewalt, der plötzliche Kuß, der häßliche Bruch. Von dem Leiteranstieg danach erwartete ich auf lange hinaus nur ermüdendes Händchenhalten und Ins-Kino-Gehen.

Auf dem Fest wollte ich Elfriede mit Eifersucht erfüllen. Das Tanzen war mit Gretchen qualvoll, sie hielt mir jeden Taktfehler vor, indem sie ihr taumelnmachendes Gesicht zu einer noch wunderhübscheren Grimasse verzog. Elfriede imitierte mein Fehlersystem, so daß es sich viele Schritte weit aufhob. Wenn ich ihr auf die Füße trat, sagte sie etwas zum Antworten Ermunterndes. Gretchen lud ich zum Burgfest ein und schrieb ihr unsere Adresse auf.

Ich hoffte, sie werde wegbleiben, doch sie klingelte und betrat frühzeitig unser schiefwinkliges Wohnzimmer. In der Straßenbahn deutete ich Besitzerallüren an, die ich durch Verstummen und Erstarren wieder dementierte. Wahrscheinlich fiel es gar nicht auf. Ich habe das Fest Burgfest genannt, am nächsten Nachmittag aber sah ich meinen Atem als Wölkchen, und es dämmerte bald. Das paßt besser zum Maskenball, der in die Karnevalsnächte gehört. Viele fertigten sich dafür gewaltige Verkleidungen an, einer schnitzte wochenlang an einem halbmeterhohen Holzkopf, an dem man ihn dann wiedererkannte. Um nicht erkannt zu werden, machten wir uns das Trinken und Rauchen schwierig. Manche fesselten sich buchstäblich in Rollen, die sie am Gehen und Tanzen hinderten. Zum Burgfest kostümierte man sich auch, aber bequemer.

Ich ließ Gretchen mit Manthey allein und suchte mir etwas zu trinken, selbstbewußter als eben noch in der Straßenbahn dank meiner gleich zweifachen Rücksichtslosigkeit: daß ich ihr mich selbst entzog und Manthey mein Geld, das wir uns doch sonst teilten. Ich glaube, daß ich wußte, daß er nur ein paar Groschen bei sich hatte. Gisela Bernius kam mir entgegen. Ich lud sie zu Wein ein, sie revanchierte sich, und dann ich wieder. Mit ihr tanzen wollte ich nicht; ich wußte nicht, was ich mit meiner Neigung zu ihr anfangen sollte. Bei der Vorstellung, ihr Gesicht zu streicheln, das mich anheimelte, sah ich mich als Zwerg- oder Halbwüchsigen. Das Umgekehrte ging gar nicht: meine kantige Miene, mein trockener Humor, meine überraschenden Initiativen. Meine Meinung lautete, sie sei mir nicht niedlich genug. Mich beunruhigten die Vorgänge, die ich hinter ihrer ruhigen Stirn vermutete; ich ahnte Freundliches, aber mehr Nachsicht als Freundlichkeit, in einer Einrichtung aus sorgfältig verarbeiteten, mir unzugänglichen Erfahrungen. Mein Kopf umschloß Kleinkram, meine Kindergestalt schien sich nach einer Türklinke abzuzappeln.

Sie erklärte sich für betrunken. Beim Herumgehen schwankte sie gegen meine Schulter. Ich legte ihr einen Arm um den Rücken und stellte nun doch einen Beschützer dar. Dabei argwöhnte ich, daß sie ganz nüchtern sei, oder nüchterner als ich, oder sich auch nur für nüchterner halte und den Plan habe, von mir bis ins Bett hinein beschützt zu werden, mich genau zu beobachten und mich zu demütigen, also zwei bis drei gegensätzliche Pläne. Wir passierten Gretchen, die allein auf einem Stuhl saß; aber eine Weile später war sie im Tanzen mit Manthey begriffen und schaute sich nicht mehr um. Gisela und ich waren einander schon losgeworden; ich stand allein im träge strömenden Gewühl. Beim Mitziehen in diesem Strom traf ich eine Goldschmiedin, ein Sonnenscheinchen, das jeden anlächelte und von mir nichts erwartete. Ich entdeckte, daß ich tanzen wollte. Die Musikkapelle, eine Amateurband, improvisierte nicht übel den urtümlichen Jazz, der mich hinriß, Dixieland oder New Orleans. Jazz war verpönt, aber noch nicht verboten. Es kam vor, daß ein Kommilitone, der SED-Mitglied war, hinging und den Bandleader Peter Rückert einzuschüchtern versuchte. Sonst tanzten die SED-Genossen nach seiner Trompete wie wir alle. Der Anblick, wie sie gegen die Obrigkeit antanzten und auch noch fröhlich dabei aussahen, erhöhte unser Vergnügen. Auch der Direktor Funkat war SED-Genosse, aber er trank enorm viel und wurde davon dankbar wie ein anspruchsloser junger Gast.

Während die Goldschmiedin und ich uns anstrengten, leerte sich der Raum und kühlte aus, was mehrere Stunden gedauert haben muß. Peter Rückert – er hatte uns schon besucht und sich meine Platten angehört – nickte mir eigens zu und packte seine Trompete ein. Ich machte mit der Goldschmiedin einen weiten Spaziergang dorthin, wo sie wohnte, und ging zufrieden nach Hause. In unserem Schlafzimmer geschah das, was ich geahnt, gewollt, nicht gewollt, angezettelt, befürchtet und wieder vergessen hatte; vielmehr mußte ich darauf warten. Sie warteten ab wie eine Einzelperson, bis ich mich im Dunkeln hingelegt hatte und scheinbar eingeschlafen war. Die Gerechtigkeit nahm ihren Lauf, ich hörte es mir eine Zeitlang mit an, dann glaubte ich empört sein zu sollen. Bis zum Mittag lag ich mal schlafend, mal Schlaf vortäuschend da, während Manthey mit kurzen Pausen Erstaunliches leistete und Gretchen ihm immer dieselben, um mein Dabeisein kreisenden Bedenken zuflüsterte. Beim Frühstück vermied sie meinen und seinen Blick und beschäftigte sich mit Tee-Eingießen und Brotschneiden. Manthey hatte eine steife Würde errungen. Gretchen verließ uns gleich nach dem Frühstück; nun tischte ich meine Empörung auf. Kaum fing er an zu antworten, fand ich mich albern. Er sagte, er habe nie anders gedacht, als daß ich auf Gretchen scharf sei, und habe mir nie hineinpfuschen wollen. Dann habe sie stundenlang allein herumgesessen. Beim Tanzen habe er ihr noch gesagt, er wolle ihr nur so lange Gesellschaft leisten, wie ich nicht da sei. Für das Weitere könne er nichts. Und mich verstehe er nicht.

Wir gingen durch die neblige, feuchtkalte Stadt. Der Atem bildete Wölkchen wie im Februar, nicht wie Ende August. Manthey ging Gretchen besuchen, ich betrat das Lokal »Fünf Türme«, bestellte ein Kotelett mit Bratkartoffeln und trank mehrere Glas Bier dazu.

9 Charaktere

Der Klassenraum von Erwin Haß lag dem Burgtor und dem Trakt, wo wir ein Jahr lang gesessen hatten, am hinteren Hofende gegenüber. Dazwischen stand das riesige Kornhaus. Zwischen dem Kornhaus und Hassens Glasfenstern lagen ungepflegte Grasflächen, blühten und welkten Rosenlauben und wurden von einigen Professoren, die sich Gärtchen angelegt hatten, Tomaten begossen. Die Glasfassaden vor dem alten Gemäuer, das vorher Stallungen enthalten hatte, waren in den zwanziger Jahren aufgerichtet worden. Die Scheiben waren heil geblieben oder durch neue ersetzt; vielleicht wurden so große Glasformate noch nicht wieder hergestellt, man sah sie sonst nirgendwo. Der Anblick war nicht so widersprüchlich, wie er wohl beabsichtigt gewesen war, sondern ebenso idyllisch wie alles andere im Burghof. Ganz links war die Bildhauerei (dort arbeitete jetzt Gisela Bernius); hinter einem kleineren Fenster schloß sich Knispels Atelier an, dann unsere Klasse, das Atelier von Haß, die Buchbinderei (Elfriede Koschwitz) und die Innenarchitektur (Alfred Mayer).

Haß akzeptierte außer Manthey und mir noch Grünewald, Kilz und Voigt, er sagte nicht viel mehr als »na schön«. Der Raum war reichlich vollgestellt, zwei von den Älteren machten sich deswegen

Luft. Der eine, Meißner, blickte in den Himmel hinter den Glasscheiben und sagte wie zu sich selbst: »Jeder Pimpel will heute Maler werden, komisch ist das. Ich arbeite ab sofort zu Hause.« Der andere, Jendroschek, ein umgänglicher Mann, den Manthey und ich schon in seinem Mal- und Wohnladen besucht hatten, hielt eine Rede in anfangs mäßigem, dann hitzig anschwellendem Ton: »Herr Professor, was ich jetzt zu sagen habe, richtet sich nicht gegen die jungen Kollegen, das wissen die. Herr Professor, wenn ich male, muß ich 'n paar Schritt zurücktreten können, statt dessen tret' ich einem aufs Bein, dann schreit er, dann sag' ich Verzeihung. Herr Professor, so kann ich mich nicht konzentrieren. Wie's anders geh'n soll, weiß ich nicht, aber so geht's nicht.« Er und Meißner malten vom nächsten Tag an zu Hause; von Zeit zu Zeit schleppten sie Bilder herbei und nahmen sie wieder mit. Die übrigen beschwerten sich nicht. Carlo Benndorf war meist gar nicht da. Sein Stellvertreter, der Lange, war oft da, aber stets guter Laune.

Haß suchte unter der Oberfläche »das andere«, er spähte durch das Angeheftete auf dem Reißbrett hindurch zu den Leuchtkräften und Gefährdungen. Grünewald war phantasiereich, aber leichtsinnig, seine Gefahr war Schlamperei und Schmieren. Manthey hatte das Zeug zum großen Wurf und das Gespür für die einfachsten Mittel, aber auch eine Neigung zu oberflächlicher, gauklerischer Eleganz. Kilz, der Unbestechliche, war der ehrenvollen Gefahr ausgesetzt, aus Überdruß an sich selbst manches Begonnene liegenzulassen, sogar still zu verzweifeln. Mit ihm sprach Haß eifriger und länger als mit uns anderen vier. In mir sah er wenig leuchten, sondern vor allem eine Schwäche regieren: die Neigung, planlos anzufangen und zu früh aufzuhören. Voigt, ein Naturbursche aus dem Harz, war ihm der Fremdeste. Meistens ließ er ihn so kurz wie möglich einen guten Mann sein, manchmal warf er ihm Faulheit vor.

Es war mir ja nichts Neues, daß der, der zu sagen hatte, nicht viel von mir hielt. Ich konterte gründlich. Bald ging er darauf ein: »Seht mal her, kommt mal alle her!« Wir saßen um einen büstenförmigen Gipsabguß herum, Wilhelm von Camburg aus dem Naumburger Dom. Einige zeichneten danach, andere, auch ich, malten mit Wasserfarben. Haß rühmte mein Blatt wie ein Vorbild, putzte alle anderen herunter und ließ uns allein. Manche Älteren lächelten. »Wenn er lobt, dann lobt er, da ist er nicht zu halten.«

Die gute Hälfte meiner imaginären Personalakte war gefunden. Von nun an war ich derjenige, der den Zufall erkennt und nutzt, der sich jedoch allzu gern mit ihm abfindet.

9 Informationen

Manthey und ich kamen um diese Zeit oft vom Produzieren ab und ins Rezipieren, vor allem zum Lesen. Jendroschek würdigte uns eines Gesprächs über das – sagte er – zur Zeit wichtigste Buch, »Die Stadt hinter dem Strom« von Hermann Kasack. Der Erzähler merkt nach und nach, daß die Einwohner der von ihm besuchten Stadt scheinlebendige Tote sind. In der Stadtbücherei war der Roman auf viele Dreiwochenperioden hinaus vorbestellt, ein Renner, den wir erst im Winter einholten. Eher zu haben waren »Das Glasperlenspiel« und »Narziß und Goldmund« von Hermann Hesse, beides von Brigitte Reuter empfohlen. Ein anderer älterer Schüler von Haß, Siegfried Petermann, borgte mir Laotses »Tao-te-king«, das es nicht zu kaufen gab. Ich wollte es immer greifbar haben, darum schrieb ich es ab und band das Abgeschriebene in Leder und sehr behutsam bemalte Pappe ein. Beim Abschreiben las ich den Text gründlicher als vorher, nach dem Einbinden las ich ihn nicht wieder. Petermann kochte gern nach chinesischen Rezepten; seine Freundin, die mit ihm zusammenwohnte, ließ er dann nicht an den Herd. Er lud Manthey und mich mehrere Male ein, die anderen seien ihm nicht sensibel genug. Die Speisen in ihren sanft geformten Schalen lauerten in der Abendröte eines chinesischen Lämpchens. Dahinter wartete er asiatisch lächelnd ab, wie wir drei den ersten Bissen hinnehmen würden. Kein Bissen ohne Rosenpaprika. Das Gewürz ließ jeder Zutat ihr mildes Aroma, dann explodierte es im Rachen wie ein Schuß. Petermanns Freundin bat vor dem Essen, aber zu spät und sowieso vergeblich um Gnade. Manthey und ich lernten die Explosionen mit ruhigen Gesichtern zu ertragen und würzten nebenbei, aber auffällig nach. Unser Koch freute sich immer von neuem darauf, daß wir aufgäben, aber auch die Beobachtung, wie wir weiteraßen, schien sich für ihn zu lohnen.

Bei Brigitte Reuter brannten Kerzen in keramischen Leuchtern. Ihr Zimmer sah nicht aus wie das von Fremden möblierte Untermieterzimmer, das es war, sie schien die Möbel ebenso wie die Bücher und Kleinplastiken selbst ausgesucht und zurechtgestellt zu haben. Die Kleinplastiken waren von einem Bildhauerschüler, der uns einige Jahre voraus hatte. Ein schöner, edler, schlichter, wohlwollender Mann. Diese seltenen Wörter finde ich zutreffend. Manthey nannte ihn anders, z. B. »ein butterweiches Arschloch«. Brigitte hatte ihm eine Zeitlang Hoffnung gelassen und dann, auf einmal unmißverständlich, entzogen: sie liebe den Bildhauer. Sie ließ Manthey noch kommen, wenn er wollte, aber lieber zusammen mit mir. Dann tat sie uns selbstgebackenen Kuchen auf, las uns ein Gedicht vor, sprach über Hermann Hesse und ließ eine Platte laufen, Bach oder Mozart. Sie verteilte Blick und Anrede so auf uns, daß Manthey ein klein wenig mehr abbekam. Als einmal der Bildhauer klingelte, ersparte sie Manthey die Begegnung mit ihm. Wir hörten sie ein kurzes Weilchen an der Wohnungstür murmeln, dann kam sie allein zurück. Sie besuchte uns auch in der Malklasse und verabredete sich mit uns, ihn und mich sorgsam anblickend, zu einem Konzert in der Moritzkirche. Bei den Orgelkonzerten rief ich mich von den ersten Minuten an wach und schlief dennoch immer wieder ein.

Manthey konnte auch Gretchen besuchen, aber er blieb selten über Nacht weg. Er bemerkte dazu, sie sei naiv; dann: sie sage immer dieselben Sprüche, sei auf nichts Neues zu bringen, verstehe gar nicht, was er sage; dann: er habe die schlimme Ahnung, daß sie mit ihm eine Familie gründen wolle. Ausgerechnet mit ihm. Sie sei dem Staat so dankbar, weil er sie studieren lasse, da bleibe ihm nichts übrig, als Witze zu machen, und dann halte sie wieder Volksreden. Sie war im Vorbereitungsstudium an der Arbeiter-und-Bauern-Fakultät. Meine Meinung war jetzt, daß der Kommunismus grundböse sei. Manthey war nicht so feindselig, aber er hielt dem nichts entgegen. Ich sagte, die Roten hätten den Krieg in Korea angefangen, wollten sich die ganze freie Welt unterwerfen und uns Unterworfene mit anderen Sprüchen, aber ähnlichen Griffen wie die Nazis in dressierte Mäuse verwandeln. Wenn ich einen Linientreuen sagen hörte »meiner Meinung nach«, spitze ich mich grimmig auf das, was folgte: Text, Klang, Betonung und Zäsuren wie im Radio, leblos wie »Die Stadt hinter dem Strom«, kein klopfendes Herz, kein Abschweifen, kein Zweifel, nur unerschütterliche Besserwisserei. Sie mischten sich in Gespräche ein, um unangenehm dringlich von dem Gastspiel eines sowjetischen Volkstanzensembles zu schwärmen, einem künstlerischen Ereignis, das nur Westhörige und Bettlägerige versäumen dürften. Von Mal zu Mal unisono rühmten sie einen ganz bestimmten sowjetischen Roman, einmal »Wie der Stahl gehärtet wurde« von Nikolai Ostrowski, nächstesmal »Der wahre Mensch« von Boris Polewoi, und keiner kehrte die Reihenfolge um; was nicht dran war, war nicht dran. Auf den Äckern der DDR wurden Kartoffelkäfer gefunden, nicht zum erstenmal. Die Regierung bewies, daß amerikanische Flugzeuge die Käferlarven über uns abgelassen hätten. Die Beweise konnten wir nicht prüfen, die Behauptung hielt ich damals für eine Offenbarung von Verfolgungswahn, unseren Kommilitonen von der SED traute ich eine gewisse, letzten Endes haltbare Bodennähe zu, aber nein: Kaum stand der Wahnsinn in der Zeitung, sprachen sie ihn mit ganz eigener Überzeugung, mit ganz besonders tief tönender Entrüstung nach. Ich glaubte ihnen keinen Ton. Heinrich Mann war gestorben, der Urheber des erhellenden Werkes »Der Untertan«, das ich in Ehren hielt, aber ich nahm von seinem Tod kaum Notiz, weil die Zonenregierung ihn mit ihrem Nationalpreis, ihrem sogenannten Nationalpreis, befleckt und weil er sich der Befleckung nicht erwehrt hatte. Ende 1949 war ich in die CDU eingetreten, weil ich sie für subversiv gehalten hatte. Ende 1950 trat ich wieder aus wegen ihrer Linientreue. Mein Mitgliedsbeitrag betrug fünfzig Pfennig im Monat, meinen Austritt begründete ich mit Geldmangel. Die Geschäftsstelle antwortete, sie nehme diesen unbegreiflichen Schritt zur Kenntnis, werde ihn aber auch den übrigen im Demokratischen Block vereinten Parteien zur Kenntnis geben; ich könne also nicht hoffen, woanders unterzukommen.

1951

1 Gewerberäume

Tür und Schaufenster in der Triftstraße waren mit Rolläden versperrt. Wir waren in der Laune, nachzufragen, und klingelten im Hausflur parterre an einer Tür mit dem Namensschild Wilke. Zu der Frau, die öffnete, sagte Manthey wie ein Vertreter: »Tag, Frau Wilke.« Sie stellte ausführlich richtig, sie heiße Scholz und wohne hinten im Hof. Wilke heiße »der Herr Vater«, er sei zu Hause. Dann führte sie uns ins Wohnzimmer, wo ihr Vater in einem Lehnstuhl saß und einen Stumpen rauchte, rückte uns Stühle hin, stellte sich schräg vor ihn und erklärte ihm mit lauter Stimme, wir seien zwei Herren Studenten, die sich für den Laden interessierten. Er trug eine altertümliche Schirmmütze auf dem Kopf, einen aus gelblichen Stoffdreiecken zusammengenähten sogenannten Wolkenschieber. Seine Augen hatten einen rauflustigen Blick, die Nase war lang und eckig wie die ganze Gestalt. Er krächzte: »Können sie denn auch zahlen?« Frau Scholz antwortete: »Doch, das können sie.« – »Sonst kriegen sie den Laden nicht!« Wir fragten: »Was soll er denn kosten?« Frau Scholz zu Herrn Wilke: »Dreißig Mark hatten wir wohl mal gesagt.« Er bekräftigte: »Ja, der kostet dreißig Mark!« Wir vergaßen beinahe, uns den Laden zeigen zu lassen. Ein Zimmer und ein Klo gehörten dazu, beides über den zur Haustreppe führenden Korridor erreichbar. Im Laden lehnten einige Stücke Gerümpel, er war quadratisch und schön geräumig. Manthey schien zu fürchten, daß unser Wohlgefallen durch die Rolläden hindurch nach außen dringen und andere anlocken werde: Er setzte durch, daß wir zehn Mark anzahlten.

Lange sah es so aus, als müßten wir uns die zehn Mark wiedergeben lassen. Nicht weit vom Laden war die zuständige, ihre Zuständigkeit erst einmal ableugnende Außenstelle des Wohnungsamtes. Wenn ich uns auf den steinernen Stufen davor sehe, habe ich das aus Träumen bekannte Gefühl, schon oft hier gewesen zu sein. Den, der uns abfertigte, kenne ich nicht mehr, ich höre nur seine Ungeduld und vernehme andererseits, wie wenn ich es nur lese, Papierdeutsch: Studenten hätten Anspruch weder auf ein Hauptmietverhältnis noch auf einen Gewerberaum. Ein Gewerberaum sei kein Wohnraum, solle auch keiner werden, sondern Gewerberaum bleiben. Dabei erfüllte mich trotzdem Zuversicht; ich brauchte nicht einmal einen Helfer, wenngleich mir Manthey schon recht war. Wir gingen jeden Tag hin. Ich fand es immer leichter, das Hinderliche wegzuargumentieren. Den Laden will sonst keiner haben, und wir machen Wohnraum frei. Unser Argument war kurz und gut, seine Stärke wuchs durch stetige, eintönige Wiederholung. Man ließ sich zu dem Zornesakt hinreißen, uns den Laden zu genehmigen, und riet uns böse, nie wieder hier angetanzt zu kommen.

Das dauerte von Ende Januar bis Mitte März. Danach holten wir uns kostenlos Betten aus einem Möbellager, das der Universität gehörte. Aus Salzelmen brachte ich Bettvorleger und Reste von Treppenläufern mit. Frau Scholz borgte uns zwei Stühle, sonst begnügten wir uns mit Kisten. Wir strichen geleimte Kreide über Decken und Wände, das Schaufenster und die Glasscheibe in der Tür. Manthey stellte sein Bett ins Hinterzimmer, ich meins in den Laden. Umzug mit Frau Scholzens Handwagen, drei Fuhren, eine davon für Kilz, der verreist war. Er arbeitete für einige Wochen als Beleuchter an einem Ostberliner Theater oder malte an einem Bühnenbild mit, mal dies, mal jenes. Haß nahm Kilzens Entscheidungen, zu verreisen, respektvoll hin, er bemerkte dann nur: »Der Kilz mußte ja noch mal nach Berlin.«

Auch die Fuhre für Kilz kam in einen Laden. Von Januar bis März fanden Manthey und ich nichts so anziehend wie ungenutzte Läden. In der Nähe von Wilkes Laden, am Luxemburgplatz, besichtigten wir einen prächigen, fast saalartigen Verkaufsraum, der fünfzig Mark kosten sollte. wenig für die schöne Lage; allerdings hatte er kein Klo, nur einen Wasserhahn mit Ausguß. Da wir ihn nicht gebrauchen konnten, wollten wir ihn in gute Hände bringen. Manthey war im Überreden beharrlich und einfallsreich. Kilz nahm sich vor allem viel Zeit zum Überredungsgespräch. Er legte lange Denkpausen ein, holte fernliegende Einwände heran, erdachte und schilderte unerwünschte Folgen, zog Beispiele und Lebensregeln hinzu, sagte aber nicht ganz entschieden nein; immer beließ er uns ein Restchen Hoffnung. Wenn wir Ungeduld markierten, verengte er seine kleinlaute Sprechweise zu einem fast kläglichen Grunzen; mit dieser Hemmnis brachte er klar und deutlich einen weiteren langen Einwand hervor. Er ermüdete uns mit immer neuen Beweisen, daß ein Laden ohne Klo eigentlich eine unannehmbare Zumutung sei. Plötzlich, ich glaubte ihn falsch verstanden zu haben, fügte er hinzu, er brauche kein Klo. Tagsüber sei er meist nicht zu Hause. Im Dunkeln werde er den Büschen vor dem Laden was zugute kommen lassen. Scheißen müsse er im allgemeinen nur einmal am Tag, Durchfall komme sehr selten vor. Zum außerordentlichen Scheißen werde er uns besuchen. Wenn wir dann nicht zu Hause seien, passiere ihm eben ein tragikomischer, im großen und ganzen eher spaßiger Unglücksfall. So etwas solle man lieber herausfordern, da man es auch mit mehreren Klos nicht ganz ausschließen könne. Also er nehme den Laden, er habe ihn sowieso nehmen wollen. Das Wohnungsamt wird es ihm nicht leichter gemacht haben als uns; freiwillig erzählte er nichts.

2 Zeichnen, nur zeichnen

Kilz und Grünewald waren am selben Tag im selben Jahr und nur achtzig Kilometer voneinander entfernt zur Welt gekommen, vielleicht zu den entgegengesetzten Uhrzeiten. Kilz hatte mehrere Brüder, sein Vater war Arbeiter gewesen. Grünewald, ein Einzelkind, wohnte bei seinen Eltern in Halle, sein Vater war Büroangestellter. Seine Haare waren blond, lockig, vom Ausfallen bedroht. Er rieb sich Urin in die Kopfhaut, beschrieb ausführlich diese und andere Kuren und machte große Augen, wenn wir seinen Haarausfall leichter nahmen als er. Kilz hatte strähnige schwarze Haare und schaute einen kaum an. Wenn man ihm die Hand schütteln wollte, überließ er einem beiseite blickend eine Hand, die sich wie ein Fisch anfühlte. Grünewald war immer der erste beim Händeschütteln, dazu sog sich sein Blick an einem fest, und sein Mund lächelte aufs äußerste, während seine Schultern und selbst seine Knie beharrlich mitschüttelten. Von selber hörte er nicht auf, die Augenblicke der Begrüßung waren nicht nur die festlichsten, sondern auch die bekömmlichsten in seinem Tageslauf, die Freizeiten vom Ringen, Bangen und Verzweifeln. Beim Produzieren ballte er die Hand oft zur Faust und ließ sie, starrend wie ein Wahnsinniger, schwer auf die Unterlage fallen, wenn sie stabil und waagerecht war. Es kam vor, daß er das Getane abriß und zerfetzte. »Zerreißen ist keine Lösung, mein Lieber«, sagte Haß. »Ich war verzweifelt, Herr Professor«, sagte Grünewald; und korrigierte sich: »Ich *bin* verzweifelt.« Kilz fertigte wortlos mal Merkwürdiges, mal Mittelmäßiges an und war dann, ohne daß man ihn hatte weggehen sehen, für eine Weile verschwunden, um im Freien eine Flasche Milch zu trinken und Zeitung zu lesen. Die Ergebnisse des Lesens und Nachdenkens, zum Beispiel die Gewißheit, daß der Marxismus höchste Moral und unausweichliche Zukunft sei, äußerte er brummig und brockenweise, als habe man ihn danach gefragt und als sei ihm die Frage lästig. Grünewald las und meinte Starkes, Schönes, Positives. Mit seinen Büchern und Gedanken machte er uns bekannt wie mit Geheimnissen, die er dann enthüllte. Einmal, als wir die Triftstraße hinaufgingen, sagte er zu Manthey: »Ich habe mir den richtigen Namen für dich ausgedacht, überhaupt, wir müßten andere Namen haben. Du heißt jetzt Blümchen.« In Mantheys Profil geschah nichts, aber er knurrte: »Selber Blümchen. Kann so 'n Quatsch nicht leiden.« Grünewald lachte hintergründig. Er kam mit in den Laden, bewunderte unsere Zeichnungen, machte es sich für eine Stunde gemütlich. Dann hielt ihn nichts mehr, er wollte sofort zu Hause sein und zeichnen, nur zeichnen.

Meine Eltern hatten Manthey über Ostern nach Salzelmen eingeladen, damit er mir helfe, das Eßzimmer und das Treppenhaus neu auszustreichen, und sich dann mit mir zusammen davon erhole. Wir hatten uns in der Veranda gegenübergesessen, jeder einen von Onkel Alberts Lohnlistenblocks vor sich, die weiße Rückseite oben. Mich trieb ein Stoß von Bildvorstellungen, die sich nicht so schnell verarbeiten ließen, wie sie sich vermehrten. Die erste folgte einem eben geträumten Traum von Rio de Janeiro, in dem es nach faulen Abfällen und nach Benzin roch, während ich hungrig zu Fuß unterwegs war, bis ich mich nach einem Hilfskomitee durchfragte, zwei Treppen hoch Schlange stand und einen Gutschein für Milch bekam. Bis zur nächsten Zeichnung machte ich nur eine Zigarettenpause. Manthey schwieg intensiv über seinem Papier, bis er mich eingeholt hatte. Meine Mutter bewunderte uns ab und zu wie malende kleine Kinder und bot uns Erfrischungen an. Auf einem seiner Blätter nähern sich einer verfallenen Villa vier Herren mit Zylindern, die die Winkel ihrer acht Beine auf einen bedächtigen, tänzelnden Rhythmus abgestimmt haben. Sie gehen ohne Eile, denn was sie in der Villa suchen, das kann nicht weg. Hätten wir schon etwas von Kafka gewußt, wäre uns vielleicht der »Prozeß« dazu eingefallen. Mantheys Kiefer entspannten sich. Er erbot sich, Eierkuchen zu backen, schnellte sie zum Staunen meiner Mutter fast bis an die Küchendecke, wobei sie sich umdrehten, und fing sie mit der Pfanne wieder auf. Sonst beschaffte meine Mutter mit scheinbar leichter Mühe das Beste aus der Fleischerei und verwandelte es, ohne sich helfen zu lassen, in immer aufwendigeres und kunstvolleres Essen. Mein Vater öffnete die letzten beiden Flaschen von dem französischen Rotwein, den er 1943 zum siebzigsten Geburtstag bekommen hatte.

Grünewald wollte aus uns einen Klub machen. Ich ließ mir einen Namen dazu einfallen. Manthey ließ es gehen oder laufen. Auch Voigt ließ sich von Grünewald mit hinzurechnen, Kilz nicht aufgrund seines Widerwillens gegen Vereinsmeierei oder weil er schon meist in Berlin war.

3 Wellpappe, Rupfen, Bordstein

Von Ende April bis Mitte Juni taten wir so viel für die Kunst und für Geld, daß beides einander ausschließt, weil die Zeit nicht gereicht haben kann. Ich sehe mich jeden Tag in der Umgebung in der Triftstraße Stadtlandschaften malen. Dabei oder inzwischen führten wir von morgens bis abends Aufträge aus. Mit Grünewald, Petermann, Benndorf und anderen zusammen bastelten wir den Festschmuck zum 1. Mai für die Fassade der SED-Zeitung »Freiheit«. Grundmaterial drei Zentimeter dicke Wellpappe, Farben Weiß, Blau, Rot und Schwarz; viel Schrift. Damit nicht vereinbar, weil wiederum gleichzeitig, fiel Manthey und mir allein eine Aufgabe zu, die damit zu tun hatte, daß am 24. April im Bonner Bundestag die Volksbefragung über die Wiederbewaffnung Westdeutschlands verboten worden war. Wir verwandelten ein Motorboot der Volkspolizei in das Kanonenboot »Imperialismus«. Es bekam einen Pappschornstein, aus dem nicht Rauch oder Watte, sondern die Köpfe von Bundeskanzler Adenauer und US-Hochkommissar McCloy hervorquollen; Material Wellpappe, Farben Schwarz, Weiß und Eisengrau. Der für uns zuständige Mann von der »Freiheit« mäkelte ständig, vergaß unser Honorar, wollte es sogar kürzen; das verdarb ihm Benndorf, der beim Schimpfen den längeren Atem hatte. Auf dem Boot hatten wir mit einem Polizisten zu tun, der so entspannt und empfänglich war, als wäre er bei uns auf Urlaub. Unser Gewerkel ergötzte ihn den ganzen Tag, nur ab und zu stieg er in die Kajüte hinunter, um Bier an Deck zu holen; abends briet er für uns alle drei Spiegeleier.

Zu dem dritten, am meisten Zeit kostenden Gelderwerb verleitete uns der Graphiklehrer Kurt Wiebel. Es war eine U-förmige Flucht von Räumen zu weißen, eine herrschaftliche Wohnung, aus der eine Kunstgalerie werden sollte. Vor der Nazizeit war es schon eine gewesen. Der Besitzer, Herr Nadler, war noch am Leben als leutseliger, aber nicht mehr geschäftstüchtig wirkender Greis. Seine Tochter und die Galerie zusammengenommen waren für Wiebel von Interesse. Wenn die Tochter nachsehen kam, wie es bei uns aussah, tappte ihr ein dünnbeiniges schwarzes Hündchen voraus, das nur kläffen konnte, und wenn man sich rührte, meterweit ausrutschend zurückwich. Das Parkett war glatt und gut. Frau Nadler malträtierte es großzügig mit ihren Stöckelabsätzen, sonst sah sie geizig aus und war es wohl auch. Aber Wortführer und Vollstrecker des starken Sparwillens war Kurt Wiebel, seine Löhnungen stockten wie bei der »Freiheit«. Der alte Herr wirkte ausschließlich zum Guten; einige Male stellte er uns mit einer langen, launigen Einladungsrede je eine Flasche Bier der billigsten Sorte aufs Fensterbrett. Die Wände waren alle mit Rupfen bespannt, in dem Staub nistete. Das grobe, gierig Farbe schluckende Gewebe mußte dreimal überstrichen und der Anstrich an zahllosen Stellen äußerst sorgfältig nachgebessert werden, bis kein grauer Streifen mehr auffiel und kein Löchlein mehr klaffte, und doch mit stetem Augenmerk darauf, daß die Gewebestruktur überall offensichtlich blieb und nicht im geringsten verschmiert und eingeebnet wurde. Wir waren zu viert: außer Manthey, Grünewald und mir noch Hermann Störmer. Unsere Laune war schlecht; wer so pfuschte, wie ihm zumute war, verlängerte die Quälerei für alle vier, denn Kurt Wiebel entdeckte jedes zu dünne und zu dicke Fleckchen. Wenn wir unsere Kunden kommen hörten, lenkten sie unseren Haß auf sich ab. »Tapp, tapp, tapp, das Hundevieh«, sagte Manthey, »den steck' ich in die Farbe, bis er sein gottverdammtes Leben aushaucht, bis keine weißen Blasen mehr kommen.« Kurt Wiebel dachte sich etwas für uns aus: Er hielt einen von vielen alten Keilrahmen hoch, die die Jahre in der leeren Galerie überdauert hatten, und ermunterte uns, einmal rundherum zu laufen. Wer zuerst wieder da sei, bekomme den Keilrahmen. Der Kreislauf war möglich durch einen kurzen Korridor zwischen den Schenkeln des U. Während die anderen ihre Ellbogen anwinkelten, um sich gegenseitig abzudrängen, rief ich, wir seien keine apportierenden Hunde, außerdem seien genug Keilrahmen da, um jedem einen zu schenken. Ich sah mich von vornherein letzter werden. Die anderen durchschauten mich nicht, selbst Wiebel wirkte etwas betreten. Er gab uns je einen Keilrahmen und behauptete, das habe er sowieso gewollt.

Indessen gab es Reihen sehr schöner Tage, an denen wir nur malten. Als Anfang habe ich mir den 25. April gemerkt, den Tag nach dem Verbot der Volksbefragung. Ein blau und golden leuchtender Frühsommersabend, unten kleine Mädchen in Weiß und Rosa, die einen auf Rollern, die anderen ballspielend, in meinen Ohren das Kindergerufe, das im Frühling ganz anders klingt als im Winter, und vor uns die gelbe neogotische Stephanskirche. Der Bordstein war warm genug zum Sitzen, wir hatten die Reißbretter auf den Knien und zwischen uns ein Marmeladenglas mit Wasser, nur eins. Wenn man sich mit den Pinseln darin begegnet, fährt man aus der Augenarbeit auf. Am nächsten Morgen ging jeder für sich zum Malen weg, und dann von Tag zu Tag früher, ich ohne Frühstück, da die Sachen zum Essen in Mantheys Zimmer lagen, das auch unsere Küche war. Als ich zurückkam, fragte er mich: »Wann bist'n heute aufgestanden?« – »Um fünf.« – »Ich um halb fünf.« Das stimmte nicht, ich war vor dem Weggehen auf dem Klo gewesen und hatte ihn schnarchen hören; aber an einem anderen Tag machte er es wahr. Wir kamen nach Hause wie Angler mit ihren Fängen. Zunächst trocknete der Fang auf dem senkrecht lehnenden Reißbrett, dann hefteten wir ihn zu dem übrigen an die Wände, wo der Platz knapp wurde. Wir waren jetzt achtsame, jedes Wort wägende Gutachter. Beim Eintreten in den Laden suchte ich zuerst, wenn Manthey schon da war, sein Gegenbeispiel und prüfte es mit einem Blick. Meist war ich dann beruhigt: entschiedene Form, aber etwas formelhaft; gute, aber etwas zu solide Formeln. Einmal sprach er das aus, was ich nicht sagte: er denke jeden Tag, hoffentlich bringt der jetzt nichts zu Gutes, aber was Schlechtes soll er auch nicht bringen, sonst wird's langweilig. Während ich bei ihm immer auf gute Form gefaßt war, aber eine Umwälzung fürchtete, erwartete er von mir ungefüge Überraschungen und argwöhnte dann doch, daß sie sich stimmiger zusammenfügen würden.

4 Lehrerporträt

Eines Abends schaute Grünewald herein und warnte uns: Haß rede davon, uns rauszuschmeißen, da wir uns nicht mehr sehen ließen. Wir packten jeder eine Mappe voll, die davon dick wurde, und besuchten am nächsten frühen Nachmittag den Klassenraum. Hassens Nase und Mund sahen aus wie festgefroren, manche hielten mit abwesender Miene oder bedauerndem Grinsen Abstand von uns. Wir öffneten unsere Mappen. Manthey und ich waren dermaßen verbündet, daß ich nicht mehr weiß, welche Mappe sich Haß zuerst ansah, ob er von der einen zur anderen und wieder zurück wechselte und vor welcher von beiden er den ihm eigenen entschiedenen Umschwung vollzog: »Kommt mal alle her, ganz egal was jeder gerade macht, das müßt ihr sehen! (Man versammelte sich hinter uns.) ... Die Kirche der Reichen, eingezäunt, abgekapselt, abge*kanzelt* gegen die Plebejer... dahinter schleichen sie zusammen zu dem, was sie Gebet nennen! Glänzend erfaßt! Weiter! Und das sind ihre Gefängnisse (Villen aus der Kaiserzeit), da zittern sie, es fehlen ihnen nur Schießscharten, aber es gibt ja die Polizei, es geht auch ohne. Das sind Bilder, das sind nicht nur Bilder, das sind Dokumente! Kinder, Kinder, ist das gut. Weiter. Ich freue mich, ich freue mich. Und nun Zeichnungen... Eine Fülle! Toll, toll, toll. Ein Panoptikum! Waren Sie jemals in so was drin? (Nein.) Also alles aus der Vorstellung. Unheimlich! Eine Intensität ist das – unheimlich. Ich freue mich. Na, und so weiter, man kann das gar nicht alles aufnehmen auf einmal. Gut, gut, gut! Alles gut und intensiv, hier gut, da gut, wo man hochhebt, alles Genauigkeit und Arbeit und Intensität. Ja, Kinder, ich freue mich über euch! Aber eins doch: Wenn es euch möglich ist (bekümmert), kommt manchmal her! Bei aller Anerkennung, und ihr seht, daß ich euch anerkenne!«

Ich will keinen Kauz vorstellen und Verhaltensneigungen nicht zu Gekasper verhärten. Meistens vermied er Einschränkungen, aber manchmal wägte er ab. Er liebte scharfe Urteilsprägungen, aber manchmal war er dessen müde und prägte keinerlei Meinung aus. Er maß den Menschen um ihn herum Charaktere zu wie ein Dramatiker den Personen, die er erfindet, aber manchmal entzog er sich diesem Beziehungssystem, dann äußerte er sich so trocken wie einer, der alles nimmt, wie es sich gibt.

1919 war seine unter den »Stimmen des Arbeitsrates für Kunst«, die im »JA!-Buch« auf dreizehn vorangestellte Thesen antworteten. These 10 beginnt mit dem Satz »Dieser ist der wichtigste von allen Punkten« und bringt dann zwölf Zeilen lang Vorschläge, wie das Verhältnis zwischen Künstlern und proletarischen Massen fruchtbar gemacht werden könne. Erwin Haß, der damals 32 Jahre alt war, antwortete mit dem einzigen Wort »Arbeiten!«. Das liest sich typisch. Distanz von den Massen kann es in Anbetracht dessen, was er sonst noch antwortet, nicht bedeuten, eher etwas Besserwisserei. Seine Thesenantwort beginnt so: »1 – Besetzung der leitenden Instanzen mit linksradikalen Elementen. Jeder Versuch, den alten, starren Apparat kontinuierlich umzuformen, würde höchstens zu einer Belebung desselben führen. Die Kraft, die parallel dazu wirken müßte, um das Leben der alten Wurzeln niederzuhalten, wäre eine Vergeudung.« Noch einige Sätze: »5 – Die Masse empfindet nie die Idee im Präsens, sie empfindet im Imperfectum die vorhergehende Idee nach. Darum muß sich jede Idee die Masse erziehen.« – »Der sozialistische Staat ist ein aufbauendes, nie ein fertiges Ideengebäude, das durch den Zusammenschluß tatkräftiger Menschen sich verwirklichen soll.« – »Nicht jeder soll sich austoben.« – »Das Genie soll schaffen, der Handwerker soll entdecken!« – »Das Stadtbild soll heitere Gefühle auslösen.« Er verstand sich als linksradikal. Mitwirkende im bürgerlichen Kunstbetrieb und politisch Gleichgültige äußern sich in dem »JA!-Buch« überhaupt nicht. In demselben Jahr 1919 wurde er Leiter der Klasse für Wandmalerei an der halleschen Kunstschule. 1922 zog die Schule in die Burg Giebichenstein und Haß in das uns bekannte Atelier. 1927 kam Charles Crodel als Lehrer hinzu. 1933 wurden beide arbeitslos. Crodel hatte, glaube ich, Geld genug zum Leben. Wie ein Nazi hat er nie gemalt; Bilder von ihm aus den zwölf Jahren sehen aus wie in einer ganz neutralen Umwelt entstanden, nicht anders als ältere und neuere. Haß litt so und so: als armer Mann, der mit Frau und Kindern am Rande des Hungers lebte, als Gewissenhafter, der sich – nach allem was ich von ihm weiß – nichts Versöhnliches vormachte, und als Unauffälliger, der nicht aufzufallen wagte. 1943 schloß ihn die »Reichskulturkammer« aus sich aus. 1944 malte er trotz Malverbot auch ein Bild, in dem ich die gräzisierenden heldischen Gesten wiederfinde, die für die Malerei im letzten Nazistadium typisch sind – die Gebärden des Todfeindes (um Hassens Ausdrucksweise nachzuahmen).

Er wurde noch als Zeichenlehrer an eine Oberschule dienstverpflichtet. 1946 kehrten er und Crodel in die Burg Giebichenstein und zu ihrer Feindschaft zurück. Crodel lebte in einem blumen- und sträucherumwogten, von Katzen, Hunden, Hühnern und Enten bevölkerten Hause und war andererseits oft auf Reisen, da er auch in München und Westberlin Lehraufträge hatte. Haß wohnte mit seiner Frau und seinen beiden Töchtern in einer engen, niedrigen Wohnung aus den dreißiger Jahren. Einmal – es soll eins nach mehreren Malen gewesen sein – gaben sie sich in unserer Klasse ein Redeturnier. Auf ein Thema hatten sie sich geeinigt. Haß war wachsam, Crodel heiter und boshaft. Wenn sie verschnaufen wollten, standen ihre Helfer auf: bei uns fast nur Jendroschek, manchmal auch Petermann, bei den anderen einer der wenigen Juden, die es noch gab, Ricardo Wiesenberg. Er war den Unsrigen überlegen und wirkte aufrichtig, Jendroschek dagegen nur einigermaßen schlau und gewandt, und Petermann vergaß oft, worauf er hinausgewollt hatte. Nachzutragen ist eine Schreibweise, die ich im »JA!-Buch« finde: Haas mit zwei a neben Hass mit ss und Haß mit ß, Hahs mit hs dagegen noch nicht.

5 Nach Rügen

Eines Nachmittags fanden wir im Gemeinschaftsraum nur Lehnplätze. Das Gruseln vor der Mühsal, anderthalb Stunden stehen zu müssen, machte mich lustig. Die zwischen uns lehnende Graphikerin Anke Fruehauf lachte so ungestüm, daß sich überall Profile in Vorderansichten verwandelten. »Meine dreckige Lache ist mein tiefster Kummer«, sagte sie sachlich bedauernd, als spräche sie von einem äußeren Umstand wie Wohnung oder Schuhwerk. Bald schon reichte es, wenn wir sie anschauten. Nach den anderthalb Stunden hielt sie uns zornig vor, es sei eine Gemeinheit, auf die Schwächen anderer Leute zu insistieren, und wenn sie uns noch einmal im Gemeinschaftsraum sehe, werde sie sich in die entgegengesetzte Ecke stellen. Wir baten sie ernsthaft um Verzeihung. Nicht lange danach war sie gebeten und einverstanden, mit nach Rügen zu fahren. Sie besuchte uns manchmal im Laden. Da ich ihr die ersten Lacher entlockt hatte, hielt ich mich auch für ihren ersten Anwärter, wußte nicht weiter und erklärte Manthey meine Grämlichkeit damit, daß sie mir auf die Nerven falle. Das erfuhr sie von ihm und wollte nicht mehr mitreisen. Ich fand mich zu prompt berücksichtigt, außerdem hatte ich mich auf ihr Dabeisein gefreut. Also begab ich mich zu ihr in die Werkstatt und machte ihr glaubhaft, mir rutsche oft genau das Gegenteil von dem heraus, was ich eigentlich meine. Sie ließ sich, wenn auch zweifelnd, überreden. Dann richtete sie sich auf die vier Wochen mit Manthey, Grünewald und mir ein, indem sie jeden von uns die gleiche Menge an Freundlichkeit zumaß: zwischen Manthey und ihr gab es jedoch schon ein merkliches Einverständnis. Grünewald verstand sie falsch. Er begann sie jeden Tag in der Druckerei zu besuchen und süßlich lächelnd von ihr zu schwärmen. Das schaffte ihr neue Bedenken, die sie mit Manthey und die er mit mir besprach: Wegen des albernen Balzheinis wolle sie nun doch wieder nicht mit.

Dennoch fanden wir uns am ersten Tag der Sommerferien alle vier an der Autobahnauffahrt ein, winkten Fahrzeuge an und wurden auf einem Lastwagen nach Berlin mitgenommen. Da wir es mangels Landkarte nicht besser wußten, fuhren wir mit der Eisenbahn vom Berliner Ostbahnhof nach Eberswalde und von dort mit einem Schienenomnibus zurück an die Autobahn. Ein Lastzugfahrer stellte uns frei, gegen Bezahlung hinten aufzusteigen. Kurzer Streit, den ich entschied, indem ich ihm zwanzig Mark durchs Fenster reichte. Wir erholten uns auf unseren Marterwerkzeugen, den Reißbrettern, Koffern und Zeltbahnen. Abends gab es in Pasewalk Teller voll köstlicher Pilze; trotzdem nannte ich Pasewalk eine häßliche Stadt, denn hier habe Hitler beschlossen, Politiker zu werden, und das merke man immer noch irgendwie. Gereiztes Gerede darüber, daß Pasewalk nichts für Hitler könne. Es nahm uns noch einer mit bis Greifswald. Dort war schon Nacht; Giebelfassaden und Backsteinkirche ließen einen flachen rötlichen Schimmer ihrer Schönheit erkennen. Wir schliefen neben der Straße nach Norden im Freien, oft aufwachend, weil wir froren. Bald nach Sonnenaufgang half uns ein freundlicher Mann beim Aufladen, nannte uns seinen nie gehörten Beruf: Bierverleger, und brachte uns nach Stralsund. Wir besichtigten zwei imposante Backsteinkirchen und besuchten die Buchhändlerstochter aus dem Grundsemester, die zur Aushilfe im Laden herumeilte und keine Zeit hatte. Vor der Zugbrücke zur Insel Rügen durften wir wieder aufsteigen. Der nächste feste Boden war Binz: hinter einer Front weißlackierter wilhelminischer Fremdenhäuser eine weite, dünn bevölkerte Sandwüste und mitten in ihr ein Fernrohr, durch das man für zehn

Pfennig ein fernes Objekt betrachten konnte. Wir schauten für je zweieinhalb Pfennig hindurch. Zurück an die Straße und in dem lichtlosen Käfig eines Lieferwagens nach Saßnitz, der Fährstation, die Mitteleuropa schon den Rücken zuzuwenden scheint. Wir schleppten uns nordwärts, verließen die Straße und kamen bergansteigend in einen Urwald, wo Stämme von Rinnsalen unterspült und von Gewächsen überwuchert lagen und kleine schwarze Schlangen uns aus dem Pfad huschten, den wir im Gänsemarsch gingen. Die Vegetation gab nach langem Wandern den Blick auf das silbernrötliche Meer frei. Es tuckerte ein nur als Punkt sichtbares Seefahrzeug. Jetzt merkte ich, daß ich fast mein Leben lang das Meer entbehrt hatte; mit vier Jahren war ich am Timmendorfer Strand gewesen, seitdem nie wieder an der Küste. Ich wollte nicht weiter, da es schön war und zumal mir die Schlepperei für heute reichte. Es zeigte sich, daß die anderen drei geduldiger waren und Manthey wählerischer als wir alle. Während es dämmerte, kehrten wir um und gingen einen halben Kilometer zurück bis zu einer Stelle, die ihm nicht mißfiel. Wir stellten das Zelt auf und gingen baden, eines so mühsam wie das andere: das Zelt bestand aus nicht zusammenpassenden Planen, und der Weg zum Strand war ein turmhoher, steiler Kreidefelsenabhang. Unten galoppierten Wellenungetüme auf uns zu, die wir oben nur maßvoll hatten rauschen hören. Wir hielten uns in einer Reihe an den Händen fest, sprangen ihnen entgegen und wieder zurück. Andere Menschen waren nicht da, nur das tuckernde Boot in der Ferne. Am nächsten Morgen stießen wir nur einige Minuten nach unserem Aufbruch auf ein Kinderferienheim, wo man uns bereitwillig einen Tisch anwies und Frühstück hinstellte. Auf Autos zu hoffen hatte hier keinen Sinn, da keine vorbeikommen würden außer dem kleinen Postomnibus. Wir warteten ihn ab, fuhren mit bis Glowe, aßen dort Mittag und warteten auf den nächsten Postomnibus nach Dranske. Dranske war ein zugiges Dorf, die ganze Gegend war flach, saftig, nutzbringend, sie schien weitab zu liegen von dem felsenbekrönenden Urwald, in dem wir übernachtet hatten. Es rauschte nur das Kauwerkzeug der im Grünen lagernden schwarzweißen Kühe. Wir folgten mit leeren Händen einem Handwagen, der von zwei Jungen aus Dranske gezogen wurde, die ich für zwei Mark dazu angestellt hatte. Manthey und Grünewald hatten keinen Wagen gewollt; wie sich's allmählich herausstellte, wollten beide sparen und ich es mir bequem machen. Anke hatte dazu geschwiegen.

Nun kam sie auf die Gegend zu sprechen, sie war schon einmal hier gewesen. Sie lenkte uns auf ein gestrüppbewachsenes Gelände, hinter dem wieder das Meer erschien. Ich gab den beiden Jungen noch einen Fünfziger, weil sie murrten, daß sie weiter hätten laufen müssen, als ausgemacht gewesen sei. Der Abhang zum Strand war eine nur baumhohe sandige Böschung. Unten und oben war kein Mensch zu sehen, aber in einiger Entfernung hinter Bäumen standen die Dächer eines Gehöfts.

Es hatte einen ganzen Ortsnamen für sich: Kreptitz. Der Bauer verkaufte uns fette Milch und große Eier so billig, als rechne er in einer anderen Währung, und schenkte uns Stroh als Matratze, soviel wir wollten. Um es abzuholen, mußten wir alle zweimal hin. Da es noch hell war, ließen wir uns von Anke die Haare schneiden. Grünewald wollte seinen Haarwuchs durch Stutzung auf Zentimeterlänge kräftigen; das war der Grund, warum er vier Wochen lang unter wenigen Augenzeugen an der Ostsee hatte weilen wollen. Manthey und ich wollten die Borsten mit ihm tragen. Schere und Haarschneidemaschine hatte er mitgebracht. Anke schor ihn und mich wunschgemäß, aber bei Manthey geriet sie auf die Kopfhaut, entsetzte sich und wollte abreisen. Er befahl ihr barsch, ihn völlig kahl zu scheren. Ich meldete mich sofort als nächster an, weil ich Grünewald in Verlegenheit bringen wollte. Er jammerte lange, ehe er sich uns angleichen ließ. Anke erwog auch den Angriff auf ihren eigenen Kopf, das erwähnte sie jedoch erst im Winter. Vor dem Zelt meinte sie, wir sähen alle drei gar nicht schlecht aus, nur anders. Wir krochen hinein, um zu schlafen, vielmehr kroch Grünewald wieder hinaus, um zu baden, da das Baden in der Schwärze der Nacht am zauberhaftesten sei. Anke gab ihm nach und ging mit, Manthey schimpfte vor sich hin.

6 Empörung

Etwa siebzig Kilometer südwestlich von uns machte Knispel mit seinen Schülern Arbeitsferien; er behauptete später, er habe eines Tages 150 Zeichnungen geschafft. Ein Schüler, Erdmann Röbling, fotografierte viel, gern unter freiem Himmel, am liebsten Strand oder Meer, wenn die anderen das Bild belebten, die alle nackt waren. Auch wir waren den ganzen, meist sonnigen Tag nackt; es regnete nicht selten, aber nur nachts. Unser Landstreifen war vom einen bis zum anderen sichtbaren Ende halbe Tage lang menschenleer bis auf die Kinder aus dem Gehöft Kreptitz, die uns oft besuchten. Strandwanderer sahen wir nicht jeden Tag. Sie pflegten eine Pause zu machen und uns anzusprechen, zumal wenn wir malten, aber es fiel kein Wort über unsere Nacktheit, nicht einmal über unsere Glatzen. Vielleicht machten sie ebenso wie wir zum erstenmal seit vielen Jahren Urlaub, und das waren verwirrende Jahre gewesen. Das Empörtsein bei Anblicken, die auffallen, aber nicht weh tun, war zu einer Erinnerung verblaßt und ganz aus der Übung. Einmal ritt ein Grenzpolizist äugend, dann grüßend an uns vorbei.

Knispel und seine Reisegesellschaft stellten in der »Bunten Stube« in Ahrenshoop eine Auswahl ihrer Naturstudien aus. Ahrenshoop ist ein schöner Ort, den bekannte Künstler und andere Prominente aufsuchten. Dranske war häßlicher: lauter Kasernen- und Kasino-Artiges im bauerntümelnden Nazistil und Holzbaracken. Wir gingen alle paar Tage den vier Kilometer langen, für Panzerwagen angelegten Betonweg nach Dranske, kauften ein, holten Post ab und aßen gebratenen Fisch in dem einen der beiden Hotels, einer hufeisenförmigen Baracke. Es hatte Zimmer und Tische frei. Die Gäste wirkten anspruchslos. Ein junger Westberliner war Evas neuer Freund (das fanden wir zu Weihnachten heraus). Es gab keinen Ausstellungsraum für unsere Bilder und keinen Amateurfotografen für unsere Glatzen. In der Post lagen Zeitungen aus. Ende Juli kauften wir das »Neue Deutschland«, um uns über Termine und Treffpunkte zu den »Weltfestspielen der Jugend und Studenten« zu informieren.

Außer diesen Informationen fanden wir einen langen Artikel von einem Kulturfunktionär, der in Ahrenshoop Urlaub gemacht, und die »Bunte Stube« besucht und das Ausgestellte deprimierend gefunden hatte. Die vielen Darstellungen von Strandgut: ausgedörrten Hölzern, verwesenden Möwen, faulenden Fischen oder von Kiefernwurzeln, die aus der von Wind und Wasser abgetragenen Böschung aufragen und eher seltsam als aufmunternd aussehen, stellte er seinerseits als Beweise dar für eine Einstellung zum Leben; zum Leben im allgemeinen und zum Leben im »ersten Arbeiter-und-Bauern-Staat auf deutschem Boden«. Kennzeichnend für sie fand er nicht Neugier, Genauigkeit, Fleiß oder dergleichen, sondern Todessehnsucht, Menschenhaß, Koketterie mit Einsam- und Unverstandensein, Pessimismus, Dekadenz, Kosmopolitismus; folglich Verachtung der Werktätigen, ihrer Lebens- und Zukunftsbejahung und ihres berechtigten Anspruchs auf eine Kunst, die ihren Optimismus widerspiegelt, bekräftigt und steigert. Zu den niederziehenden Machwerken passe mit trauriger Selbstverständlichkeit die erwiesene zügellose, empörende »Freizeitgestaltung« Knispels und der von ihm angeleiteten Studenten beiderlei Geschlechts im Strandgebiet unweit eines der meistbesuchten Erholungsorte der DDR. Die Frage, wo der hier wie dort sich austobende Geist von gestern nach wie vor entspringe, sei mit dem Namen Knispel natürlich nicht beantwortet, geschweige denn gelöst. Das Augenmerk habe sich auf die Burg Giebichenstein zu richten, wo Knispel ja nicht der einzige Dozent sei! Die schöne, ein wenig klösterlich anmutende Bildungsstätte habe schon bald nach der Niederringung des Hitlerfaschismus der Jugend der damaligen Ostzone geöffnet werden können. Als Lehrer seien unter anderen bewährte Antifaschisten verpflichtet bzw. wiederverpflichtet worden. Vielleicht habe man alle miteinander in dem romantischen Burggeviert zu lange alleingelassen. Erschreckend, zu vermuten, daß jene totgeglaubte Libertinage und Dekadenz, die sich an der Ostsee selbst entlarvt habe, in jenem alten Gemäuer niste, sei es noch immer oder schon wieder; daß dort, mitten in den Himmel über der DDR, mitten in unsere Zeit hinein, ein moderdufterfüllter Elfenbeinturm aufrage. Wir alle, in erster Linie die Verantwortlichen, seien jedenfalls nun in der Pflicht gegenüber der Burg Giebichenstein. Gewiß, in den Aufbaujahren der DDR sei anderes vordringlicher gewesen, nun aber sei es an der Zeit, manch altes Gemäuer zu durchlüften, frischen Wind hineinzutreiben! (Ich rekonstruiere aus dem Gedächtnis.)

Der Artikel, den wir in unserer fast lautlosen Umgebung lasen, nackt auf der bewachsenen Böschung, neben Feuerstelle und Zelt, machte uns vorerst einmal grunzen und nicken. Wir hatten es kommen sehen, als es noch wartete, nun war es auf dem Wege, jetzt wollten sie das Gebiet Kunst ordnen. Das von den Nazis erfundene Wort »Gleichschaltung« war bei ihnen natürlich verpönt. Wie Emigranten befaßten wir uns mit der Zeitung. Bis nach Kreptitz reichte die DDR noch nicht ganz.

In dem Barackenhotel in Dranske tönten nur die Sender Hamburg und Kopenhagen aus dem Radio. Wenn sich versehentlich der Berliner Rundfunk mit Nachrichten meldete und die Gäste dazwischenriefen, schaute der Wirt, ein magerer, melancholischer Mann, von seinen Notizen auf, sagte »nanu, wie kommt das denn« und schaltete um. Die gebratenen Fischfilets waren so frisch wie der von auswärts kommende Wind, das starke Porterbier stieg uns zu Kopfe, die anderen Gäste waren allein mit einem Buch, schäkerten zu zweit oder heiterten sich zu mehreren an. Hier war es uns noch wohl. Wir dekorierten die Gasträume für ein Wochenendfest. Packpapier und Farbpulver kaufte der Wirt. Anstelle des Leims, den es nicht zu kaufen gab, sollten wir Bier nehmen, »was meinen Sie, wie das klebt«. Die Farben auf dem Packpapier übertrugen sich den Gästen auf Hemden und Hosen, aber sie lernten ohne langen Verdruß dazu. Vor dem zweiten Abend erneuerten wir das Gemalte mit den Farb/Bier-Gemischen, die der Wirt in Halblitergläsern aufbewahrt hatte. Er zahlte uns den vereinbarten Lohn, je fünfzig Mark, gab einen aus und meinte, das solle man nächstes Jahr wieder so machen.

7 Abmarsch

Ein Omnibus hielt an, leer bis auf Fahrer und Beifahrer. Sie hatten eine Delegation nach Stralsund gebracht und mit der Rückfahrt nach Berlin begonnen. Wir könnten mit, falls wir in Ordnung seien. Wieso? Na, falls wir nicht polizeilich gesucht würden. Angelegentlicher Blick auf unsere geschorenen Köpfe. Der Bus hatte Viererbänke, auf denen es sich gut schlafen ließ. Volkspolizisten und Russen weckten uns, einmal standen die einen, dann die anderen im Gang. Wie es komme, daß wir so aussähen? Na so? Manthey erklärte es mit einer Ferienlaune und dem heißen Wetter, Anke bekräftigte: »Das stimmt wirklich!« Man sah ihr die Künstlerin an, auch zeugte für uns unser Spezialistengepäck, die Reißbretter und Bilderrollen. Die Fahrer ärgerten sich über die vom Schlaf abgehenden Aufenthalte, sie forderten uns früher als nötig zum Aussteigen auf. Der Morgen fing eben an zu dämmern. Bis wir die Quartierverteilungsstelle und unsere Quartiere gefunden hatten, war schon Frühstückszeit. Das Quartier für Manthey, Grünewald und mich war eine Schulklasse, deren Boden mit Stroh bedeckt war. Anke kam in der Nähe ähnlich unter.

Am Vormittag versammelten sich Hunderte auf einer Fahrbahn einer Straße mit Mittelstreifen. Fahnen wurden entrollt, Liedanfänge geprobt und Marschkolonnenanfänge gebildet. Wir standen auf dem Gehweg und schauten zu. Ein Universitätsstudent aus

Halle, den wir vom Sehen kannten, tadelte unsere Glatzen, zwischendurch nachfragend, ob wir endlich bereit seien, uns einzureihen. Es hörte sich so an, als glaube er, daß seine Überzeugungsarbeit uns das Haar aus dem Kopf ziehen und zu einer Frisur ordnen und dann den Kopf zum Nicken nötigen werde. Wir drehten uns Zigaretten. Ich sagte, ich sei bei den Nazis nicht mitmarschiert und werde auch jetzt nicht mitmarschieren, auch Gesang sei mir ein Greuel. Er nannte uns dekadent und betrachtete wieder vielsagend unsere Glatzen. Das Wort dekadent schien sich während unserer Ferien gut eingeübt zu haben. Er ließ uns stehen, um woanders für Ordnung zu sorgen. Die Marschkolonne schloß die Lücken von Grüppchen, organisierte sich immer rechtwinkliger, unterteilte sich in ganz andere Kolonnenabschnitte und verlängerte sich links, am hinteren, schon bald nicht mehr erkennbaren Ende. In Hemdenhöhe war sie auf den ersten Blick blau, aber es gab bunte, graue, bräunliche Einsprengsel. Wir vier besaßen keine Blauhemden, da wir der FDJ gar nicht angehörten. Auf dem Gehweg hielten sich noch andere auf, einige Jugendliche, viele Kinder mit Rädern und Rollern, Hausfrauen und der Jugend entwachsene Männer. Unser Ordner kam wieder mit einer letzten Aufforderung und dem Schlußsatz fast im selben Atemzug, er hoffe, wir würden uns wenigstens unauffällig benehmen.

Die Beinreihen traten auf der Stelle und kamen in Gang. Ein Lied suchte sich Mitsänger und fand alle zehn bis fünf Meter Stützpunkte, wo es angenommen und wiedergegeben wurde. Solche Solisten blieben ein unbehagliches Weilchen jeder für sich, bis Nachbarn es nicht mehr ertrugen und ihren schamlosen Stimmen abhalfen, indem sie sie übertönten. Zwischen einer und der nächsten Singgruppe aber marschierten Brummer, von denen die meisten die Lippen bewegten, manche auch nicht. Grünewald kicherte, Manthey rauchte ausdruckslos, Anke sah verwirrt aus. Wir schlenderten neben der Kolonne her. Ich suchte den Takt zu vermeiden, meist ging ich langsamer. Wohin marschiert wurde, wußten wir nicht. Wir besprachen, ob wir Kilz besuchen oder nach Dahlem zur Gemäldegalerie fahren sollten, oder überhaupt nach Westberlin. Noch begleiteten wir die Kolonne. Vielleicht dachten wir alle vier an den auch uns dienlichen, für uns kostenlosen Organisationsaufwand, vielleicht spürten wir das Gewicht unserer Marschverpflegung, zu der ein Stück guter Dauerwurst gehörte. Als wir abgebogen waren, schwiegen wir, und das Schweigen war schwer erträglich. In der nächsten Querstraße ging es sich schon besser. Straßenecken halfen uns Winkel um Winkel ins Privatgefühl zurück.

Kilz war lange nicht mehr in Halle gewesen. Er wohnte an einer Querstraße der Prenzlauer Allee am Ende eines langen Korridors, der unter unserem Gepäckmarsch knarrte: Wir zogen zu ihm um und wollten in seinem Zimmer auf dem Dielenboden nächtigen. Ihm schien es genauso gleichgültig zu sein wie ein Besuch von zehn Minuten. Als wir ihn fragten, ob seine Wirtin nichts dagegen habe, murmelte er, er habe ihr Bescheid gesagt. »Und? Was sagt sie?« – »Was soll sie sagen?« – »Ist es ihr recht?« – Kilz lauter: »Warum soll's ihr denn nicht recht sein!« Mit noch mehr Nachdruck: »Wozu wollt ihr unbedingt wissen, was die Frau von euch denkt! Fragt sie doch selber, fragt die Leute auf der Straße, fragt jeden! Provinzler, zum erstenmal in Berlin! Für die Berliner seid ihr keine Sensation, die sind Besseres gewohnt als euch. Nehmt euch bloß nicht so wichtig. In Halle, da seid ihr ein bißchen was, in Berlin interessiert ihr keinen Menschen.« Nachdem wir Tee getrunken und Brot mit unserer Dauerwurst und seinem Harzkäse gegessen hatten, schien er einschlafen zu wollen. Manchmal fragte er eintönig: »Na wie sieht's in Halle aus... Na wie sieht's an der Ostsee aus... Na gibt's denn gar nichts Neues?« Wir witzelten, dann stöhnte er und wurde wieder schläfrig.

8 Verkleidung

Die Fassaden, im Durchschnitt zwei Stockwerke höher als in Halle, zeigten hier und da ungewohnte Methoden und Grade der Beschädigung. Die Löcher im Mörtel, die von Handfeuerwaffen herrühren, sah ich zum erstenmal, in Magdeburg und Halle hatte es keine Straßenkämpfe gegeben. Teilzertrümmertes, Trümmerhaufen, Trümmerhügel, Stapel von geglätteten Backsteinen aus Trümmern, enttrümmerte Grundstücke zwischen bewohnten Häusern und von Trümmern geräumte, platzähnliche Straßengevierte kannte ich. Hier war vieles verstellt mit breiten, blau, rot, weiß und schwarz bemalten, an Latten festgemachten Flächen aus drei Zentimeter starker Wellpappe. Oft Picassos Friedenstaube, daneben ein in mehreren Sprachen, auch in Chinesisch, wiederholter Satz mit einem Ausrufezeichen. Oft auch das ebenfalls von Picasso entworfene Symbol der Weltfestspiele mit den zusätzlichen Farben Gelb und Braun: vier im Zentrum verschmelzende, in vier Richtungen blickende Profile, die vier Menschenrassen versinnbildlichten. Es gab auch Halstücher mit diesem Motiv zu sehen, aber nicht mehr zu kaufen; Kilz hatte eins über seinem Bett hängen. In Lücken zwischen Stellwänden, auf breiten Gehsteigen und enttrümmerten Grundstücken standen fahrbare Tische mit Pyramiden aus dunkelgrünen ungarischen Wassermelonen, ein anderes Symbol der Weltfestspiele, augenfälliger als die auch nicht seltenen Getränkewagen. Von dort schwärmten einem Käufer entgegen, das grün-rosa Melonensegment wie einen Schnurrbart vor dem Gesicht und alles volltropfend. Blauhemden aus der DDR waren auf jeden Blick zu sehen, aber auch weithergetragene Gewänder. Von den Afrikanern und den Südasiaten versteckten sich nur wenige in Europäerzivil. Weißrassige junge Männer kamen aus dem kapitalistischen Europa oder aus Nordamerika, wenn sie einen Bürstenhaarschnitt trugen oder ein Hemd über den Gürtel fallen ließen, das starkfarbig war, zumal wenn es vorne etwas Bildliches oder Schriftliches aufwies. Die Leute, die einen Pullover wie einen Schal trugen – Leib hinten, Ärmelknoten vorn –, waren Franzosen, Belgier, Niederländer oder Algerier. Mädchen, die nicht zu zweit oder zu dritt, sondern zu mehreren kamen und von denen wenigstens eine ihr Haar zu Zöpfen geflochten und aus den Zöpfen einen Kranz gemacht hatten, identifizierten die ganze Gruppe als Sowjetbürgerinnen.

Vor dem Bode-Museum setzten wir uns auf eine niedrige Mauer. Trüppchen, Gruppen und omnibusfüllende Delegationen eilten ins Museum, andere trotteten heraus ans Sonnenlicht, der in beiden Richtungen durchquerte Vorplatz war voller Unschlüssiger. Mädchen machten einander auf uns aufmerksam. Ich hatte mir seit dem Haarschnitt die Bartstoppeln nicht mehr rasiert; an den Backen waren sie noch nicht länger als die auf dem Kopf, aber der Schnurrbart konnte sich schon sehen lassen. Manthey hatte sich einige Male rasiert, Grünewald regelmäßig, um Anke küssen zu können, ohne sie zu kratzen. Außer durch unsere Glatzen und meinen Schnurrbart unterschieden Manthey und ich uns von den meisten Leuten durch unsere ockergelben, nach unseren Entwürfen maßgeschneiderten, vor der Reise nach Rügen gerade noch fertig gewordenen Cordjacken. Mantheys Entwurf war schlicht und nützlich, meine Jacke war von alberner Eleganz, zweireihig und ohne Kragen. Sie stand mir gut.

Mädchen näherten sich zögernd mit Schreibblöcken und Stiften, andere traten schon unbefangen in dasselbe Geleise: man stand Schlange. Ich sagte: »Salud!«, nahm das Schreibzeug entgegen, winkte dem Gestammel, das deutsch war, bescheiden ab als Gast, aber auch unwillkürlich herrisch als Nachkomme der Conquistadoren, und schrieb einen spanisch anmutenden Namen und eine »P.O.Box« in Lima hin. Die nächste bediente ich von rechts nach links Girlanden und Pünktchen malend als Syrer; bei den lateinischen Buchstaben DAMAS verkritzelte ich mich trotz meiner französischen Schulbildung und zischte schmerzlich durch die Zähne. Auf andere Blöcke schrieb ich mich als Isländer, Finne, Italiener, Malteser, Grieche und Perser ein. Aus dem Ostblock wollte ich nicht gekommen sein, mit dem Rest der Welt war ich bald durch. Dabei kamen mir Zweifel, ob ich nicht einen Fehler machte: Wenn die Mädchen, da sie nichts anderes zu tun hatten, meine Autogramme verglichen, trauten sie höchstens noch einem davon, nein, gar keinem mehr. Ich sprang auf, warf lateinamerikanische Kußhände und entfernte mich.

9 Sicherungen

Ich wollte nach Westberlin zum Ostberliner Rundfunk, um Eva zu treffen, die dort seit Anfang des Jahres als Sprecherin angestellt war. Vor dem Kartenknipserhäuschen im S-Bahnhof Pankow fingen FDJler Jugendliche ab. Man war verdächtig, wenn man eine Rückfahrkarte gekauft hatte. S-Bahn-Rückfahrkarten sparten überall ein paar Sekunden Zeit, Geld aber sparten sie nur vor einem Westberliner Knipserhäuschen, in das man anderenfalls eine für Westgeld gekaufte Karte hineinreichen mußte. Die Preise lauteten gleich, aber zwanzig Pfennig West kosteten uns in einer Westberliner Wechselstube eine Mark Ost.

Die Blauhemden hatten mit den Rückfahrkarten und Ausreden von Halbwüchsigen zu tun. Ich drängte mich vorbei wie ein Berufstätiger, den alles ärgert, was ihn aufhält. Hinter ihnen fühlte ich mich schon auf anderem Boden: Die Reichsbahn vollzog an meiner Fahrkarte ihren Vertrag mit mir, und Dritte schienen ihn respektieren zu müssen. Auf der Treppe und oben auf dem Bahnsteig hielt keiner andere an, auch im fahrenden Waggon kam keiner auf mich zu. Nach zwei Stationen hielten wir im anderen Staatsgebiet. Der Bahnhof Gesundbrunnen war reich beklebt mit Reklame für Zigaretten, Weinbrände und Parfums. Einige Blauhemden trotteten aufeinander zu und lachten. Ich fand mich zum Ringbahnsteig durch und musterte auf- und abgehend und nachher auf der Holzbank im Waggon die Leute. Gutgekleidete Frauen waren sicherlich Westberlinerinnen, aber den schlichteren und den meisten Männern war nichts Kennzeichnendes anzusehen, sofern sie nicht Westzeitungen lasen, kein ungewohnt freies, überlegenes, genießerisches oder behagliches Verhalten.

Vor den Messehallen unter dem Funkturm bauschten sich Flaggen der Westmächte und einige andere prächtig im Wind, eine sehr große Plakatfläche und breite, lockere Reihen kleiner Stellwände luden zu einer internationalen Ausstellung ein. Beachtlich dichte Gedränge von geparkten Autos, die Sonne spiegelnd, zwischen dem langen Gebäudetrakt und der Fahrbahn. Zwischen dem Parkareal und den Einlaßportalen lustwandelten Müßiggänger. Ich besann mich auf meine Straßenseite zurück, die des Funkhauses, das noch vor mir lag und sich erst teilweise über einer niedrigeren Querstraße sehen ließ: Hier war kein Mensch unterwegs, alles leer bis auf zwei noch ferne uniformierte Männer, die sich nicht bewegten. Ich suchte Laternenmasten und Bauflucht nach einem Verkehrsschild, einer Schrifttafel oder einem Plakat ab, die ein Hindernis anzeigen konnten, den Gehweg vor dem Funkhaus zu betreten. Es war kein Verbot zu sehen, also überschritt ich die Querstraße. Das Funkhaus kannte ich aus einem vor dem Krieg erschienenen Bildband über Berlin: ein langes und breites Dreieck mit leicht gebogenen Schenkeln in einer Haut aus lange gebrannten, zum Glänzen gebrachten Backsteinen, sogenannten Klinkern. Diese Haut war gut erhalten, ohne Spuren von Straßenkämpfen, aber grau von Staubablagerungen. Hinter den Reihen quadratischer Fenster, die mir jetzt so aussehen, als wären sie seit langem nicht geputzt worden, saß der Berliner Rundfunk, der Osten. Der Staub, den ich das Ganze entfärben und unscheinbar machen sah, war ein Schutzfilm gegen den Westen. Miteinbezogen in die Mißachtung von seiten des Westens, denn eins ergab das andere, war der Gehweg, ein Auf und Ab zwischen Steinplatten, die aus der Waagerechten schräg abgesackt waren, bröckligen Senken, tiefen Löchern und Flecken nachgiebigen Sandbodens, überschurrt von Papierabfällen.

Vor dem Portal standen zwei Westberliner Polizisten. Nicht zu beiden Seiten, sondern so eng beieinander, wie der Durchlaß war, den der Osten sich hinter ihnen beigemessen hatte; das hohe Scherengitter war bis auf einen Meter zugezogen. Sie musterten mich wie aus einem Versteck oder durch ein Fernglas: als könnten sie mich sehen, ich aber nicht sie, so daß wiederum mein sie streifender Blick bei ihnen nicht ankam. Allmählich richteten sie ihre Augen wieder auf den bunt belebten Parkplatz. Eine Straßenbahn zog durch, Autos rollten in beiden Richtungen, aber kein Fußgänger kam vorbei. Eva hatte mir am Telefon von dem Versuch abgeraten, ins Funkhaus eingelassen zu werden. Der Portier schreibe den Ausweis ab und stelle unangenehme Fragen, ehe er einen Laufzettel ausschreibe, was er vielleicht überhaupt, nein sogar wahrscheinlich verweigern werde. Sie werde pünktlich bei mir draußen sein. Ich spähte durch das Scherengitter und erblickte Plakate wieder, die ich in Ostberlin gesehen hatte. Auf einmal wagte ich mich hinter die nach vorn blickenden Polizisten in den Vorraum: gelbe Ölfarbenwände, Aufrufe zu den Weltjugendfestspielen und gegen die Aufrüstung Westdeutschlands. Leute standen herum; nicht jedem war anzusehen, ob er ein Besucher oder ein Angestellter, etwa ein Pförtner, war. Ich vermutete, daß es außer dem Mann in der verglasten Pförtnerloge noch andere, unauffällige Aufpasser gebe. Ich trat wieder nach draußen, zwischen den beiden Westpolizisten hindurch, und stellte mich so weit seitlich von ihnen auf, daß sie, solange sie quer über die Fahrbahn schauten, mich nicht im Blickwinkel hatten.

Eva holte, schon während ich ihr entgegenging, eine Packung Zigaretten für mich hervor. Eines der schönen Gebilde aus Glanzpapier, Alufolie und Zellophan, in Belgien hergestellt, wenn der Aufdruck kein Schwindel war, und aus Ostberlin hergebracht. Ein Kollege von ihr bezog die Ware von einem Ostberliner Schwarzhändler und verkaufte sie im Haus des Rundfunks weiter. Alles, was es in der Kantine zu essen und mitzunehmen gab, wurde aus Ostberlin herbeigeschafft und kostete Ostgeld – die bröselnden Zigaretten »Turf« und »Halbzeit« in ihren dürftigen Pappschachteln, die in der Filmfabrik Agfa-Wolfen abgefüllte Bino-Würze, Ostberliner Bier, Kottbusser Doppelkorn, sowjetischer Konjak, bulgarischer Rotwein, nach Waschmitteln riechende Kekse, teure Schokolade und das billigere Ausweichprodukt »Vitalade«, Kartoffeln und Nudeln, Fleisch und Gemüse, vorgefertigte Buletten.

Halberstädter Würstchen und der Senf aus der DDR, der nicht nach Senf, sondern nach Essig schmeckte und mattfarbig wie Mehlsuppe aussah. Tag für Tag Transporte. Eva aß nicht in der Kantine, es schmeckte deprimierend, auch der allwöchentlichen politischen Schulung blieb sie fern. Teilnahme an der Schulung wurde durch einen Tagesstempel bestätigt. Sie zeigte mir ihre nur einmal, Anfang des Jahres, gestempelte Kontrollkarte. Man hatte ihr zugeredet und schon gedroht; sie gehe da nicht hin, sagte sie, und wenn man sie deswegen feuere.

10 Ein Publizist, Ohnemichels

Der Einlaß zu der Ausstellung gegenüber dem Funkhaus kostete Ostler nur Ostgeld, für uns Teilnehmer an den Weltjugendfestspielen wird er gratis gewesen sein. In einem Saal, wo Modelleisenbahnzüge durch eine zehn Meter lange Landschaft fuhren, trennten wir uns, da Manthey Grünewald nicht länger ertrug. Auf einer Galerie oberhalb des Modelleisenbahngeländes ging einige Meter vor Manthey und mir eine Tür auf, deren Klinke schon sekundenlang gezittert hatte, und ein kleiner älterer Herr kam heraus, schaute rechts und links, fand uns und trat, die Tür angelehnt lassend, auf uns zu: Ob wir zehn Minuten Zeit hätten für eine, hm, kleine Unterhaltung. Furcht hatten wir hier nicht, wir waren neugierig. In dem Büroraum hinter der Tür war die graulackierte Schmalseite eines modernen Schreibtisches zu sehen. Links von ihr lagerte ein großer Mann mit amerikanisierendem Bürstenhaarschnitt, anderthalb bis zwei Zentimeter länger als das, was bei uns nachgesprossen war. Die Füße, die mit sauberen, heilen Socken umkleidet waren, streckte er wie ein echter Amerikaner über der Schreibtischplatte empor, indem er seine Waden auf die Tischkante stützte. Er winkte, schüttelte uns die Hände und deutete auf hinter uns stehende sogenannte Cocktailsesselchen. Während wir uns setzten, wies er den kleinen älteren Herrn, der bei der Tür verharrte, hinaus, er brauche ihn vorläufig nicht. »Rauchen Sie? Wollen Sie mal 'ne schöne Lux rauchen? Lux schmeckt unverwechselbar, und davon kann ich schachtelweise rauchen, ohne daß mir schlecht wird.« Er schnellte Zigaretten aus seiner Packung. Holen mußten wir sie uns selber, weil er mit den Waden nicht vom Tisch kam. Als wir alle drei rauchten, fuhr er fort: »Ich bin Publizist, ich bin neugierig. Am besten, Sie fangen mit dem Anfang an: Was haben Sie erlebt, wie ging es los, wie kam es dazu?« Manthey erzählte von der Ostsee. Der Büroinhaber machte ein leeres Gesicht. Ich steuerte antikommunistische Bemerkungen bei. Er schnellte uns Lux entgegen. Dann verabschiedete er uns schon: ob wir's uns einrichten könnten, morgen, sagen wir mittags, sagen wir 14 Uhr, noch mal wiederzukommen? Vielleicht wollte er, wenn er konnte, unsere Angaben überprüfen. Wir machten uns ganz andere Vorstellungen. Wenn unter seiner Tischplatte ein Knopf war, hat er geklingelt: der kleine ältere Herr schaute herein, die Tür war offen. Der Publizist winkte uns aus seiner unbequemen Lage nach. Draußen trafen wir Anke und Grünewald wieder. Wir sagten, wir hätten mit einflußreichen Leuten gesprochen, es könne sich für uns eine Zukunft im Westen ergeben.

Am nächsten Mittag auf dem Bahnhof Witzleben drehte sich eine Frau nach uns um, ging uns einige Schritte entgegen und fragte schüchtern: »Haben Sie sehr Schlimmes erlebt? Ach ich weiß, Sie dürfen nicht darüber sprechen. Entschuldigen Sie!« Beim Publizisten wurde auf unser Klopfen hin der Schlüssel gedreht, der kleine ältere Herr meldete uns nach innen und verdeutlichte uns das Murmeln des Publizisten zu einer höflichen Frage: ob wir bitte einen Moment warten wollten. Als wir uns eben ans Geländer gelehnt hatten, kam er aus der Tür, zwei grüne Banknoten in der Hand, je einen Fünfmarkschein; dazu sagte er etwas Erläuterndes, Verabschiedendes. Wir kauften uns für je eine Mark zwei Sorten Zigaretten, Zuban und Arizona, nicht Lux. Dann gingen wir essen. In einem unfernen Jugendheim herrschte ein im Nachlassen begriffener Hochbetrieb. Im Korridor hing ein handgeschriebenes Plakat, eine Bitte an die jungen Landsleute aus der Sowjetzone, nur im Notfall hier zu essen; man könne aus Kosten- und Personalgründen den Ansturm nicht bewältigen. An der Durchreiche holten wir uns schöne, klare, goldgelbe Nudelsuppe mit Fleischeinlage; wir trugen unsere Teller zu den Tischen im Vorgarten. Drinnen wie draußen lagen auf jeden Blick Druckschriften, größere für Westler und Witzheftchen, halb so groß wie eine Postkarte, namens »Tarantel«, für Ostler.

Die Faltblätter für Westler beschäftigten sich mit den »Ohnemichels«. Eines bekundete denselben Abscheu gegen Krieg, Rüstung und Militarismus wie sie. Der Verfasser war selbst ein Ohnemichel, er wollte auch einer bleiben und sein Teil tun, damit er und alle seinesgleichen ihr Leben lang Ohnemichels bleiben könnten. Viel brauchte man nicht zu tun, zunächst reichte es, wenn man einsah, daß die Freiheit, »ohne mich« zu sagen, einen Todfeind habe, das System der Unfreiheit, den Bolschewismus, und nur dann bewahrt werden könne, wenn sie vor ihm bewahrt werde. Ein Ohnemichel, der das las, konnte folgern, daß Freiheit und Rüstung wie Ei und Schale zusammenhingen. Allen anderen Völkern des freien Westens leuchte es ein, uns Deutsche behindere der Nachhall des Nazimilitarismus noch etwas beim logischen Denken. Der Verfasser eines anderen Faltblattes wandte sich an Leser, die den Zusammenhang schon kannten. Er gebrauchte das Wort Ohnemichel nur in der dritten Person, mal Einzahl, meist Mehrzahl, und beschrieb Eindrücke, die er von Ohnemichels gewonnen hatte: Da gab es Schwachsinnige mit dem egozentrischen Weltbild kleiner Kinder, eine Hammelherde von Nachplapperern, Weichlinge, die vom Paradies auf Erden träumten, und schließlich einzelne, die viel reisten und, wenn sie aus östlicher Richtung zurückkehrten, Aufträge und Geld mitbrachten.

Wir holten jeder einen zweiten Teller Suppe. In den Witzheftchen figurierten zwei Arten von Tieren: uniformierte Affenmenschen mit roten Sternen an den Mützen und nackte rote, in Löcher kriechende oder daraus hervorschnellende Ratten – über einer Höllenzone voll erschrockener, ausgehungerter, kettenschleppender, niedergebückter und ohnmächtig umsinkender Menschen. Die Machart stieß uns ab, wir warfen die »Taranteln« in den Papierkorb. Dort herrschten Knüllen vor, die auf den ersten Blick farblos aussahen. Auf den zweiten erkannte man grobes, holzhaltiges Papier und hektographierte Maschinenschrift. Einige Exemplare lugten glatt aus den Faltblatt- und Heftchenstapeln hervor: die Gegenpropaganda der Ohnemichels. Sie tadelte den Bolschewismus, widerriet, ihn sich selbst zu überlassen, empfahl, ihn zu beeinflussen, forderte auf, zu verhandeln, anstatt zu warten, bis er die Nerven verliere und schieße. In den letzten zweitausend Jahren hätten soundsoviel Aufrüstungen fast ebenso viele Kriege entfesselt. Auf der Rückseite, schlecht gezeichnet und im hektographischen Abdruck partienweise unsichtbar, die uns bekannten Kostenvergleiche: ein Panzerwagen = eine Dorfschule, ein Bombenflugzeug = ein Krankenhaus, ein Schlachtschiff = eine Universität. Der Sowjetunion schrieben sie Kriegsunlust zu, weil sie vom letzten Krieg am furchtbarsten getroffen worden sei. Deutschland hielten sie, ebenso wie ich, für einen Weltwinkel, in dem sich der Krieg für sehr lange Zeit unmöglich gemacht habe. Ich hatte das Gefühl, sie hätten recht, aber die Freiheitskämpfer drückten sich prinzipieller, geradliniger, sicherer aus.

Im Ostsektor hätten wir von früh bis spät Sportkämpfe und Folkloristisches sehen können, eben die Weltfestspiele. Das fällt mir erst beim Nachlesen der Erwähnung der vielen Ostberliner Stellwände auf. Als ich mir noch einmal Picassos Friedenstaube und die mehrsprachigen Willkommensgrüße vergegenwärtigte, lenkte mich ein blasser Eindruck teils seitlich, teils nach unten ab: kleingedruckte Listen und davor Schultern und Köpfe, die zögernd Platz machten. Die Listen waren das Festspielprogramm. Ganz unbeachtet haben wir es nicht gelassen. Schwache Neugier auf Namen von außerhalb des sowjetischen Machtbereichs, aber weder Frage noch Antwort. Massenveranstaltungen, und zu Massen gehörte Zwang, freiwillig hinzugehen war widersinnig. Kilz könnte hingegangen sein, er hatte stets andere Vorstellungen als wir. Oft schien er seine Position erst im Gespräch zu suchen, wenn er es beenden wollte, weil zum Beispiel eine Meinung wie eine gemeinsame Voraussetzung vorgebracht worden war. Der Unwille, einbezogen zu werden, machte ihn gesprächig. Er ließ sich herbei, uns einen Film zu empfehlen, »Orphée« von Jean Cocteau, fuhr sogar mit nach Westberlin, Filmbühne am Steinplatz, und sah sich den Film zum zweitenmal an. Begründung: nur Langeweile. Nach dem Film waren wir wie besoffen vor Begeisterung. Er wiegelte ab: Wegen einem einigermaßen gut gemachten Filmchen brauchten wir nicht gleich durchzudrehen, man mache sich ja lächerlich mit uns. Erst mal »Kinder des Olymp« sehen – und 'ne Weile still sein; vorher könnten wir gar nicht mitreden.

11 Bedrückt

Knispels Tür stand offen, der Blick in sein schmales, lichtarmes Atelier war durch ihn selber verstellt. Er hatte uns wohl durch den Garten kommen sehen. Ob wir von seiner »Affäre« gehört hätten? Er sei jetzt ein Krimineller. Das nächste Grundsemester habe man ihm schon weggenommen, aber das sei erst der Auftakt. In dem Dämmer wirkten seine hellen Augen dunkel und feucht; mit seinem unsicheren Lächeln und einem Bedürfnis zu sprechen tat er mir leid.

Meinem Schönebecker Bekannten Uwe Zieband war ich während seines Grundstudienjahres nicht ausgewichen, aber ich hatte selten mit ihm gesprochen; einmal hatte er Knispel warm und beredt gelobt. Wir wollten zu Anke, trafen ihn unterwegs an der Lithopresse und blieben stehen. Ich war begierig zu wissen, ob er unter Knispels Konflikt mit dem Staat litt. Er tadelte Knispel nicht, von Personen wollte er absehen. Den Vorwurf der Dekadenz fand er diskutabel, wir müßten ihn diskutieren, dürften nicht dazu schweigen, unsere Empörung (auch er sei nur empört gewesen) dürfe uns nicht arrogant machen, unfehlbar seien wir nicht, ausgelernt habe niemand, aus jedem Vorwurf könne man lernen, das gelte genauso für die Gegenseite (Gegenseite natürlich nur bezüglich des Diskussionsthemas), auch die sogenannte Gegenseite müsse dazulernen, Tag für Tag, und wisse und wolle das auch. Was gerade uns fehle, Manthey und mir, sei Offenheit: Offenheit für die Zukunft und gegenüber den Menschen, die sich ihr verschrieben hätten. Denen kämen wir keinen Schritt entgegen. Sozialismus sei eine schwere Sache, nur zu bewältigen durch das Zusammenwirken aller – aller, auch unserer! – Kräfte. Wenn Konflikte zwischen den gesellschaftlichen Kräften nicht ausgetragen, also nicht ausdiskutiert würden, dann allerdings komme es zu Fehlentscheidungen, zu Kurzschlüssen; und wir guckten arrogant zu und meinten, mit der sogenannten Gegenseite könne man sowieso nicht diskutieren. Mit ihm könnten wir es doch wohl! – Ich sagte, mit ihm vielleicht, aber bei einer Kampagne wie dieser gegen Knispel, eigentlich gegen uns alle, habe man das Gefühl, eine Dampfwalze komme auf einen zu und man solle lieber beiseite springen. Außerdem, wie solle man antworten? Etwa mit einem Leserbrief in der »Freiheit«? Er glaube doch wohl selber nicht, daß die den drucken werde. Er sagte: Probieren, erst mal probieren!, stöhnte ungeduldig und kam auf unsere Stipendien zu sprechen; er hatte jetzt eine Funktion in der Studentenvertretung. Er werde sich darum kümmern, es sei eine Schlamperei; kein böser Wille, aber eine Schlamperei.

Haß blieb neben Petermann vor dessen Staffelei stehen, auf der ein Ölgemälde entstand. »Wenn Sie nachher gehen, Petermann«, sagte er, »dann verstecken Sie das an der Wand hinter Naturstudien! So was müssen Sie jetzt verstecken. – Kinder! Alle! Wenn ihr was Abstraktes, was Expressionistisches, was Dekadentes gemacht habt, dann müßt ihr das hinterher verstecken, das ist jetzt so. Es kommt irgendwann eine Kommission zu uns. Wann, weiß man nicht. Irgendwann! So ist das jetzt.« Zwei Neue, ein linientreues Mädchen und ein SED-Genosse, hörten zu. Haß war 64 Jahre alt, seine Pensionierung stand ein Jahr bevor; und so schlimm wollte er es wohl nicht finden, daß er schon wieder um sein Auskommen oder gar um seine Freiheit, zu Hause zu übernachten, bangen müsse. Man nötigte ihn zu etwas Schriftlichem, das ihm gegen den Strich gehen sollte. Entweder äußerte er sich differenziert (dann drohten Weiterungen) oder eindeutig (dann gab er klein bei). Sein Lavieren zwischen beidem stand bald in der serifenlosen Burg-Antiqua, dunkel- auf hellgrau, auf einer länglichen Fläche aus drei Zentimeter starker Wellpappe und war gegenüber dem Burgtor am Sekretariatspavillon befestigt. Links daneben am Kornhaus hing eine Paralleläußerung des Buchgestalters Nauhaus, des schönen, Verehrung genießenden Mannes, der bei Schwierigkeiten hinkte und jetzt nicht mehr ohne Spazierstock auskam. Crodel durfte schweigen, er ließ sich einen einstweiligen Ruhestand und eine kostbare, nur wenigen Bürgern vergönnte ständige Reisegenehmigung gefallen: meist weilte er in München. Der Architekt Engemann befreite sich in Lichtbildervorträgen ganz sachte aus der kosmopolitischen Verwirrtheit, die seine Sache war. Einen Einblick in die Ostberliner Stalinallee gab uns als Gastredner deren Chefarchitekt, Professor Henselmann. 1949 hatte er dort kosmopolitisch angefangen, jetzt schuf er Fassaden, die genauso anheimelten wie Chikago 1880 oder das moderne Moskau. »Die DDR ist reich«, rief er, »unerschöpflich reich an schöpferischen Kräften, an materiellen Ressourcen, viel reicher, als ich in meinem damals noch unreflektierten Kleinmut, mit meinem noch starr auf Erstellungs- und Wartungskosten gerichteten Blick, mir vorzustellen wagte. Mein Vorstellungspanorama hat sich unendlich, manchmal mich beängstigend, erweitert. Und von heute aus gesehen, kaum zwei Jahre später, erscheinen mir jene Anfänge an der Weberwiese in Berlin, jene tastenden, halb blinden Anfänge, wiederum beängstigend kümmerlich! Kümmerlich, kleinlich, deplaziert! Die Partei, ich sage das ganz schlicht, die Partei hat mir die Augen geöffnet!«

Petermann und Völker verschnürten ihre Bilder und Mappen, sie waren schon an der Westberliner Kunsthochschule immatrikuliert. »Ihr kommt bald nach, wir brauchen uns gar nicht groß zu verabschieden«, sagte Petermann zu Manthey und mir. Gisela Bernius kam oft aus dem Bildhaueratelier herüber, sehr beiläufig, im Stehenbleiben fast schon weitergehend oder umkehrend. Auf einmal hielt sie uns steif und artig die Hand hin: Wiedersehen! Sie reise ab; Tuberkulose. Zum erstenmal sah ich Tränen aus ihren Augen laufen, wobei ihr großmütiges Gesicht ganz ruhig blieb. Benndorf reagierte auf jeden Blick und hielt ihn düster, dankbar, nickend fest: »Rundum Scheiße! Rundum Scheiße!« Wenn kein Arschloch dabei war, erzählte er von dem ihm drohenden Parteiausschluß. Er werde kämpfen bis zuletzt und dann abhauen. »Nach Westberlin?« – »Was bleibt 'n sonst übrig?«

Eine Fotografin war angestellt worden. Bisher hatte ein Freiberufler namens Walter Danz den Bedarf der Burg Giebichenstein an Fotos und Diapositiven befriedigt, ein Fachmann, der keine Anweisungen brauchte. Nach der ersten Könnensprobe von Fräulein Plüschin sagte Haß, sie sei eine Laiin; einige ganz geläufige Fachbegriffe – er nannte sie – seien ihr offensichtlich neu gewesen. Aber jedem Lichtbildervortrag, den er hielt, wohnte sie bei für den Fall, daß es etwas für sie zu tun gab. Ihre Dias erkannten wir an seinem Kommentar, »leider wieder Stümperei«. Sie schlenderte überall herum und hindurch, schaute einem über die Schulter und stellte Fragen. Der einzige, der von selbst mit ihr sprach, war der Amateurfotograf Erdmann Röbling.

Es gab zwei neue obligatorische Seminare, eins über Weltliteratur, das andere über Weltpolitik. Der Literaturprofessor Dr. Kern hatte vor drei Jahren im Magdeburger Kulturbundhaus viel Geduld mit dummen Fragen gehabt. Jetzt nannte er die meisten Fragen dumm und beantwortete sie nicht. Hatten sich solche Fragen gehäuft, so nannte er sie eine Provokation und die Fragenden »eine ganz bestimmte Ecke«. Davon wurden die Fragen nicht besonnener oder auch nur ausführlicher, sondern knapper, vorschneller, vorlauter, so daß er am Ende recht behielt; und nahmen ab, so daß er bald seine Ruhe hatte, die ihm wiederum nicht recht war: Er beklagte sich über unser dumpfes Desinteresse an Literatur.

Der Politikdozent Kunowka blieb umgänglich. Beim Antworten hielt er sich an die Worte des Fragestellers, die bestimmte Ecke ließ er unbeargwöhnt. Er wich keiner Frage aus und klärte jede so lange, bis sie durchsichtig war und verschwand und eigentlich nicht beantwortet war. Kam man auf sie zurück, so setzte man den Klärungsprozeß noch einmal in Gang. Auch das langweilte. Wo man ihn sah, in der Stadt oder auf dem Burghof, hatte er meistens einen Burgstudenten zu einem Schwatz, der einseitig blieb, beiseitegezogen. Ein Jahr später in Westberlin vor dem Bahnhof Zoo, beim Warten auf Bus oder Straßenbahn, zog er unversehens mich beiseite. Mit bittendem Gesicht und einer hastigeren Diktion als früher: Er habe vor vierzehn Tagen kommen müssen, man habe ihn gewarnt, ihm stehe etwas bevor, den Wahrheitsgehalt dieser Warnung habe er nicht ausloten wollen, denn das Klima ... die Begründungen könne man als einzelner nicht herausfinden, und wie hätte er eine vielleicht gar nicht existierende Begründung ergründen sollen?! Genau das hätte ja der Schritt in die Zelle werden können. Vielleicht alles Nervensache.

Pflicht war auch der Besuch der Max-Lingner-Ausstellung. Große Platten mit rauhputzähnlichen Oberflächen. Diese Struktur war mit starken, schwarz konturierten Farben getränkt, die sich zu menschlichen Figuren zusammensetzten, von denen die meisten auf den Beschauer zumarschierten, vorneweg schöne Frauen mit singenden Mündern, starr aufmunternden Augen, vitalen Haarbäuschen und schwingenden Hüften. Die wenigen Platten, auf denen geschwiegen, gesessen, gewartet wurde, wirkten wie Erholungspausen des Malers selber. Er war 1928 nach Paris gezogen und seit den frühen dreißiger Jahren als Pressezeichner und Dekorationsgestalter für die Kommunistische Partei Frankreichs tätig gewesen. Soeben war er nach Leipzig heimgekehrt, seine Bilder reisten durch die größeren Städte der DDR. Unseren Pflichtbesuch im Moritzburg-Museum leitete Knispel. Erdmann Röbling stand immer nahe bei ihm wie ein Verehrer. Einige andere wechselten die Stehplätze, um Leute wie Manthey und mich zu fragen: Na, wie gefällt dir das? Einige Monate früher hätten wir »Scheiße« gesagt; wir bemängelten Einzelheiten. Einzelheiten wollten die Genossen weder selbst sehen noch von uns wissen. Einmal verharrten sie in alles begrüßender Andacht vor einem Bild, dann wieder sammelten sie Meinungen und Mienen ein wie Brillen und falsche Bärte, hinter denen sich der Klassenfeind hat verstecken wollen. Es fehlte – merklich und wohl nicht zufällig – Knispels Nachfolger beim Grundsemester, Willi Sitte, der einzige Mensch an der Burg Giebichenstein, der sich noch laut aussprach, ohne sich vorher umzuschauen. Er war Arbeitersohn, Kommunist, sehr tätiger Genosse, Opfer des Faschismus, nachdrücklicher Kunstbeurteiler, Maler von Bildern und Lehrer von Begriffen, denen man Schimpf antat, »dekadent«, »formalistisch«, »kosmopolitisch«. Er hatte ein Lehrbuch, das er nicht aufzuschlagen brauchte, weil er es auswendig wußte: Wassili Kandinskys »Punkt und Linie zur Fläche«. Sozialistischen Realismus nannte er prima, er habe jedoch noch nie welchen gesehen, aber viel Scheiße habe er schon gesehen.

Knispel machte Handgebärden und ließ die Hand wieder fallen, wandte sich blitzschnell um, als gewärtigte er einen Überfall von hinten, murmelte »Na?« und setzte sich unvermutet in Bewegung (man raffte sich ihm schleunigst aus dem Wege), um uns hinter sich loszuwerden. Bald danach war er nach Westberlin abgehauen. Man sagte nicht mehr »abgereist« oder »umgezogen« und noch nicht »geflohen« oder »geflüchtet«, sondern »abgehauen«.

Abgehängt waren ein Stockwerk höher in der ständigen Galerie der Moritzburg die wenigen dekadenten Kunstprodukte, die 1933 hatten versteckt werden können, als die Nazis hinkamen, um entartete Kunst abzuhängen. Sie kamen wieder in den Keller. Sie »wanderten« nicht in den Keller wie zu Zeiten, als das Bürgertum obenauf war und spaßig formulierte. Sie wurden auch nicht leibhaftig vom Haken geruckelt und die engen alten Treppen hinunterbugsiert, denn kein Unbefugter sah zu und hätte es schildern können. Sie kamen hin. Wo kommt der Gebrauch von »hinkommen« her? Wohl vom Umziehen: »Die Couch kommt da hin, der Tisch kommt davor, der Koffer kommt in den Keller.« Wohl kaum: »Ich komme in dieses Zimmer hin.« Eher schon: »Da kommen die Kinder hin.« Noch eher: »Da kommt die Oma hin.« Hinkommen ist die Bewegungsweise der Gegenstände und der Wehrlosen.

Haß machte in seinem Atelier eine Vorweihnachtsfeier. Wir saßen um zusammengeschobene Tische herum, auf denen mit Weihnachtssymbolen bedruckte Pappteller mit Plätzchen standen, die seine Frau gebacken hatte, die auch dabei war. Sie war viel jünger als er; vor 1933 war sie Schülerin in seiner Klasse gewesen. Benndorf preßte sein Mundwerk aus, das mich oft zum Lachen gerührt hatte. In seinem Kopf war Nacht und Streik, er signalisierte nur immer gut Freund, redete unaufhörlich, füllte alle Pausen mit äh und hm, räkelte sich gemütlich, fiel jedem zustimmend ins Wort. Haß machte sein nüchternes Gesicht und kurze Einwürfe: daß alles kaum der Rede wert sei; daß man es wohl nicht besser verdient habe; daß der Staat wie immer schon der Feind sei. »Lassen Sie's gut sein, Benndorf, heute wird uns keiner mehr was tun. Nehmen Sie lieber noch ein Plätzchen, Wein haben Sie auch nicht mehr.«

Eva war noch beim Berliner Rundfunk, aber schon gekündigt. Ihre befristete Genehmigung, in Ostberlin zu wohnen, wurde hinfällig. In die »Zone« wollte sie nicht wieder. Sie hatte in Westberlin ein nicht sehr teures Zimmer besichtigt. Sie war 27, Christian 24, ich knapp 21 Jahre alt. Mein Vater hatte es nicht mehr weit bis zum seinem 79sten Geburtstag, meine Mutter war 64. Es war die letzte Jahreswende, die wir zusammen verbrachten. Onkel Albert, 76, war fast ständig krank. Tante Anna, etwa 70jährig, jammerte nur noch. Als wir Fiedlers besuchten, hatten sie Gebäck, belegte Brote und Schnäpse anzubieten. Herr Fiedler stellte wieder seine Spezialität her: Baumkuchen, einen Luxusartikel. Er verschickte ihn in Firmenkartons auf Bestellung.

Eva zeigte mir ein Paßfoto: ob das der Westberliner sei, den wir in Dranske getroffen hätten? Ja, sie habe auch nicht daran gezweifelt. Er studiere an der Westberliner Kunsthochschule bei Uhlmann, Grundsemester, wolle Maler werden, ich solle hinkommen, denn hier in der Zone sei der Ofen aus, im März seien Aufnahmeprüfungen; im Sommer wolle er, wenn es mir recht sei, mit mir zusammen nach Spanien reisen. Ich ließ meine Bedenken nicht heraus, denn sie hatten keinen Sinn, nur einen Grund, Furcht vor Neuem.

Bei Wunderlich stand Lafcadio Hearn am alten Platz im Regal. Herr Wunderlich trug eine dunkelgrüne Brille, sein Augenleiden schien sich verschlimmert zu haben, Frau Wunderlichs Hüftleiden dagegen nicht.

1952

1 Orchestrion

Ein Porphyrfelsen trägt den Turm und die Mauerreste der Oberburg und begrenzt als sehr hohe, dunkelrote Wand den Hof der Unterburg von Norden. Mittags bei klarem Himmel fühlt sich der Fels auch im Winter warm an. Weinranken haben daran festgemacht. Die vereinzelten Weinbeeren, von der kugelrunden, sonst klein bleibenden Sorte, werden hier fast so groß wie Mirabellen und sehr süß. Wir sollten uns nicht an ihnen vergreifen. Nach der herrschenden Sitte verzichteten wir nicht auf die Weinbeeren, sondern auf die Frage an die Direktionssekretärin, wem sie denn gehören sollten.

Manthey und ich bemalten für den Maskenball die weißen Wände der Graphik-Klasse in wilhelminischem Prunkstil. Die anderen waren nach Hause gegangen. Wir blieben bis morgens um zwei, still, manchmal kichernd, das Essen aufschiebend und vergessend. Mir zitterten vor Hunger die Knie, aber sie wurden wieder brav, da wichtigere Organe weitermalen wollten. Zuweilen durchdrang mich Wehmut wie einen, der schon abgereist ist.

Frau Scholz nannte ihn »Herr Manthey«, mich aber »der kleine Herr«, obwohl wir ungefähr gleich groß waren; sie fand mich in anderer Hinsicht klein. Da es mich kränkte, kam mir nie der Gedanke, sie danach zu fragen.

Jeden Tag kratzte ihr Kater Felix an der Hintertür des Ladens, ein blaßrot getigertes, massiges, immer mißmutiges Individuum. Ihn entmutigten die Hühner. Wenn er zum Vorderhaus oder zurück wollte, mußte er über den Hof. Dann flatterten sie herbei und drohten ihm, indem sie mit den Schnäbeln in die ihn umgebende Luft hackten. Er robbte langsam, schweigend rückwärts bis zur Treppenstufe, sprang auf und flog wie ein Ball ins Haus. Katzen und Menschen fürchtete er nicht. Auf Streicheln antwortete er uns mit einem auf- und absteigenden, einen langen Atemzug durchhaltenden Knurrgesang, dann holte er Luft, fauchte und schlug zu. Fressen nahm er an. Nach einem Rundgang durch den Laden war er mit uns fertig, ging an die Tür und knurrte dort. Ein Ohr war tief ausgefranst. Einmal war er in Frau Scholzens Wohnküche auf ein Sofakissen gebettet, das auf einem Wandtischchen lag. »So ist er heute früh nach Hause gekommen«, sagte sie. »Gucken Sie sich bloß mal das Auge an! Aber nicht zu nah rangehen!« Er knurrte. Sein rechtes Auge war eine blicklose, flache, eintrocknende Wunde. Einige Tage später war es wieder so blank und gewölbt wie das andere.

Sie eröffnete uns, »der Herr Vater« habe gemeint, wir müßten fünf Mark mehr zahlen, da wir nicht nur eine, sondern zwei Personen seien. Wir protestierten nicht, denn wir waren sogar drei Personen. Bei mir im Laden schlief auf Matratzen Alfred Mayer, der sich mit seinen Wirtsleuten überworfen hatte. Morgens um halb acht kochte er Haferbrei, und da der heiß gegessen werden mußte, machten auch Manthey und ich uns bis halb acht fertig zum Frühstücken, obgleich wir lieber länger geschlafen und dann Brot gegessen hätten. Nach einigen Tagen schmeckte mir der Brei ganz gut, er hielt auch besser vor. Einmal kam Alfred Mayer verspätet in den Gemeinschaftsraum geeilt, warf sich auf den Stuhl neben mir und begann sofort zu flüstern: »Herrgott im Himmel, so 'n Schreck hab' ich mein Lebtag nicht gehabt... Ihr habt 'n Kanister Benzin im Laden, weißt du das? Ich wußte's nicht. Der Ofen rotglühend, irgendwas zischte, ich suche und seh' den Kanister direkt neben dem Ofen. Landentür auf, Hechtsprung hin und das Ding ganz vorsichtig rausgestellt. Und aufgeschraubt. Ganz langsam... Wem gehörtn das Benzin?« – »Wiebel.« – »Wieso?« – »Hat's bis heute abend bei uns untergestellt.« – »Wiebel das Arschloch. Krumme Geschäfte wahrscheinlich. Weißte warum ich im Laden war?« Er hatte morgens etwas ganz Belangloses darin liegenlassen und nachmittags die Laune gehabt, es zu holen. »Stephan, beinahe hätt' ich mir den Weg gespart, stell dir das mal vor!« – »Was?« – »Du scheinst nicht zu begreifen. Stell dir das Haus vor, stell dir die Leute vor. Mensch, dieses Zischen – ich dachte, das explodiert mir an der Hand!« Wer mochte das Ding an den Ofen gestellt, wer mochte geheizt haben? Ich hatte aufmerksam zugehört und verstanden, daß das Haus Triftstraße 12 heil war; das freute mich. Ich flüsterte: »Gut, daß du da warst.« Ich versichere, daß ich heute beim Hinschreiben, nach über 30 Jahren, zum erstenmal an die Fortsetzungen denke, die damals von Manthey, mir und Wiebel (dem ich sie gegönnt haben würde) abgewendet worden sind. Alfred Mayer blieb bis zum Schlafengehen zittrig, er spendierte Schnaps, wir tranken zur Gesellschaft mit; auf Manthey besinne ich mich dabei nicht, aber er war da.

Ich malte im Laden eine zwei Quadratmeter große Jahrmarktszene mit einem Orchestrion – auf drei Zentimeter starke Wellpappe, einen ebenso schlechten Grund wie Onkel Alberts Lohnabrechnungspapier. Im Gegensatz zu dem Papier gefiel mir die Wellpappe gar nicht. Die Fläche mag so unnütz dagestanden haben, wie die Lohnblocks dagelegen hatten. Das war das Übereinstimmende. Der feindliche Grund wirkte auf Thema, Farben und Formen ein: mechanische Figuren, ein schlaffer Bund starker Farben, eine glänzende Pelle wie die Glanzpapierhüllen um Westzigaretten, ein hohles Ungestüm, eine routinierte Stümperei, ein später, flotter, erlahmender Barock. Wer es sah, urteilte es nicht einfach ab, sie begütigten sogar. Vielleicht weil ich beinahe schon fort war und um mir Mut für den Anfang in Berlin beisammenzulassen.

Um das zu Hause wartende Scheusal zu vergessen, beteiligte ich mich gern am Aktzeichnen. Ich kombinierte harte und weichere Bleistifte und einen dicken, tiefschwarzen Graphitstift und erzielte damit großen, barocken Reichtum an Tonabstufungen. Am liebsten, lieber als die nackten Frauenkörper, waren mir Licht und Schatten, Faltenwurf und darunter hervorlugende gedrechselte Stuhlbeine. Haß begutachtete diese Schwarzweißgemälde nur kurz. »Ich sage Ihnen jetzt nicht mehr viel.« Er wußte schon, daß Voigt und ich nach Westberlin wollten. Ich klopfte an seine Ateliertür. Er schloß sie hinter mir noch einmal und stellte sich mir gegenüber, klein, schmalbrüstig, zerzaust, ernst und aufmerksam. Der Abschied war für mich schon eine Erinnerung, bevor er anfing, ich dankte ihm, wobei ich an Tränen schluckte, also undeutlich und mich wiederholend. Seine traurigen Tigeraugen betrachteten mich ruhig. Er fältelte entschieden seinen Mund und öffnete ihn wieder: »Gut, mein Lieber. Wir werden uns gar nicht mal ganz aus den Augen verlieren, ich komme ja manchmal nach Berlin.«

2 Chudoshnik

Einem anderen kleinen, mageren Herrn legte ich meine Mappe geöffnet zu Füßen, weil der Tisch schon voller Mappen lag. Es müssen beschauliche Zeiten gewesen sein, insofern als der Direktor der Westberliner Kunsthochschule sich die Aufnahmebewerber selbst vornahm; ich schätzte mindestens fünfzig Mappen. Karl oder Carl

Hofer, in Gedrucktem mal mit C, mal mit K vorkommend, war neun Jahre älter als Haß, wirkte aber nicht älter, sondern härter. Er war klein und mager, aber besser paßte »knapp mittelgroß« oder »kein Gramm Fett«. Er hielt sich sehr straff in einem teuer aussehenden grauen Anzug mit scharfen Bügelfalten. Seine Miene war abweisend. »Blättern Sie etwas schneller«, sagte er. Bei den Zeichnungen aus Dranske, die schon einrissen, murmelte ich »schlechtes Papier«. Die Qualität des Papiers bewerten wir nicht«, versetzte er sofort und lächelte plötzlich. Die Herren, die mit im Raum waren und meine Produkte von den Seiten oder verkehrt herum betrachteten, lächelten ihm nach.

Unten bei den Knipserhäuschen des S-Bahnhofs Zehlendorf erwartete mich Fritz Jahn. Ich erinnerte mich gut genug an ihn aus Dranske. Ein bräunliches, nett geformtes Gesicht. Annähernd so, wie er es mir entgegenhielt, als ich die Treppe herunterkam, hielt er es weiter: von unten nach oben schauend, obgleich er nicht so sehr viel kleiner war als ich. Er versuchte mir meinen Koffer abzunehmen; das ließ ich natürlich nicht zu. In diesem Außenbezirk hielt sich noch Schnee in wäßrigen Inseln. Wir gingen einen kurzen Weg durch Seitenstraßen zur Konditorei Funke. Das sei die beste von ganz Berlin oder, na ja, eine der wenigen guten. Ich guckte in mein Portemonnaie, wo auch etwas Westgeld steckte; er sagte, ich solle es schnell wieder wegstecken. Beim Aussuchen des Kuchens pendelte sein Blick zwischen der Verkäuferin und mir, und wenn er auf einen Teller gezeigt hatte, hob er die Hand, sagte »Moment!« und fragte mich nicht nur nach meiner, sondern auch nach Evas mutmaßlicher Meinung.

Sie wohnte an der von Berlin nach Potsdam führenden Fernstraße 1, an dem kurzen Abschnitt in Zehlendorf, der »Potsdamer Straße« heißt, in einem wie für Untermieter geschaffenen Zimmer: halbdunkel, schmal und hoch. Sie lag auf der Couch und winkte uns entgegen. An einer Wand lehnte die von mir vorausgeschickte riesige Mappe, die Elfriede Koschwitz mir gebaut hatte. Sie enthielt Vorräte an gutem Papier und alles, was ich Hofer nicht hatte zeigen wollen. Während wir Kuchen aßen und Kaffee tranken, erzählte ich von Hofer und verglich ihn, wie es nahelag, mit Haß. Fritz Jahn sagte, der alte Hofer sei ein verknöcherter Kunstbeamter und ein entsetzlicher Maler. Wieso entsetzlich? Literarisch. Hofer male nicht souverän wie die großen Franzosen und so weiter, sondern klammere sich an literarische Vorgaben. Was das sei? Das seien Sachen, die man besser schriftlich als optisch darstellen könne. Hofer sei ein pinselnder Literat und senil und rechthaberisch. Abstrakte Kunst halte er für den bösen Feind, er leide unter Verfolgungswahn. Eva schaute ihm beim Sprechen zu und lobte gut Gesagtes, indem sie seine Hand streichelte. An der Wand hing ein kleines Ölgemälde von ihm, unbenennbare Formen, die aber auf eine unsichtbare Lichtquelle mit Schatten antworteten. Ich fand es stabil und aufrichtig. Zugunsten des Literarischen sagte ich nichts. Man erleichtert sich das Gespräch, wenn man so schnell wie möglich auf der Gegenposition Platz nimmt, aber bei mir war es nun einmal Brauch, die Klärung meiner Position zu fürchten.

Was Voigt und mich anging, stand das Ergebnis der mehrtägigen Aufnahmeprüfung schon vorher fest, wir hätten es nur durch Fortbleiben oder durch Abliefern weißer Papiere gefährden können. Man ließ keinen durchfallen, den eine andere Hochschule nicht hatte durchfallen lassen. Zwar war die Burg Giebichenstein soeben zur Fachschule degradiert worden, ein einstweiliges Ende der Durchlüftungs- und Erfrischungskur, aber das schadete uns nicht mehr, in Westberlin nützte es uns sogar.

Meinen letzten Rückzug nach Halle trat ich bei feuchter Kälte als Auto-Anhalter an. Man fuhr mit der S-Bahn bis zu der südlich von Berlin liegenden Station Rangsdorf und stand nach zwanzig Minuten Fußweg vor einer Tank- und Raststätte der Autobahn. Ich wartete, bis jemand sein Auto aufschloß. Zwei Männer näherten sich einer schwarzen EMW-Limousine. Der größere lächelte erfreut bei dem Stadtnamen Halle, der kleinere murmelte Abweisungen. Der größere klopfte ihm auf die Schulter, griff ins Auto, öffnete die linke Hintertür von innen warf sich hinein und sperrte die rechte Hintertür weit auf: »Bitte sehr!« Der kleinere reichte eine Einkaufstasche voller Bierflaschen nach hinten, die ihm der größere ächzend abnahm, und sprach mich an: »Es richtet sich nicht gegen Sie, bloß wir dürfen das eigentlich nicht.« Während er uns auf die Fahrbahn steuerte, öffnete mein Nebenmann schon zwei Flaschen Bier und gab mir eine: »Trinken Bier. Trinken.« Er schluckte und musterte mich lächelnd: »Student? Was studieren?« – »Malerei.« – »Nicht verstanden.« – »Äh, Iskustwo.« Ich deutete mit beiden Händen und der Bierflasche ein Rechteck an und bewegte die freie Hand so, als ob ich pinselte. »Ah, Chudoshnik,

Chudoshnik! Deutsch?« – »Maler.« – »Maler. Chudoshnik – Maler. Prost! Noch Bier!« – »Danke, ich hab' noch.« – »Ah? Chudoshnik: Sowjetunion: Chudoshnik viel Geld! Inshenjér auch Geld. Chudoshnik mehr, mehr Geld. Ja: ich Inshenjér. ›Dienstreise‹. Nun: mehr Bier. Fertig? Prost, Chudoshnik!« – »Prost!« – »Ja: Kommen Sowjetunion! Chudoshnik: groß Haus, Auto Schoffér, schön Frau, Sommer Jalta, Winter Moskwa! Wie ist das?« – »Schön, aber erst mal bleibe ich hier.« – »Nicht verstanden.« – »Ich: erst mal: Deutschland.« – »Deutschland studieren, Sowjetunion Professor. Gut. Nun aber Bier. Nicht fertig? Fertig. Prost!« – »Prost, Inshenjér!« – »Gawaritje li wy pa-russki?« – »Njemnogo, njemnogo.« – »Schwer. Deutsch auch schwer. Deutsch Bier gut. Sowjetunion: bißchen Bier, nicht ganz gut.«

Ankündigung einer Raststätte. »Genosse: halten! Bier kaufen. Chudoshnik will auch Bier.« Wir sammelten die herumrollenden Flaschen ein. Beide stiegen aus. Nach dem Einkauf setzte sich der Inshenjér hinters Lenkrad. »Nun wieder schlecht Schoffér. Genosse: Bier!« – »Nee danke, nich böse sein: wenn ich fahre, keen Troppen.« – »Nun nicht fahren.« – »Aber vielleicht nachher wieder.«

»Chudoshnik: Bier?« Wenn der Inshenjér sich nach mir umdrehte, zog der Genosse neben ihm die Schultern zusammen. »Wohnen Halle?« – »Ja.« – »Wo, Halle.« – »Straße?« – »Straße, ja.« – »Triftstraße 12.« – »Sagen Genosse, fahren Haus.« – »Nein, das ist nicht nötig!« – »Wir sind schon 'n bissel spät dran«, sagte der Genosse.

Es holperte unter uns: Grasboden. Der Genosse griff ins Lenkrad. Der Inshenjér machte »ah!« wie beim Lesen einer Zeitungsmeldung. Der Genosse wirkte bedrückt; das war in der DDR nichts Ungewöhnliches. Da ich bald nach Westberlin zurück wollte, nahm ich an diesen Kümmernissen nicht mehr viel Anteil. Der Inshenjér hielt vorschriftswidrig am Rande der Fahrbahn an: »Keine Lust! Nun gut Schoffér.« Sie rannten vor dem Bug der Limousine aneinander vorbei und tauschten die Plätze. »Ooch guter Chauffeur«, sagte der Genosse, vor Erleichterung großmütig. »Nicht gut, Quatsch!! Besoffen. Müssen viel Bier. ›Dienstreise‹, allein, allein!«, er lachte, »Chudoshnik: Bier!«

3 Wechselkurs

Zum 1. Mai mietete ich für dreißig Mark ein Zimmer in Zehlendorf. Seit geraumer Zeit lagen im Gepäcklager des Bahnhofs Friedrichstraße ein truhenförmiger Koffer meiner Eltern und ein Bündel aus Ölgemälden und meiner dreibeinigen Staffelei. Endlich reichte ich den Gepäckschein über die Stahlblechtheke. Als Voigt und ich uns bei einer Zigarette geeinigt hatten, wie wir Koffer und Bündel tragen wollten – rechts und links anfassen, das Bündel obendrauf –, näherte sich der von mir schon in Gedanken vorweggenommene Volkspolizist. »Tach. Wo woll'n Sie'n damit hin?« – »Kunsthochschule Weißensee. Wir fangen gerade an zu studieren.« Keine Nötigung zum Griff nach der Brieftasche, kein Verlangen nach der Bestätigung aus Weißensee; er ging weiter, wenn auch langsam. So hatte ich es mir auch vorgestellt. Wir wußten nicht, wie sie es hier mit dem Kontrollieren hielten, aber man hatte ein Witterungsvermögen entwickelt. Bis er endlich außer Sicht war, führten wir ein lautes, mit Lachen geschmücktes Gespräch, dann stiegen wir zum Kellerbahnsteig hinunter, wo die über Zehlendorf nach Potsdam fahrenden Züge hielten.

Mein Zimmer war eine kleine, weißgekachelte ehemalige Speisekammer hinter der großen, ebenfalls weißgekachelten Küche, umgeben von Korridoren. Das Gebäude war eine übergroße Villa in einem kleinen, ungepflegten Garten. Rechts und links standen ähnliche Bauten, nur durch je zwei Pfade und einen Drahtzaun voneinander getrennt. Das Haus steckte voller Einzelmieter und Kleinfamilien. Ständig befanden sich Mietsparteien in der Küche, um Brote zu schmieren oder Suppe zu kochen. Zwischen ihnen ließ sich oft, leidend-freundlich, die Hausbesitzerin hören, ein mageres Fräulein mit lethargischen Bewegungen; sie wohnte auf unserer Etage. Den Koffer benutzte ich als Tisch und Nachttisch, denn sonst hatte ich außer einem Stuhl nur das Bett, das ausgekuhlt war wie eine Hängematte. Ich lernte eine westdeutsche Käsesorte kennen, 20prozentigen Romadur, und das in Westberlin gerade populäre Romanchen »Mompti« von Gábor von Vaszary. An den Kachelwänden war nichts zu ändern, ein Aufenthalt wie in einem Hotelzimmer. Innerhalb von vierzehn Tagen fand ich etwas, das sich für Eva und mich zusammen eignete. Als ich der Villenbesitzerin Voigt als Nachmieter empfahl, hob sie ihr mageres Kinn und sagte: »Das ist sehr nett, aber verstehen Sie: ich will Sie.« Es hörte sich so an, als wolle sie mich nicht in meinem ausgekuhlten, sondern in ihrem eigenen Bett haben. Voigt kam bei Eva und mir unter und half uns Miete sparen.

In einem Einfamilienhaus mit flachem Dach, Baujahr etwa 1930, am Rande der gleichaltrigen Siedlung Onkel Toms Hütte. Zwei große Räume im »Tiefparterre« mit Toilette und Waschbecken, separatem Eingang, Steinholzfußboden, Zentralheizung, Warmmiete 75 Mark. Solche Hinweise brauchte man nicht in einer teuren Westzeitung zu suchen, man fand sie auf verglasten Zettelanschlagtafeln, auf Zetteln an Bäumen und in einem Eisenwarengeschäft mit dem Nebenerwerb »Anzeigenaushang«. Den separaten Eingang betrat auch Herr Dalchow auf dem Weg zum Heiz- und Bastelkeller, den er ebensogut über die hausinterne Treppe erreichen konnte. Dabei brummte er etwas, das sich negativ anhörte und das wir auf uns bezogen. Demnach gab er sich oft mit uns ab, aber nur durch die Wand. Widerfuhr ihm unser Anblick, so drehte er seinen alten Hals weg und bot uns weder Gruß noch Fluch. Seinen Kopf hielt er mit einem Wolkenschieber bedeckt, einem etwas moderneren als Herr Wilke in Halle. Sein blonder, sportlicher Schwiegersohn, Herr Lenke, und seine bräunliche, rundliche Tochter waren sehr umgängliche Leute, die Eva ohne Verdruß ans Telefon holten, wenn Onkel Rudolf oder meine Cousine mit ihr sprechen wollte. Fritz Jahn rief nicht an; bei einem Besuch verabredete er gleich den nächsten. Eva durfte für eine Mark in bar auch bei Lenkes baden. Voigt und ich haben die oberen Stockwerke nie von innen gesehen.

Die Unterkanten unserer Fenster lagen auf Gartenbodenniveau. Der Garten war ein ausgedünnter Waldrest mit hohem Gras, wenig Gebüsch und einigen hohen Kiefern, die am Vormittag etwas Schatten in unsere sonst ziemlich hellen Räume warfen. Unsere Verwandten und Fritz Jahns Eltern überließen uns Möbel. Voigt und ich schliefen im hinteren Raum auf Matratzen, Eva im vorderen auf einer Couch, die in der Mitte eine Senke hatte, in die ein Kissen hineinpaßte, das auch da war. Fritz Jahn brachte drei Zeichnungen in großen Wechselrahmen mit und hängte sie an Wände im Vorderzimmer. Dort hing schon eins von meinen Ölbildern, weil es Eva in seiner Abwesenheit gefallen hatte. Als er es sich anschaute – »aha, na ja, das ist von dir? Das ist also von dir, na ja« –, hätte sie es wohl gern unsichtbar gemacht. Nach einer düsteren Pause sagte sie mit Schwung: es sei schön, oder wieso nicht?!

»Na klar, ich sage ja gar nichts dagegen, Hauptsache dir gefällt's.« Zu seinen Zeichnungen, die mir ganz gut gefielen, verhielt ich mich aus Ärger und Unsicherheit nicht offener. Voigt ließ seine Mappen zugebunden, ging oft weg und kam lange nicht wieder. Freundlich verabschiedete er sich von unserer dreiköpfigen, zuweilen durch Onkel, Cousine, Schwippschwager oder alle drei vermehrten Sitzgruppe, mit »also tschüs denn« und dem ihm eigenen vertraulichen Zwinkern. »Na Gott sei Dank«, sagte Fritz Jahn, »oder ist das dein bester Freund? Dann drück' ich mich irgendwie anders aus.«

Geschirr hatte man uns geborgt und geschenkt, silberne Löffel, Gabeln und Messer hatte Eva aus Salzelmen mitgebracht und noch nicht verkauft. Kochtöpfe und ein Kochgerät holte ich aus Ostberlin, denn mit Hilfe des Wechselkurses war dort alles viel billiger. Zwischen Kleinzeug wie Kochtöpfen, Hämmern, Zangen, Schraubenziehern und aufwendigeren Waren, zum Beispiel Schreibmaschinen oder Fotoapparate, gab es einen nicht bekanntgegebenen Unterschied, den man aber witterte; er konnte sehr wichtig für die nächsten Lebensjahre werden. Kleinkram und ein paar Pfund Lebensmittel hielt ich für läßlich, ein zweiplattiger Elektrokocher kostete nach meiner Ahnung ungefähr ein halbes Jahr Gefängnis. Volkspolizisten durchschritten den Waggon, durchfingerten Einkaufstaschen, schickten Fahrgäste auf den Bahnsteig, wo sie erwartet und weitergeleitet wurden. Am Elektrokocher, der in einem hinter meine Waden geklemmten Koffer steckte, marschierten sie vorbei. Der Zug fuhr pünktlich weiter. Auf dem Bahnhof Gleisdreieck passierten die Westpolizisten im gleichen Schritt wie ihre Vorgänger meinen Frevel an der freien Wirtschaft.

Ich kaufte alles im Ostsektor, Brot, Butter, Margarine, Schinken, Wurst, Zucker, Gemüse und Obst, nur nicht Milch: das einzige Produkt, das, in Ostmark umgerechnet, im Westen billiger war. Auch Überraschungen brachte ich mit, Tortenstücke, Melonen und einmal massenhaft Tomaten; die Ostberliner Tomaten verbilligten sich in einer Sommerwoche auf einen Pfennig für ein Kilogramm, also auf Geschenkbasis. Zu Ostzigaretten konnte ich Eva nicht überreden, obgleich ich ihr zum Probieren sehr aromatische bulgarische anbot. Ich begann mir Westberliner Tabak zu kaufen, da er nicht teurer war als die besten Obstsorten.

Eine U-Bahn-Fahrt, die man in Westberlin antrat, war durch keinen Trick mit Ostgeld zu bezahlen. Zurück fuhr ich, wenn ich schwer zu tragen hatte, ab U-Bahnhof Stadtmitte für 20 Pfennig Ost bis zu dem U-Bahnhof Onkel Toms Hütte, neben dem wir wohnten. Morgens fuhren Voigt und ich mit Ostberliner S-Bahn-Monatskarten über Friedrichstraße zum Bahnhof Zoo. Dazu gehörte zwei Kilometer Wandern zum S-Bahnhof Zehlendorf. Beim Wandern und Fahren höre ich mich warm wie einen alten Kumpel auf ihn einreden und ihn verträglich, aber trübe antworten.

4 Arnokokken, Nickis, Oderkrebse

Im Vorbeigehen haltmachend – er wollte zur Arbeitsvermittlung –, sagte Voigt: »Haste schon gehört, wir kommen zu Arnold.« Die im Sekretariat herrschende ältere Dame präzisierte: »Professor Arnold hat Sie für seine Klasse« reklamiert, akquiriert, reserviert oder notiert. Auf einer Liste, die sie mir vorhielt, stand seine Unterschrift. Ich glaubte, daß er mit offenen Augen unterschrieben habe. Als ich ihm dann im parkartigen Innenhof der Hochschule nachrannte und mich ihm vorstellte, schien ich mich geirrt zu haben. »So, Sie wollen zu mir, ich weiß leider von gar nichts.« Warum ich denn zu ihm wolle? Natürlich wagte ich nicht richtigzustellen, ich hätte geglaubt, daß er von mir etwas wolle. Er sah aus wie einer, der nur mündlich tätig ist, ein Unternehmensteilhaber oder höherer Beamter. Von Fritz Jahn hatte ich gehört, er male Gebilde wie mikroskopisch vergrößerte Krankheitserreger, »Arnokokken«. Auch seine Schüler hießen dort, wo Fritz Jahn sich seine Meinungen bildete, Arnokokken.

Im hinteren Drittel des Klassenraums regten sich vier Mädchen, drei von ihnen hübsch, eine der Hübschen malend, die anderen plaudernd. Manchmal wurde eine Tür zu einem weiteren Raum geöffnet, heraus und vorbei kamen nur kalt blickende Leute bis auf einen lächelnden zwei Meter Großen, der der Freund der malenden Hübschen zu sein schien; er setzte sich zu ihr, sie redeten sehr leise. Um mich herum malten Männer. Arnold trat ein, schritt zu den Mädchen durch und stellte fest: »Sie haben einen rosa Pullover an!« Eine nicht angeredete Hübsche skandierte langsam: »So exakt unterscheidet nur das Malerauge.« Arnold sagte lächelnd: »Sie hat eine scharfe Zunge. Ein sehr feines Rosa.« – »Danke! Daraufhin guck ich's mir selber noch mal an.« Arnold weiter: »Und was machen Sie heute?« – »Wir quatschen, wie Sie sehen.« Lachen. Arnold weiter: »Schade eigentlich. Woran liegt es?« Achselzucken, Murmeln. Arnold, nun etwas schüchtern wirkend: »Ich will Sie nicht drängen.« – »Das geht ja auch kaum«, sagte die Scharfzüngige. Arnold verschwand in dem Raum dahinter, kam bald wieder hervor und näherte sich rasch den malenden Männern. Er hielt jäh an vor dem, was entstand, kommentierte es laut, aber nicht lange, und schritt weiter. Das Meine versah er mit einer kurzen Verneinung, wobei er sich schon abwandte. Als er weg war, übten zwei Mann Kritik an seinen Kritiken: er sei unsachlich, faul und immer in Eile. Es klang flach wie etwas schon oft Gesagtes. Mich beachtete keiner, Voigt war wohl auf Arbeit. Mittags brummte ein Lieferwagen im Hofgarten und lud vor der Treppe zur Kantine mehrere zugeklinkte Bottiche ab: die kostenlose Schulspeisung. In der Kantine konnten nur fünfzig Personen gleichzeitig essen, aber hinter einem offenen Parterrefenster neben der Treppe stand eine Frau, die in den Topf, den man ihr hinhielt, so viel Suppe einschenkte, wie man haben wollte. Mancher nahm das Essen mit nach Hause und wärmte es abends wieder auf.

In einem Zimmerchen, das wie eine Bankfiliale eingerichtet war, bekamen wir Oststudenten unser Währungsstipendium. Es war keine Zuwendung, sondern ein auf Fragebogen vorbereiteter Geldwechsel: man zahlte einmal im Monat 80 Mark Ost ein und erhielt dafür 80 Mark West. Voigt kam damit nicht aus. Er meldete sich bei der TUSMA (*T*elefoniere *u*nd *S*tudenten *m*achen *a*lles) und ging für 90 Pfennig Stundenlohn arbeiten, wenn es Arbeit gab. Zu Hause zeigte er mir alle paar Tage einen neuen Nicki, einen schwarzen, silbergrauen oder weißen. Nickis waren Pullover aus samtiger Baumwolle mit flachem, engem Kragen, oben links ein Reißverschluß. Von fünf Straßenpassanten unter dreißig trugen drei einen Nicki. Es gab sie überall für zehn bis fünfzehn Mark, nicht nur in den von Voigt ausgesuchten, sondern in Dutzenden von Farben. Als er seinen Beitrag zur Miete nicht rechtzeitig erbracht und zum Augentrost einen dämmergrauen Nicki ausgepackt hatte, schritt Eva in dem hinteren Zimmer, das auch Küche war, vor unseren Matratzen auf und ab wie Gräfin Orsina und hielt ihm eine Kündigungsrede. Er wehrte sich nur notdürftig. Bald entschwand er uns.

Wir ließen uns eine junge Katze schenken, ein schwarzweiß geschecktes Weibchen. In Westberlin kauften wir jetzt außer Milch auch Lunge. Beim Rascheln des Einwickelpapiers sprang sie aus dem Garten herein, landete nach einigen Proben genau in Freßhaltung davor und fraß es in zwei Minuten so leer, daß man es noch einmal hätte verwenden können. Dann begrüßte sie Eva, mich und Fritz Jahn, wenn er da war, einen nach dem anderen, sprang wieder hinaus oder balancierte auf der Zwischentür, um uns auf die Köpfe zu klopfen, wofür wir aber zu klein waren. Einmal brachte Eva aus der Markthalle am Alexanderplatz Oderkrebse mit, eine billige, aber seltene Delikatesse, die der Katze sicher noch nie vorgekommen war. Doch der leise Duft beim Auspacken erweckte in ihr eine Ursehnsucht. Sie sprang auf den Tisch, wurde hinuntergeworfen, war wieder oben, packte einen Krebs, ein dutzendmal denselben, knurrte und schlug um sich, kannte uns nicht mehr, verstand uns nur noch als Hindernisse. Als sie endlich begriff, daß wir nicht nachgaben, ging sie mitten unter den Tisch, funkelte uns an, wobei sie noch heftig knurrte, und urinierte, uns nacheinander fest in die Augen blickend, zum ersten und letzten Mal auf dem Steinholzfußboden. Wir beeilten uns mit den Krebsen und servierten ihr die Köpfe und Beinchen, also nicht mehr viel Saftiges. Es war ihr ja vor allem um den Duft gegangen. Sie kaute und lutschte auch bereitwillig, aber die Leidenschaft war vorüber. Im Herbst legte Willy Dalchow im Keller und im Garten vergiftete Köder aus. Lenkes sagten uns nachher, er habe es auch ihnen verheimlicht. Die Katze fraß von dem Rattengift, einige Tage lang litt sie entsetzliche Schmerzen. Nach zwei Heilungsversuchen brachten wir sie zu einem Tierarzt, der sie tötete.

5 Pflichten

Onkel Rudolf schenkte uns jeden Monat fünfzig Mark. Mein Vater gab uns weiterhin hundert Ostmark, wahrscheinlich überwies er sie an Kilz; ich besuchte Kilz oft, um mich von dem Mienenspiel zu erholen, das Fritz Jahn bei meinen Malversuchen und meinen Äußerungen in Gang setzte. Vom Währungsstipendium blieben nach Abgabe der Monatsmiete nur fünf Westmark übrig. Das Geld reichte nicht. Ich ging zur TUSMA wie Voigt. Das Büro war gleich nebenan in einem von Bomben beschädigten Gebäude der Technischen Universität.

Ein überfüllter, durch einen Tresen halbierter kleiner Raum zwischen vergilbten, rissigen Ölfarbwänden. Bürofrauen, die zwischen warmem Eifer am Telefon und flachstimmiger Kälte am Tresen hin und her hasteten; vielköpfige Konkurrenz, die im Vorraum und auf der Treppe bis zum ersten Stock hinunter anstand, meist stundenlang. Es war etwa so geregelt, daß man beim Sichmelden eine Nummer bekam und daß die fünf Leute mit den niedrigsten Nummern im Büro warten durften. Wenn man mittags noch nicht dran war, war der Zweck verfehlt; ich ging dann so zufrieden weg, als hätte ich beim Anstehen 90 Pfennig je Stunde verdient. Anfangs tat ich nur miese Arbeiten, später auch bessere. Nicht daß die Bürofrauen mich befördert hätten oder daß ich schlauer geworden wäre; es war ein Zufallsverlauf, der einer hier gar nicht geltenden Lebensregel ähnelte. Teppichklopfen in teuren Wohngegenden war von den miesen Arbeiten noch die beste, dort konnte man auf Bier und belegte Brote rechnen und sogar mit einer Aufrundung des Lohns überrascht werden. Reichere Leute waren auch gesprächiger. Gespräche mit uns kosteten ja Arbeitslohn; meine ärmeren Auftraggeber mögen aus zwei weiteren Gründen mundfaul gewesen sein: aus Mißbehagen, weil sie meine Blässe und Magerkeit, mein unverhältnismäßiges Keuchen und tropfensprühendes Schwitzen nicht vorausgeahnt, kein Fläschchen Bier und kein Stück Brot einkalkuliert hatten und nun nicht meinetwegen umkalkulieren wollten; und wegen der Fremdheit solcher Arbeitskräfte wie wir mit unserer erbärmlichen Gegenwart und einer Zukunft voller Luxus und Arroganz.

Eva durfte drei Kurzreportagen für die Zeitung »Der Abend« schreiben, wofür ihr nach einer feierlichen Pause je zwölf bis fünfzehn Mark überwiesen wurden. Arnold hielt mich auf dem Korridor an: Ich genösse den Vorzug hier zu studieren, und was täte ich statt dessen? Er habe mich bisher mangels meiner Gegenwart nicht danach fragen können. Ich antwortete mich in Zorn und stellte ihm die Frage, ob ich meine Schwester verhungern lassen sollte. Er lauschte mit einem mich überraschenden Lächeln, dem ersten überhaupt, das er mir zuwandte. »Natürlich nicht, ganz klar«, sagte er. Eva könne mich stets hier besuchen, fügte er hinzu, er wolle auch sie durchaus gern kennenlernen.

An einem TUSMA-Feierabend eröffneten mir Eva und Fritz Jahn, daß sie es nicht mehr mit ansehen könnten; auch er wolle jetzt zur TUSMA. Für sich allein hatte er es nicht nötig. Aus diesem mir neuen Blickwinkel bemitleidete ich mich, was mir bis dahin nicht eingefallen war. Ein ihm und mir und sechs anderen erteilter

Auftrag war in Spandau zu erfüllen, Erdarbeiten auf einem Industriegelände, Ausschachten eines Grabens, mal mit Spaten, mal mit Schippe. Binnen kurzem haßten wir den Vorarbeiter, der sich etwa alle halbe Stunde über uns aufbaute. Am Feierabend rief er mir zu, daß ich ab morgen zehn Pfennig mehr pro Stunde kriegen solle, er habe es schon nach oben durchgegeben. »Wieso«, fragte ich. »Weil Sie gut arbeiten. Die anderen, woll'n mal sagen, teilen sich's mehr ein.« – »Das will ich nicht«, sagte ich betont unfreundlich. »Wieso nicht?« – »Ich arbeite nicht besser als die anderen, ich will die zehn Pfennig nicht.« Das nützte keinem außer der Firma; die anderen wunderten sich über mich.

Mit meiner Mutter führten wir einen kurzatmigen, spätestens alle zehn Tage fälligen Briefwechsel. Wir meldeten Fortschritte oder, sofern wir keine erdenken konnten, doch Konfliktlosigkeit, während sie sich im ganzen Brief an das Schlimmste halten durfte. Mein Vater hatte, ohne sie zu fragen, in drei frei gewordene Zimmer eine Familie Gehlke eingelassen: Er wollte sie angenehm überraschen. Frau Gehlke sollte ihr die Last des Haushalts erleichtern, Herr Gehlke konnte die Aufgaben eines Hausmeisters erfüllen. Meine Mutter kannte Frau Gehlke, mißtraute ihr und hatte vor ihrem Mann, sobald sie ihn kennenlernte, Angst. Ihr Zorn gegen meinen Vater bestärkte ihn in seiner Religiosität. Er hielt den Einfall, Gehlkes ins Haus zu lassen, für eine göttliche Eingebung. Wahrscheinlich wuchs sie ihm gerade durch ihre Unerklärlichkeit ans Herz. Die Schwierigkeit, Unfromme davon zu überzeugen, machte die Eingebung zu einer Aufgabe, einer Glaubensprüfung. Meine Mutter und er sprachen nur schriftlich miteinander, indem sie einander Zettel unter Türen durchschoben; auf einem Zettel nannte er sie eine »Verlorene«. Manchmal fügte er Briefen von ihr an uns einen Schreibmaschinendurchschlag bei, der sich selbstgerecht, friedlich, unanschaulich und zweifelhaft las, soweit er überhaupt lesbar war. Er machte immer sechs Durchschläge, drei für seine Kinder aus erster Ehe, den vierten für Eva, den fünften für Christian, den sechsten für mich.

Meine Mutter kam gern zu Besuch. Sie übernachtete bei ihrem Bruder Rudolf, nur zehn Minuten von uns entfernt. Er bewohnte die obere Etage eines Reihenhauses am Quermatenweg; vor den Bombenangriffen, die immer auf seine Unterkunft zu zielen schienen, hatte er mal in Dahlem, mal am Kurfürstendamm in sechs

Zimmern allein residiert. Unten wohnten Toplins, ein Portier der Firma, die mein Onkel mitleitete, und dessen Frau. Sie machte sauber und kochte Kaffee und Frühstückseier; mittags oder abends ging er meist in Restaurants essen. Wenn ich eintrat, saß meine Mutter so glücklich, daß ich sie kaum erkannte, mit einem Frühstückstablett auf den Knien im Bett; er in einem blauen Bademantel auf einem Stuhl daneben, Zigarre rauchend. Er griff zum Telefon und rief eine Treppe tiefer an, damit Frau Toplin ein drittes Frühstücksgeschirr heraufbringe. Mittags kamen sie in unser Tiefparterre, oder er lud alle zum Essen im »Deutschen Haus« ein.

6 Sich unsichtbar machen

Peter v. K., der nicht weiter weg wohnte als mein Onkel, verkaufte manchmal billigen Kaffee und unversteuerte Zigaretten. Er wollte Trickfilmzeichner werden. Sie hatten in das Dach ihres Reihenhauses zwei Fenster einsetzen lassen; unter diesen wohnte und zeichnete er. Der Schwarzhandel schien sich eher aus Launen als aus Erwerbszwängen zu ergeben. Einmal hatte er uns besucht; allein mit ihm war mir kein Wort eingefallen. Seine Mutter machte mir auf, eine auch in Trainingshosen elegante Frau mit tiefer, heiserer Stimme. Als ich seine Tür geöffnet hatte, trat ich wieder zurück und sagte nein. Ein Mädchen war da, sie lagerten in manierlichem Abstand und vollständig bekleidet quer über der Couch. Eintreten ging nicht, ich zog also die Tür von außen zu, und dann drückte ich sie wieder auf, weil Nichteintreten unerklärlich war. Er stellte uns einander vor, und ich nahm auf einem Stuhl Platz. Mein Verhalten wich so weit ins Unerklärliche ab, daß ich ihm nicht mehr deutend folgte, ich ließ es davonlaufen. So schlecht war es mir seit den Tanzstunden nicht mehr gegangen. Ich wünschte unsichtbar zu sein. Das Mädchen sah ich nur als Faktum aus der Normalität, aber nicht, wie sie aussah.

Der Wunsch, unsichtbar zu sein, wurde mir eher dann erfüllt, wenn ich ihn gar nicht hatte. Sehr hinderlich war es in Gaststätten; zum Zechprellen wagte ich es natürlich nicht auszuprobieren. Ich mußte lange weitausholend winken, bis ich den Kellner in der Ansicht beirrt hatte, daß mein Tisch leer sei. Nach der letzten Nacht des Faschingsfestes »Zinnober 53«, die wir als Einlaß-, Garderoben- und Barpersonal durchwacht hatten, hielt vor der Hochschule eine Autokolonne, vor allem schwarze Dienstwagen: Der benachbarte Neubau, der Konzertsaal der Hochschule für Musik, sollte eingeweiht werden. Polizisten in Abständen von zwei Metern sicherten den Nichtzutritt Unbefugter. Die Übermüdung machte mich gleichgültig, ich durchquerte die Postenkette und passierte das gläserne Portal hinter Gutgekleideten, die ihre Einladungskarten hinhielten. Der Polizist, der die Karten prüfte und dessen Hände ich beinahe streifte, sah mich nicht. Dann befand ich mich im Foyer zwischen Händeschütteln, Handküssen, Feuergeben, sonoren Scherzen, perlendem Damenlachen und so weiter. Draußen großes Hallo: Fritz Jahn und zwei andere hatten mir folgen wollen, durften aber nicht. Ich ging wieder hinaus, weiter unsichtbar.

Die Akademie der Künste, Ostberlin, Robert-Koch-Platz, arrangierte eine große Barlach-Ausstellung. Ostberliner Zeitungen las ich nicht oft; ich erinnere mich an die mündliche Erwähnung des Faktes, wenn es einer war, daß Barlach in solchen Zeitungen dekadent genannt worden sei, die Ausstellung eine Provokation, die dafür Verantwortlichen naiv oder böswillig, die Akademie der Künste durchlüftungsbedürftig.

Im Sommer schloß die DDR ihre Grenzen dichter. Die nach Westdeutschland wurde lebensgefährlich. Ebenso, doch nur für Westler, die zwischen ganz Berlin und der DDR. Ostler durften sie noch passieren; auf dem Rückweg mußten sie mit einer Gepäckdurchsuchung rechnen, die auch ausbleiben konnte. Beschlagnahmt wurden Westzeitungen und Lebensmittel, darüber hinaus drohten böse Scherze. Gerüchtweise kannte jeder den DDR-Bürger, der auf dem Bahnhof Potsdam ein Kilo Westberliner Schmalz auf einmal aufessen mußte. Manche sagten, es seien Salzheringe gewesen. Vielleicht haben beide Mahlzeiten stattgefunden. Wir zweifelten nicht an ihnen. Sonderbar, daß wir uns dennoch keine Sorgen um meine Mutter machten, wenn sie mit Kaffee und anderem nach Salzelmen zurückfuhr. Indessen bekam sie von der Post immer Lebensmittelpakete zugestellt. Uns wiederum verwehrte man in Ostberlin jetzt Essen und Einkaufen. Das traf Zwischenhändler, vor allem unter den 300000 Westberliner Arbeitslosen. In einem HO-Laden am Oranienburger Tor hatte ein neben mir stehender, arm aussehender Mann zwanzig Kilo Zucker verlangt und bekommen und in einen leeren Koffer verstaut. Mich traf die

Einschränkung nicht, da ich noch meinen Ostausweis hatte. Friseure, Schuster, Wäscher, Buchhändler und die Post durften uns weiter bedienen. Eine kleine Freiheit, Geld zu sparen, wurde noch gekappt: in einer Ostberliner Telefonzelle für zwei Ostgroschen mit Westberlinern zu telefonieren. Die Telefonkabel wurden zersägt, was ein schweres Stück Arbeit gewesen sein soll.

Wenn meine Mutter uns besuchen wollte, erörterte sie das in Briefen an unsere Adresse. Beim Antworten schrieben wir auf die Umschlagrückseite diese Westberliner Adresse, klebten auf die Vorderseite eine Ostberliner Briefmarke, und ich steckte den Brief in einen Ostberliner Briefkasten. Es munkelte sich herum, daß die Ostpost solche Briefe beschlagnahme. Dazu mußte sie sich gut auskennen. Die Postleitzahl lautete in ganz Berlin »1«, es gab keine Vorschrift, wonach man Wörtchen wie »Berlin West«, »Brit. Sektor«, »Demokr. Sektor« hätte hinzufügen sollen (Demokratischer Sektor war der in Ostberlin offizielle Name Ostberlins). Ich begann zu schreiben »Absender Stolze bei Wisniewski« und Kilzens Adresse und klebte weiter Ostbriefmarken. Ihm war es egal, und Frau Wisniewski, seiner Wirtin, offenbar auch. Sie machte mir den Eindruck, daß sie, früher verplauscht gewesen, das Mundfaule wie etwas Nützliches von ihm gelernt habe. Kurz vorm Abreisen telegraphierte uns meine Mutter ihren Ankunftstermin in Potsdam. Dort holte ich sie allein ab, denn Evas Ostausweis war nicht mehr da; ich glaube, sie hat ihn selber auf dem Zehlendorfer Polizeirevier in einen Westausweis umgetauscht.

Ein Schauspieler, der sie aus Köthen und Güstrow kannte, riskierte unsere Adresse, da er sie besuchen wollte und von Kilz nichts wußte. Manthey und Grünewald kündigten sich bei Kilz an. Er kam selten in unser Tiefparterre, legte mit schlaff beseitigender Geste einen Brief auf den Tisch und redete dann, beim Tee, auf seine irreführende, scheinbar den Gegenpart spielende Art über Politik. Nachher wunderte sich Fritz Jahn: auch unsereiner sei dem Osten abgeneigt, aber doch nicht so haßgeladen. Ich erläuterte ihm spöttisch, Kilz verstehe sich als Marxist, er halte die DDR für den richtigen deutschen Staat und die Bundesrepublik für halbfaschistischen Murks.

Grünewald winkte mit beiden Armen durchs Fenster, vor dem er gar nicht vorbeigemußt hätte, da der Kellereingang näher lag. In der Tür trappelte er wie ein aufgeregter Hund. So breit, wie der Kellergang es zuließ, breitete er die Arme aus, dann ließ er sie auf meinem Rücken zusammenfallen und beklopfte mich, unten breitbeinig weitertrappelnd wie auf saugendem Sumpfboden. Während er »austreten« ging, raunte Eva mir zu: »Du, der ist ja reizend!« Wie wenn er sie sonst hätte hören können und als wolle sie das vermeiden.

Manthey klopfte dreimal an die Kellertür und kam mir leise nach, dann sehe ich ihn an unserem Tisch unaufhörlich rauchen. Seine Blässe, an die ich gewöhnt gewesen war, erschreckte mich jetzt. Er saß mehr da, als daß er sich äußerte. Er war mit Anke Fruehauf verheiratet, sie hatten eine Tochter, das Studium hatte er abgebrochen und gab Zeichenunterricht an einer Grundschule in Halle-Kröllwitz. Eva stellte ihm ab und zu eine höfliche Frage; als er weg war, nannte sie ihn nicht reizend, sondern schwieg.

Ihr Kollege, der einige Tage bei uns wohnte, war ein großer, knochiger Charakterdarsteller, zur Zeit am Theater in Eisenach. Er erzählte folgenden Witz: Ein durchgefallener Heidelberger Student geht im Spessart spazieren, ein Wurfmesser schwirrt an seiner Schläfe vorbei, eine Stimme lacht gräßlich: »Durchgefallen!« Es zeigt sich ein Räuber. Der Student: »Räuber, woher wissen, was machen Sie?« Der Räuber: »18 Semester Heidelberg, Examen nicht machen können/*wollen,* Spessart gegangen, Räuber geworden.« Der Student spaziert weiter in Amerika. Ein Tomahawk schwirrt an seiner Schläfe vorbei, eine Stimme lacht gräßlich: »Durchgefallen!« Es zeigt sich ein Indianer. »Indianer, woher wissen, was machen Sie?« – »Lange Geschichte. 30 Semester Heidelberg, Examen nicht machen können/*wollen,* Berufswunsch modifiziert, Indianer geworden.« Der Student reist in die Tropen. Dort fliegt eine unreife Banane dicht an seiner Schläfe vorbei, und eine gräßliche Stimme gellt: »Durchgefallen!« Der Student, nun schon im Bilde, ruft: »Affe, woher wissen, was machen Sie?« – »Hahaha, vergessen. So und so lange da und da Dingsda, anderes Dingsda nicht machen können/*wollen,* Urwald gegangen, Affe geworden.« – Der Spaziergänger könnte den Affen noch übertrumpfen; als Lama das Spucken üben, als Stinktier das Stinken, als Igel das Stechen, als Stein das Fallen, als unreife Banane das Beinahe-Treffen.

7 Ein gestörtes Idyll

Grünewald und Kilz waren schon am Kap Arkona, ich fuhr ihnen im D-Zug nach. Eine Station zwischen Berlin und Bergen auf Rügen heißt Herzsprung. Feldarbeiterinnen nehmen sich die Zeit, sich aufzurichten und dem Zug zuzuwinken. Von Bergen nach Altenkirchen mit dem sogenannten Rügen-Expreß, einer sehr langsamen Schmalspurbahn, die einen Speisewagen hat. Es fahren Leute gratis mit, weil sie an unbemannten Haltestellen eingestiegen sind, bloßen Trampelpfaden am Feldrain mit einem an einem Pfahl genagelten Ortsnamensschild. Weiter auf dem Anhänger eines Traktors, dann mit Koffer und Reißbrett zu Fuß. Es ist noch hell; als wir um Mitternacht schlafengehen, gibt es immer noch etwas Dämmerlicht. Der niedrigere der beiden Leuchttürme, ein von Schinkel entworfener Backsteinbau auf quadratischem Grundriß, dient jetzt als Wohngebäude. Wir wohnen in einem Dreibettzimmer bei einer sudetendeutschen Familie im dritten Stock. Lebensmittelmarken habe ich nicht mehr; das wird irgendwie erklärt, ich bekomme trotzdem zu essen. Im Zimmer tun sich Kilz und Grünewald gegen mich zusammen, im Freien herrscht eher Gleichgültigkeit. Wenn der eine nicht da ist, ist der andere verträglich. Kilz spielt mit den hier oben stationierten Sowjetsoldaten Volleyball; ich will mir nicht einmal die Regeln erklären lassen. Wenn wir vom Malen kommen, möchten die Russen sehen, was wir geschafft haben, aber nur flüchtig, dann treiben sie wieder Sport. Kilz malt selten. Grünewald führt mich zu dem zwei Kilometer entfernten Dörfchen Vitt, einem malerischen Ort: In einer engen Bucht staffeln sich bunte Häuschen samt Kirchlein die steilen Hänge empor, unten dümpelt Boot an Boot, auf dem schmalen Strand lagern hölzerner und eiserner Schiffszubehör, stinkende Taue und Netze und farbige Glaskugeln. Dieses Inventar erinnert mich von ungefähr an Kirschen und Nüsse auf einem Kuchen, auch an die in ihm steckenden Rosinen. Eine Meinung in mir, die ich nicht wissen will, will mich zum Bäcker machen. Meine Bilder werden backig, bunt und schwer, meine Federzeichnungen enden allzu vollgestrichen. Unterhalb der Steilküste am Kap finde ich ein großflächiges, von Putzigem freies Motiv. Dort bin ich nicht lange allein. Es kommt eine Gruppe von Ziegen ohne Hund und Hirten in einer Wolke des Duftes, den der Bock ausströmt. Der Bock benimmt sich so fein, wie sein Gesicht aussieht, dem ein goldgeränderter Kneifer gut stehen würde. Aber eine seiner Damen versucht, mich und mein Klappstühlchen von hinten umzustoßen. Sie gesellt sich zu den anderen, wie wenn ihr der eine Versuch genügt, schleicht sich aber wieder hinter mich und unternimmt noch mehrere, arbeitet sich in Eifer. Ich vermindere mich zu dem Poeten Balduin Bählamm von Wilhelm Busch, einer nur zum Lachen erfundenen Witzfigur. Mich enttäuscht der freundlich tuende Ziegenbock, weil er die Dame nicht zur Ordnung ruft. Das Steilküstenbild bleibt unfertig.

Ein anderes nicht fertig gewordenes Bild liegt unter feinem Sprühregen am Strand, in der Nähe Kilz und ich unter Wolldekken. Ich schlafe ein, wache nach langer Zeit wieder auf und höre, daß auch er geschlafen hat. Die Wolldecken sind nicht durchfeuchtet, nur mit winzigen Tropfen benetzt. Das Bild aber hat der Regen verschönt. Unter der neuen Struktur aus kleinen hellen Kreisen sind meine Pinselstriche nicht mehr zu erkennen.

Grünewald und ich wandern die Küste nach Westen ab, um unseren Zeltplatz bei Kreptitz wiederzusehen. Neue Schilder, meist vor Waldgeländen, die als Sperrgebiete bezeichnet werden, zwingen zu Umwegen landeinwärts. Über den Waldwipfeln sieht man die überdachten Plattformen hölzerner Wachttürme. In Kreptitz finden wir Touristen. Auf dem langen Strand, der weithin ohne Fußspuren gewesen ist, und im Wasser, das manchmal still wie Glas dagelegen hat, sind etwa hundert Menschen; die meisten geschäftig, andere wie aufgebahrt ruhend auf schwimmenden Luftmatratzen und im Sande. Oben auf dem Wiesengelände steht ein Dorf aus Zelten, Feuerstellen und einigen Autos. Dazwischen viele Klappstühle voll nackter Bäuche unter Romanen und windbewegten Zeitungen, bekrönt von Sonnenbrillen und Mützenschirmen. Es riecht hier nach Essen, dort nach Hautöl. Das Stück Grasboden, wo Anke uns geschoren hat, ist zufällig frei geblieben. Wo Erde durchscheint, klemmen noch klümpchenähnliche Haarbüschel.

Ein abseits stehendes Haus auf dem Kap Arkona ist Meerwasser- oder Wetterstation. Der sanfte Mann, der dort sitzt und seine Augen meist auf die hinter dem Fenster vorbeiziehenden Wolken gerichtet hält, spricht davon, daß er einen Helfer gebrauchen könne. Ab und zu müsse einer mit einem Glasröhrchen zum Meer hinuntersteigen und eine Wasserprobe holen. Das Gehalt ist niedrig, etwa zweihundert Mark, aber hier oben brauche man nicht viel, und es sei kein schlechtes Leben, auch im Winter nicht. Er zeigt uns auch das Zimmer für den Helfer. Ich überlege mir dieses Angebot, bis ich schließlich doch abreise.

8 Verlustbescheinigung

Mein Vater macht meiner Mutter die ihm vom Himmel befohlene durch Rechthaberei aufgebesserte Geduld vor. Meine Mutter kränkt ihn oder verwahrt sich gegen ihn, je nach Ausgangslage. Herr Gehlke sieht aus wie ein Boxer und gilt als Gewalttäter, er hat an einer Kopfseite die tiefe Narbe einer Hirnverletzung. Seine Frau hat ein Strahlen im Blick, das Nächstenliebe anzeigt, nach Ansicht meiner Mutter jedoch Raffgier bedeutet. Die Kinder sind manchmal atemberaubend frech, dann wieder erbieten sie sich zu Einkäufen oder Gartenarbeit. Meine Mutter hält jede Lebensäußerung von Gehlkes für eine Etappe in dem langfristigen Plan, sich Haus und Garten vollständig anzueignen. Zur Stimmung des Ganzen gehört auch, daß Onkel Albert vor kurzem gestorben ist und eine schwierige Witwe hinterlassen hat. Es stellt sich jedoch heraus, daß sie kaum lesen und schreiben kann; jeden Tag zetert sie um Hilfe und dann weiter gegen den Helfer, meine Mutter, meinen Vater oder beide. Am 1. Oktober erhole ich mich bei Manthey und Anke in Halle. Sie haben zwei große, hohe Zimmer in einer verwahrlosten Villa in Kröllwitz, deren Garten einen Hügel aus dem dunkelroten Porphyrgestein mit umfaßt, das auch den Burgfelsen und einige Windungen lang die Saaleufer bildet. Draußen im Kinderwagen liegt das Baby, das erste von Menschen meines Alters, die ich kenne, zur Welt gebrachte Kind. Am Abend, kurz bevor ich nach Salzelmen zurück will, zwischen der Bahnhofshalle und dem Bahnsteig, greife ich wie meistens vor Ortswechseln an die Stelle über dem Herzen, wo die Brieftasche sitzt, die meinen Ausweis enthält. Sie ist weg. Ich habe sie aufgeklappt auf die Theke der Verkaufsbude vor dem Bahnhof gelegt, um einen Geldschein herauszunehmen, mit dem ich dann eine Dose »Chatka«-Krebsfleisch bezahlt habe. (Dieser Import aus der Sowjetunion hat anfangs über fünf Mark gekostet, dann schrittweise weniger; neuerdings kostet er nur noch 2 Mark 35. Die Kunden haben ihn zum Ladenhüter gemacht, sie vermissen Hering, Kabeljau und so weiter.) Mein Portemonnaie ist dick vom Wechselgeld für die unnötigerweise gewechselte Banknote. Die Brieftasche ist nicht dort, wo sie eben gelegen haben muß, die Verkäuferin erinnert sich nicht mehr an mich. Ich lasse den Zug ohne mich abfahren. Aufgeregt suche ich nach Polizei, stammelnd melde ich den Verlust im Volkspolizeibüro im Bahnhof. Die Aufregung ist mir peinlich, zugleich stelle ich sie überdeutlich dar; meine Situation scheint dieses Theater zu gebieten. Der Volkspolizist läßt ein Lächeln sehen und eine äußerst ruhige Sprechweise hören, die den Kontrast zwischen ihm und mir dartun, aber allmählich auch mildern soll. Den Ausweis würde ich wohl nicht wiedersehen, meint er, es werde viel geklaut und wenig wiedergefunden; am besten, man denke nicht mehr daran und beantrage einen neuen. Auf der Volkspolizei-Meldestelle in Schönebeck bekomme ich keinen neuen Ausweis, sondern eine »Verlustbescheinigung«, die bis zum 20. Oktober gilt. Am 20. Oktober wird die Gültigkeitsdauer bis zum 1. März 1953 verlängert. Es ist nur ein postkartengroßer, mit wenigen Zeilen bedruckter Zettel. Handschriftlich sind mein Name und die Adresse meiner Eltern eingefügt. Kein Lichtbild und keine Aufzählung äußerer Merkmale. Eine schwache Identitätsbehauptung; aber die Volkspolizisten an der Sperre des S-Bahnsteigs in Potsdam, wo der Zug nach Zehlendorf steht, lassen sie gelten und geben mir den Durchgang frei.

9 Frieden

Arnold gefielen meine Bilder aus Rügen nicht: »Nein, nein, nein, ach nein – das sind die Bilder, die wir nicht lieben – danke, der Rest wird ja ebenso aussehen.« Mir gefielen sie auch nicht, aber mein Urteil war immer mit der Hoffnung verknüpft, es sei zu streng. Ich ging ein paar Türen weiter zu Uhlmann, der nicht mehr das Grundsemester, sondern eine eigene Klasse leitete. Er nannte mir in fragendem Ton einen Termin am nächsten Mittag. Auch als ich ihm dann gegenübersaß, äußerte er sich meistens fragend, selbst Auskünfte hörten sich so unfest an, als brauche er noch meine Ansicht dazu. Die Blätter aus meiner Mappe beschaute er sich mit wenig eigenem Aufwand; er schien sich darauf zu verlassen, daß ich genug Vernunft hätte, ihm nichts Unerträgliches zuzumuten. Manchmal sagte er freundlich »hm-m« und am Ende »schön«. Fritz Jahn hatte ihn einmal um Hilfe gerufen: Beim Zeichnen habe er plötzlich alles vergessen gehabt, Absicht, Gefühl und Selbstgefühl, ein grausiger Zustand; Uhlmann habe zugehört, teuflisch gelächelt und sei mit den Worten weggegangen: »Ich lasse Sie mit Ihrem Problem allein.« Zu Anfang der Nazizeit hatte er anderthalb Jahre im Zuchthaus Tegel gesessen, eine Vergeltung für das Verbreiten von Flugblättern. Amtskollegen sollen seinen Lebenslauf zu dem Satz vereinfacht haben, er sei Kommunist. Widerwille gegen Kommunisten war selbstverständlich und fast total. Man hatte mehrere Professoren unverzüglich arbeitslos gemacht, als man ihre Namen unter öffentlichen Erklärungen gefunden hatte, die auch von Kommunisten unterschrieben worden waren. Uhlmann hütete sich und blieb Professor. Arnold sagte »da läuft er, der Wanderprediger«, wenn er den langen, gebeugten Uhlmann in seinem flatternden Mantel durch den Garten der Hochschule schlendern sah; »der Prophet!«. Auch auf mich wirkte Uhlmann bisweilen unglaubwürdig, eben durch seine offensichtliche Glaubwürdigkeit. So aufrichtig schaute nur ein Schauspieler, ein so gewissenhaftes Gesicht war ein Trick, um Jünger anzulocken.

Ich bat ihn um Aufnahme in seine Klasse. Ja, sagte er, aber nicht vor Ende des Semesters, also im März. Mittendrin sei so ein Wechsel unüblich und bringe einen Haufen Ärger. Wenn ich inzwischen was von ihm wolle, was Neues zeigen oder einen Rat von ihm, der allerdings falsch sein könne, dann solle ich mich nicht scheuen zu kommen, nur nicht zu offenkundig. Auf Arnolds nächste Herabsetzung meines Tuns antwortete ich: Mir scheine, wir hätten allzu verschiedene Auffassungen, ich wolle ihn bald von mir befreien. Das behagte ihm nicht und doch, da er ein Genießer von Kontroversen war: »Lieber Herr Stolze, wenn ich Kritik – wie ich meine: begründete Kritik – übe, dann berührt das doch nicht... also nach meinem Dafürhalten gibt es eine gemeinsame Grundlage. Ich hoffe, daß Sie diesen Schritt noch überdenken, ich sehe keinen Anlaß dazu.«

In dem Frieden, den ich nun hatte, malte ich auf Packpapier, zwei mal drei Meter groß, einen schwarzweißen Wandbildentwurf »Läufer und Publikum«. Zahlreiche Figuren wie in luftleerem Raum, die an Fernand Léger erinnerten, aber magerer waren. Er hielt jählings davor an: »Donnerwetter! Ein großer Wurf. Oder fast einer. Die Einschränkung geht Einzelheiten an, über die wir noch sprechen werden, im ganzen gilt der erste Eindruck einer souveränen Bewältigung... Es freut mich sehr!« Danach saßen Voigt und ich bei ihm auf derselben Wippe, Voigt in der Kuhle. Gleichzeitig wurde Voigt auch noch als Dieb erwischt: er hatte aus Bildbänden aus der Hochschulbücherei Reproduktionen herausgeschnitten. Zur Strafe stufte man ihn merkwürdigerweise ins Grundstudium zurück.

Ich kaufte in der Markthalle am Alexanderplatz eine schwere Menge Dachlatten und einen Posten Nägel. Die Nägel waren dicke, leichte, kurze Gußstücke aus Aluminium. Wenn man nicht ganz senkrecht darauf schlug, zerbrachen sie, anstatt sich zu verbiegen. Aus diesem Material errichtete ich zu Hause ein Gestell für meine Mappen und Bilder, um das Provisorium zu beenden, daß sie wie soeben abgestellt, aber verstaubend an den Wänden lehnten. Dann brachte ich auch hier ein Bild fertig, das mir Frieden verschaffte: von dem sich Fritz Jahn nicht mit dem Schweigen abwandte, das hieß, es sei gar kein Bild, es tue nur so. Es war die Verwertung einer Orchesterprobe im Titania-Palast: schwarze Anzüge, braune Geigen, Celli und Bässe, silbrige Notenständer, ausdruckslose Köpfe, alles starr voneinander abgegrenzt und im ganzen einen trauermarschähnlichen Rhythmus vermittelnd. Schlecht gemalt, aber die gute Seite des Schlechten ist das Schlichte. Im nächsten Jahr erinnerte es mich sowohl an Bestattungsunternehmen wie an bemalte Bauernschränke, und ich deckte es mit ganz anderen Pinselstrichen zu.

10 Sprachschwierigkeiten

Die Tochter und der Schwiegersohn meines Onkels waren Journalisten, vor allem aber witzig und beredsam. Unsereiner redete fast wie ein Kind: Wir schwärmten von diesem, schimpften auf jenes, ärgerten oder bestärkten einander, bekannten Gefühle, auch Schwächen, sogar Bosheiten, oder fanden es vorteilhafter, zu leugnen. Für gute Zuhörer waren wir offene Bücher. Wenn Lührs kamen, bedeckte ich mich mit einer Schutzschicht, und wenn sie wieder gingen, schwand die Schutzhaut, und es war kein Zweifel hereingedrungen. Solange sie noch da waren, druckste ich. Auf einmal deuteten sie so zierlich, daß es eigentlich nicht weh tat, mein Drucksen als eine Willensäußerung wie die eines Bauern, der seinen Standpunkt hat, aber nicht viel sagen will. Die Feinheit, mit der sie mich überdeuteten und in das mich überfordernde Gespräch hineinkomplimentierten, traf mich auf den Kopf wie ein

Sandsack. In Sekundenschnelle wurde ich noch dümmer, ging aufs Klo und hoffte, daß das Zimmer danach leer sein würde. Auch Fritz Jahn litt unter Lührs, er verkümmerte in ihrem Beisein zu einem Naivling. Eva hatte den Ehrgeiz, von ihnen zu lernen. Das Auffälligste war der Witz, das Nebenergebnis einer ganz anderen Übung: Angreifer zu begreifen, Angriffe zu erfassen anstatt abzuschlagen, Ausflüchten nachzugehen anstatt selbstgefällig nachzuschauen; und sich selbst als eine beliebig vergleichbare Person preiszugeben, als armes Würstchen wie alle und als enorme Persönlichkeit wie alle; immer schneller aber genauer, treffsicherer aber empfänglicher. Eva ging oft zu Lührs; wenn sie konnte, machte sie sich ihnen nützlich. Sie steuerte ein Paßfoto von Günter Simon bei, der in der DDR prominent geworden war. Bei der DEFA war ein zweiteiliger Film in Arbeit, in dem er den KPD-Vorsitzenden Ernst Thälmann verkörperte. Auf dem Foto war er 16 Jahre alt, häßlich geschoren und dicklich. Er hatte es Eva geschenkt, weil sie es rührend gefunden hatte. Nachdem es im Bericht über den DEFA-Star in hoher Auflage verbreitet worden war, übermittelte uns jemand seine Bemerkungen: So eine Gemeinheit habe er Eva nicht zugetraut; er würde ihr so was nicht angetan haben; er denke gern an sie zurück, sie aber offenbar nicht an ihn. Es war Eva nicht gleichgültig, sie sprach unsicher kichernd davon. Aber wir fanden es mehr komisch als bedauerlich. Die Luft in Westberlin schien uns einzugeben, daß man einem, der in der DDR gut lebte, kein Zartgefühl schuldig sei.

In einer seiner allwöchentlichen Rundfunkansprachen forderte der Regierende Bürgermeister Ernst Reuter uns Westberliner auf, zu Weihnachten Kerzen in die Fenster zu stellen und anzuzünden. Straßauf, straßab zusammenwirkend, sollten die Lichter anzeigen, daß wir in den schönen Festtagen unserer in Unfreiheit und Schweigen ausharrenden Brüder und Schwestern gedächten. Eva und ich bestückten unsere Fenster, die von der Straße aus gar nicht zu sehen waren, mit je zwei Kerzen, insgesamt acht. Von Lührs vermute ich, daß sie den Aufruf bierselig fanden. Von Onkel Rudolf: daß er schöne Gesten geringschätzte. Von seiner Freundin und bisherigen Sekretärin: daß sie Kerzen angezündet habe mit der Überlegung, es nütze ihren Verwandten in der Zone wohl nichts, aber es schade auch keinem. Onkel Rudolf sagte sie und sich selbst zum Heiligen Abend in unserer Kellerwohnung an; er ließ von

»Hefters Stadtküche« eine »Kalte Platte Lukullus« liefern und brachte viel Weißwein und seine Gitarre mit. Nach dem Essen zupfte er Saiten an und fing zuerst beiläufig, dann, als wir schwiegen, ausdrücklich an zu singen. Seine Tenorstimme war schartig von Übermaßen an Bier, Korn und Zigarren, aber er gebrauchte sie sicher. Ich beobachtete ihn neugierig wie einen noch Unbekannten. Ein ältlicher Mann mit einem Bierbauch und einem bläulichrot geäderten, meist ärgerlich verschlossenen Gesicht, das jetzt offener aussah. Manche Wendungen klangen so, als wünschte er sich fort, andere, als verspräche er, dennoch weiterzuexistieren. Seine Freundin betupfte ihre Augen mit einem Taschentuch und begann zu schluchzen. Er hörte sachte auf, machte eine schnoddrige Bemerkung, goß Wein nach, trank einen Schluck und brachte weiteres knurriges, flinkes Gequatsche hervor.

Um diese Zeit pensionierte ihn das Elektroversorgungsunternehmen, das er Ende des Ersten Weltkrieges mitgegründet hatte. In Westberlin, inmitten der DDR, hatte es längst keine Funktion mehr, es verwaltete sich nur noch. Er soll, unter Einsatz von Beziehungen zum Ausland, aber auch seiner selbst, Nazigegnern über die Grenzen geholfen haben. Seine geschiedene Frau soll gesagt haben, sie habe ihn einmal in einer Uniform gesehen: in SS-Uniform. Wenn er uns in Salzelmen besucht hatte, hatte er meinen Vater in Verlegenheit gebracht, indem er Hitler »Grövaz mit v« nannte, nicht den größten Führer, sondern den größten Verbrecher aller Zeiten. Beim Trinken ließ er durchblicken, daß er Hitler hätte umbringen können und sollen.

Am ersten Feiertag sah Fritz Jahn unsere Kerzenstummel und rief: »Im Ernst? Habt ihr den Blödsinn mitgemacht?« Er warf sich auf einen Stuhl und böhmelte: »Fier die Briedä un Schwästärn. Das macht ihr mit?!« Soll man denn nie etwas mitmachen? »Aber was die Staatspfeifen, die Amtspfeifen sagen, kann man doch nicht machen, höchstens das Gegenteil, am besten gar nicht hinhören!« Eva sagte, Ernst Reuter sei ein auch im Ausland ernstgenommener Politiker, er sei übrigens eine Zeitlang Kommunist gewesen. »Wenn ich den höre, könnt' ich brechen.« Eva: Sie habe auch an unsere Mutter gedacht. »Meinste, deiner Mutter wird von den Kerzen wärmer? Ich find's offengesagt auch unheimlich kitschig.« Er sprach unsere Meinung mit aus, wir wechselten das Thema oder stimmten ihm vorher zu.

1953

1 Bücher und Filme

Man las im Osten Bertolt Brecht und Neuerscheinungen verstorbener Autoren: Egon Erwin Kisch, Heinrich Mann, Henri Barbusse und Romain Rolland, Anatole France, Victor Hugo, Balzac und Stendhal, Tolstoi, Gogol und Puschkin, Thackeray, Fielding, Defoe, den »Simplicissimus« von Grimmelshausen, Cervantes, Boccaccio und die Hirtennovelle »Daphnis und Chloe« von Apulejus. Meine Mutter las gern die im Ersten Weltkrieg spielenden Romane von Arnold Zweig. Kaum las man Romane von sowjetischen oder kommunistischen deutschen Schriftstellern.

Im Westen las man von den eben Aufgezählten Bertolt Brecht und von Heinrich Mann den »Professor Unrat«. Wenig Verstorbene, außer Kafka. Wenig Deutsche: Gottfried Benn, Ernst Jünger, Friedrich Sieburg, Heimito von Doderer, Ernst von Salomon – fünf Schriftsteller, die die Nazizeit unter Nazis verbracht hatten. Nach diesem Kriterium suchte man sie sich nicht aus, aber nach ihm bekam man sie angeboten. An miteinander verbundenen Schaltstellen – Zeitungen, Verlage, Ministerien – schienen Fachleute des Vorauswählens überlebt zu haben. An Emigranten gönnten sie uns unter anderen Werfel und Stefan Zweig. Manche lasen und erwähnten Heidegger, kein mir Bekannter erwähnte Wittgenstein oder Walter Benjamin. Ausdrücklich nicht las man Hermann Hesse: Er galt als sentimental und Sentimentalität als eine typisch deutsche, daher abgelebte Eigenart. Vor allem las man Amerikanisches und Westeuropäisches. Gern gekauft wurde der männlich knappe Hemingway, gern im Theater besucht der scharfsinnige Sartre und der unbarmherzige Beckett. Dort, wo ich zuhörte, begann man sich für James Joyce zu interessieren, dagegen nicht für Alberto Moravia oder Cesare Pavese. Ohne Sorge vergeudeten intelligente Leser ihre Zeit mit dem Bestseller »Verdammt in alle Ewigkeit« von James Jones, mit Wälzern von Pearl S. Buck, heiteren Romanen von Gábor von Vaszary und Urlaubslektüre von Erich Maria Remarque, der immerhin ein deutscher Emigrant war, jedoch nicht mit dem unterhaltsamen Lion Feuchtwanger – den gab es nur im Osten. Auch den in New York lebenden Bayern Oskar Maria Graf gab es nur im Osten. Auch Anna Seghers wurde im Westen nicht gelesen. Hemingway und Steinbeck wurden im Osten freundlich erwähnt, ihre Bücher aber gab es nur im Westen. Robert Musil gab es weder hier noch dort, er war den Deutschen noch unbekannt.

Vereinfachend kann man sagen, daß im Osten mehr Altes und im Westen mehr Ausländisches gelesen wurde. Ausnahmen, also im Osten wie im Westen teilweise erhältlich und gern gelesen, waren die schon etwa dreißig Jahre alten »Weltbühne«-Beiträge von Kurt Tucholsky und die Werke von Thomas Mann. Im Osten fing man an, fast alles von Thomas Mann nachzudrucken, zuerst »Doktor Faustus« und »Lotte in Weimar«. Einiges blieb ungedruckt: nicht nur die das schlechte Bestehende verteidigenden »Betrachtungen eines Unpolitischen«, sondern auch die Erzählung »Königliche Hoheit«, die man so und so auffassen kann. Diese Erzählung, und sonst fürs erste kein Text von Thomas Mann, eignete sich in Westdeutschland zum Verfilmen. Zuvor hatte die DEFA Heinrich Manns »Untertan« verfilmt. Der Ostfilm war ganz gut, der Westfilm nicht: ein Salat aus blauen Uniformen und rosa Rüschen, der streng den schalen Geschmack einhielt, an den das Publikum westdeutscher Filme gewöhnt worden war. Thomas Mann soll die Hauptdarstellerin »recht ansehnlich« genannt haben. Die Werke seines Bruders Heinrich erschienen zuerst im Osten und später, in spärlicher Auswahl, aufgrund einer östlichen Lizenz im Westen. Die Verfilmung des »Professor Unrat« – »Der blaue Engel«, Herstellungsjahr etwa 1930 – konnte man nur im Westen sehen, die ungefähr zur selben Zeit verfilmte »Dreigroschenoper« nach Bertolt Brecht nur im Osten. Dafür konnte man in Westberlin eine Schallplatte kaufen, die Aufnahmen von der ersten Theaterproduktion der »Dreigroschenoper«, 1928, wiedergab.

Charlie Chaplin war auf der Flucht vor den Kommunistenjägern McCarthys, oder er hatte die USA schon verlassen. Im Osten konnte man ihn aus einer Biographie kennenlernen, die ein französischer Kommunist verfaßt hatte; seine Filme bekam man, soweit es Berlin angeht, nur im amerikanischen, britischen oder französischen Sektor zu sehen. Ein Gegenbeispiel ist Jacques Tati mit seinem verblüffenden Film »Die Ferien des Monsieur Hulot«, der 1952 in die Westberliner Filmfestspiele geraten war. Niemand kannte den Namen Tati, aber wer dann aus dem Festspielkino kam, hatte sich fast krank gelacht. Kaum zwei Jahre später sah man in Ostberlin diese Clownerie, die den Oststaat Westgeld kostete und den Ostlern nichts Staatsgefälliges beibrachte. Das Filmwunder schlechthin, die »Kinder des Olymp«, das Phänomen, das um so schöner und interessanter wird, je öfter man es sieht, hat der Westen dem Osten nicht gegönnt, oder er wollte es nicht haben.

2 Klammern

Herr Lenke klopfte, fragte, ob er störe, setzte die Frage hinzu, ob er sich setzen dürfe, und riet auch uns, uns hinzusetzen, denn was er gleich sagen werde, sei nicht erfreulich, das heiße für uns nicht, für ihn schon. Sein Obst- und Gemüse-Zwischenhandel weite sich aus, in der Nähe finde er keinen Lagerraum; na, nun verständen wir wohl schon: er brauche unsere Räume. Wir fragten, wann. Möglichst schon gestern, sagte er. Ein Unmensch sei er nicht, das wüßten wir. »Wenn Sie was haben, sagen Sie's mir, ich mache Ihnen den Umzug.«

Wir suchten, fanden und verloren kurz vor der Schlüsselübergabe Wohngelegenheiten in Zehlendorf, Dahlem und Schlachtensee; woanders als in diesem angenehmen, aber teuren Bezirk suchten wir nicht. Eines Abends, an dem Lenke dringlich geworden war, fanden wir an einem Baum einen Zettel mit einem passenden Angebot: die oberste Etage eines Reihenhauses für sechzig Mark Kaltmiete, Ofenheizung. Ein kurzer Fußweg; eine alte Frau Tamburek und ein junges Fräulein Novak zeigten die leeren Zimmer her und akzeptierten uns im Namen des Hauseigentümers, der in der Ostzone wohnte. Lenke hielt Wort und transportierte das, was wir hatten, auf seinem Kleinlaster in den Waldhüterpfad.

Unsere neue Katze, eine getigerte, war in der Onkel-Tom-Straße ein ganz normales Jungtier gewesen. Der Umzug jagte ihr eine bleibende Angst ein, uns zu verlieren. Sie folgte Eva oder mir dicht auf oder ruhte sich davon auf einer unserer Schultern aus. Man konnte durch eine Luke aufs Dach steigen. Dieses flache, nur durch niedrige Brandmauern und Luken unterbrochene Dach reichte so weit wie die Häuserzeile, etwa zehn Häuser in beiden Richtungen, ein schöner Auslauf für eine Katze. Aber sie wagte keinen Schritt, sondern kletterte an Eva oder mir hinauf und klammerte sich fest. Sie fraß nur Kieler oder Schlei-Bücklinge – kleine, schwach salzige; sie zerrte die Bücklinge auf eine Teppichecke, immer dieselbe, die davon verfettete und zu stinken begann. Wenn wir sie allein ließen, urinierte sie unter unsere Liegestätten. Als das uns nicht zu Hause hielt, schiß sie noch hinzu. Kam man endlich, umhalste sie einen wieder und kehrte, wenn man sie abwarf, sofort nach oben zurück. Ich riß sie von mir ab wie ein allzu großes Ungeziefer. Einmal ließ sie mich in Ruhe, da sie gerade schiß. Als sie unter der Couch hervorkam, schlug ich sie blindwütig und warf sie quer durchs Zimmer. Dann erschrak ich und versuchte zu überlegen, wie es weitergehen solle. Fast wollte ich sie um Verzeihung bitten, aber sie widerte mich zu sehr an. Inzwischen kroch sie blitzschnell unter die Couch zurück. Als ich mich auf den Boden legte und nach ihr suchte, fauchte sie. Das war verständlich und mir recht, ich konnte sie nur noch als Feindin ertragen.

Meistens blieb es mir vorbehalten, die Kotwürstchen zu riechen, zu finden und zu beseitigen; Eva pflegte dann gerade nicht zu Hause zu sein. Bei meinen Mitteilungen »sie hat schon wieder unter die Couch geschissen« schien sie an etwas fernliegendes Schönes zu denken. Mein wehleidiger oder erboster Ausdruck nahm sich aus wie ein Gemütsfehler, für den man die Schuld bei anderen sucht. Aber auch wenn sie mit mir zur Stelle war, blieb sie exemplarisch unverdrossen: nahm die Katze auf den Arm und stellte ihr in mitleidigem Ton rhetorische Fragen. Aus denen glaubte ich herauszuhören, daß ich schuld sei, indem ich eine Atmosphäre ausbrüte, die das sensible Tier beängstige.

Die Katze verunreinigte auch nur selten Evas Zimmer und immer regelmäßiger das größere, das Wohnzimmer, in dem ich schlief. Unter der zweiten Couch, die im rechten Winkel zu meiner stand, machte sie sich ein Stück Teppich zum Stammplatz; es stank nicht sehr, aber merklich. Fritz Jahn fragte mich, ob mich das nicht störe. Ich fragte ausdruckslos, was man dagegen tun solle. Er lachte: »Na, umbringen das Vieh! Sofort!« Eva protestierte sanft. Ich kam mir vor wie ein Hausknecht: Das Gegrummel über den Stall, in dem er schläft, zeigt den Lebensinhalt eines zu kurz Gekommenen an; sonst hat er nicht viel im Kopf und wird auch gar nicht danach gefragt; man muß ihn nur machen lassen, er macht schon alles. Ich ähnelte Willy Dalchow. Alt genug fühlte ich mich dazu, eher alt als jung. Wenn ich mit dem Handwagen Briketts holte und dann den Sack in den Keller schleppte, war ich ungeschickt wie ein rüstiger alter Mann, der ein bequemeres Leben hinter sich hat; meine Bewegungen erinnerten mich an meinen Vater.

Ich ging immer als erster ins Badezimmer und dann für die Katze und uns einkaufen. Die Gewohnheit, daß ich einkaufte, wollte ich ab und zu in Frage stellen; dabei kam wieder nur gekränkter Ausdruck heraus, zu Hause blieb mir kein anderer übrig. Die Idee, auszuziehen, sah wie Rache aus; ich dachte an die alle zehn Tage fälligen harmonischen Briefe an meine Mutter und verkniff mir die Idee. Um zeitweilig wegzubleiben, fehlte mir eine Freundin, ich hätte auch kein Mädchen mit heraufbringen und bei mir schlafen lassen wollen, oberhalb des Gestanks und Wand an Wand mit Eva. Fritz Jahn übernachtete oft bei ihr; er war mir willkommen, da er manches aussprach, das ich mir verkniff. Er ärgerte sich neuerdings: Wenn Eva nicht schlief, und sie schlief oft vierzehn Stunden hintereinander weg, war sie meistens bei Lührs. Ab und zu gingen er und ich zusammen ein Bier trinken.

3 Ein nicht mehr entwirrbarer Zusammenhang

An einem Monatsanfang wollte Eva bei Onkel Rudolf das Fünfzig-Mark-Geschenk abholen. Er war schlechter Laune. Bevor er ihr das Geld hinschob, hielt er ihr eine Rede, in der vorkam: Er verspreche ihr, daß aus ihr nie was werde; das Beste, was sie noch tun könne, sei Selbstmord, er empfehle einen Sprung in den Landwehrkanal. Mir ließ er ausrichten, ich solle anders malen, damit die Bilder aufhörten, für die Katz zu sein, und sich verkaufen ließen, auch solle ich mich kämmen und ordentlicher anziehen, aber, damit das klar sei: gegen mich habe er nichts. Hier bitte das Geld. Sie habe es genommen, da wir es brauchten – das sei das Unerträglichste gewesen, keinen Pfennig nehme sie mehr von ihm an. Ich war eine Weile rückhaltlos empört und schämte mich meiner Schadenfreude. Aber die fünfzig Mark könnten wir ihm nicht schenken, sagte ich dann, in Zukunft würde ich das Geld holen. Ich wartete ihren Protest ab und fügte kälter hinzu: Die Alternative für mich sei über eine Woche TUSMA-Arbeit; ich zöge eine halbe Stunde Onkel Rudolf vor, ihr könne es egal sein.

Bis Ende Februar wohnten wir noch im Keller, seine Aufwallung aber besprachen wir im zweiten Stock am Waldhüterpfad. Andererseits schrieb ein Oberstudiendirektor Leo Schultz meinem Vater am 24. Febrauar einen Brief, in dem der Satz steht: »Sie wissen wahrscheinlich, daß ich Ihren Kindern regelmäßig einen Geldbetrag schicke.« Regelmäßig, also wohl schon öfter als ein- oder zweimal. Ich erinnere mich, daß Leo Schultz durch einen besonderen Anlaß zum Spenden bewogen wurde. An einen früheren Anlaß als den jetzt von meinem Onkel gebotenen erinnere ich mich nicht (seine fünfzig Mark holte ich uns weiterhin). Drittens, um die Abfolge noch mehr zu verwirren, aßen im März bei uns im Waldhüterpfad zu Mittag: meine Mutter, Leo Schultz, meines Onkels Freundin und er selber. Er kann nicht kurz zuvor Eva den Tod gewünscht haben; sie ließ sich daraufhin ein Jahr lang nicht auf seine Gegenwart ein. Es war eine völlig spannungslose, allerseits freundliche Mahlzeit.

Den Brief von Leo Schultz habe ich vorgestern beim Suchen nach meinen ersten schriftstellerischen Übungen in einem Schnellhefter gefunden. Darin findet sich ein weiterer, halb so großer. In diesem stecken drei Briefe an meinen Vater, darunter der von Leo Schultz, und der Durchschlag eines Briefes, den mein Vater Ende 1953 an eine mir unbekannte Gegnerin geschrieben hat: alle paar Zeilen die Bibel zitierend, mit dereinstigen Strafen drohend, mit anmaßender Milde schließend. Nicht vorhanden ist ein Durchschlag seines Briefes vom »12. d. Mts.«, auf den ihm Leo Schultz am 24. Februar antwortet. Bis vorgestern hätte ich geschworen, daß ich die Briefe nicht kenne.

Leo Schultz hatte meine Mutter – erzählte sie – verehrt, vor dem Ersten Weltkrieg an der Göttinger Universität. Sein Name samt Widmung stand in einigen ihrer Bücher. Jetzt, als Pensionär in Bückeburg, schickte er Pakete und schrieb ihr Briefe. Ein guter, aufrichtiger Mensch, sagte sie, er werde ihr von Brief zu Brief sympathischer. Damals hätten »Mieze« und sie über ihn gelacht wegen seiner Schüchternheit, die wirklich quälend gewesen sei. So dumm und leichtfertig, nein, falsch: Mieze habe ihn ernster genommen, sie sei ja überhaupt geduldiger gewesen. Leider habe Leo Schultz eben nicht Mieze geliebt. Sie sagte nicht Schultz und nicht Leo, sondern immer Leo Schultz. Er stammte aus einer in St. Petersburg ansässigen deutschen Familie, in Göttingen habe er immer geradezu verloren gewirkt. Und plötzlich, noch in Göttingen, habe er eine zehn Jahre ältere, überdies sehr häßliche Frau geheiratet. Sie war vor kurzem gestorben.

Sie bereiteten brieflich ein Wiedersehen vor. Um diese Zeit war Westdeutschland für Ostler schwer erreichbar, Ostdeutschland für Westler schon eher, aber in Salzelmen wäre mein Vater dabeigewesen. Also verabredeten sie sich bei uns in Westberlin. Eva und ich erkannten ihn am Bahnhof Zoo, als er noch nicht ausgestiegen war, nach seiner sorgfältigen Selbstbeschreibung. Ein kleiner, weißhaariger Herr, der uns in Ruhe begrüßte. An seine Schüchternheit erinnerte nur noch die etwas zu flache Oberlippe, die etwas zu oft verzerrt gelächelt hatte. Meine Mutter vor dem Haus am Waldhüterpfad »tritt ihm errötend entgegen«. Verlegen schien nur sie zu sein. Eva umarmte sie, sobald Leo Schultz das Badezimmer aufsuchte, und flüsterte ihr zu, sie sei entzückend. Meine Mutter antwortete: »Ach nein – gut, daß du das sagst – ich komme mir ganz blödsinnig vor.« Er trat wieder ein. Wir genossen Tee und Konversation. Seine Meinungen waren äußerst konventionell, seine Stellungnahmen äußerst rücksichtsvoll. Es wurde meist von Eva und mir und überhaupt von jungen Leuten gesprochen. Bald danach kam Onkel Rudolf. Bescheidene Tischgenossen regten ihn an. Er brauchte nicht lange dazu, eine spießige Antwort aus ihnen herauszuholen oder zu merken, daß er sich geirrt hatte. Wenn er Glück gehabt hatte, wurde er taktlos. Bequem zurückgelehnt beschaute er die Wirkung, dann bemühte er sich vor, machte große, gute Augen und entschuldigte sich: er sei zu lange nicht in guter Gesellschaft gewesen, man schmeiße ihn immer hinaus. Dann lehnte er sich zurück, trank ein Schlückchen und wurde wieder taktlos. Als Leo Schultz wieder einmal draußen war, fragte er: »Na, wie bin ich?« Meine Mutter sagte: »Im allgemeinen großartig, bis auf einiges.« Er sagte: »Der ist doch nett. Willst du dich eigentlich scheiden lassen, oder was soll das Ganze?« Meine Mutter, seine Lieblingsschwester, gab ihm eine spießig ausweichende Antwort. Das schien ihn zu schmerzen, er sagte nichts darauf. Sie übernachtete bei ihm, Leo Schultz wohnte im Hotel »Deutsches Haus«, einem Stammlokal meines Onkels.

Mein Vater scheint Leo Schultz gebeten zu haben, meine Mutter zu sich zu nehmen. Sie erfuhr davon nichts. Leo Schultz hat über die Anrede in seinem Antwortbrief die Adresse der Witwe von Onkel Albert gesetzt. Solange ich ihn kannte, hatte mein Vater keinen Freund, bei dem er sich aussprechen konnte. Im dunklen Zimmer im Bett grübelte er und rang sich zu etwas durch. Das Ergebnis war nicht immer wirklichkeitsfern, aber es überholte die Wirklichkeit und und berücksichtigte keine Abirrungen. Dazu tat seine Rechthaberei das ihre, wenn er seine Voraussichten nicht verschwieg, sondern weitergab: Um sie nicht wahrmachen zu müssen, wich jeder, den sie angingen, von ihnen ab. Ich weiß nicht, wieviel sich meine Eltern seit Sommer 1952 auf Zetteln oder in Worten mitgeteilt hatten; sicher ist, daß meine Mutter nicht vorhatte, ihn zu verlassen, sonst hätte sie es getan. Verwandte und Freundinnen in Westdeutschland hätten sie gern bei sich aufgenommen, Onkel Rudolf sowieso.

Leo Schultz zählte auf anderthalb Schreibmaschinenseiten einen Punkt nach dem anderen auf, vor allem Mangel an Geld (obwohl er Eva und mich unterstützte) und an Wohnraum. Dann verweigerte er sich mit klaren Worten. Seine Würde und seine ihm kaum natürliche Klarheit erweckten Achtung, trotzdem liest der Brief sich peinlich, aber das liegt an dem ihm aufgedrängten Thema. Meinem Vater erweist er seinerseits mehr als höfliche, fast tiefe, nur eine Spur zu weltmännische Achtung.

Das nächste in diesem Zusammenhang sind drei kleine Fotos, die am 15. März im Bückeburger Schloßgarten aufgenommen worden sind, kurz vor oder kurz nach dem Treffen bei uns. Auf zweien steht mein Bruder, auf dem dritten Leo Schultz. Wenn Christian etwas wissen wollte, machte ihn der Aufwand an Zeit und vielleicht unwillkommener Beharrlichkeit nicht unschlüssig. Er fuhr also nach Bückeburg, um Leo Schultz kennenzulernen. Von dem Besuchstag weiß ich weiter nichts, als daß er freundlich verlief. Die drei Fotos sind auf der Rückseite von einem Bückeburger Fotogeschäft gestempelt und von Leo Schultz datiert.

Vier weitere Fotos aus dem Bückeburger Schloßgarten zeigen meine Mutter. Umseitig sind sie von demselben Fotogeschäft gestempelt und von Leo Schultz mit dem Datum 7. 9. 53 beschriftet. Er ist nicht zu sehen, sie wirkt unwillig, geniert oder benommen. Vielleicht fand sie sich gutwillig genug, indem sie ihren Unwillen, fotografiert zu werden, zeigte und dann überwand; und dispensiert davon, sich selbst mit dem Apparat zu befassen. Mit ihrem eigenen Fotoapparat hat sie, glaube ich, nur meine Geschwister und mich aufgenommen, bis wir erwachsen waren; seitdem benutzte sie ihn nicht mehr. Sie mag Ungeschicklichkeit vorgeschützt haben, oder Leo Schultz wagte gar nicht erst, ihr das Geknipse zuzumuten, da sie ihr Gesicht altershalber nicht mehr sehen wollte und seines also wohl auch nicht.

Er kommt dann noch in einem Gespräch vor. Meine Mutter und ich saßen in einer Westberliner Gaststätte und aßen etwas; das Geld dafür pflegte ihr Onkel Rudolf aufzunötigen. Plötzlich erwähnte sie Leo Schultz: er habe sie furchtbar enttäuscht. Ein Brief von ihm sei so besonders herzlich gewesen, einfühlsam, eigentlich fast liebevoll. Sie habe vor Freude darüber sofort so an ihn geschrieben, wie ihr zumute gewesen sei – und hätte es nicht tun sollen. Denn was dann von ihm kam, nicht etwa sofort, sondern nach einer Pause, sei ein ängstliches Gedrechsel, anders könne sie es nicht empfinden, ängstlich, steif, abwehrend; sehr nett, aber furchtbar. Sie habe sich geradezu bloßgestellt gefühlt, habe kalt und kurz geantwortet, darauf er wieder besorgt und bekniffen: es sei ihr nichts mehr wert. Ich meinte, er sei ein vorsichtiger Mann, manchmal von der Courage erschreckt, deren er immerhin fähig sei, überhaupt leicht zu erschrecken. Ich fände es ungerecht, wenn sie ihn mit sich allein lasse, nur weil er, in seinem Alter, nicht aus seiner Haut könne, vielmehr: aus Versehen – aus einem erfreulichen Versehen – könne er eben doch aus seiner Haut heraus; danach schlüpfe er natürlich wieder hinein. Der Anlaß machte mich beredt wie eine Angelegenheit, mich selbst mitzuerläutern.

4 Von unten herauf

Anfang März ging ich jeden Tag durch die Tauentzienstraße, machte vor dem Schaufenster des »Tagesspiegel« halt und las auf den dahinter hängenden vier Seiten alles über Stalin: seinen Verfall, denn es erregte mich wie ein Wunder, daß er gebrechlich war, ebenso wie ich Hitler bis zuletzt für nicht ganz sterblich gehalten hatte; die Verhaftung der acht Ärzte, die der Sterbende für Giftmischer hielt; seinen Tod; die Freilassung der Ärzte; die sanfteren, zudem widersprüchlichen Äußerungen der am meisten genannten Nachlaßverwalter, Malenkow und Berija; die Erschießung des hart und schlau aussehenden Berija; das Überleben des weich und schläfrig aussehenden Malenkow, die Rundung und Klärung seiner Befugnisse und seine Botschaften an das Ausland, die ich langsamer las, weil ich Überraschungen darin suchte: Presse- und Redefreiheit, Freilassung politischer Gegner, offene Grenzen, freie Künste. Sonst las ich nie Zeitung, nur ab und zu die billige »BZ am Abend« aus dem Osten.

Der Prozeß gegen Ethel und Julius Rosenberg war für mich ein optischer Eindruck auf Bahnhöfen: Protestplakate als Zeichen, daß ich mich im kommunistischen Teil Berlins befand. Es kann sein, daß Kilz mir einmal den geplanten oder schon vollzogenen Justizmord vorhielt. Wenn ja, war es mir lästig, und ich antwortete ohne Bewußtsein, weiß es also nicht genau. Ich hätte wohl zugegeben oder gab vielleicht zu, daß es wahrscheinlich ein Justizmord sei, ein Ergebnis des McCarthy-Terrorismus, und McCarthy selbst ein Faschist wie die, unter denen wir gelitten hatten; auch daß ich für möglich hielte, daß so etwas in den USA nicht nur ausnahmsweise passiere; auch daß Sacco und Vanzetti widerrechtlich getötet worden seien, auch nach meiner unmaßgeblichen Meinung. Zugunsten der Mörder ließ ich mir nichts einfallen, aber Morde an Kommunisten berührten mich kaum mehr als Morde in Kriminalromanen. Hielt ich Kommunisten für weniger wirkliche Menschen? Das hätte ich abgestritten. Gewalt, gleichgültig gegen wen, war mir auf Anfrage nicht gleichgültig. Wenn die Frage damit erledigt war, vergaß ich die Rosenbergs wieder.

Der Ende der zwanziger Jahre verübte Justizmord an Sacco und Vanzetti ging mir etwas näher; italienische Namen machten mich aufmerksamer und dann bereiter zu Mitgefühl. Ich las einen Rückblick in der »Neuen Berliner Illustrierten«. Die erschien in Ostberlin, war also nicht glaubwürdig. Trotzdem war ich beim Lesen bald bereit, nachträglich die Proteste zu unterschreiben, Flugblätter zu verteilen, Geld für die Anwälte und die Hilfskomitees zu sammeln, sogar die Knüppel der Polizei zu provozieren. Aber ich begnügte mich mit dieser einen Information. Im Westen waren auch Sacco und Vanzetti ungültig, die Rosenbergs mögen im Rundfunk Verbrecher genannt worden sein. In Gesprächen kamen beide Prozesse nicht vor. Die Westsender hielt ich meistens für im wesentlichen glaubwürdig und Namen, die sie nicht erwähnten, für im Grunde nicht erwähnenswert. Häufig erwähnte Namen fand ich von Zeit zu Zeit abgeschmackt und ihre Träger übergeschäftig wie panische alte Filmstars. Dann okkupierten Adenauer und sein böser Partner Ulbricht die zu ihrer Reklame nötigen Mikrofone und Kameras und stellten, wie gestern schon und morgen wieder, mal allein, mal mit Gefolge, die Gegenwart Deutschlands dar; ich sah nur zwei alte Männer, die sich die Augen auskratzen wollten, nicht jeder sich selbst, sondern einer dem anderen, und vorsichtshalber nie zusammen auftraten.

Man schaute von unten herauf, hielt den Nacken und die Schultern vorgebeugt und war brünett: schwarze Haare, braune Augen, stumpfes Profil, der Kopf eher rund als länglich. Man hielt sich nicht krumm, nur eben nicht hoch aufgerichtet: etwa wie einer, der mit den Schultern arbeitet und das Lastenschleppen gerade hinter sich hat. Man war gedrungen, mittelgroß und nicht mager, sondern athletisch, etwas Fett durfte ruhig zu sehen sein. In der Blickrichtung von unten nach oben war eine nicht geringe Vielfalt an Ausdruck möglich, von freundlicher Empfänglichkeit bis zu angriffslustigem Starren. Man hatte ungefähr das Aussehen und das Gebaren eines jungen, schlecht entlohnten Arbeiters aus der südlichen Romania: Italiener, Spanier, Portugiese. Auch die Denkweise: das brüderliche oder rauhe, realistischere Urteil über alles, was nahelag, was mit einem Griff zu begreifen, mit einem Blick zu durchschauen war; die Abneigung gegen Phrasen, den Spott über Beamte, das passive Mißtrauen gegen Behörden und die Regierung; das entschlossene, würdige Verstummen zu allem, was dem kleinen Mann über den Horizont geht, weil seine Bildung mangelhaft ist und weil er das weiß. Hinter diesem Horizont suchte man nichts. Die Staatsreligion Antikommunismus verspottete man nicht, Inventarstücke wie Partnerschaft, Leistung, Freiheit, Wiedervereinigung, Christentum und Abendland beschaute man von unten herauf mit einem unfreundlichen, aber interesselosen Blick, ließ alles gelten und blieb unter sich. Klein, aber energisch, offenherzig, selbstbewußt.

Ich war blond und mager, hielt mich krumm, war blind oder gleichgültig gegen Naheliegendes und sehnsüchtig nach Fernliegendem; überzeugt, daß nichts über meinen Horizont gehe, aber zu faul, ihn zu erweitern; vor jedem Funktionsinhaber, ob Stenotypistin, Arzt oder Polizist, gläubig wie ein Kind und mißtrauisch wie ein Greis; sehr empfänglich für die langen Sätze des schöngeistigen Bundespräsidenten; von Konfession Antikommunist, viel frommer als die Brünetten. Mein Blick richtete sich nicht von unten nach oben, er löste sich von mir wie ein fallender Gegenstand. Was ich sah, pflegte mich nicht zu informieren, sondern zu verwirren. Unsicher, unschlüssig, verschlossen. Überall wo ich hingeriet, auf Partys wie auf Arbeitsstellen, war der erste junge Mann, der etwas unternahm, ein brünetter Gedrungener – als Vorarbeiter, Vorredner, Vortänzer, Wortführer, Erläuterer, Umwälzer oder Auflockerer. Die großen knochigen Blonden, die bis vor acht Jahren in Mode gewesen waren, paßten sich mehr oder weniger bereitwillig an. Bei Mädchen bildete sich nichts dergleichen heraus.

In der RIAS-Sendung »Wo uns der Schuh drückt« sprach »der Regierende Bürgermeister, Professor Ernst Reuter, zu seinen Berlinern« wie ein zu Hause sitzender netter älterer Mann, der ein paar Gäste hat und ihnen ein paar Fragen beantworten will. Rührend fand ich das tapfer verhohlene Keuchen, wenn er Luft holte. Fritz Jahn kam dazu und fragte mich: »Hörst du dir den absichtlich an? – Komisch. Fällt er dir demnach nicht auf den Wecker?« Sofort hörte ich alles anders: die schlaue Beschränkung auf Unstrittiges; den warmen Ton als kalte Routine; das Keuchen zwischen Halbsätzen als Befolgung eines Rates, der einem Public-Relation-Mann eingefallen sein konnte. Reuter starb noch im selben Jahr, er wird mit Luftmangel gekämpft haben.

Unbezweifelbar deutlich wurde mir seine Absicht, die tapfere Mehrzahl, die der Stadtverwaltung keine Fragen einreichte, auf ihre tapfere Enthaltsamkeit festzulegen.

5 Objekte

Es gab zweierlei Aktzeichnen. Das eine, Pflichtfach, übten zwanzig bis dreißig Fremde und Bekannte zusammen im Aktsaal, der die Atmosphäre einer Turnhalle hatte, mit Bleistift und Radiergummi auf großem Papier, zwei Stunden lang mit einer Pause nach der ersten, beaufsichtigt von einem der beiden Akt-Professoren. Am Ende des Semesters gab er einem sein Testat – schrieb seinen Namen ins Studienbuch, was bedeutete, daß man oft genug dagewesen war. Wenn er es verweigerte, gab es einen Ärger, den ich nicht beschreiben kann, weil wir ihn alle vermieden, indem wir uns zweimal im Semester im Aktsaal sehen ließen.

In Arnolds Malklasse waren wir weniger als zehn Zeichner, manchmal nur vier. Arnold eilte herein, sagte stehenbleibend »aha!«, lobte oder bemängelte die Position, die das Modell einnahm, fragte mitunter nach, wer die Position »angeregt« habe, und eilte wieder hinaus. War das Modell eine hübsche junge Frau, so kam es vor, daß er sie vor dem Hinauseilen für nachher, bevor sie weggehe, zu einer Tasse Tee in seinem Atelier einlud. Falls sie ihm neu war und zudem noch schüchtern wirkte, klang die Einladung recht herrisch: ein gehorsam zu befolgender, sonst unangenehme Folgen ahnenlassender Satz Amtsdeutsch. Wir klärten die Neue irreführend über ihn auf: sie werde einen hemmungslosen

Draufgänger kennenlernen. Arnold war beim Teetrinken manierlich. Mitunter schoß er eine Frage ab, die nicht zudringlich, nur etwas zu neugierig war. Eine schlagfertige Antwort brachte ihn zum Lächeln und zum sofortigen Wechseln des Themas. Diese Beschreibung habe ich von Fräulein Gärtner.

Sie war uns die Liebste, aber wir wiesen auch kaum eine andere Frau ab, die arbeitsuchend in die Klasse kam; die meisten kamen zuerst in die Klasse und wandten sich dann erst an Arnold. Der Lohn war doppelt so hoch wie der TUSMA-Lohn. Selten standen Männer bei uns Modell; ein einziger kam öfter, ein Herr Lerchenfeld. Er verbrachte die Pause nackt. Wenn ein Mädchen rauchen wollte, zauberte er galant ein Feuerzeug unter das Zigarettenende. Wo er es herzauberte, war eine Frage, die ihm nie gestellt wurde, die wir uns aufhoben als Anregung zu immer denselben spaßhaften Vermutungen. Auch die Mädchen bildeten lieber Frauen ab. In den Mitteln beschränkte sich selten einer auf das Lernzweckmäßige, man wählte sie nach Laune. Graphit und schwarze Tusche, Zettel mit Einzeldarstellungen und Großformate voller Bewegungsstudien, verfremdete Kompositionen in Farbe, zum Beispiel mit Buntstiften, sogar Ölgemälde. Fräulein Gärtner ging in der Pause herum und sagte: »Ick muß eusch woll ers ma maln beibringg, bei Arnoltn lernta ja nischt. Bloß ma als Beispiel det hier: könnse wechschmeißen. Jehnse lei selba mit ab, wernse Beamta, bloß nischt mea mit Kunst.« Dann lachte sie schnell und laut; ich glaubte den Zweifel herauszuhören, ob sie nicht vor lauter Wohlsein so dummes Zeug gesagt und aus Versehen einen gekränkt habe. Wenn sie zu mir kam, immer rauchend, nackt wie Lerchenfeld, aber schöner, juckte es mich inwendig, und ich fand es eines Mannes unwürdig, sie nicht zu umarmen. Die Sitten hätten daraus eine Katastrophe gemacht: Protest, Professor, Feuerwehr, grüne Minna. Ich lächelte sie an zum Zeichen, daß ich ihr bestimmt nichts übelnehmen würde. Mit ihrem Berliner Lokaltypengebaren ummantelte sie ein stilleres, teilnahmsvolles Wesen, das man zwischendurch auch kennenlernte. Ihr Gesicht war schlicht, solide, in meinen Augen hübsch. Sie war nicht dick, aber ihr Körper wirkte im ganzen und dann in jedem Detail, das ich nachzeichnete, großzügig. Großzügig, freigiebig, einladend. In einer Pause sagte ich beiläufig zu ihr: »Du wohnst doch auch in Zehlendorf? – Ich besuch' dich mal, kann ja dann zu Fuß hinkommen, gib mir doch mal deine Adresse.« Sie gab mir die Adresse und die Telefonnummer ihrer Wirtin dazu und überlegte laut: Donnerstag geht's nicht, Freitag geht, Sonnabend/Sonntag auch, wann willst'n kommen? Verwirrt von soviel Auswahl, sagte ich Sonnabend. »Jut, kommste Nachmittag, trinkn wa zusamm Kaffe. Ick freu' mich.« Am Sonnabend nach dem Kaffeetrinken streichelte ich wie in Nachdenken versunken ihre Beine. Die Sonne schien herein, rundum war alles still. Sie holte andere Getränke, und ich streichelte wieder ihre Beine, ratlos, wie es weitergehen solle. Als ich ihr später davon erzählte, sagte sie: »Ick ha nischt jemerkt. Biste selba schuld, wennt nischt jeworn is.«

Eine Zeichnerin im Aktsaal – woanders sah ich sie nie – konnte ich, wenn ich in ihren Blick geriet, keinen Augenblick länger anschauen. Ich sah ein Glitzern, spürte etwas Sengendes und bewegte meine Augen so ähnlich, wie man seine Hand über eine brennende Kerze hinbewegt. Das Glitzern war am Rande grünlich-metallisch, wahrscheinlich hatte sie sich Partikelchen aus Metallfolie an die Wimpern und unter die Augen geklebt. Dann kam es nur zu einem ungewissen Teil aus den Augen, der vielleicht auffälligere Rest war künstlich. Aber diese undeutliche Wahrnehmung entzauberte nichts.

Ob sie mit diesen Augen etwas sah, war zweifelhaft und weniger interessant. Ich verstand ihre Augen gar nicht als Sehorgane, sondern als Sendestationen. Willensäußerungen, keine Sinneseindrücke traute ich ihnen zu. Überhaupt keine Eindrücke und ihr keine Verarbeitung von Eindrücken, keine Entwicklung. Sie erschien mir vollkommen und unveränderlich. Menschlicher Rohstoff, aber tiefgreifend veredelt: entmenscht. Ein Mensch war sie nur geblieben, weil sie nach meinem Wissensstand nichts anderes geworden sein konnte. Einmal wurde erzählt, sie sei die Freundin von Soundso, einem Dozenten. Ich versuchte mir das vorzustellen; dabei hörte ich kein Wort sprechen, es gab nur ein stummes, wie von Wind bewegtes Ineinanderverschlungensein. Soweit ich mit meinen immer fluchtbereiten Augen ihr Gesicht erkennen konnte, war es ohne Ausdruck und ohne Merkmale, eine raffiniert einfache Fassung für die Brillantenaugen. Wofür interessierte sie sich? Ich nahm an: für gar nichts, und bewunderte sie dafür. Was mochte sie überhaupt wahrnehmen? Ich stellte mir vor: ein enges Panorama wie ein großes Gewächshaus, wo sich menschliche, genauer: männliche Fehler entfalteten und welkten wie Blüten im

Zeitraffer, all das dumme Zeug, von dem sie frei war. So fand ich eine Frau wunscherfüllend. Mir konnte ich sie nicht wünschen, da ich die hochkomplizierte Konstruktion nicht verstand und nicht bedienen konnte. Ungeduldige Signale konnte ich provozieren, das Pulsieren von immer mehr Warnlämpchen; dann würde ich zuschauen müssen, wie die angekündigte sich in die wirkliche Katastrophe verwandelte.

Lieber sagte ich nur »guten Tag« und »wie geht's?« Ein Mädchen, das dann abwartete, wie es weitergehe, wartete vergeblich. In Arnolds Klasse begrenzte ich »guten Tag« und »wie geht's?« auf ein knappes Zeitmaß, dann machte ich mir zu tun. Nur wenn mehrere beisammen waren und es auf mich nicht so sehr ankam, blieb ich stehen und wurde ausführlicher. Die Mädchen hatten Voigt und mich eine Zeitlang nicht beachtet. Arnolds Schwenk gegen Voigt hatten sie mit durchaus eigenständiger Unverschämtheit nachgemacht. Mir näherten sie sich mit Fragen, Bemerkungen über andere und anderes, auch längeren Erzählungen, und mit Interesse an meinen Produkten. Auch Aglaja Zindt, die scharfzüngige; das schmeichelte mir. Sie und Lena Dombrowski hatten Freunde. Die dritte Hübsche, die Freundin des langen Karlheinz Wulf, verließ uns bald.

Auf der Straße oder im Zug fand ich bei keinem Anlaß heraus, ob ich ihn eher aus Furcht vor Spott oder eher aus Abneigung ungenutzt ließ. An dieser Unterscheidung lag mir etwas, aber zwischen Zu- und Abneigung war der Übergang verschwommen. Wenn ein Macker dabei war, konnte ich das Mädchen, das er hütete, mit mehr Ruhe beobachten, da ich es nicht kriegen konnte oder nur nach einer unvorstellbaren Schlägerei. Meist gab es Kosmetik zu sehen, aber nicht jenes Wunder der Durchdringung und Entfremdung; in vielen Fällen schwamm sie wie Fettaugen auf der Haut eines Menschleins wie ich, wenn auch eines weiblichen. Fingernägel und Lippen wie Wunden, Wangen wie mit Schweiß, Fieberröte oder Mehl bedeckt, weiße Plisseeröcke wie Seidenpapier, die nicht staubig werden dürfen, sonst ekeln sie an, oder Petticoats, deren starre Substanz ebenfalls wie Verpackungsmaterial aussieht, Schuhe, die man nur auf Zehenspitzen benutzen kann, als wolle man niemand wecken, und dann klappern sie doch, und oben auf dem Kopf die Frisierkunst, die das darunter hervormuckende Menschengesicht zu einem Mausegesicht einengt. Aus den Blicken, die der neben ihr sitzende Macker wirft und deren Ziel niemals sie ist, kann man beinahe entnehmen, daß ihm vor ihr graut, aber auch, daß er sie keinem anderen gönnt. Es ist ihm wohl ernst, die Weiber sehen nun mal so affig aus, und das seine ist, scheint er zu meinen, nicht das schlechteste, sondern ein durchaus guter Fang. Ihr Betragen im Bett können wir nicht beurteilen, aber von Zeit zu Zeit lehnt er sich zurück und macht ein Gesicht, als ob er sehr viel erzählen könne. Wenn sie aufstehen, um auszusteigen, atmet er gähnend aus, vertritt sich die Füße so, als trüge er Cowboystiefel mit Sporen, und greift ihr wie einer Körperbehinderten unter den Arm.

6 Besichtigungen

Im Waldhüterpfad, bei Sommerluft und offenem Fenster, wurde eine billige Studentenreise nach Istanbul erwähnt. Eva redete sich in die Laune hinein, uns dazu zu drängen; sie selbst wollte gar nicht mit. Wir hörten mit dem Schwärmen auf, und ich machte mir die dumpfe Freude, daran zu erinnern, daß die 375 Mark erst mal verdient werden müßten. Oder? Von Lührs borgen? Borgen und dann wochenlang abarbeiten? Es war eine Ausrede, die mich selbst überzeugte. Ich spürte mich in weit entlegenen griechisch-römischen Ruinen unzuständig herumstehen und an einer inneren Leere schlucken, die dem Hungergefühl ähnelte.

Ich malte zwei kleine Ölbilder, die dann so aussahen, als hätte mir jemand die Augen verbunden und die Hand geführt. Das eine war eine Zehlendorfer Vorstadtlandschaft bei Abendsonne, starkfarbig, überaus harmonisch, wie von einem Deutschrömer um 1830, das andere ein Akt, Modell Fräulein Gärtner, voller »Peinture« und »Valeurs«, wie Arnold so etwas zu nennen pflegte: leichte, offensichtliche Pinselstriche, schummrige Abtönungen von Braun bis Bräunlich, darin eingebettet ein dunkelrot leuchtender Fleck. Fritz Jahn fragte vor dem Landschaftsbild sich und mich, ob man seine Umgebung wirklich so auffassen könne. Manchmal sehe sie so aus, sagte ich. Ja, aber man selber sei doch auch noch da, man habe doch eine bestimmte, aus verschiedenen Eindrücken entstandene Auffassung. Auch ich ließ die Altertümlichkeit unerwähnt, um sie nicht erklären zu müssen, was mir nicht möglich war.

Im Frühsommer ging ich oft in das Randgebiet des Grunewaldes hinter der Siedlung Onkel Toms Hütte und machte Bleistiftzeichnungen. Dazu fallen mir Zigaretten in Viererschachteln ein, die Schachtel zu dreißig Pfennig, und beim Rauchen der Rundblick nach Polizisten und Förstern. Ich zeichnete ausgiebige, heftige Strichlagen, wenig einzelne Linien und abweichende Formen, überhaupt kaum etwas, das Behutsamkeit erforderte. Die Strichlagen wuchsen zu Mustern zusammen, die teppichähnlich wirkten, weil es kein Zentrum gab und weil starke Gegensätze ausblieben. Langweilig fand ich es nicht. Es sah aus wie von einem steten Winde geschüttelt und gesträhnt. Mitunter war ich zufrieden mit meiner Genügsamkeit und meinem Fleiß, dann wieder schmerzte es mich, daß ich nicht in Istanbul war.

Zu Hause machte ich mit Ölfarben weiter. Mit jedem neuen Gemälde schaffte ich jetzt ein altes ab. Ein Porträt, Eva auf der Couch liegend, übermalte ich mit grünlich-grauen Strichlagen, einer Waldlandschaft. Die »Orchesterprobe« vom vorigen Jahr erledigte ich mit dicken, grünlich-gelblich-bräunlichen Strichlagen, die zunächst nur sich selbst darstellten. Beim Weitermalen bildeten sich Formen und riefen Assoziationen und Bekräftigungen ihrer selbst hervor, so daß ich auf den Namen »Zwei Zentauren« kam. Ich malte wie ein Entdecker, manchmal mit starkem Herzklopfen. Am Ende ähnelte das Bild den ersten, um 1907 gemalten kubistischen Bildern von Picasso und Braque, eine Hase-und-Igel-Überraschung.

Am 11. oder 12. Juni meldete die Ostberliner »BZ am Abend«: »Molle wieder ohne Ausweis«. Das hieß auch, daß wir Westberliner – seit März hatte ich einen Westausweis – wieder billig essen gehen konnten. Wir fuhren zu mehreren hin und aßen in der »Bärenschenke« am Oranienburger Tor: Großes Schnitzel mit Bratkartoffeln 6 Mark, Eiersalat 1,80, ein halber Liter Porter 1,50, mit Trinkgeld 10 Mark Ost, also nur zwei Mark West. Im Westen hätte es etwa acht Mark gekostet.

Am 16. Juni hörte ich in Arnolds Klasse von einer Mißstimmung in Ostberlin. Ich dachte an das Essen. In der Nähe der Überschrift »Molle wieder ohne Ausweis« war den Zonenbewohnern ein »neuer Kurs« angekündigt worden, der sie eigentlich erfreuen mußte: bessere Versorgung mit Konsumgütern und Industriewaren, leichtere Vorbedingungen für Reisen nach Westdeutschland, Identifizierung der für den alten Kurs Verantwortlichen. Die jetzt wie bisher Verantwortlichen – davon, daß einer abgesetzt wurde, stand nichts da – hatten ein Ventil gelockert. Nun suchte offenbar der Innendruck zu entweichen und drohte das Ventil zu sprengen. Ich fand die Regierung der DDR gutwillig und die Bevölkerung undankbar. Im »Tagesspiegel« an der Tauentzienstraße las ich, daß die Mißstimmung durch einen Protest von Bauarbeitern gegen Arbeitsnormerhöhungen eingeleitet worden sei; daraufhin sympathisierte ich mit den Bauarbeitern. Ein Zeitungsbild zeigte eine Menschenmenge mit einem Tisch in der Mitte, auf dem ein Sprecher stand, rechts Fassadenteile des »Hauses der Ministerien«, das Ganze von einem oberen Stockwerk her aufgenommen. Auf der U-Bahn-Fahrt nach Hause wurde das Bild zu meinem Sinnbild der Mißstimmung, umrahmt von Zeilen über das Auftreten eines Ministers, der eine Beschwichtigungsrede zu halten versuchte: Eine nicht herbeibefohlene Menge hatte einen normalerweise verborgenen Minister genötigt, unvorbereitet ans Licht zu kommen! Das war bewundernswert und sehr vergnüglich. Menschenmassen kannte ich nur als Echowände für vorbereitete, das Bekannte noch einmal sagende Politiker.

Zu Hause auf dem engen Treppenabsatz fand ein Gespräch statt zwischen Frau Tamburek, der alten Heimarbeiterin, und Eva. Beide schauten mir von oben entgegen wie einem Melder, der es trotz allem geschafft hat. Außer »dolle Sache« sagte ich nicht viel. Frau Tamburek befürchtete, daß die Aufständischen zu uns nach Westberlin eindringen würden und daß dann alles Hiesige zusammenbrechen werde. Eve nickte dazu. Es herrschte Bunkeratmosphäre, also Einigkeit. Ein Stockwerk höher bei der ersten Zigarette fand auch Eva Gefallen am Aufstand.

Am 17. studierte ich weiter. Dazu scheint ein Radio gespielt und etwa alle halbe Stunde neue Meldungen gebracht zu haben. Vormittags kletterte jemand vor Publikum beiderseits der Grenze auf das Brandenburger Tor und entfernte die rote Fahne, die dort geweht hatte. Zwei Stunden später verhängte der sowjetische Stadtkommandant den Ausnahmezustand. Man hatte die Fahnengeschichte noch im Kopf und nahm an, er wolle sich für sie rächen. Inzwischen waren Tausende von Aufständischen aus der Zone durch Westnach Ostberlin marschiert, ohne daß bei uns etwas zusammengebrochen wäre. Die Rundfunksprecher munkelten von Straßenkämpfen. Sie sahen nichts mehr. Für unsereinen bedeutete der Ausnahmezustand, daß die Grenzen gesperrt worden waren.

Nach Feierabend wollte ich etwas sehen. Ich fuhr bis U-Bahnhof Gleisdreieck, überquerte den Landwehrkanal und durchschritt eine von Bomben zerstörte, meistens menschenleere Gegend. Jetzt gingen auf der Schöneberger Straße Spaziergänger in beiden Richtungen. Der Corso in Richtung Grenze bog links ab in die Dessauer Straße, kaum einer ging geradeaus weiter zum Anhalter Bahnhof. Dort stand Polizei in Weiß und Blaugrau, die die wenigen Autos, die uns überholt hatten, zum Abbiegen zu zwingen schien. Links der Mündung der Dessauer in die Stresemannstraße versuchten die meisten, weiter nach links vorzudringen, nicht auf dem Gehstreifen, sondern über die ehemaligen Häuser, moosüberhauchte Backsteinhügel mit herausspießenden Eisenteilen, Mauerresten und Untiefen. Ich kletterte zwei Häuser weit. Der Gehstreifen schien ein beinahe verbotener Boden zu sein, die Fahrbahn erst recht. Uns gegenüber lag Ostberlin. Rechts hinter der Dessauer Straße, östlich von uns, wechselte die Stresemannstraße in den Westberliner Bezirk Kreuzberg über. Diese Grenze war von Ost oder West auf der Fahrbahn mit einem weißen Streifen markiert worden. Dahinter stand und saß anderes, großenteils motorisiertes Publikum, vor allem amerikanisches Militär und Westberliner Verwaltungspersonal. Der soeben eingetroffene Bezirksbürgermeister von Kreuzberg begab sich an der Spitze von Trägern und Schreibern mit offenem Jackett und fast wehendem Schlips an den Streifen und nahm dort, Ostberlin fixierend, eine herrische Haltung ein. Es sah aus wie: »Worauf wird hier gewartet? Sofort anfangen!« oder auch wie: »Sofort aufhören mit der Sauerei!« Als nichts erfolgte, begab er sich einige Schritt weit zurück und beriet, wie man sah, weitere Schritte. Den Hintergrund bildeten Polizei- und Feuerwehrfahrzeuge und Krankentransporter.

Wir waren natürlich für Anfangen, nicht für Aufhören. Unser Gegenüber war ein teilweise zerstörtes, größtenteils aber hohes Gebäude, das uns fast den ganzen Ostsektor verstellte. Über seinem linken Ende stand eine weiter entfernte schwärzliche Rauchwolke. Rechts waren die Spitzen einiger Pappeln zu sehen. Aus dem nicht sichtbaren Hintergrund hörte man Schüsse. In und auf dem Gebäude rührte sich nichts, aber Leute in meiner Nähe waren sich einig, daß hinter der Dachbekrönung Scharfschützen lauerten. Unten links liefen Jugendliche ins Bild und warfen Steine nach drüben. Gegen die jedesmalige Spannung, was nun passieren würde, setzte sich die Besorgnis durch, daß die Jugendlichen uns alle in Gefahr brächten. Tun könne man sowieso nichts mehr für die im Osten, aber mit so was provoziere man den Osten, er warte ja nur darauf. Von rechts rückte eine Gruppe Polizisten an – meine Nachbarn sagten »na endlich« – und trieb nach links vorbei- und hinausrückend den Gehstreifen frei. Auf dem Rückweg beäugten uns einige abschätzend, nicht gerade freundlich. Es gab probeweise winkende Handbewegungen, aber noch keine uns geltenden Befehle.

Der Abend wurde goldig, rosa und blaugräulich, in Schattenwinkeln wuchsen dunkle Flecken heran. Hinter der löchrigen Dachbekrönung, zwischen den unsymmetrisch verteilten Schornsteinen konnte man jetzt leichter als vorher Bewegungen vermuten. Man täuschte sich immer wieder. Auch in den vielen schwarzen, durch Steinwürfe entglasten Fenstern regte sich nichts.

Dann rannte ein Mann mit nachschleifenden Packpapieren und Lumpen schräg von links über die Fahrbahn, auch mit einer brennbaren Flüssigkeit, wie man gleich darauf sah. Er richtete auf den Stufen vor dem Portal des Gebäudes eiligst ein Feuer an, rannte nach Westberlin zurück und verschwand links aus dem Bild. Zugleich knallten Schüsse. Ob vom Dach oder aus einem Fenster oder von weiter her, sah ich nicht, denn schon erstieg eine breite Reihe von Polizisten unseren Hügel, und von links kam weiteres, von Polizisten verfolgtes Publikum herangestolpert. Man stieg in dichtgedrängter Mannschaft hügelab und -auf, bewegte Backsteine ins Rutschen, umtappte in den Senken Kellerspalten und bohrte sich beim Anstieg in herabrutschende Backsteingehänge. Die Polizei hatte es weiter nichts als eilig. Die Kommandos hinter uns klangen nicht schneidend, sondern mahnend, beinahe warm und tief. Wenn der Osten uns beobachtete, sah er eine spontan am Zeitgeschehen interessierte, nun jedoch sofort einlenkende Bevölkerung und ihre etwas weiter blickende, besonnene, mit Recht beliebte Polizei. In der Dessauer Straße sah er uns nicht mehr. Es herrschte nun auch tiefe, von wenigen Lampen unterbrochene Dämmerung. Wir sprangen einer nach dem anderen, auf ein Fleckchen Gehstreifen zielend, in ein zähes Menschengedränge. Polizisten versuchten es auseinanderzutreiben. Hier klangen auch die Stimmen der Polizisten schärfer, und sie zeigten und schwenkten die Gummiknüppel, schlugen aber nicht zu.

Schweigemarsch zum Platz vor dem Schöneberger Rathaus. Adenauer war gekommen. Die Pankower Machthaber waren die Pankower Machthaber geblieben; wenn nicht, war das unteilbare Deutschland wiedervereinigt. Vor den Mikrofonen standen mehrere schwarz verhängte Särge. Sie bargen die Leichen von Westberlinern, die in Ostberlin gewaltsam umgekommen waren. Weibliche Hinterbliebene wurden an die Mikrofone geführt, Lautsprecher übertrugen ihr Schluchzen.

Es gab drei Passierscheinstellen, je eine für vier der zwölf Westberliner Bezirke. Wir bildeten draußen bei gutem Wetter eine lange Doppelreihe und genossen alle Viertelstunde einen Fortschritt um zwei Meter. Ich hätte lesen können, aber ich rauchte nur. Dann die Tür von außen, dann das schattige Amtsgewölbe. In der überraschenden Breite des Raums, den fünf Sachbearbeitertische umsäumten, zerfloß unsere Reihenfolge. Bis man sich einen Tisch aussuchte, mußte man auf günstigen Abstand von allen fünfen und auf die Hintermänner achten. Einen Augenblick früher als andere sah ich einen Tisch frei werden und warf meinen Westberliner Ausweis darauf. Man durfte rauchen. Nach drei Zigaretten rief jemand meinen Namen und gab mir Ausweis und Passierschein.

Familie Gehlke wird noch dagewesen sein. Der Brief meines Vaters von Ende 1953 an eine Gegnerin von Leuten, denen er mit juristischen Ratschlägen half, liest sich wie von einem geschrieben, der lange nicht mit Menschen gesprochen, nur noch Grundsätze befolgt hat und nicht weiß, wie seine Argumente wirken. Meine Mutter litt nicht immer unter Gehlkes, sie hatte etwas entdeckt: Ihr Schuster hatte eine Menge schönes Leder in der Werkstatt und war bereit, Schuhe nach Maß daraus zu machen. Sie liebte schon den Geruch von Leder. Sie sprach unermüdlich davon und brachte mich am zweiten Tag dazu, mit ihr hinzugehen. Sie verließ gern das Haus. Nachmittags lud sie mich in die Konditorei Oberfohren ein, wo man auch Bauernfrühstück essen konnte. Abends gingen wir ins Kino, sooft das Programm wechselte. Die Schuhe kosteten nur fünfzig Mark. Sie sahen plump aus; das Leder war wunderbar schmiegsam und innen mit noch zarterem Leder kaschiert.

Mein Aufenthalt konnte verlängert werden. Ich lehnte im Volkspolizeibüro in Schönebeck vor der hölzernen Barriere; meine Abfertigerin war mit meinem Passierschein ins Nebenzimmer gegangen. Ich stellte mir vor, wie drei Mann herauskämen und mir sagten, ich dürfe Schönebeck nicht verlassen. Das war nur ein Gruseln. Die DDR beängstigte mich nicht mehr, sie erschien mir etwas verstört. Ich legte mir die Antwort auf die wahrscheinliche Frage zurecht und brauchte sie dann auch: »Der Dienststellenleiter läßt fragen, warum Sie eigentlich von uns weggegangen sind.« – »Das war eine rein künstlerische Entscheidung. Ich bin Maler, und ich wollte zu einem Professor namens Arnold, und der unterrichtet nun mal nur in Westberlin.« – »Ach, so ist das. Na, Moment.«

Die antikisch Anmutende bemurmelte ich mit einem Gruß. Ich wunderte mich, daß sie noch hier war, nachträglich assoziierte ich einen leidend gekrümmten Rücken. Aber vielleicht besuchte auch sie nur ihre Eltern. Mein Spielkamerad Günter Willrich kam mir in einer heiteren Herrenausstattung entgegengeschlendert, zu der er einen Zigarillo rauchte. Er wohnte im Westen und war mit einer Mühlenbesitzerstochter verheiratet.

Manthey blieb auf der Rückreise von der Ostsee ein paar Tage in Berlin. Da ich viel zu tun hatte, fand ich es angebracht, ihn mittun und damit etwas Westgeld verdienen zu lassen. Bis zur Arbeitsstätte war es nicht weiter als eine Zigarettenlänge. Als wir klingelten, wurden wir beide abgewiesen. Frau Jhering sagte, ihr Mann sei jetzt am Rande seiner Nervenkraft. Dann ließ sie mich allein ins Haus unter der Bedingung, daß ich bis zu seiner Rückkehr um 13 Uhr 30 wieder weg sein würde. Ich hatte ihm die Nervosität noch nicht angemerkt. Er hatte jedesmal nur den Kopf zur Tür hereingesteckt und ein bewunderndes Sätzchen gesagt, das zu dem gräßlichen Zustand um mich herum kontrastierte. Er war ein prominenter, seit Beginn des kalten Krieges nur noch in Ostberlin prominenter Mann, Chefdramaturg am Deutschen Theater, seit langem bekannt als Autor von Büchern über Theaterthemen. Der kalte Krieg, den ich jetzt satt hatte, machte ihn mir sympathisch. Seine Frau war eine Freundin von Lotte Wege; Lotte Wege war mit meiner Cousine und neuerdings auch mit Eva befreundet.

Jherings Arbeitszimmer war angegraut, es sollte von mir frisch geweißt werden. Gegenleistungen waren ein guter Lohn in Westgeld und das, nach Lotte Wege, berühmte Essen der Frau Jhering. Ich begann mit dem schönsten Arbeitsgang, der Bedeckung der

Wände mit Farbe. Nach und nach ärgerte mich dabei ein schwärzlicher, sofort wasserlöslicher Staub, der dem alten Anstrich anhaftete. Ich legte die mehr Grau als Weiß auftragende Streichbürste beiseite und bürstete mit einem Handfeger die noch trockenen Wandpartien möglichst gründlich ab. Ganz wollte der Staub nicht weichen, doch wehte er mir auf das Frischgestrichene. Als ich weitermachte, war er haltbar genug geblieben, um sich mit immer noch grauen, wenn auch helleren Streifen einzumischen. Ich verschlichtete sie mit viel Farbe. Es meldete sich ein Schmatzen: die alte, jetzt aufweichende Farbschicht. Sie hängte sich in Fladen und Bröckchen an die Streichbürste, siedelte beim Weitermachen wieder auf die Wand um und sah dort aus wie Streuselkuchen. Wo sie fehlte, hinterließ sie narbenartige Vertiefungen, die ich behutsam tupfend ausglich. Beim Fortkommen behinderten mich noch andere Zuständlichkeiten: Untiefen im Putz, Risse, Krater, Spuren herausgerissener Nägel und hineingestoßener Möbelecken. Ich hatte genug mit dem Bemalen grauer Streifen und dem Absammeln des Streusels von Wand und Streichbürste zu tun, kam nicht flott voran und wollte nicht auch noch mit Gips hantieren. Alle drei Stunden mußte ich einen zusätzlichen Zeitverlust hinnehmen, wenn mich Frau Jhering zum Kaffee oder zum Essen rief. Am nächsten Tag fiel mir zweierlei auf: Die Wände waren markisenähnlich, wenn auch nicht gleichmäßig, gestreift. Und zugleich sah die Decke, die ich weiß genug gefunden und nicht mitgestrichen hatte, über den frisch geweißten Wänden dumpfig grau, fast schmuddelig aus, auch hatte sie knallweiß gewordene Spritzer abbekommen. Sie brauchte einen Anstrich. Mit dieser Betrachtung war ich allein. Die Entscheidung schob ich noch auf. Frau Jhering war so taktvoll, nicht nachzusehen, was ich tat. Herr Jhering steckte um 13 Uhr 30 den Kopf herein, rühmte, was er sah, und zog die Tür wieder zu. Bis zum zweiten Frühstück überhauchte ich mit nur an den Haarspitzen benetzter Streichbürste Graustreifen, in der Pause bis zur Hauptmahlzeit wandte ich nun doch Gips an. Zum Essen gab es Bier. Es vertrieb mir meine Bedenken, die Decke anzugreifen. Mit einem Besen weit ausholend, entstaubte ich sie einigermaßen. Die Kanten reinigte ich vorsichtig mit dem Handfeger. Bei aller Umsicht war nicht zu verhindern, daß Staubwölkchen auf die frischen, nachgebesserten, stellenweise feuchten Wände wehten. Den anstrengenden Deckenanstrich mußte ich unterbrechen, um Kaffee zu trinken, wurde aber genau bis zum

Abendessen fertig. Ein ermutigendes Zeichen. Die Lage am dritten Tag war auf den ersten Blick umrissen durch Streifen an der Decke und die plastischen Spuren der Deckenbearbeitung auf den Wänden: dicke, mal schräg gespritzte, mal senkrecht geflossene, jetzt eingetrocknete Farbtropfen. Weiterhin waren die Gipsflecken und eine überraschend große Menge grau gebliebener Stellen an den Wänden zu übermalen. Hinzu kamen wie immer die alle drei Stunden einzuhaltenden Pausen. Ich setzte einen vierten Arbeitstag an. Mein Zeitgefühl will sogar, daß ich mit dem Zimmer fünf Tage zu tun gehabt hätte. Als ich Manthey mit hinnahm, waren nur noch vereinzelte Flecken zu schönen, Eimer auszuspülen und Geräte einzupacken. Das konnte ich auch allein.

Mittags kam ich Manthey nach und hatte ein paar Banknoten mehr in der Tasche. Dem Aufstand hatte er auf seinem Hügel in Kröllwitz zugehört. Ein jüngerer, Martin Fischer, hatte sowjetische Panzer mit Steinen beworfen. »Ja, der hat eben Mut. Und Wut. Ich weiß nicht, wozu ist das gut. Daß alles Scheiße ist, weiß ich auch.« Kilz hatte Ferien in Ahrenshoop gemacht; dort war nichts losgewesen. Die DDR-Presse nannte den Aufstand eine Verschwörung. In unserer Hochschule hing am Schwarzen Brett ein englisch geschriebener Brief: Studenten einer Kunsthochschule in den USA beglückwünschten uns, die Westberliner Kommilitonen, zu unserem weltbekannten Kampf gegen den Kommunismus und erhofften für die gesamte freie Welt, daß wir durchhalten würden.

8 Typisches

Lotte Wege brachte Eva eine alte, schwere Büroschreibmaschine. Davon erholte sie sich bei vier Zigaretten in nicht mehr als zwanzig Minuten, oft hustend, dann gleich weiterredend in ihrer ständig kontrollierten, von mir für manieriert gehaltenen Sprechweise. Ich dachte an mein Wirken bei Jhering, den Anfang am Ende und das nicht endenwollende Retuschieren, und scheute das Wagnis, nachzufragen. Dann erzählte sie selbst, Frau Jhering habe sie angerufen: das Zimmer sei in Ordnung, aber mein Appetit, mein nicht zu stillender Appetit! Sie habe ihr gesagt: Wenn du einem jungen Mann was zu essen anbietest, nimmt er es natürlich. Wenn du das nicht wolltest, konnte er's nicht wissen und kann nichts dafür. Eva und ich stimmten ihr aus verschiedenen Impulsen zu. Ich war glücklich, weil Jhering meinen Pfusch nicht durch eine Malerfirma hatte vernichten lassen.

Eva führte, glaube ich, eine mehrseitige Schreibarbeit aus, die Lührs ihr angeboten oder anheimgestellt hatten. Die Maschine zog mich an. Ich spannte Papier ein, probierte einige Zeilen, sah Erzählungsanfänge in mir aufblühen, nahm einen davon und spann ihn anderthalb Seiten lang aus, von ganz links bis ganz rechts, mit dem engsten Zeilenabstand, auf dem ersten Blatt so lange, bis es verrutschte, und dicht unter der Oberkante des zweiten mit der Ziffer 2 anfangend. Am nächsten Nachmittag hatte ich es eilig, nach Hause zu kommen. Als die Maschine wieder abgeholt worden war, suchte ich ein dickes, fast leeres Schulheft hervor und schrieb mit der Hand weiter, von Rand zu Rand. Frühmorgens und dann wieder spätnachmittags auf der Couch, eine Hälfte des Heftes auf einem angewinkelten Oberschenkel, dann das ganze Heft auf einem Zeichenpappdeckel und diesen auf beiden Oberschenkeln. Mit großer, teigiger Schrift, schnell und ohne Schreibfehler. Beim Schreiben von Briefen vertat ich mich am Anfang und am Ende fast jedes Halbsatzes, wortlos wie bei einer bloßen Handarbeit, etwa wie beim Kartoffelschälen; brieflich hatte ich nichts zu sagen. Auch beim Malen war ich wortlos, etwa wie ein Koch: Eine stumme, vage Idee war zugleich mein Rohmaterial, und Malen hieß, das Rohmaterial so gründlich zu zerkleinern und zu verschmelzen, daß kein mit den Augen Essender die Idee mehr herausschmeckte. Beim Schreiben war der Anfang angenehm deutlich wie ein Griff in einen Baum, der voll ganz verschiedener Früchte hängt: aus gelesenen Büchern, betrachteten Fotografien, beobachteten Bewegungen, belauschten Gesprächen, durchschauten Lügen, erahnten Geheimnissen, aufbewahrten Sehnsüchten. Ich fand mich fähig, alles zu beschreiben. Ohne zu merken, daß ich mich beschränkte, hielt ich mich an Leichtes, Leckeres. Meine ersten Orte und Zeiten waren eine imaginäre, planmäßige Hauptstadt wie Brasilia in einer unfernen Zukunft, der Mailänder Hauptbahnhof um 1900 und ein Berliner Zimmer voll verwahrloster Lokaltypen, das in die Zeit bis 1933, zur Not aber auch noch in die Gegenwart paßte. Alles nahe genug als Erinnerung, die jeder, dem ich aus dem Heft vorlas, aus zweiter Hand hatte, ebenso wie ich selbst, und alles fern genug, um nichts, was mich betraf, zu berühren. Auch der Staatslenker in der planlosen Hauptstadt war nicht ich. Ich ließ ihn Maßnahmen anordnen, die ich unverkennbar mißbilligte. In den Vergangenheiten bewegten sich nur Milieugespenster mit ihren Attributen, den Calabreserhüten und Regencapes, den Schnauzbärten, Hosenträgern und biederen Schimpfkanonaden. Ich las oft vor; dabei wurden mir Passagen, von Worten bis zu mehreren Sätzen, peinlich. Das Peinliche weitete sich aus, begann früher, endete später, streute auch Ableger. Was sich dazwischen hielt, war nicht hervorragend, sondern nur unauffällig. Es wurde eingeengt, vereinzelt oder verschluckt von einer dritten Kategorie, der des gummiartig Verbindenden, Langweiligen. Im Herbst wurden mir der frühe Morgen, der späte Nachmittag, die Couch, die Stützpappe und das dicke Heft ungemütlich.

Arnold verschaffte mir eine Ablenkung. Er eilte, einen älteren Herrn vor sich her komplimentierend, bis zu mir hindurch und machte uns mit zusammenfassenden Gesten zu einem Gespann. Der andere war der Architekt Büning. Er hatte im Mensa-Bau der Technischen Universität einen kleinen Speisesaal ausgebaut; nun wollte er ihn nicht nur irgendwie getüncht haben. Ich ging mit ihm hinüber. Er hatte mehrere kleinere Räume aufgelöst. Aus der tragenden Wand waren drei runde Säulen geworden, die den Saal der Länge nach teilten. Ich meinte, man könne vielleicht die Säulen bemalen. Professor Büning, ein fröhlicher Rheinländer, hatte keine Lust gehabt, sich mehrere Kandidaten aufzuhalsen. Wenn Arnold mich ihm empfahl, war ich nicht schlechter als andere; das reichte. Meine Idee mit den Säulen bestätigte ihm passend zur Mittagszeit, daß er recht hatte und essen gehen konnte. Er fand sie umwerfend gut. Ich wandte bescheiden ein, etwas anderes scheine mir gar nicht in Frage zu kommen. »Lassen Sie, da gibt's genug Idioten, die kommen erst nachträglich auf das, was richtig ist, und dann ist das Geld vertan.« Er bat mich um eine ganz kleine farbige Entwurfsskizze.

Die Skizze genügte ihm, und das Modell, das ich außerdem bastelte, entzückte ihn: drei bemalte Papierröllchen, zwischen drei farbig getönten Papierwänden in einer Reihe aufgestellt. Ich konnte anfangen. Meine Entwürfe waren die zu Rollen gedrehten Zeichnungen, jede mit ziemlich kleinen, eng gedrängten Formen bedeckt, eine blaue mit metallischen, eine grünliche mit pflanzlichen und eine bräunliche mit Voluten, die an Saiteninstrumente erinnerten. Für einen kanonartigen Übergang zwischen den beiden Seitenrändern hatte ich gesorgt; ich machte aus den Rollen wieder plane halbe Briefbögen. Der Raum war niedrig, ich brauchte nur eine kleine Haushaltsleiter. Dann Bleistift und Radiergummi, Kaseinmasse und Pulverfarben. Ich malte mit der ruhigen Sorgfalt eines Handwerkers. Oft ließen sich Angestellte des Auftraggebers sehen, des »Studentenwerks e. V.«, und äußerten sich zeittypisch: Was das darstellen solle. Solche Fragen gab ich Büning wieder, und der antwortete: »Ja, das sind Spießer, wundert Sie das? Die Spießer sind doch überall?!« Eines Nachmittags entfernte sich ein von mir abgefertigter Spießer, seine Begleiterin aber, die nur zugehört hatte, blieb noch. Sie war vielleicht etwas älter als ich, schönstimmig, braunäugig, versonnen. Ich blieb der biedere, etwas verschlossene Fachmann, als der ich hier war. Lange, sich wunderbar langsam senkende Wimpern, eine unbegreiflich schöne, feinrauhe Haut. Ich war froh, als sie endlich ging. Meine letzten Arbeitstage und viele Hunderte von Pinselstrichen galten nur noch ihr. Sie ließ sich zu meiner Bestürzung wieder sehen, langsam näherkommend mit einer Zigarette, aber nie für lange. Die Farben der Wände und der Vorhänge sollte ich bestimmen. Die Wirkung war kalt, aber Büning blieb begeistert. Er zahlte mir das vereinbarte kleine Honorar: dreihundert Mark.

Etwas später im Herbst geriet ich an nicht viel schlechter bezahlte TUSMA-Aufträge. Ich beschriftete und bemalte mit klammen Händen eine Würstchenbude. In einem Schönheitssalon in Tempelhof zeichnete ich auf Rauhfasertapete ein enges, mit einigen rosa Fleckchen pointiertes, sonst schwarzweißes Gefüge aus Mietskasernen, Autos, Personen und Caféstühlen, vor dem die Kundschaft »Montmartre« denken sollte. Währenddessen machte die Chefin einem etwa 17jährigen weiblichen Lehrling drohende Andeutungen. Das hörte ich nur. Ich nahm sofort Partei, erst gegen die laute Chefin, dann für das leisere Mädchen, das ich noch nicht sah. Das Mädchen und ein junger Mann setzten sich in der Nische, wo ich zeichnete, auf Hocker. Das Mädchen begann leise zu reden. Ich nickte ihr zu, sie unterbrach sich, fragte mich einiges und seufzte: So was müßte man können. Sie erklärte dem jungen Mann die Meinung der Chefin, anscheinend wortgenau, und beantwortete sie mit ihrer eigenen, bedrückt, maulig, mit Kinderstimme, aber entschlossen, seufzend und ungern entschlossen, bei dem zu bleiben, was sie für richtig hielt. Der junge Mann machte Einschränkungen; wahrscheinlich hatte er es in dem Laden leichter. Die Chefin wirbelte die beiden zur Arbeit auf. Als die Eltern des Mädchens kamen – gebeugte Haltung, Friedhofstappen, lauernde Mienen –, wechselte sie sich gegen eine uneigennützige, herzlich enttäuschte Pädagogin aus. Zwischendurch erbat und erhielt ich hundert Mark. Beim Hinausgehen winkte ich der Lehrlingin mit einer einzigen, daher kaum als Winken deutbaren Handbewegung zu. Sie sah mir mit nassen Augen nach, ohne sich zu rühren, da ihre Eltern und die Chefin um sie herstanden und sie fixierten. Auf dem Tempelhofer Damm war ein Fleischerladen offen. Ich ging hinein und kaufte mir ein Viertelpfund einer luxuriösen Substanz namens »Gänseleber-Spezialwurst«.

9 Zuzug, Bewerbungen

Was Frau Tamburek am 16. Juni vorausgesagt hatte: die Ostler würden kommen, und bei uns würde alles zusammenbrechen, erfüllte sich mit Verspätung und in engem Umfang. Plötzlich hatten wir zwei neue Hausgenossen, ein Ehepaar namens Wittkögel mit der Doppeleigenschaft, DDR-Flüchtlinge und Eigentümer unseres Hauses zu sein. Er stand im Rentenalter; seine Frau, die jünger sein mochte, wirkte nicht aufrührerischer als er, aber sie hatten aus ihrer Villa in Stahnsdorf bei Berlin nur etwas Handgepäck retten können. Als ich nach Hause kam, packten sie schon bei offener Tür in einem von Frau Tambureks beiden Zimmern aus. Die Wegnahme von Wohnraum regelte normalerweise das Wohnungsamt, einer Mieterin wie Frau Tamburek, die die unbefristete Zuzugsgenehmigung besaß (weißes Formular), nahm es nichts weg. Um Eva und mich kümmerte es sich nicht; wir hatten die befristete Zuzugsgenehmigung (grünes Formular) und damit nur einen ungesicherten, jeden Tag kündbaren Anspruch auf ein Untermieterzimmer. Ich weiß nicht, warum Wittkögels uns nicht sofort hinauswarfen.

Frau Wittkögel war auf dem Gebiet des Hausbesitzens eine Könnerin. In wenigen Tagen hatte sie mich soweit, daß mich, wenn ich sie reden hörte, ein Schuldgefühl beschlich. Sie äußerte noch keinen Vorwurf. Die feuchten Augen und die gerötete Nase schräg emporrichtend wie die klagende Niobe, schaute sie in einen von uns freien Winkel. Sicher hing das mit Stahnsdorf zusammen: Unsere miese Gegenwart vergröberte den Verlust ins Unerträgliche. Wir konnten sie nicht mit uns versöhnen außer durch bescheidene, reinliche Selbstauflösung. Ihr Mann ließ uns gelten. Er stellte auf die Glasplatte über dem Waschbecken ein Klappkärtchen mit einem Text unter der Überschrift »Liebe Mitbenutzer unseres Badezimmers!« Es waren viele, in sauberen, schrägen Druckbuchstaben ausgeführte Zeilen, die letzte endete wiederum mit einem Ausrufezeichen. Darunter hatte gerade noch die Unterschrift »F. Wittkögel« Platz. Er schrieb, er »ziehe es vor«, seinen Rasierpinsel auf dem Punkt der Glasplatte wiederzufinden, auf den er ihn gestellt habe, und nicht daneben. Einer möge des anderen Eigentum achten. In diesem Sinne wünsche er sich und allen Hausgenossen ein gutes Zusammenleben. Beim Frühstück sprachen Eva, Fritz Jahn und ich von dem Rasierpinsel. Wir waren alle drei sicher, ihn nicht angerührt zu haben.

Bald war auch Frau Wittkögel soweit erholt, daß sie uns Vorhaltungen machen konnte. Es bekam ihr gut, ihre Stimme klang weniger flach und monoton, ihr Wortschatz belebte sich. Frau Tamburek kam dazu und stand ihr so entschieden bei, als habe sie uns von Anfang an dasselbe gesagt; dabei hatten wir ein halbes Jahr mit ihr in Frieden gelebt. Sie sprachen von Schmutz auf der Treppe und Katzengeruch, dann nur noch von Katzengeruch. In einer weiteren Phase schaute Frau Wittkögel uns gern nur an; Frau Tamburek starrte weg und knallte ihre Tür vor uns zu, doch wenn sie uns oben hörte, kam sie unten hervor und rief: »Wie das wieder stinkt!« Fräulein Novak, die andere Untermieterin, machte weder bei ihr und Frau Wittkögel noch bei uns mit. Sie hatte mit Eva einen Umstand gemein: einen Freund, der nicht auf seine Gewohnheit verzichtete, über Nacht zu bleiben. Wenn wir uns ohne Zeugen trafen, bedeutete sie uns durch Brauenhochziehen, daß sie ebenso litt wie wir, sagte aber nichts. Eines Abends hörten wir sie in ein ungeheuer vulgäres Schimpfen ausbrechen. Es machte alle Entgegnungsversuche nieder und herrschte noch lange allein. Dann Türenknall und die halbe Nacht lang Möbelrücken und Gestampfe treppauf und treppab. Auch zu uns herauf, um sich lauthals zu verabschieden. Da wir kein anderes Quartier hatten, blieben wir leiser. Wittkögels besetzten ihr Zimmer und hatten nun zwei.

Es wundert mich weiter, daß sie uns nicht gegen Leute ohne Katze und übernachtenden Freund auswechselten. Herr Wittkögel besuchte mich einmal, als Eva nicht da war (von ihr war er schüchtern); er wollte doch mal sehen, was ich für Bilder male. Er war kleiner und trockener als seine Frau und machte meistens ein Gesicht, als wolle er sagen: Ich habe sehr viel Humor. Zu mir sagte er: »Sie müssen nicht denken, daß ich ein Banause bin. Ich habe in Stahnsdorf sehr schöne Bilder, alte Bilder natürlich, aber gegen die moderne Richtung habe ich auch nichts.« Auf seine Frage: Was soll denn das darstellen?, antwortete ich freundlich, da er der Hauswirt war, aber mit nun schon gewohnter Zurückhaltung. Ein Bild stellt, einfach gesagt, gar nichts dar, hätte ich sagen können; weniger einfach gesagt, stellt es schon etwas dar: sich selbst und nichts anderes; ein Bild ist nur mit sich selbst identisch; einen Menschen fragen Sie ja auch nicht, was er darstellt oder wem er ähnelt. Diese Argumentation mochte ein Banause besonders arrogant finden, aber er konnte ihr folgen. Das sollte er gar nicht. Ich antwortete ihm anders: indem ich mich eng an die Wahrheit beim Malen hielt, an das Selbsterlebnis, ganz eng, knapp, unanschaulich wie im Selbstgespräch. Dabei mußte Herrn Wittkögel der Faden des Verständnisses entwehen. Das wollte ich. Darum verschwieg ich ihm meinen Einstiegssatz in die Kunstbetrachtung: daß auch das naturgetreueste Bild nur sich selbst darstelle. Vielleicht sollte ein Banause Banause bleiben und Malerei unerklärlich; vielleicht mit der Zeit immer weniger erklärlich auch für mich, den Maler. Manchmal wollte ich Bilder malen, die aussehen sollten wie durch Wachstum oder einen mechanischen Vorgang oder eine Explosion entstanden. Nicht verstehen, sondern sich vergessen und überrascht werden. So ist der seltsame Unwille, Leuten, die nicht vom Fach waren, einen Einblick zu ermöglichen, noch nicht begründet. Damals war er gängig.

Arnold drängte mich, Bilder und Zeichnungen herzurichten. Er wollte mich dem Stipendienfonds »Studienstiftung des deutschen Volkes« empfehlen, »damit Sie diese kostbaren Jahre nicht länger mit Tagelöhnerarbeiten vergeuden«. Ich lehnte die Bilder an die Wand und legte eine Reihe Zeichnungen davor hin. Hofer und der Leiter der Abteilung »Freie Kunst«, Max Kaus, kamen herein und stellten sich zwischen Arnold und mir auf. Nach kurzem Warten sagte ich: »Ich möchte mich dieses Jahr nicht bewerben.« Hofer lächelte mich zum zweitenmal an und sagte, in einem Jahr könne sich viel ändern. Kaus schüttelte mir die Hand und rannte ihm nach. Arnold sagte: »Ich muß Ihre überraschende Entscheidung gutheißen. Für nächstes Jahr habe ich gar keinen Zweifel.«

Meine Cousine traf im Druckhaus Tempelhof einen Journalisten, der damit befaßt war, die erste Nachkriegsnummer der »BZ« zusammenzubringen. Er brauchte jemanden mit Sprachkenntnissen. Sie nannte Eva perfekt in Englisch und Französisch. Bei der Probe darauf ermaß er die Höhe dieser Übertreibung, aber die Zähigkeit, mit der Eva sich duchwurstelte, schien ihm Spaß zu machen. Sie bekam 500 Mark monatlich. Jetzt konnte sie auf das Geld von meinem Onkel verzichten und ich auf das von Leo Schultz. Den allmonatlichen Dankbrief an Leo Schultz hatte ich geschrieben, weil sie so lange damit wartete, bis ich nervös wurde und ihn schrieb. Als ich nach Neujahr aus Salzelmen zurückkam, gab es Rehpastete, Lachsschinken, Hummerkrabben, geräucherte Gänsebrust und Roquefort aus dem KaDeWe, und Eva trug einen neuen Schlafrock.

1954

1 In Spandau

Meine Tagesleistung, drei Ölkreidengemälde, befriedigte mich; dicht gereihte, miteinander verschmelzende stehende Akte nach dem Modell, das nachmittags dagewesen war. Die Farbe bildete meist senkrechte Streifen, so daß zum Beispiel ein blau anfangendes Bein weiter unten in einen grünen Streifen geriet. Es sah kostbar aus. Arnold hätte wohl eingewandt »ein bißchen übermöbliert«, aber er war längst nach Hause gefahren. Er hatte sich zu Weihnachten einen Mercedes 180 geschenkt, einen fabrikneuen. Niemand sonst, den ich kannte, besaß ein nicht schon von Vorgängern benutztes Auto. Herbert Lühr war eben dabei, seinen 1938er Adler Junior in eine dreijährige Borgwardlimousine umzutauschen.

Wir waren mit einer halben Flasche Weinbrandverschnitt durch, aber die Butter-Hoffmann-Filiale unter dem TUSMA-Büro hatte noch offen. Ute Birkler, sonst geizig, winkte mit ihrem geöffneten Portemonnaie und spendierte Markstücke, so daß wir nur noch Groschen dazuzulegen brauchten. Der lange Charlie Wulf ging einkaufen und brachte an Stelle von Weinbrandverschnitt eine ganze Flasche 32prozentigen »Alten Klaren«. Lena Dombrowski war dankbar für jedes lustige Wort. Einige Tage zuvor war sie weinend durch den Klassenraum gegangen, nachdem sie ihren Freund Detlev zum letztenmal für lange oder für immer gesehen gehabt hatte. Sie lud uns ein, mit zu ihr zu kommen, dort sei auch noch lange ein Kiosk offen. Man konnte mit der S-Bahn bis Pichelsberg fahren und dann eine halbe Stunde laufen. Mit der Straßenbahn 75 kam man dichter heran. Eine S-Bahn-Fahrt kostete nur 20 Pfennig, die Straßenbahn hatte schon einige Preiserhöhungen hinter sich. Es war kalt und windig. Wir leisteten uns die Straßenbahnfahrt.

Die Straßenbahn war unbeliebt. Man kam sich in ihr vor wie in den Osten verschleppt. Unser Selbstgefühl erwuchs ja aus einem Fundament aus vergleichenden Blicken in den ärmeren, schwerfälligeren Osten. Die Straßenbahn kaute und verdrückte Zeit wie ein ostzonaler Bummelzug, der Gegenzüge abwarten muß, weil die

Russen das Parallelgleis abmontiert haben. In den schlimmen Stunden am Morgen und Spätnachmittag schlugen einem beim Einsteigen Streitlust und Wehleidigkeit entgegen. War man gefangen und eingepreßt, begann die Angst, den Ausgang nicht zu erreichen, ganz ähnlich wie in Eisenbahnabteilen voller Lebensmittelsammler vor 1949. Das Innere und das Tempo wirkten zusammengenommen unzumutbar. Das Berliner Tempo, das die Straßenbahn verfehlte, durchheulte vollgedrängte S- und U-Bahn-Waggons wie ein Windstoß, alle Ungeduld ausdrückend und noch überholend; man wartete ab wie in einem Fahrstuhl. Im Autobus saß man bequem infolge seiner Enge, Stehen war verboten außer hinten auf der Plattform, sonst wurde keiner mehr hereingelassen. In Westberlin, dem Schaufenster der freien Welt, ist die Straßenbahn früher als in fast allen westdeutschen Städten abgeschafft worden.

Die Waggons waren eine nur vereinzelt besetzte Geisterbahn oder Leichenfuhre. Wir tranken in Alt-Pichelsdorf im »Historischen Weinkeller« ein Glas Wein. Ein teurer Unsinn, aber Charlie Wulf wollte ihn und bezahlte ihn auch. Man saß dazu auf kleinen um größere Fässer herum. Lena wohnte nahebei in einer Hälfte eines Zweifamilienhauses bei einem Architekten. Sie sagte, er werde wohl nicht zu Hause sein, und wenn, bestehe nur die Gefahr, daß er mitfeiern wolle; dann müßten wir auf unseren Schnaps aufpassen.

Er schien nicht da zu sein. Sie bemerkte: »Bei mir ist nicht aufgeräumt.« Die Daunendecke stand zu Berge, Kleidungsstücke und Schuhe lagen im Wege. Es war sehr warm: Zentralheizung. Ich sagte, das sei gut gegen meine Erkältung, die nämlich nur auf einen kleinen Reiz warte, um wieder zu erstarken. Von Zeit zu Zeit kam ich mit meiner heiseren Erkältungsstimme, die ich gern hörte, auf die Erkältung zu sprechen, so wenn ich mir »Medizin« nachschenkte. Lena lachte weiter dankbar über jede Aufhebung eines Schweigens. Auch den beiden anderen machte ich es leichter, da ihnen noch weniger einfiel. Charlie Wulf lag es nicht, etwas Unbegründbares zu äußern. Der Schnaps entschwemmte ihm allen Grund und machte ihn stumm. Ute Birkler war häßlich wie aus einem illustrierten Märchenbuch, selbst eine Warze fehlte nicht in ihrem Gesicht; niemand wird sie je zum Sprechen ermutigt haben. Ich erinnerte Charlie und Ute an den Betriebsschluß der Straßenbahn, spätestens um halb eins, und beschrieb, wie mir bald die Nachtluft durch das Rippenfell hindurch in die Bronchien kriechen werde. Es war nur ein Pausenfüller. Was Lena dann sagte, kam mir unerwartet: »Bleibt doch hier – wenn's euch nichts ausmacht, auf dem Fußboden zu schlafen; zweien von euch.«

Wir löschten das Licht, ehe wir uns auszogen. Ich kletterte, ohne zu zweifeln, zu Lena unter die Daunendecke. Aus Höflichkeit trug ich noch meine Unterhose. Lena war ganz nackt. Von ihrer Großmut beeindruckt, warf ich die Unterhose ins Dunkle. Sie berührte mit ihren Lippen mein rechtes Ohr und flüsterte: »Du hast so prima auf deiner Erkältung rumgeritten, der Charlie ist scharf auf mich, aber ich will nicht. Er ist ein lieber Kerl, aber ich will nicht.« Ihre nackte Haut machte mich glücklich: schläfrig wie einen gesättigten Säugling. Ich brachte meine Lippen an ihr linkes Ohr und flüsterte: »Entschuldige, ich schlaf gleich ein, muß am Schnaps liegen.« Knackgeräusche. Ich brachte mein rechtes Ohr an ihre Lippen und hörte: »...macht überhaupt nichts, schlaf gut.«

Morgens erschien mir hinter der warmen Nähe, längst vor dem Vorgeschmack auf Brötchen und Kaffee, ein Befehl: der Katze in Zehlendorf einen Bückling zu bringen. Das war mit Eva verabredet, sie war nicht zu Hause. Mein Frühstücksthema war die Katze. Lena sagte, ich solle sie füttern und gleich wiederkommen. Die Verkehrsverbindung zwischen Spandau und Zehlendorf, zwei benachbarten, aber durch Wasser getrennten Bezirken, ist eine Qual für jeden, der es eilig hat. Eine gute Stunde hin, also zweieinhalb Stunden hin und zurück, mit Aufenthalten drei Stunden. Nach dieser abwechselnd hastigen und untätigen Zeitanwendung traf ich mittags in Pichelsdorf drei Leute an, die sich nicht mehr viel zu erzählen hatten; wir fuhren zusammen zur Kunsthochschule. In den nächsten Tagen fühlte ich mich zum Handeln gedrängt. Am Sonntag reiste ich abends von Zehlendorf nach Pichelsdorf, stellte fest, daß das ganze halbe Haus dunkel war, und reiste zurück. Das ließ ich Lena wissen. Sie bedauerte mich ganz unspöttisch. Ich lud sie für den Abend zum großen Schnitzel in der »Bärenschenke« ein. Wenn es so sei, wie es sich anhöre, könne sie es kaum erwarten, sagte sie. Wir sättigten uns mit Eiersalat, Schnitzel und Porter, rauchten und schauten uns an. Ich sagte mühsam: »Ich möchte das... nicht so lassen.« Sie lächelte leer. »Ich möchte mit zu dir kommen.«

Hinter dem Bahnhof Friedrichstraße stand an einer Hausmauer gut sichtbar »Peter Putz: Sein Gallentee ist gut!« Das las sie vor.

»Das steht da immer dran«, fügte sie ganz sachlich hinzu. Ich war gespannt und wortkarg. Nach langer Zeit schloß sie auf und sagte wie beim erstenmal, bei ihr sei nicht aufgeräumt. Wortlos begrüßte ich die Wärme, den Daunendeckenberg, die hier und da hinverschlagenen Kleider und Schuhe. Nachdem sie einen Augenblick gewartet hatte, sagte sie: »Ich gehe jetzt jedenfalls ins Bett«, und fing an, diesmal bei Licht, ihre Kleidung abzuwerfen. Einen weiteren Augenblick lang stand sie nackt da, dann glitt sie unter die Daunendecke. Ich warf mich zu ihr und versank erst einmal in Glück. Ich war schon 23 Jahre alt, aber sie mußte mir meinen Part erst beibringen. Frühmorgens vergewisserte ich mich, daß unsere vier Schenkel da waren. Sie wachte auf, lächelte schläfrig, umarmte mich aber. Ein andermal wanderte etwas auf langen Wegen an mir entlang, kam zur Ruhe, nein, wanderte auf mich zu und weckte mich. Dann wieder hatte ich ihre Augen über mir: »Na, ausgeschlafen?« Ich raffte mich auf und griff sie an. Eben noch war ich ihr tief ergeben gewesen. Sie verstieß mich nicht, sondern entzog mir nur ihren Blick, gab ihn mir aber wieder. Fest, nahezu grimmig. Nahezu gütig. Sie lächelte flüchtig. Sie machte ein Abschiedsgesicht und reiste mit ihren Augen davon. Ich war vertrauenswürdig und sollte in ihrer Abwesenheit wirtschaften. »Die Sächsin wirtschaftet, daß das Bett kracht« (Tucholsky). »Lachst du?« – »Ja, aus Spaß.« – »Über mich?« – »Nein, ich liebe dich.« – »Nicht so reden.«

Ich drehte uns Zigaretten (kein Mädchen konnte Zigaretten drehen). Der Aschenbecher stand unterhalb ihres Busens und bildete mit den beiden runden Brüsten ein Dreieck. Vormittags gab es nur ein Wetter: durch die dünne Gardine gefilterten Sonnenschein. Lena fing an zu erzählen. Manchmal streichelte ich die sensationellen Innenflanken ihrer Oberschenkel, dann sagte sie »na!« und lachte. Sie erzählte mir von einem ehemaligen Arnold-Schüler, der in meinem Alter auch noch keine Freundin gehabt hatte. Plötzlich hatte er eine und war eine ganze Woche lang verschollen: ohne Unterlaß mit ihr im Bett! So ordnete sie mich ein; ich hatte mich seit langem für ein Monstrum gehalten. Allmählich, mal hier mal da anspinnend, brachte sie ihre ganze Lebensgeschichte für mich zusammen. Sie las mir aus einem Tagebuch vor, das sie als Vierzehnjährige geschrieben hatte: Aufzählungen, wer gestern abend mit wem vor dem Kino gestanden habe, wer früher abgehauen, wer mit Verspätung angeschissen gekommen sei, wer sich wie üblich blöde hatte und so weiter. Das war in Kriegszeiten gewesen. Ihre Eltern wohnten noch am Schauplatz, einem schon ländlichen Vorort von Köpenick im heutigen Ostberlin. Bei Arnold war sie seit vier Jahren. Als man noch konnte, war er mit manchen aus der Klasse und noch anderen Dozenten, zumal natürlich X., dem alten Schwein, nach Hiddensee gereist. Eine längliche Insel dicht neben der Insel Rügen, die ostzonale Entsprechung der westzonalen Künstlerinsel Sylt. Arnold und X. hätten mit allen Mädchen zu schlafen versucht, das war wohl Ehrensache. Als sie zu Arnold nein gesagt habe, sei er lieb und artig gewesen. Bei X. mußte sie handgreiflich werden, pfui Teufel. Aber manche fühlten sich geschmeichelt. Ute Birkler habe vergeblich gewartet, die Arme. Das Reisegeld zusammengehungert, und dann war wieder nichts. Der Bildhauer Gustav Seitz war ihr lieb gewesen; vor drei Jahren wegen irgendeiner Unterschrift aus dem Lehramt geworfen, jetzt Professor in Weißensee. Ich fragte sie nicht, ob sie mit ihm geschlafen habe, überhaupt ließ ich mir die Geschichten lieber so, wie sie waren, bescheren. Anfangs hatte ich Lena für kalt und oberflächlich gehalten, dann eine Weile für nett, aber faul. Neben mir im Bett produzierte sie mühelos treffenden Witz und sehr anschauliche Schilderungen und einiges dazu, das Mühe gekostet hatte. Ich freute mich darüber, daß sie den »Ulysses« von James Joyce kannte und ich nicht. Die Energie solle ich mal aufbringen, sagte sie. Sie habe vieles nicht verstanden, seitenweise alles nicht, und wenn sie sich besonders blöde vorkam, wie zum Trost wieder mal ein bißchen, und so weiter, bis zur letzten Seite immerhin. Es sei irgendwie genial, darin täusche sie sich nicht. Eine Betrachtung, die damit zusammenhing, daß wir vormittags im Bett auch Milch tranken, habe ich in dem dicken Schulheft aufbewahrt. Die Milchflaschen wurden auf Abonnement vor die Haustür gestellt. Lena kam mit ihrer herein, drehte sie und betrachtete den Verschluß. »Es ist keine Lasche mehr dran, oder siehst du eine?« Nach kurzem Grübeln zählte sie die Entwicklung auf, die seit ihrem vierten Lebensjahr, 1932, die Verschlüsse der Milchflaschen durchgemacht hatten. Bis Hitler: Stanniolverschluß mit Lasche. 1933: Stanniol ohne Lasche. 1936: kreisförmiger Pappdeckel. 1939: Krieg (keine Milchflaschen). 1950: Pappdeckel. 1951: Stanniol ohne Lasche. 1952: Stanniol mit Lasche. 1954: Meierei C. Bolle liefert Milchflaschen mit Stanniolverschluß ohne Lasche. Sie war betroffen und rechnete für demnächst wieder mit Pappdeckeln.

Ihre kräftige Gestalt, ihren Gang, ihre Gesten und Mienen und ihre meist laute Redeweise hatte ich knapp zwei Jahre lang unter einer Rubrik »künftige resolute ältere Dame« vermerkt. Ihr Gesicht war mir eigentlich zu puppenhaft. Im Bett bemängelte ich nichts, ihr Gesicht war dann klar und einfach wie auch ihre Sprache. Wenn sie sich nackt im Zimmer bewegte, geschah alles leicht, und ihr Körper war angenehm selbstverständlich. In manchem erinnerte sie an Fräulein Gärtner; aber bei einer imaginären Nebeneinanderstellung fand ich an Lena alles etwas zu rund, wie von einem eher handwerklichen als göttlichen Schöpfer geschaffen, wie ein Tonfigürchen aus Tanagra, während Fräulein Gärtner an ein in jeder Einzelheit genaues marmornes Meisterstück erinnerte.

Beim Faschingsfest »Zinnober« arbeitete ich als Bierbarmann. Lena ließ sich dicht an dicht mit einem ihrer vielen Bekannten sehen, einem in jeder Hinsicht erfolgreich anmutenden Architekturstudenten. Vor Eifersucht fing ich an, die Bierneigen aus den zurückgebrachten Gläsern zusammenzuschütten. Der Zapfer, ein Fachmann, kein Student, nickte anerkennend und zapfte eine Schaummütze darauf. Dem, der das Gemenge schluckte, sahen wir starr, aber befriedigt zu. Nachmittags rief ich zum erstenmal Lenas Hauswirt an, ließ sie ans Telefon bitten und bekannte ihr meine Eifersucht. Sie sagte lachend, ich solle mich nicht länger quälen, sondern hinkommen. Bei ihr wurde mir wohler. Um 18 Uhr 30 zog ich mich an, der Zinnober dauerte mehrere Nächte. Lena, die im Bademantel war, knöpfte mir den eben zugeknöpften Mantel wieder auf und riß an meiner Hose. Ihr entrückter Gesichtsausdruck begeisterte mich. Gleich lagen wir wieder da, und ich rührte meinen mir wohlgefälligen Muskelkater von neuem auf. Mein Abschiedskuß vor der Haustür wurde immer zarter und langsamer, dann rannte ich zur Straßenbahn. Ich musterte Fahrgäste und dachte, wenn ihr wüßtet, was ich gerade gemacht habe.

Ich las von einer billigen Zweizimmerwohnung in Konradshöhe; eine schöne, aber entlegene Gegend. Als ich Lena vorschlug, mit mir dorthin zu ziehen, sah ich Bedenken gegen die verkehrsferne Lage voraus, war aber ziemlich sicher, daß sie dann doch zustimmen werde. Aber sie sagte glatt nein und erläuterte das in dem vernunftklaren, etwas zu lauten Ton, den sie im Bett nicht hatte (wir saßen in der TU-Mensa beim Essen): wir kannten uns noch nicht lange, und wer wisse, ob wir uns in zwei Monaten noch kennen wollten. »Nein, Stephanchen.« Sie fing an, diesen Diminutiv zu gebrauchen. Bald auch im Bett. Bisher hatte ihr meine dortige Leistung gefallen, jetzt schien ich Nachsicht nötig zu haben. Auch wenn sie im Bett über andere sprach, überwog jetzt Spott. Eine ständig werdende Verstimmung. Einmal suchte sie im KaDeWe etwas zum Anziehen. Mir waren solche Einkäufe neu, das Gedränge benahm mir die Geduld, und plötzlich schimpfte sie: nun mache ich auch sie nervös, sie werde mich nie wieder mitnehmen.

Eines Nachts weinte sie. Detlev habe urplötzlich vor der Tür gestanden, sie habe nicht anders gekonnt und habe mit ihm geschlafen. Ich führte durch Trauer gedämpfte großmütige Reden. Sie paßten nicht, wir waren uns ganz uneinig. Im Mai besuchte sie mich einmal in meiner neuen Unterkunft. Inzwischen erwartete sie ein Kind oder brauchte einen Arzt, der es abtrieb. Nach Detlevs Rechnung war er selbst der Verursacher, er kannte auch einen gerade noch bezahlbaren Abtreiber in Ostberlin. Ich wollte sie zum Arzt und nach Hause bringen, aber sie war nun schon dafür, daß ich mich ganz heraushielt. Sie habe zu Detlev etwas mehr Vertrauen, sagte sie, auch bezahlen solle er allein. Als sie danach bettlägerig war, besuchte ich sie. Etwas ungelenk trug ich ihren Nachttopf hinaus. Als ich zurückkam, sagte sie: »Geh man lieber, geh lieber sofort.« Ich erbot mich noch zum Aufwärmen einer Hühnersuppe, zuckte die Achseln, wünschte ihr gute Besserung und schloß die Tür.

2 Verschiedene Horizonte

Lotte Wege und bald auch Eva wohnten in einem parkumrauschten gelben Gebäude in Dahlem, Typ »ländliches Barockschloß«, Baujahr um 1910, das in ein- bis dreizimmrige Einheiten und fast nur unter Journalisten aufgeteilt war. Bäder und Küchen nutzte man jeweils zu mehreren. Der Besitzer war ferne oder von anderen fernen Leuten beerbt worden. Im Hause herrschte lotterige Lebensart, den Park hielt ein im Chauffeurhaus wohnendes Ehepaar vom Verwildern ab. Auch ich hatte etwas Imposantes in Aussicht: den ganzen Boden eines von einem Garten umgebenen Dahlemer Hauses vom Typ »Rokokolustschlößchen«, Baujahr wie angegeben geschätzt. Ein Teil des Bodens war ein Atelier mit einem Kanonenofen, das übrige war nicht heizbar. Die Pfeiler, die Ausmaße und die Kälte erinnerten an eine Dorfkirche. Miete nur fünfzig

Mark. Die alte Dame des Hauses sprach mütterlich mit mir; einem allerdings mitentscheidenden Gremium wollte sie mich empfehlen. Am Entscheidungsnachmittag schickte sie mich an die Gartentür zurück. Auf dem Freitreppchen vor der Haustür, die oft auf und zu ging und auf dem darüber hängenden Balkon zeigten sich anwalt-, arzt- und fabrikantenähnliche Herren, die alles, was es außer mir zu sehen gab, zu bemerken schienen, nur mich nicht. Kleine Elefantenaugen musterten allerlei Horizonte. Im allgemeinen beschränkte sich jeder Herr auf einen Horizontabschnitt und nahm sich davor in acht, die der anderen mit seinem Blick anzutasten. Die beiden Gruppen erinnerten an ein Gemälde meines Direktors Carl Hofer, das Turmwächter darstellt, deren jeder gespannt in eine andere Richtung als die übrigen späht. Die Herren begaben sich, einem Gong folgend, ins Hausinnere. Und wie die Frau in einem Wetterhäuschen, die ans Licht kommt, sobald der Mann ins Dunkle abgewichen ist, machte es jetzt die Dame des Hauses. Sie kam an die Gartentür gehuscht, schaute sich bedrückt nach hinten um, sagte mir halblaut ab und huschte wieder ins Haus. Selbst das Absagen schien ihr verboten worden zu sein. Das Gremium mag entschieden haben, daß man mit einem, den man nicht hereinlasse, auch nicht spreche, daß man ihn vielmehr einem Erwartungsschrumpfungsprozeß überlasse, der irgendwann schon, sei es auch erst in der Abenddämmerung, den Geistesblitz erzeugen werde, sich zu verpissen.

Dank der alten Dame war es noch hell. Ich hatte mir ein Zimmerangebot in einem Schaukasten abgeschrieben, das mir, warum wußte ich nicht, sympathisch war. »Geräumige Mansarde, 43 DM einschließlich Heizung, Bad- und Küchenbenutzung.« Ich ging hin. Geräumig hätte ich die Mansarde nicht genannt, aber die Bodenfläche reichte dazu aus, die Staffelei hinzustellen und zwei Meter zurückzutreten. Die Vermieterin erwärmte sich bei dem Wort Staffelei. Mein Vormieter war Eberhard Völker gewesen, ein Kollege aus der Haß-Klasse in Halle. »Ach, der Völker«, sagte ich. Es hörte sich unsinnigerweise gönnerhaft an. »Herr Völker war mir ein sehr lieber Hausgenosse«, versetzte sie, und ich antwortete warm: »Ja, das glaube ich.« Sie wollte rauchen und bot auch mir eine an. Ich bot ihr einen Zwanzigmarkschein als Anzahlung an. Das sei übervorsichtig, sagte sie, aber wenn es mich ruhiger schlafen lasse, werde sie den Schein nehmen, und um mich vollends zu beruhigen, quittiere sie ihn mir gleich.

Eva, die Katze und kurz danach ich verließen den Waldhüterpfad. Eva konnte die Katze einem ihrer neuen Kollegen schenken, sie soll bei ihm von Anfang an fröhlich und stubenrein gewesen sein. Mein neues Quartier, Waltraudstraße 20, lag nur fünf Minuten zu Fuß stadteinwärts. Evas Schloß in der Straße »Im Dol« befand sich zwei Kilometer weiter nordöstlich, nicht mehr weit vom Südwestteil der Westberliner Innenstadt. Sie eröffnete mir, sie werde mir jeden Monat fünfzig Mark geben. Von nun an trat ich am Monatsanfang bei ihr an. Leichter als bei Onkel Rudolf war es nicht, sie hatte jetzte eine laute, ausgreifende, stets ungeduldige Art. Künstler waren ihr »Im Dol« zu täppisch, auch Fritz Jahn. Im Laufe des Sommers lösten sie sich voneinander. Mir wurde indessen mein Onkel leichter. Er rief mich gelegentlich an und knurrte die Frage, ob ich Lust hätte, mit ihm essen zu gehen. Dann antwortete ich nicht mehr pflichtschuldig, sondern nach Abwägung meiner Vorhaben gegen meinen Appetit. Meist hatte ich Appetit, auch auf Getränke. Wenn seine Freundin dabei war, trank er weniger; sie war selten dabei. Er trieb sich herum, wie es hieß. Er sah sich im »Café Sommerfeld«, im »Deutschen Haus« oder im »Fernfahrertreff« nach den Leuten an den Nebentischen um, machte aus zwei bis drei Tischen einen, gab Lagen aus und paßte sich denen an, die er freihielt. Die Dreistigkeit dieser Gäste soll er nicht bemerkt oder nicht beachtet haben. Diese Beschreibung stammt von anderen. Wenn wir zusammen saßen, aß er wenig, forderte mich aber auf, das Teuerste zu bestellen. Wenn ich dann mit seinen Bieren, Weinbränden oder Doppelkörnern Schritt hielt, freute er sich ein Weilchen. Aber bald forschte er nach, ob es mir noch gutgehe, oder fragte, wann ich aufstehen müsse, und entschied, dann müsse ich bald schlafengehen. Bevor er etwas erzählte, sagte er: »Wenn du's schon kennst, Daumen nach unten!«

3 Verschachtelt

Die enge Mansarde war ein anregender Raum. Ich betrachtete ihn von einem hölzernen Gartensessel aus. Ein Gegenstand nach dem anderen offenbarte mir seine Verfügbarkeiten oder seine Überflüssigkeit. Manches Stehende ließ sich an eine der senkrechten Wände hängen, das Überflüssige schachtelte ich in dem Bodenraum neben meiner Tür zwischen Möbel und Koffer, die dort verstaubten; danach war auch dort mehr Platz als vorher. Ich mußte noch einmal umbauen, weil ich Behältnisse unzugänglich gemacht hatte, deren Inhalt ab und zu gebraucht wurde. Meine Wirtin, Frau Hinz, nannte mir einfach diese Behältnisse, anstatt sich das Berühren ihres Eigentums zu verbitten. Solche Grenzen fand sie sogar ausdrücklich lächerlich. Sie konnte sie selbst nicht einhalten. Ihre Tochter und ihr Sohn hinterließen Schmutzränder in der Badewanne und Frühstücksruinen und klebrige Geschirrtürme in der Küche und machten stundenlang beim offenem Fenster Schallplatten- und Klaviermusik. Ihre Hunde, zuerst ein Pudel, nach dessen Tode ein Dackel, drangen bei jedem Mieter ein, ob der es dulden wollte oder nicht. Frau Hinz dachte mir nie, wenn sie mich ansprach, etwas Unerfreuliches zu. Manchmal kam sie die Treppe herauf, nur um mir ein Glas Weinbrand zu bringen. Tagsüber war sie auf Arbeit. Das Haus hatte sie nur gemietet, und die Miete konnte sie nur mit Hilfe der Untermieter bezahlen. Es war die Hälfte eines etwa dreißigjährigen Doppelhauses, sehr ähnlich dem, in dem Lena wohnte. In einem Schuppen im Garten lehnten Liegestühle. Sie forderte mich oft auf, mir einen davon zu holen und es mir auf dem Rasen gemütlich zu machen. Ich versuchte es nicht oft. Das hübsche Mädchen, das oben neben mir wohnte, war bei fast jedem Sonnenschein draußen und breitete dort Mißgunst und Unbehagen um sich aus. Wenn sie umzustimmen war, dann nicht von mir, offenbar von keinem, den sie kannte; sie bekam nie Besuch. Mein einziges Gespräch mit ihr betraf einen langen Nagel, den ich in die Zwischenwand geschlagen hatte: er hatte bei ihr einen Gipsbrocken herausgestoßen und ragte nun wohl wie eine Rakete aus dem Krater hervor. Vielleicht faßte sie dieses Mißgeschick symbolisch auf. Sie sprach davon vor geschlossener Tür. Ich durfte das Loch nicht vergipsen, nicht einmal sehen, auch nicht den Gips kaufen oder das Geld dafür hergeben.

Unter meine Sachen war ein Ostberliner Theaterprogramm geraten. Es enthielt die Reproduktion eines Kupferstichs aus dem 18. Jahrhundert: Links ein Gutsherr, rechts Bauern, die mit hölzernen Stangen einen Felsbrocken aus der Mitte drängen, im Hintergrund eine baumhohe enge Zusammenfassung alles dessen, was sie dem Frondienst zuliebe vernachlässigen müssen – Pflug, Spaten, Hacke, Harke, Sense, Sichel, Erntekörbe; ein bitter-ironisches Siegeszeichen, aber auch ein Kleiderständer, dem die Bauern ihre Hüte und Jacken übergestülpt haben. Diese Reproduktion heftete ich hoch oben an meine Staffelei. Sie blieb dort lange und beschäftigte mich mit wenig Unterbrechungen. Ich fing mit einer großen Bleistiftzeichnung an, die sich nahe an die Vorlage hält. Sie hat die luftlose Kälte und die bedrückte Genauigkeit des Kupferstichs übernommen und noch übertrieben, obgleich ich nicht absichtlich übertrieb und nicht bedrückt war. Dann malte ich an zwei Ölbildern abwechselnd, beide in primitiven Farben: hier Gelbabstufungen mit viel Schwarz, dort vorwiegend Knallrot, Knallblau, Weiß. Wie aus Blech geschnittene und gebogene, sogar spiegelnde Formen, die Bauerngestalten in ein Speichen- und Räderwerk umgebaut, das Siegeszeichen zu einer eng verschachtelten, rutschenden, fallbereiten Architektur erweitert, in die der Rest des Gutsherrenkopfes, die beiden Haarwickel über den Ohren, mit hineingeschachtelt ist, und der Rumpf des Gutsherrn der im Kupferstich eine kerzengerade Aufseherpose einnimmt, verschwunden in den Falten einer Gewandfigur, die einen ganz anderen Umriß zum Vorbild hat; die S-förmige Seitenansicht einer gotischen Madonna. Ihre Falten wuchern in die Kanten des Felsbrockens hinüber.

In weiteren Bleistiftzeichnungen dringt der Felsblock nach links, vereinnahmt das Faltengebilde und übernimmt Züge von dessen Ausdruck. Das Utensiliengeschachtel rückt immer weiter nach links oben. Utensilien sind nicht zu unterscheiden, die beiden Haarwickel erkennt man noch einige Male. Das Bauerngefüge rückt mal schwerfällig, mal ungestüm gegen den Block vor; auf den meisten Blättern bedecken Block und Schachtelwerk zwei Drittel der Fläche. Ich zeichnete die Szene auch mit Ölkreiden – nur Preußischblau, Karminrot und ausgespartes Papierweiß. Der Gedanke an Militärmanöver und die dabei üblichen gegnerischen Farben Blau und Rot liegt nahe; ich hatte ihn nicht und hätte ihn läppisch gefunden. Mitunter dachte ich an die in der Vorlage steckende Wirklichkeit. So lange war ich für die Bauern und gegen den Boß. Es kann sein, daß dieses Pro-Kontra Verschiebungen bewirkt hat: von unten rechts, weil ich dort sozusagen mitkämpfte, gegen oben links und auch umgekehrt, falls in mir die Resignation überwog. Ich hätte jedoch bei jeder Variante verneint, daß ich Partei ergriffe. Meistens glaubte ich, der Gegensatz zwischen Bauern und Bossen interessiere mich nur als Vorwand und könne jederzeit gegen einen anderen Vorwand verblassen, gegen den Gegensatz zwischen Topf und Flasche oder zwischen Papierknüllen und Ziegelstein. Arnold sagte: »Sind Sie wieder bei Ihrem Motiv? Ihre Beharrlichkeit ist schon fast beeindruckend.«

Mehrere Wochen lang irritierte ich ihn mit Skulpturversuchen. Lust dazu hatte ich bei Fritz Jahn bekommen, in dessen Turmzimmer gipserne Quader in verschiedenen Bearbeitungsphasen standen. Werkzeuge waren Stemmeisen, Messer, Spachtel und anderer Notbehelf. Er ließ mich mal probieren. Das Bearbeiten fiel leicht und schwer zugleich, ein sehr genußreiches Tun. Die Beschaffung der Blöcke war (sagte er) eine Angstpartie. Sie wurden ihm ohne Umstände in der Gipswerkstatt gegossen, aber dann brauchte er kräftige Männer, die ihm das Zentnergewicht über die enge Treppe in den vierten Stock trugen. Er stieg hinterher, machte gute Worte, versprach Trinkgeld und Bier und fürchtete, daß sie trotzdem den Quader hinknallen und fluchend kehrtmachen würden. Das Turmzimmer gehörte infolge eines Herkommens zu Uhlmanns Raumbereich. Uhlmann hatte es ihm nicht als Auszeichnung eingeräumt, sondern weil es sich für Bildhauer nicht eignete und weil Fritz Jahn bei ihm einer der wenigen war, die nicht bildhauerten. Bald nachdem er oben eingezogen war, hörte er gänzlich auf zu malen und bemühte sich nicht mehr um Eva – ein genaues zeitliches Zusammentreffen.

Ich ließ mir zwei Gipsblöcke gießen, die ich allein tragen konnte. Treppen brauchte ich ja nicht zu steigen, da ich parterre arbeitete, neuerdings in dem Honoratiorenraum hinter der Klasse. Mein Arbeitsplatz zeichnete sich vor der Wand als weißer, durch Schritte und Luftzüge ausufernder Halbkreis vom übrigen ab. Die anderen protestierten nicht. Ich schnitzte aus einem flachen Quader ein tiefreichendes, dicht verschachteltes Gefüge heraus, in dem rechte Winkel vorherrschten. Sie umklammerten kleinere Schachteln und Rundungen und umrahmten Schrägen, die an perspektivisch verkürzte Räume erinnerten. Ich durchstieß den Gips an mehreren Stellen und begradigte die Löcher zu Fenstern. Aus dem zweiten Block machte ich eine auf zwei Pfeilern stehende Rundskulptur. Auf dem Unterbau saß ein mehr oder weniger rundes Gebilde mit ohren- oder balkonähnlichen Auswüchsen, ein röhrenförmiges Loch ging quer hindurch und starrte wie ein Auge. Andere und ich selbst assoziierten einen Elefanten. Arnold sagte: »Sie laufen mir davon! Sie sind Maler, Menschenskind! Nun gut, ein Ausflug in verwandte Metiers... ein Ausflug eben. Aber ich sehe Sie immer mehr sich vertiefen.« Er hätte sich nicht mehr zu beunruhigen brauchen. Beim Schnitzen an der Rundskulptur hatte ich mich oft wie über einem Luftloch gefühlt und vor mir nichts, was ich wollen konnte, mehr gesehen. Einen dritten Gipsblock ließ ich nicht gießen. Das Hochrelief ahmte ich mit Graphit auf Papier nach, immer schwärzer und klammer. Arnold sagte: »Ein bißchen übermöbliert.« Ich stimmte ihm zu. Das Geschachtel ärgerte mich, ich sehnte mich nach großen, ruhigen Flächen und wunderte mich über meine Scheu davor. Indessen war ich unduldsam geworden. Meine Mißgeschicke fand ich respektabel, meine malenden Nachbarn schienen es sich leicht zu machen oder Schwierigkeiten gar nicht zu ahnen. Von Charlie Wulf sagte ich zu Lena, mit der ich noch Spaziergänge machte: »Er malt, wie der Vogel singt.« Er male Parkchen, Mietskasernchen, Straßenbahnchen, Autochen, Menschchen mit Hundchen und segne alles mit einem Gutwetterhimmel ab; und das vielleicht ein Leben lang. Ich meinte auch Lenas flott gezeichnete Figuren. Man solle nichts bezwecken, jeder Strich müsse begründet sein, sonst sei er eine Anmaßung und müsse weg, und wenn am Ende eine leere Fläche übrigbleibe. Lena widersprach mir, aber mir klang alles kompromißlerisch, ich erwartete auch nichts anderes.

Einmal kam einer auf mich zu, den ich lange nicht gesehen hatte: Voigt. Er schüttelte mir die Hand, was sonst nicht seine Art war, und nickte mir mehrmals zu: er sei nun leider, leider wieder im Lande. Ich hatte gar nicht bemerkt, daß er weg gewesen war. Er hatte sich in Irland ansiedeln wollen. Nach drei Monaten hatte die irische Polizei sich durch nichts erweichen lassen. Alles, was er erzählte, war wie eine Erläuterung für seine roten Haare und sein derbes Sommersprossengesicht, das mir immer etwas fremd gewesen war. »Das ist mein Land«, sagte er, »ich fahr' auch wieder hin, die werden mich nicht wieder los (er lachte). Na, erst mal werd' ich Bildhauer. Bildchen pinseln tu' ich nicht mehr.«

4 Kriege gewinnen, Leute anbrennen

Im Sommer gab es die Fußballweltmeisterschaft, eine Sonnenfinsternis und eine kurze, heftige Hitzeperiode. Während der letzteren stand Kilz außen vor dem offenen Fenster unseres Arbeitsraums und sprach herein: »Es soll jeden Tag einen Grad heißer werden. Bis gewisse Leute anbrennen.« Ich fragte: »Was heißt: es soll? Hast du gelesen, daß es so kommt, oder willst du, daß es so kommt?« Er grinste: »Das sagt mir meine innere Stimme.« Ich sah ihn fast jeden Tag in der Hochschule. Plötzlich war er Schüler von Uhlmann, ließ sich aber bald für längere Zeit beurlauben. In Ostberlin kümmerte er sich vor allem um sein Segelboot, nach meiner unkundigen, oberflächlichen Schätzung das schönste und längste in Rauchfangswerder. Vielleicht hat er mir erzählt, woher er das Geld dafür genommen hatte. Diebstahl, Betrug oder Schuldenmachen paßte nicht zu ihm. Mit einem anderen Boot, das er noch nicht kannte, aber schon benannt hatte, »Say when«, wollte er die Erde bereisen. Das Gefühl »bloß weg von hier« war auch das meine. Ich bemerkte, ich könne nicht schwimmen. Er meinte, früher, als die Leute noch schlau gewesen seien, hätten sich viele Seeleute geweigert, schwimmen zu lernen, weil sie, falls ihr Kahn absoff, nicht versucht sein wollten, bis zum Todeskampf um ihr Leben zu ringen. Inzwischen erfüllte er sich kleinere Wünsche. Er mietete am Rosenthaler Platz eine Atelierwohnung, die so lang war, daß man vom Eingang bis zum Hinterzimmer fast eine halbe Minute brauchte. Wir kauften zusammen bei »Foto-Leisegang« am Savignyplatz für Westgeld eine 16-Millimeter-Filmkamera. Im April 1955 kaufte er sich eine fabrikneue Schreibmaschine. Ebenfalls 1955 kaufte er eine AK 16 für über 2000 Ostmark. Das sei die zweitbeste 16-mm-Filmkamera der Welt, sagte er, die beste sei die schweizerische Bolex, aber die könne er nicht bezahlen.

Die Sonnenfinsternis fiel in die Hitzeperiode. Die Mittagsbeleuchtung nahm ab, die kreisförmigen Sonnenflecken unter den Bäumen im Hofgarten der Hochschule verwandelten sich in Halbkreise. Vögel begannen zu zwitschern, sie mochten jedoch schon seit der Morgendämmerung gezwitschert haben. Ein rauschender Wind berührte uns, oder wir stellten uns ihm empfänglich.

Auf die Fußballweltmeisterschaft war ich mit einem Radioapparat vorbereitet, den ich für 21 Mark bei einem Trödler gekauft hatte, weil mir zum Malen Radiobegleitung gefiel. Mein Fenster stand offen. Wenn die Westdeutschen ein Tor schossen, setzte hinter unzähligen offenen Fenstern Zustimmung ein, prompt wie ein Chor, der den Dirigenten vor Augen hat. Bei mir lief der Ostrundfunk. Der Reporter rief bestürzt: »Die Sensation ist perfekt«, und wiederholte den Satz ratlos, da seine Vorgesetzten in Ostberlin-Adlershof, seit anderthalb Jahren nicht mehr in Westberlin-Masurenallee, den Ungarn den Sieg gewünscht hatten. Ich hatte den

Verdacht, daß er lieber mit den Zehlendorfern »Tor!« gerufen hätte. Kilz erzählte, im Bus von Schmöckwitz zum S-Bahnhof Grünau habe der nationale Wahnsinn getobt. Die Leute, alles Ostberliner, hätten sich aufgeführt, als hätten sie doch noch den Krieg gewonnen. Die Westdeutschen hätten nicht gewinnen dürfen, noch jahrelang nicht. Das war meine eigene unausgesprochene Meinung. Unliebsames nannte ich nur Scheiße. Fußball, Begeisterung für Fußball, nationale Begeisterung und die Bekniffenheit des Mannes vom Ostrundfunk waren eine einzige Scheiße, eine nicht weiter zu untersuchende Substanz.

Ich besuchte meinen Onkel. Trotz des warmen Wetters war geheizt, er fror immer. Auf dem Tisch lag der »Spiegel«. Ich hatte öfter als meinen Onkel das Titelporträt im Auge, den Maler George Grosz mit einem auffällig bebänderten Strohhut. Mein Onkel sagte: »Kannste mitnehmen.« Da ich für Zeitschriften kein Geld ausgab, nutzte ich solche Zufälle vollständig aus. Bedächtiger als das übrige las ich die Mitgefühl erregende Titelgeschichte über George Grosz und etwas über Guatemala, auf das ich von dem bei mir tönenden Radio nicht vorbereitet worden war. Die kürzlich gewählte Regierung hatte eine Bodenreform versucht und damit die Gewohnheitsrechte der Großgrundbesitzer, zu denen auch USA-Firmen gehörten, verletzt. Nun wurde geputscht, um die Gewohnheitsrechte wiederherzustellen. Anstifter des Putsches war laut »Spiegel« der amerikanische Botschafter. Wenn ich nicht irre, betonte der »Spiegel«, daß die Regierung erstens frei gewählt und zweitens frei von Kommunisten sei, eher linksliberal oder sozialdemokratisch. Im kalten Krieg empfahl sich ein solcher Hinweis. Nach einigen Tagen, in denen ich oft Nachrichten hörte, regierte in Guatemala der Putschistenoberst. Ich kaufte mir ausnahmsweise die nächste »Spiegel«-Ausgabe, dazu einiges im Osten. Die »Neue Berliner Illustrierte« brachte ältere und soeben veraltete Fotos. Es machte mich traurig, nicht zornig. Gegen die USA Partei zu nehmen war ich nicht bereit. Amerikaner hatten Salzelmen von den Nazis erlöst. Ich sah noch vor mir, wie sie in der Akazienstraße unter den Ästen Kaugummi kauend auf ihren Panzern saßen, wie wir ohne Furcht vorbeigingen, wie uns manche von hoch oben zunickten. Sie hatten uns von ihrer Verpflegung abgegeben. Sie hatten die Westberliner durch massenhafte Transportflüge vor dem Hunger bewahrt. Seit neun Jahren bewahrten sie Westberlin davor, daß der Osten es schluckte. Die Schurkerei in Guatemala hielt ich für eine versehentlich geduldete Eigenmächtigkeit der Interessenten. Zum Aussprechen eignete sich diese Vermutung nicht. Kilz nahm mir zu glatt Partei, die Westberliner schien Guatemala nicht zu interessieren.

Die Künstlerbund-Ausstellung 1954 fand in Westberlin statt, im Vordergebäude unserer Hochschule; Arnold verschaffte mir einen Job als Eintrittskartenverkäufer. Auf eimal trat George Grosz ein, mit demselben Strohhut wie auf dem »Spiegel«-Foto. Hinter, neben, sogar vor ihm ein Betreuer, der mich anzischte: »Herr Grosz zahlt natürlich keinen Eintritt.« Ich konzentrierte mich auf den berühmten Maler, Zeichner, Gesellschaftskritiker, Wahlamerikaner. Als ich etwas von dem »Spiegel«-Artikel sagte, nickte und schmunzelte er, stützte sich mit einer Hand auf und begann zu antworten. Sein unglaublich lächerlicher Begleiter zupfte ihn am Ärmel und zischte: »Herr Grosz hat sehr wenig Zeit.« Grosz tippte an seinen Strohhut und ließ sich mitziehen wie ein Patient vom Wärter. Beim wenige Minuten später angeordneten Hinausgehen wiederholte er diesen Gruß mit einem matten Lächeln. Solche Nachgiebigkeit gegenüber einem Nichts! Ein einziges scharfes Wort hätte den Fatzke auf sein Maß gestutzt.

5 Auf ruhigem Wasser

Vom Alexanderplatz bis Grünau mit der S-Bahn wird man eine Dreiviertelstunde gebraucht haben. Ab Grünau fuhr man acht Kilometer Autobus, wobei man Lenas Heimatsiedlung Karolinenhof durchquerte. Von der Endhaltestelle des Busses in Schmöckwitz ging man durch den Schmöckwitzer Stadtforst, der eine nach Süden sich zuspitzende Halbinsel ist, etwa drei Kilometer bis kurz vor deren Ende und bog rechts ab. Nun hatte man eine kleine Bucht und einen Landesteg vor sich, links Waldessaum, rechts eine Nebenlandzunge voller Gärten, Wochenendhäuser und sandiger Fahrwege. In einem braunen Holzhaus war ein Konsumladen. Wir kauften Bier, Brötchen und Salamiwurst in Scheiben.

Kilzens Boot sah wie neu aus und das Holz wie Mahagoni, es erinnerte an schöne alte Schränke. Wir sprangen barfuß auf das blanklackierte Dach, um es nicht mit Schuhsohlen zu zerschrammen. Der Mann im Nachbarboot nickte uns zu, kam ins Reden, wandte sich wieder beinahe dem Putzen, Flicken, Pinseln, Ölen, oder was er vorhatte, zu, sagte doch noch etwas oder antwortete, weil Kilz dummerweise noch etwas gesagt hatte. Dann geschah das, was ich fürchtete: Er setzte seine Seglermütze auf oder legte irgendein Attribut an, das anzeigte: es geht los, und sprang zu uns herüber. Er schrieb eine halbe Stunde in den Wind, um uns einen Begriff davon zu geben, was Segeln alles bedeuten kann. Viel Wind war nicht. Ich sagte trotzdem, ich könne nicht schwimmen, abgesehen davon würde ich mit meiner unpraktischen Veranlagung alles behindern, ich wolle lieber an Land abwarten. Er fand es wohl abstrus, daß die Hälfte der Besatzung seinetwegen von Bord gehen wollte. Er erklärte die Sache für ganz ungefährlich, ich brauche auch nichts zu tun außer beim Wenden den Kopf einzuziehen und rüberzurutschen, aber das sage er dann schon an. Es war erschreckend, welch tiefe, immer noch tiefere, das Kentern befürchten lassende Schräglagen er aus dem bißchen Wind herausholte. Mal rechts, mal links. Unzählige Male zogen Kilz und ich die Köpfe ein und rutschten hinüber. Das Wasser umrauschte uns wie aus einem Rohrbruch. Außerhalb des kleinen Kreises um uns her lag es still, fast glatt in der Mittagssonne. Diesen Anblick nahm ich in aller Eile mit, auch den von Busch- und Baumgruppen bald an diesem, bald an jenem Ufer, blinkende Blätter, hellgrün Durchscheinendes, leise zitternde Wipfelzweige, im Gras liegende und träge ins Wasser watende Menschen und über allem den hohen, klaren Himmel – eintönig wie ein langer Orgelton. Nach langem, freudlosem Hin und Her, aber doch vor Tod und Ewigkeit waren wir wieder am Landesteg. Banausen fragten mich, was meine Bilder darstellten; mir lag eine ähnliche Frage nahe. Vielleicht hätte mir der Bootsmacher so ähnlich geantwortet wie ich Herrn Wittkögel. Kilz zog oder schob das große Segel zusammen (ich beachtete den Vorgang nicht), und wir ließen uns auf die Wasserfläche treiben. »Lange erträgt man diese Experten ja nicht«, sagte er. Wir tranken Bier, aßen, ließen die Zeit verrinnen bis zur Dämmerung und überlegten manchmal, wie es wäre, ganz geruhsam auf Fahrrädern an die Ostsee zu reisen. Radfahren könnte ich nicht. Wir wollten es uns so bald wie möglich einrichten.

Ich glaubte aber, vorher meine Eltern besuchen zu müssen. Abzusagen war mir unmöglich. Dagegen fand es Eva seit langem unmöglich, die Zone zu betreten. Sie hatte das häßliche Jugendfoto von Günter Simon preisgegeben, und jetzt arbeitete sie bei der

Frontstadtpresse. Meine Mutter wiederholte diese Gründe, glaubte sie oder war froh, daß sie glaubhaft waren. Nach Ostberlin begab sich Eva nicht oft, aber unbesorgt. Ich hörte ihr etwas an, das tiefer saß als die Furcht vor Grenzkontrollen: eine Angst, beim Betreten von Salzelmen, dem Schauplatz einer erledigten Vergangenheit, die Vergangenheit wiederzubeleben und ihr dann nicht mehr zu entrinnen. Was soll sie in Salzelmen noch zu erledigen gehabt haben? Auf einem Abendspaziergang stellte ich mir selbst so eine Frage. Seit ich in der Waltraudstraße wohnte, ging ich in Westrichtung nicht weiter als bis zu dem schmalen Parkgelände Fischtal. Dort war die Bolle-Filiale, in der ich einkaufte. Als ich dieses Abends weiterging, verdeutlichte sich mein Herzschlag. Ich wollte mich nicht durch eine Laune von meinem Kurs abbringen lassen. Bis zum Waldhüterpfad kam ich mit erträglichem Widerwillen, nur beim Denken an das Ziel bohrte er sich mir wie ein Zeigefinger ins Zwerchfell. Ich bog rechts ein in die Onkel-Tom-Straße und ging steif an Nummer 91 vorbei, mit Angst, aber nicht vor Lenkes oder Dalchow. Sie hätten von mir aus an der Gartentür stehen und mich anreden dürfen; es erleichterte mich allerdings, daß mich keiner aufhielt. An den U-Bahn-Toren vorbei und rechts in die Argentinische Allee. Das war neutrales Gebiet. Hinter der Bolle-Filiale fühlte ich mich wieder zu Hause.

Auch Christian war in Salzelmen. Wir tranken Wein unter der Hängebuche, die scheinbar plötzlich zu einem breit ausladenden Baum geworden war. Mein Vater hatte die unteren Äste auf Balken gestützt und in den laubenartigen Raum, der so entstand, Gartenmöbel gestellt. Meine Eltern sprachen wieder miteinander. Gehlkes waren weg, ihre Nachfolger fand meine Mutter um so begrüßenswerter – eine junge Arbeiterfamilie und eine Krankenschwester, der sie ihr Zimmer hatte abtreten müssen.

Im August kam ich nach Berlin zurück, ging zum DDR-Ministerium für Kultur am Molkenmarkt und gewann dem kopfschüttelnden Portier einen Laufzettel ab und der korpulenten Frau, der er mich zuschickte, eine gewisse Anteilnahme. Ich stellte mich ihr vor als einen Westberliner Kunststudenten, der sich wünsche, mit einem ihm befreundeten Ostberliner Maler zusammen nach Ahrenshoop zu radeln und dort Naturstudien zu treiben. Etwas ironisch, also kaum zweckdienlich, gebrauchte ich den Slogan »Deutsche an einen Tisch«. (Damit warb 1954 die DDR-Regierung um Verhandlungsbereitschaft bei der Adenauer-Regierung, die darauf, so laut wie immer, nicht antwortete.) Die Frau erwiderte ohne Vorwurf, daß unser aller Wunsch nach Wiedervereinigung nicht für alles, was man gerade so möchte, herhalten könne, das sei wohl auch nicht mein Ernst. Ob ich an der Ostsee Verwandte hätte, wenn auch ganz entfernte? Nein? Schade. Ich sagte, mit einem Passierschein zu meinen Eltern in Schönebeck könne ich mich wohl nicht an die Ostsee wagen. Sie schüttelte langsam den Kopf: »Eigentlich nicht. Nein, Sie müssen in dem Kreis bleiben, auf den Ihr Passierschein lautet.« Sie setzte sich an die Schreibmaschine. »Ich gebe Ihren Antrag weiter. Sie können sich den Bescheid Donnerstag oder Freitag abholen. Es tut mir leid, jetzt schon.« Dann ratterte sie das eingespannte Papier. »Das geht aber schnell«, sagte ich. »Ja, gelernt ist gelernt, ich brauche jedenfalls keine Sekretärin.« Danach ging ich zu Kilz. »Wenn's so schwierig wird«, meinte er, »soll man's lassen.« Am Freitag lächelte mir die Frau von ihrem Schreibtisch aus entgegen: »Da sind Sie ja! Ihr Antrag ist durch, liegt schon alles in der Oberwallstraße.« Dort verbrachte ich eine normale Wartezeit, etwa anderthalb Stunden, den Passierschein aber bekam ich nicht. Die Sachbearbeiter fanden mein Vorhaben abwegig, sie schienen eine Sondergenehmigung zu vermissen, die die Abwegigkeit erwähnt und normalisiert haben würde. Was vorlag, war anscheinend eine ganz lakonische Zustimmung, die, verglichen mit meinem Vorhaben, die Furcht erweckte, sie sei aus Versehen erteilt worden. Zurück zum Molkenmarkt. Meine Gönnerin schaute ungläubig auf, brachte sich routiniert in Zorn und gab eine Anweisung, die sie sich wiederholen ließ, ins Telefon. »Wenn's jetzt nicht klappt, sind wir im Irrenhaus. Dann muß ich Sie bitten, noch mal herzukommen, ich bin bis 16 Uhr 30 hier. Ich will das jetzt auch.« Ich dankte ihr, stand auf, reichte ihr die Hand (zweifelnd, ob sie sie ergreifen werde) und fügte hinzu, ich sei jetzt ganz sicher, daß ich nicht mehr wiederkommen und sie bei der Arbeit stören müsse. »Wieso, das ist doch meine Arbeit, ich bin für Sie wie für alle da. Schönen Urlaub wünsch' ich Ihnen.« In der Oberwallstraße durfte ich mich mit meinem Sonderfall zu dem zuständigen Tisch hindurchdrängeln. Stumm schob man mir den Passierschein zu. Nachher an der Ostsee dachte ich daran, der Frau eine Ansichtskarte zu schicken, aber ein Kartengruß von einem Westler konnte Ärger bringen.

Kilz hatte ernstlich keine Lust mehr oder tat ernstlich so; es gab bei ihm schwer unterscheidbare Grade von Ernstlichkeit. Unsere

Landkarte hatte einen sehr kleinen Maßstab, das Papier war grob, gelblich, brüchig, der Vierfarbdruck grob gerastert, die Straßen fette bis magere schwarze Linien; Entfernungsangaben fehlten meist. Während ich möglichst magere Linien zur Ostsee suchte, behauptete er zum erstenmal, mit dieser Karte würden wir gar nicht hinfinden. Geld hatte er auch nicht mehr. Ich erwiderte, mein Geld werde für uns beide reichen. »Was wollt ihr bloß alle an der Ostsee!« Er starrte an die Wand, als sähe er dort eine Schar von Ostseeschwärmern. Beiseite schauend, schwach nickend ließ er sich auf die Verabredung ein: hinter dem Grenzübergang Schildow um zwölf Uhr.

6 Kraftproben

Ich wechselte 80 Mark West in etwa 400 Mark Ost um. Fürs Gepäck nahm ich einen kleinen starren Koffer. Dann kurvte ich auf dem Rad des Sohnes von Frau Hinz einmal um das Bebauungsgeviert. Es reichte mir, daß ich dabei nicht umfiel, Routine konnte ich nicht mehr erwerben. Solange ich des Verreisens nicht sicher gewesen war, hatte ich nicht üben wollen.

Vor Sonnenaufgang fuhr ich mit der S-Bahn nach Frohnau. Dort wohnten Fritz Jahn und seine Eltern. Ein Familienmitglied borgte mir ein dunkelgrünes Fahrrad. Ein Nachbar, der Bastler des Hauses, kam mit auf die Straße und zeigte mir, daß die Beleuchtung funktionierte. Er drängte mir auch eine Luftpumpe auf, dagegen dachte niemand an Flickzeug. Den Koffer schnürte ich zuerst der Länge nach auf den Gepäckständer. Bei dem Versuch zu fahren konnte ich das Rad nicht aufrecht halten. Anstatt zu verzweifeln oder zu üben, schnürte ich ihn wieder los und befestigte ihn in der Querlage. So ging es etwas zittrig, aber es ging. Als ich mich auf dem Sattel wohler fühlte, lernte ich die Sorge, Autofahrer zu ärgern, und die Furcht, links abzubiegen. Ich hielt mich mit beiden Händen fest; links loszulassen, um zu winken, war mir unmöglich, also absteigen, zwei Straßen zu Fuß überqueren und wieder aufsteigen, wonach das Rad erst einmal wieder zitterte. Die ungeschäftige Gegend wurde bald noch stiller, streckenweise war ich der einzige Mensch auf der Straße. Ich erkannte die Richtung als falsch, aber da es sich immer angenehmer fuhr, blieb ich bei ihr bis an einen Bretterzaun. Neben einer Tür darin wachte ein Ostpolizist. Die Tür ging auf, Zonenbewohner traten ein, Westberliner ließ er nicht hinaus. Frohnau sitzt der Stadt Berlin ganz ähnlich auf wie Schleswig-Holstein den beiden deutschen Staaten. Ich mußte also vergleichsweise von Flensburg bis Lübeck zurück, dort links einbiegen und in Ostrichtung weiterfahren. Ich bat Leute um Wegbeschreibungen, vergaß deren zweite Hälften und geriet in ein Gelände mit sumpfigen Wiesen und kleinen Gemüsefeldern. Ich überquerte Bäche, auch niedrige Zäune, das Rad hochhebend, in Sorge vor den ständig bellenden Hunden und vor vielleicht gewalttätigen Kleingärtnern. Um nicht nach Süden abzuirren, folgte ich den sich abwechselnden Schildern »Ende des französischen Sektors« und »Achtung Zonengrenze«. Deren Reihe begleitete mal näher, mal ferner das Südufer eines etwas breiteren Baches. Vor mir, hinter einem Steinbrückchen, standen zwei Ostpolizisten, schauten mir entgegen und tauschten Bemerkungen aus. Ich zog die Brieftasche hervor und steckte sie wieder ein, da sie meinen Ausweis gar nicht sehen wollten. Ihr Standort war noch innerstädtisch, da kontrollierte man nur nach Gutdünken. Sie erklärten mir den Weg nach Schildow, an dem es dann nichts mehr zu verfehlen gab. An der Stadtgrenze vor dem Schlagbaum sagte der Polizist, der meinen Passierschein stempelte: »Ihr Kollege wartet da vorne irgendwo seit halb zwölwe. Falls er noch wartet.« Es war fast 13 Uhr. Ich war sicher, daß Kilz warten und mir mißmutig entgegenschauen werde: Da schaute er mir auch schon mißmutig entgegen.

Nach etwa zehn Kilometern räumte er ein, daß er zwar keinen Hunger, aber etwas Appetit habe, jedoch keinen Durst, woher denn auch. Wir waren eben auf der Fernstraße 96 eingebogen, auf der ich vor fünf Stunden bis an den Bretterzaun geradelt war. Mein Mund war so ausgetrocknet, daß mir das Sprechen schwerfiel. In einer Gastwirtschaft in Birkenwerder trank ich ein blumenvasenähnliches Literglas mit Brause dreiviertelleer, ehe ich es wieder absetzte. Kilz schaute mir mit unheilverkündenden Augen zu. Er trank mit kleinen Schlucken einen Viertelliter, nach dem Essen noch einen, während ich rauchte. Die nächsten Eindrücke waren Kleingartenzäune mit Schildern »Äpfelverkauf«; das verwahrloste Barockschloß in Oranienburg; Sachsenhausen mit Hinweisen auf die KZ-Gedenkstätte; Abfahrten, Steigungen; von hinten sich nähernde Autos, die mich beunruhigten; durchschüttelndes Kopfsteinpflaster in Teschendorf, Löwenberg, Gransee. Steigungen und Gefälle wurden länger. Bergab rannte ich auf den Pedalen, um die Freilaufgeschwindigkeit zu übertreffen und die vor mir emporwachsende Anhöhe mit Schwung zu bezwingen. Weiter oben wurde mir aus dem Fahren ein unerträgliches, hilflose Wut erzeugendes Schleppen meiner selbst; dabei überholte mich Kilz. Auf den Gefällen ruhte er sich aus und ließ sich von mir überholen. Ich merkte, daß man leichter fährt, wenn man sich an seine Tempolaunen hält und die des anderen kaum beachtet. Als es dämmerte – aber man unterschied noch jedes Steinchen –, fuhr ich bergab auf etwas Störendes zu. Es löste sich vor mir auf, rechts schwebten schallend lachende Gesichter vorbei, unter mir donnerten Holzbohlen, also eine Behelfsbrücke, dann war wieder Asphalt. 27 Jahre später hörte ich von Kilz, er habe mir eine Warnung nachgerufen. Während ich ihn überholte, habe ich in der Senke einen liegenden Schlagbaum und Russen gesehen. Ich sei so schnell ich konnte darauf zugerast. Ein Russe habe sich abgewandt und wie ein Klageweib sein Gesicht verhüllt oder sich Augen und Ohren zugehalten, ein anderer habe den Balken im Laufschritt emporgetrieben. Als der Balken senkrecht stand, kam schon Kilz über die Holzbrücke, er habe mich erst nach einigen Minuten wieder eingeholt. Ich wußte, daß die Geschichte stimmte; ich hatte sie nicht gekannt. Vielleicht sah ich im Halbschlaf Sowjetsoldaten und zugleich eine Erinnerung aus dem Sommer 1945, als man einem Russen über die Stiefelspitzen geradelt war, den ich dann um fünf Mark erleichtert hatte. Sie sperrten wieder die Straße, auf dem Fahrrad saß ich, in herrlicher Abfahrt begriffen, und wünschte, daß sie ihre Stiefelspitzen zurückzögen. Vielleicht träumte ich so. Ein Hindernis sah ich nicht.

In der Dunkelheit sah ich Wald und vor mir den matten Lichtkegel und hörte, daß Kilz mir Vorhaltungen machte; ich tat sie zu dem Gemäkel, das, seit ich den Passierschein hatte, seine Ausdrucksweise war. Aus dem Walde, in dem hier und da Lichter blinkten, kamen Grüße. Steine und Tannenzapfen schlugen an unsere Speichen, russische Stimmen amüsierten sich laut und halblaut. Wir beeilten uns. Von der Straßensperre wußten sie sicher nichts; daß sie auch Kilz ärgerten, war aber gerecht, da er die freie Fahrt über die Bohlenbrücke genauso genutzt hatte wie ich.

Gelbes Ortsschild »Fürstenberg (Havel)«. Eine Stadt mit Hotels. Wir gingen in eins hinein, erbaten und bekamen ein Zimmer, das fast nichts kostete, tranken Bier und aßen etwas Kaltes; die Küche war schon geschlossen. Wunderbare Betten empfingen uns. Wir waren etwa 75 Kilometer geradelt. Auch Kilz war erschöpft, das sah ich an seinen schwerfälligen Bewegungen. Am nächsten Morgen wurden wir uns einig, mit der Eisenbahn weiterzureisen. Wenn Kilz im Abteil den Mund aufmachte, mäkelte oder spöttelte er. In dieser Gesprächsmanier war ich ungeübt, vielleicht versuchte ich zu lesen. In Ribnitz-Damgarten reichte man uns die Räder aus dem Packwagen. Bis Wustrow hatten wir etwa zwanzig Kilometer gute Straße, bis Ahrenshoop weitere sechs Kilometer schlechte, danach nur nasse, saugende Radspur im Waldboden. Hier war er ortskundig. Das Meer schimmerte längst durch den schütteren Wald. Ich sagte nichts dazu, weil ich sein Durchhaltevermögen geringer als gestern einschätzte und warten wollte, bis er genug haben würde. Vorläufig radelte er so unerbittlich vor mir her, als wolle er es bis zur Grenze der Volksrepublik Polen schaffen. »Hier könnte man bleiben«, sagte er schließlich. Ich antwortete, man könne auch weiterfahren. Er murmelte: »Es wird bald dunkel. Es macht keinen Spaß, das Zelt im Dunkeln aufzubauen.«

Über dem dämmrigen Strand schwärmten Mücken. Sie hüllten uns wie Tüllgewebe ein. Während Kilz sich mit dem Zelt abgab, suchte ich angeschwemmtes Holz und Reisig zusammen und entfachte neben dem entstehenden Zelt ein Feuer. Dicht daran ließ es sich aushalten. Wir tranken Weißbier und wohnten noch eine Weile dem dunkelnden Anblick des Meeres und seinem Tag und Nacht nicht unterscheidenden Rauschen bei. Im Zelt vor dem Einschlafen murmelte er für diesen Tag zum letztenmal »wie konnte ich mich bloß auf diese Scheiße einlassen«.

Morgens sah alles schön aus. Sonne und blauer Himmel wirkten zuverlässig, der Wind war schon sehr kühl. Das Wasser hielt dreißig bis vierzig Zentimeter tief noch sommerliche Wärme. Beim Hineinwaten trat man dicht am Wassersaum beinahe auf junge Schollen, die dort wachsen wollten. Sie schnellten beiseite. Ein junger Mann mit einem Eimer, gekleidet in britische Khaki-Uniformteile nebst Schirmmütze, blieb bei uns stehen. Er bat uns, ihm mal eben beim Angelnauslegen zu helfen. An den Angelschnüren hing alle zwei Meter ein Schnürchen mit einem Haken. Er sammelte mit einem Käscher im flachen Wasser Thomasfische oder Sandaale, zwei Namen für dasselbe daumenlange Fischlein und spießte sie auf die Haken. Dann ergriffen Kilz oder ich und er je ein Ende der Angelschnur, entfernten uns voneinander, bis jeder vor einem Wellenbrecher stand, und beschritten den steinernen, oben vermauerten, grünlichen, glitschigen, etwa achtzig Schritt weit ins Meer hineinreichenden Steg bis zu dessen Kopfende. Dort waren eiserne Ösen eingemauert. Beim Festbinden ließ er Kommandos herüberschallen: »Stramm ziehen!« – »Nicht so stramm!« – »Gut so!« Als alles hing, wie es sollte, legte er sich in den Sand und drehte sich von meinem Tabak eine Zigarette. Nach so viel Zeit, wie er für richtig hielt, sagte er: »Na, nun müssen wir wohl wieder.« Was wir an Land trugen, war immer ungefähr das gleiche: Kein Sandaal mehr zu sehen; drei Fünftel aller Haken behängt; an vier Fünfteln aller behängten Haken Jungschollen; an einem knappen Fünftel junge Dorsche; an drei bis vier Haken junge Aale. Die Aale hatten sich die Hakenschnur bis zu deren Knoten an der quergehenden Schnur um den Hals geschlungen und millimetertief hineingewunden. Er öffnete seinen Eimer und teilte sich vor allem die Dorsche und Aale zu. Wir fanden den Geschmack der gebratenen Jungschollen sehr bald reizlos, obgleich wir ihn mit Magerspeck und Zwiebeln anreicherten und ihre vielen Gräten ermüdend. Er gewann uns noch einmal zum Fischen, indem er uns die Aale und fast alle Dorsche versprach. Dann verweigerten wir uns, was er gleichmütig hinnahm. Nach den Schollen und der mehrtägigen Einsamkeit am Strand wollten wir zu Leuten, Häusern, in Kaufläden, in die Galerie »Bunte Stube« und zu saftigem, krustig paniertem Fleisch und schäumendem Faßbier. Auf der Ahrenshooper Hauptallee trafen wir Elfriede Koschwitz und den Mann, den sie kürzlich geheiratet hatte, unseren Grundsemesterkollegen Manfred. Sie strahlte, schrie, rannte auf uns zu und umarmte uns abwechselnd. Manfred fotografierte die Szene. Als sie versuchte, ihm den Apparat aus den Händen zu schlagen, zog er ihn nur lächelnd weg. Sie rief: »Mensch, daß ihr da seid, daß ihr da seid! Manfred ist so langweilig, er kann überhaupt nichts dafür!«

Sie kamen jeden Tag mit Badezeug, Büchern und Kamera an unsere Badestelle. Auf einem Foto sieht man Elfriede, Kilz und mich im Sand sitzen, sie erzählt oder fragt etwas, das sie belustigt, Kilz schmunzelt, ich lache; dabei drehe ich mir eine Zigarette von dem bulgarischen Krüllschnitt TABAC POUR PIPE. Manfred, der uns aufgenommen hat, ist nicht fotografiert worden. Leider reisten sie bald ab. »Kein fröhliches Mädchenlachen mehr!« sagte Kilz. Eines Mittags lud er den, dem wir beim Fischen geholfen hatten, und mich zu einem Bier und einem Weinbrand ein. Sein Rad lehnte schon draußen an der Gastwirtschaft, das Zelt nahm er mit. Ich blieb noch eine Woche bei dem Amateurfischer als Logiergast. Seine Frau, die tagsüber als Putzfrau arbeitete, kochte für mich mit; Geld wollten sie nicht annehmen. Er bat mich auch nicht zu seinem Zeitvertreib: Tang oder Brombeerblätter sammeln oder mit dem Hund ausgehen und hoffen, daß er ein Wildhuhn fängt und daß kein Polizist es sieht. Am letzten Tag kaufte ich eine Flasche guten Weinbrand, von der ich dann abends schluckweise ein Drittel zurücknahm. Meine Rückfahrt war ereignislos, nur von kurzen, starken Regenfällen oft unterbrochen. Ich übernachtete in Teterow mit zwei Handelsvertretern in einem Dreibettzimmer, radelte weiter bis Neubrandenburg, fuhr mit der Bahn bis Löwenberg, dann wieder mit dem Rad. In einem hölzernen Gartenlokal trank ich eine Drittelliterflasche Brause. Den Weg von Schildow zur Wohnung von Fritz Jahns Eltern fand ich ohne Umwege, obwohl es schon dunkel war.

Noch bei wärmlichem Herbstwetter besuchte mich Elfriede. Wir liefen einen Tag lang herum mit Stationen wie Dahlemer Gemäldegalerie, Kino und Eßlokal, viel redend und oft lachend. Ihre zärtlich klingende Stimme und ihr sprunghafter, alles berührender Geist beglückten mich unaufhörlich, bis es mich fast ermüdete. Bis zum Abendbrot in meiner Mansarde hob ich mir die Frage auf, ob sie bei mir übernachten werde. Sie hatte kein anderes Nachtquartier. Aber nur übernachten, weiter nichts, bitte. Ich legte mir ein Notlager auf den Fußboden, stieg aber doch zu ihr, während sie mich bat, es sein zu lassen, ins Bett, um ihr gute Nacht zu sagen. Dort konnte ich meine Lust nicht mehr beherrschen. Ich bat um Verzeihung und erledigte alles in ein paar Sekunden. Sie zeigte sich etwas enttäuscht im Sinne von »wenn schon, denn schon«. Nach der Verbotsübertretung bedauerte ich nun deren Geringfügigkeit.

7 Rechenschaft

Martin Fischer gehörte zu dem Jahrgang, der mit Knispel die folgenschwere Reise nach Ahrenshoop gemacht hatte; dann war er Schüler von Erwin Haß geworden. Haß war pensioniert, von Knispel wußte ich nur das Gerücht, er halte sich bei einer schlechtbezahlten Tätigkeit in der Lüneburger Heide auf. Fischer trug einen dunkelrostbraunen Mantel, der schwer erklärlich, aber unverkennbar ostzonal aussah. Er hatte eine Mappe mit Arbeiten bei sich. Man sagte nicht Produkte oder Arbeitsbelege, sondern faßte den Inhalt solcher Mappen in der Mehrzahlform des Wortes Arbeit zusammen. Ich klopfte bei Arnold an die Ateliertür und redete wie ein Assistent: Hier sei Herr Fischer, ein hochbegabter Maler und Zeichner (ich betonte *Zeichner*), der eventuell in Berlin studieren wolle, ein Gewinn für uns alle, falls es dazu komme. Dann ließ ich ihn mit Fischer allein. Er verzichtete auf das Ducken des Neulings. Fischer erzählte, daß er die Zeichnungen großzügig gelobt und das weniger gute Farbige still übergangen habe. Fischer konnte anfangen, bald sogar ins Hinterzimmer umziehen.

Einige Male kam Erwin Haß zu uns herein: seit er hoffen konnte, nicht nur mich, sondern auch Fischer anzutreffen. Er brauchte Anreger, sonst kam er nach einer Reihe rasch zu beantwortender Fragen wieder zum Schweigen. Ich war vor ihm schüchtern geblieben, stellte also kaum Fragen, erzählte wenig, lieferte bündige Antworten ab. Fischer ging freier und herzlicher mit ihm um. Wer sonst im Raum war, wurde mit einem stummen Kopfneigen begrüßt. Arnold traf ein und bot eine schöne Kollegenbewillkommnung. Haß lauschte und replizierte mit einer Miene, die Bemängelungen ahnen ließ oder auch nur ahnen lassen sollte; eine alte, dem Selbstschutz dienende Gewohnheit. Arnold bat ihn, nachher unbedingt in sein Atelier zu kommen, eine Tasse Tee zu trinken, ein paar Arbeiten anzuschauen. Dem stimmte Haß so einfach zu, als bestätige er nur eine Pflicht. Es war die ihm selbstverständliche Übung, Rechenschaftshilfe zu leisten. Er wirkte allerdings wie einer, der im Namen der Kunst prüfen will, ob der andere seit dem letztenmal nicht gefaulenzt habe. Ich bildete mir ein, daß sie sich gegenseitig lächerlich fänden, jeder aufgrund von Merkmalen, die nur der andere hatte: Arnold ein oberflächlicher Kunstunternehmer, Haß ein gravitätisches Tränentier. Hassens Beiträge zur Künstlerbundausstellung waren ausjuriert worden, zwei Ölgemälde, ein Grausen und Kichern für die Jury, noch schamloser literarisch als die kalkigen Bedeutsamkeiten von Carl Hofer, die sie nicht gut ausjurieren konnte, da Hofer Vorsitzender des Künstlerbundes war. Er nannte jetzt eine Gruppe älterer Studenten »die abstrakte SS«. Die Gruppe nannte das einen »Haltet den Dieb«-Trick. Tatsachen waren, daß die Nazis abstrakte Kunst verboten und bestraft hatten, daß Hofer ein entschiedener Antinazi gewesen und daß er entschieden geblieben und einsam geworden war.

Eines Abends lud Haß alle, die er in Berlin kannte, in die Wohnung seiner beiden unverheirateten Schwestern in Charlottenburg, und gab selbst Rechenschaft. Es war eine dicke Mappe voll Arbeiten, das meiste hatte entweder anklagende oder zum »Mitmachen«, »Sicheinstimmen« auffordernde Gebärden. Bei Selbstgenügsameren blieben wir weniger stumm, es sammelte und bewahrte sich ein Grundton aus zustimmendem Gemurmel. Die Schwestern brachten Tee und Schüsseln mit belegten Broten, blieben aber während der Betrachtungsarbeit draußen. »Ich danke euch, meine Freunde«, sagte er zum Schluß sorgfältig und breitete, die Schultern hebend, die Arme aus, was hieß, daß er sein ihm Mögliches getan habe.

Es gab ein sonderbar einträchtiges, gleichgewichtiges Gespräch zwischen ihm und Arnold. Er erzählte: »Ja, ich lebe nun im Wald. Mitten im Wald.« (Bei Tochter und Schwiegersohn in Zernsdorf bei Berlin.) Arnold: »Ah ja, sehr still, sehr konzentriert. Aber sagen Sie, lieber Kollege, sagen Sie, ist nicht zu befürchten oder vielleicht schon geschehen, daß nachts in dieser Waldeinsamkeit Flüchtlinge an Ihre Fensterläden (macht es ins Leere vor) pochen?« Haß, überlegend: »Nein. Bisher nicht. Es ist immer ganz still. Gerade in der Nacht.« Sie nickten sich an. Beiden schien gewiß, daß Flüchtlinge sich gern durch finsteren Wald tasten, Wildfremde um Obdach bitten und eine Nacht länger unterwegs sein wollen, anstatt auf einen Sitz bis Ostbahnhof zu fahren und dort in die S-Bahn nach Westberlin umzusteigen. Haß glaubte gern an Abenteuer, und Arnold kümmerte sich kaum um Westberlins politische Umgebung.

Ein anderer Besucher war Friedrich Schröder-Sonnenstern. Ein ältlicher Mann mit fettiger Haut, in einem fettfleckigen Trenchcoat, nach Schweiß riechend, der von Weibern, mit seinen Zahnlücken und küchenschabenfarbenen Zähnen, alsbald auf Schwanz- und Votzelutschen, Prügeln, Geprügeltwerden, Urinsaufen und Scheißefressen kam. Er hatte eine mittelgroße Mappe mit, in die die Arbeiten genau hineinpaßten: mit Ölkreiden, Tuschfarben und Kugelschreiber bemalte weiße Kartons, jeder mit akkurater Überschrift, schnurgeraden Rahmenlinien und sauber leserlichen Unterzeilen. Schauerlich kalte, sich beißende Farben, tier- und menschenähnliche Wesen mit viel Geschlechtsteil, das auch als Kopf und Gehwerkzeug Dienst tat. Vor- und nachher las er Verse vor oder wußte sie auswendig. Gegen Arnold, wenn der sich zeigte, ratterte er mit hohler Stimme eine Folge von Beleidigungen heraus, die sich wie ein freirhythmisches Gedicht anhörten. Arnold zog sich mit einer bissigen Antwort in sein Atelier zurück; wenn er wiederkam, fragte er: »Ist die Luft wieder rein?« Schröder-Sonnenstern war schon damals nicht mehr einer, den man einfach hinauswarf. Ein Galerist kaufte ihm alles für eine kleine Monatspauschale ab, machte ihn berühmt und achtete darauf, ihn nicht verhungern zu lassen. Warum er wie ein Händler durch die Malklassen ging, haben wir ihn nie gefragt; verkaufen durfte er uns ja nichts, auch wenn wir etwas hätten haben wollen und bezahlen können.

8 Freundliche Aspekte

Als die Regierung der DDR im Juni 1953 auf neuen Kurs ging, legalisierte sie auch den innerdeutschen Reiseverkehr. Die grüne Grenze, ein von allem Grün entblößter Landstreifen, war im Sprachgebrauch verschwunden. Nach einer westdeutschen Statistik sind 1954 über zweieinhalb Millionen Ostler in den Westen gereist, in den folgenden beiden Jahren etwas weniger, im Rekordjahr 1957 fast zweidreiviertel Millionen. Bevölkerungszahl 1954 einschließlich Ostberlins: etwa 18 Millionen; 1957 knapp 600000 weniger. In diesen vier Jahren seien etwa 350000 Ostler nicht nach Osten zurückgekehrt. Die Differenz von etwa 250000 hat mit dem Ausreiseweg über Berlin zu tun, der nicht eigens verzeichnet ist. Ein Sterbeüberschuß wirkt nicht mit, es gab einen niedrigen Geburtenüberschuß. Die meisten, die im Westen blieben, kamen bald unter, denn jetzt brauchte man dort Arbeitskräfte. Ingenieure und Ärzte sollen ganz persönlich zur Umsiedlung bewogen worden sein. Die Ostregierung nannte das Abwerbung, die Westregierung verlautbarte: Abwerbung erübrige sich, die soziale Marktwirtschaft sei eben attraktiv, und die Freizügigkeit aller Deutschen sei ein unverzichtbares Rechtsgut. Der Rundfunk, der solche Verlautbarungen nach Osten ausstrahlte, fügte glückhaft wachsende Flüchtlingszahlen hinzu, aber auch die Warnung, daß die Ostregierung sich wohl etwas dazu einfallen lassen werde. Daraufhin ergriff mancher die Flucht, der sie gar nicht oder erst nächstes Jahr vorgehabt hatte.

Kaum einer, den ich in Ostberlin, Halle, Magdeburg und Schönebeck kannte, hat die vier bis fünf Jahre Freizügigkeit verlaufen lassen, ohne sich im Westen umzusehen. Grünewald schaffte es bis nach Italien, Kilz tagelöhnerte in Hamburg und hielt sich eine Weile in Spanien auf. Mantheys Eltern zogen nach Dortmund. Herr Fiedler, der Baumkuchenfachmann, kehrte aus Helmstedt nach Salzelmen zurück, anstatt seine Familie nachkommen zu lassen. Mein Vater fuhr nach Hamm in Westfalen zur Justizbehörde, um seinen Anspruch auf ein Ruhegehalt aktenkundig zu machen; meine Eltern wollten umsiedeln.

Im Herbst waren sie in Westberlin. Er ließ sich von mir zu einer Bank an der Potsdamer Straße führen, legte einen Packen alter Papiere auf die Theke, die ich als bloße Andenken einschätzte, und erhielt nach einigen Aufbrüchen, Telefonaten, abseits stattfindenden Kurzkonferenzen, aber ohne Rückfragen und Widerworte einen Kassenbon. An der Kasse bekam er eine mittelgroße dreistellige Westgeldsumme ausgezahlt. Dieser Erfolg flößte mir Achtung ein. Er war jetzt 81, bewegte sich aber wie ein sehr viel jüngerer Mann. »So, das ist erledigt«, sagte er, »wie komme ich nun am schnellsten nach Zehlendorf?« Ich bot ihm an, ihn zu begleiten. Nein, ich solle mich nur meinen Studien widmen, er komme schon zurecht. Er kam in dem zerbombten, hier planierten, dort ganz anders wiederaufgebauten Westberlin sehr gut zurecht. Meine Mutter wohnte wie immer bei meinem Onkel, er wohnte allein im Hotel »Deutsches Haus«. Beim Bezahlen der Rechnung wird mein Onkel ihm zuvorgekommen sein. Mein Onkel traktierte ihn nicht dreist, sondern mit einem zeremoniellen Wohlwollen. An einem Abend luden Lührs uns alle ein. Immer im Training, Behauptungen auf ihr Gegenteil zu prüfen, nahmen sie sich Evas und meinen Vater vor und fanden ihn prächtig. Er hatte auf seinem Sessel damit zu tun, sich bescheiden lachend zu weigern, da ihm immerfort etwas angeboten wurde: »Danke, danke, viel zuviel!« Herbert Lühr bot seine Kunst des Liebenswürdigseins für ihn auf: »Lieber – ! – Herr Landgerichtsdirektor, nur noch eine Bitte, ernstlich: ein, wie ich finde, ganz ordentlicher Cognac, ›Bisquit‹, wozu ich, Ihrem berechtigten Befremden vorgreifend, sage, daß wir ihn hier in Westberlin verdammt selten kriegen, also für uns was Besonderes, während sie sicherlich zu Hause noch gute alte Vorkriegsbestände, nein? Und dann? Ganz wenig? Nur zu ganz sachlicher Feststellung der Beschaffenheit?« Er war im wesentlichen boshaft, auch dann, wenn er es gut meinte. Mein Vater hatte am nächsten Morgen einen schweren Kopf. Herbert Lühr zu Eva: »Ihre Frau Mutter in hohen Ehren! Aber Ihren Herrn Vater, der ein ausgezeichneter Mann ist, haben Sie uns nicht nur vorenthalten, Sie haben ihn, wann immer es anging, mies gemacht. Warum?« Mein Vater bei der Abreise auf dem Ostbahnhof, aus dem Waggonfenster schauend, war ein selbstbewußter alter Herr. Meine Mutter richtete ein trockenes Witzchen an ihn, und er schmunzelte.

Im Postamt an der Goethestraße wartete ich auf einem Stuhl und vertrieb mir die Zeit mit dem »Spiegel«, Titelbild: Elvis Presley, von Eva mitgenommen. Dann empfing mich ein Oberpostsekretär, las meine Personaldaten und eine altertümlich klingende Ermahnung vor, schüttelte mir die Hand und reichte mir den ausgefüllten, gestempelten und unterschriebenen Vordruck, in den mein Beruf handschriftlich eingetragen war: Postfacharbeiter.

Ein herrlicher Beruf: Von 16 Uhr 30 bis 20 Uhr 30 Briefe sortieren mit einer halbstündigen Pause, gutes, billiges Kantinenessen, das Bier billiger als im Laden, und zwei gute Arten Kollegen: geübte Frauen und ungeschickte Männer wie ich, 20- bis 50jährige Berufslose. Man konnte nichts falsch machen, und wenn, sah es eine der Frauen und ordnete es im Handumdrehen. Der einzige Antreiber war keiner: ein alter Mann, der jeden Abend einmal durch den Raum ging, uns zuwinkte und die spaßige Bemerkung von gestern wiederholte. Die Bezahlung war mehr als doppelt so hoch wie der TUSMA-Lohn. Ich hatte den Broterwerb gefunden, der einem Künstler wohltut. Nach vier Wochen nahm man ihn mir wieder weg, weil ich Student war. Studieren und länger als vier Woche Briefe sortieren war nach einem übergeordneten Prinzip unvereinbar. Bald putzte ich wieder Bilder und Zeichnungen auf, um mich der »Studienstiftung des deutschen Volkes« zu empfehlen. Die Szene vom Vorjahr wiederholte sich bis zur Mitte, da ich meine Bewerbung diesmal nicht zurückzog. Außer mehreren Variationen des Fronarbeitmotivs war meine neueste Machart zu sehen, großflächig, gegenstandslos, streng bis langweilig, meist schwarzweiß oder das Weiße schwach abgetönt; keine schönen Details, keine Schachtelungen. Hofer und Kaus nickten und gingen, Arnold sagte: »Ich sage ohne Bedenken: Sie haben Ihr Stipendium schon in der Tasche.«

Zum letztenmal Weihnachten in Salzelmen. Meine Eltern hatten keinen Platz mehr für mich. In dem Zimmer, das meine Mutter mir im »Parkhotel Meyer« gemietet hatte, war ein kleiner Ofen geheizt. Es herrschte der nicht unangenehme muffige Geruch, den alte Hotelzimmer haben. Ich sicherte mich ringsum mit einem großen Daunendeckbett gegen die Kühle, rauchte Westzigaretten aus einem Weihnachtspaket und las endlich den »Ulysses« von James Joyce aus der Bibliothek der Berliner Kunsthochschule.

1955

1 Adler 7 und GROMA N

Der Brief, in dem mir das Stipendium zugesagt wurde, kam ungefähr gleichzeitig mit der Nachricht vom Tode Carl Hofers. Dessen Spätwerk erschien mir jetzt wie eine Versuchsreihe, zweierlei Nichtswürdiges zu verbinden: die leeren Formeln eines Greises, der nichts mehr aufnimmt, mit modischen Formeln, die er als zeittypisch verkennt und nachäfft. Meine eigene Arbeit langweilte mich. Hätte ich sie ernst und mich beim Wort genommen, so wäre mir eingefallen, das Ziel des Malens sei Langeweile, und ein langweiliges Bild sei ein gutes Bild. Es hätte wie folgt weitergehen können: Gleichmäßiges Übertünchen der Bildfläche mit einer einzigen Farbe; Einsicht, daß Übertünchen das Gegenteil von Aufdecken ist, also Abschleifen der Fläche bis auf den Grund; die Vermutung, daß es eitel ist, das Nichts durch ein Etwas, das Unendliche in einem endlichen Format darzustellen – also aufhören zu malen. Aufrichtig malen soviel wie gar nicht malen.

Wenn ich aufrichtig malte, stellte ich Reinheit dar bis zum Nichts, konnte aber nichts mitteilen, nichts ausdrücken. Ausdruck und Mitteilung waren mir ein Bedürfnis, Aufrichtigkeit nur ein abhängiger Wert. Beim Schreiben schien es auf das Entgegengesetzte anzukommen, auf Einzelheiten, auf das Bezwingen und Überwinden von Langeweile. Ich machte das Schreiben zu meiner Arbeit und entwertete das Malen zu einer Beschäftigung ohne Selbstzweck. Der Sinn des Malens war nur noch, gute Bedingungen fürs Schreiben zu schaffen. Nach dieser Wendung konnte ich beim Malen wieder alle von mir durchschauten Tricks ausspielen, das Zerkleinern, Verkochen, Verzerren, Verhüllen, Verschönen, das Drapieren, Frisieren, Schminken, die »valeurs«, die »peinture«, das »trompe l'œil«, die parodistische Nachahmung alter Malweisen, die sentimentale Nachahmung der grünen Natur samt Tieren und Menschen – alles was Spaß machte. Das Malen machte wieder Spaß. Es ganz zu unterlassen war auch unklug; die »Studienstiftung« verlangte am Ende des Jahres einen Arbeitsbericht mit Belegfotos, und mit Malen ließ sich angenehmer Geld verdienen als mit Teppichklopfen.

Ich schrieb mehrere Hefte voll, eigene aus meiner Schulzeit und viel ältere von meiner Mutter. Meine große, teigige Schrift wurde kleiner und genauer. Zwischen den Zeilen und an den Kanten blieb kein Platz für Berichtigungen; eine Zeitlang war ich mit dem, was dastand, zufrieden und wollte gar nichts berichtigen. Es war eine planlose Erzählung, die sich zu einem Roman auswachsen sollte. Schauplatz: Magdeburg anstelle von Halle, Zeit: die Inflation Anfang der zwanziger Jahre anstelle der ersten Jahre nach dem Zweiten Weltkrieg. Die Hauptperson war ein junger Mann ohne Vornamen mit einem annähernd polnischen Nachnamen; wahrscheinlich würde ein Pole ihn als künstlich erkennen, aber die Endung -ski und der mittendrin vorkommende Doppelbuchstabe dz machen die Absicht deutlich. Ich beabsichtigte, von mir wegzuweisen, wies aber auf mich hin. Die Überlieferer des Familiennamens meiner Mutter hatten in einem 1772 von Preußen annektierten polnischen Landesteil gelebt. Es war ein polnisch anmutender, wenn auch mit deutschen Buchstabenkombinationen geschriebener Name. In den Nachkriegsjahren muß ich die Bemerkung gelesen haben, daß die Nazis nach dem, was sie den Endsieg nannten, mit den polnischnamigen Deutschen ebenso hätten verfahren wollen wie mit den Juden. Im Halbschlaf überkam mich oft die Vorstellung, wie ein SS-Trupp unser Haus besetzte und uns auseinandertrieb; meine Mutter in die eine Ecke, meinen Vater in die andere, meine Geschwister und mich in die dritte; wir mußten uns zu unserer Mutter bekennen oder sie verleugnen. Manchmal folgte noch ein verschwimmendes Bild, wie mein Vater hinüberrannte, meine Mutter umarmte und sich nicht von ihr losreißen ließ. Christian und Eva waren nicht mehr zu sehen, von mir wollte ich nichts wissen.

Neue Hefte kaufte ich nicht. Ich ging in das Schreibmaschinengeschäft unter dem S-Bahnhof Savignyplatz und suchte mir unter dem Billigsten etwas aus, eine »Adler 7« von vor dem Ersten Weltkrieg für 65 Mark. Der alte Verkäufer verbilligte sie freiwillig auf 60 Mark und gab mir noch eine schwarze Wachstuchhaube dazu. Ich trug das schwarze Gebilde wie ein Baby nach Hause. Jemand in der Klasse nannte mir eine Quelle für Makulaturpapier, das nichts kostete, ich brauchte es nur zurechtzuschneiden. Ich schnitt DIN-A4-Seiten zurecht und übertrug darauf mit vielen Änderungen die handgeschriebenen Kapitel, wieder in engen Zeilen und fast ohne Rand. Anfang April packte ich den Papierstoß in einen alten Schnellhefter meines Vaters, um Kilz damit zu überraschen.

Die Überraschung gelang andersherum. Nach der Minute, bis er sein Zimmer verlassen, das Atelier abgeschritten, die Tür geöffnet und von mir gefolgt sein Zimmer wieder betreten hatte, sah ich, daß er beim Maschineschreiben war. Eine neue, graulackierte Reiseschreibmaschine aus der DDR-Produktion, »GROMA N«; gutes Papier; zum Ordnen neue, schöne Mappen aus festem Karton. Ich gab ihm mein Manuskript zu lesen und er mir seins, ein Theaterstück. Er hatte einen breiten Rand und zwischen den Zeilen viel Raum gelassen. Auf einer Seite von ihm stand etwa halb soviel Text wie auf einer von mir. Meine Zeilen saßen grau in graugelblich, seine standen schwarz auf weiß. Meine zahlreichen Tippfehler hatte ich ausgeixt oder mit Tinte durchgestrichen, seine seltenen Tippfehler waren durch einen dünnen Bleistiftstrich kenntlich oder unter einem Rechteck aus schwarzer Tusche unkenntlich. Seine Schreibweise fand ich aufrichtiger, langweiliger, genauer, meine eigene witziger und eleganter; ich hütete mich, das auszusprechen.

Wenn mir beim Schreiben eine witzige Pointe einfiel, schrieb ich sie hin; wenn sie nicht hinpaßte, notierte ich sie auf einem Zettel, um sie bereitzuhalten. Ich änderte sogar den Lauf der Handlung in Richtung auf die bereitliegende Pointe oder hielt ihn ihr zuliebe an. Dem Witz ordnete ich fast alles unter, mein Ziel war Witz. Es war mir nicht bewußt. Kilz mag es aufgefallen sein oder nicht, er äußerte sich zu meinem Text ebenso vage wie ich mich zu seinem. Aus Bemerkungen, die er über Malerei machte, erfuhr ich, daß er mich als Schriftstellerkollegen annahm: Beide hatten wir eingesehen, daß die Malerei ein Feld für dumme Bauern geworden war. In unseren Gesprächen wurden »dumme Maler« ein einziger Begriff. Wenn das Beiwort dumm gespart wurde, verstand es sich ungesagt von selbst.

Aus dem linken Fenster seines Zimmers schaute man über ein niedriges Dach zwischen zwei höheren Häusern auf die beschädigte, aber parabelförmig gebliebene Kuppel des Berliner Doms. Sie hielt zwischen den beiden Hauswänden ziemlich genau die Mitte, klein wie ein Juwel, ein Arrangement wie von einem barokken Park- oder Theaterarchitekten. Kilz machte mich immer wieder darauf aufmerksam. Es gebe einen ganz geläufigen Begriff dafür – er finde ihn nicht. Plötzlich hatte er die Hohlräume zwischen den inneren und den äußeren Scheiben beider Fenster mit zerknülltem Zeitungspapier gefüllt. Das Tageslicht drang nur noch wie Dämmerlicht ins Zimmer. Ein Geruch nach Harzkäse und Leberwurst nistete sich ein: An der Fensterwand stand ein Tisch, der mit einer hügeligen Schichtung aus Zeitungsseiten bedeckt war. Meist lagen obenauf ein Teller mit Messer, Brot, Margarine, Harzkäse und Leberwurst. Wenn man sich ein Brot schmierte, verschoben sich quietschend, knirschend, klirrend und backig saugend die unteren, Teller und Messer, Lebensmittelreste und anderes führenden Schichten. Von Zeit zu Zeit muß er abgeräumt haben, um Teller und Bestecke wieder in seine Verfügung zu bringen, aber ich habe das Deckblatt nie glatt auf der Tischplatte liegen sehen. Die Küche war ein fensterloser Raum zwischen dem Zimmer und dem etwa fünf mal zehn Meter großen Atelier. Das Atelier war nicht heizbar, im allgemeinen diente es nur als Durchgang. Das Dach bestand überwiegend aus Glas zwischen eisernen Rippen, die zur Hofseite hin von der Waagerechten nach unten abwichen und über eine Rundung in die Senkrechte übergingen. Durch die gläserne Wand führte eine Tür auf einen ebenso langen, schmalen Balkon. Sie stand meist offen. Erst nach geraumer Zeit fand Kilz den Begriff, den er suchte: Kimme und Korn. Er erlöste sein Zimmer und ließ wieder frische Luft durch die Fenster.

Die Wohnung lag im obersten bewohnten Stockwerk eines großen, gut erhaltenen Eckhauses am Rosenthaler Platz. Ein Stockwerk höher war eine Tür offen, oder Kilz hatte sich einen Schlüssel für sie verschafft; seiner Art entspräche, daß er in einer anderen Stadtgegend einen Schlüssel aufgelesen hätte, der paßte. Hinter der Tür war der Dachboden, ein immer wieder abbiegender, durch zahlreiche Holzpfeiler unübersichtlicher Raum, der einen Rundgang über die ganze mit dem Haus bebaute Fläche ermöglichte, rund um den Hof herum. Es waren mit dünnen Wänden Kammern abgeteilt, die meisten Eingänge waren leer, in manchen hingen Türen. In einigen Kammern hatte jemand sich angeschickt zu tapezieren, war aber über das Ankleben des Grundes, Zeitungspapier, nicht hinausgekommen. Die Zeitungen stammten von 1875, sie hatten einen warmen, holzähnlichen Ockerfarbton. Wir kletterten an einem Pfeiler hinauf in eine große Dachluke; eine leichte, wohl vom Baumeister vorgesehene Kletterpartie. Die Dachluke war wie ein Souffleurkasten geformt. Wir öffneten das beinahe senkrechte Fenster und krochen hindurch auf eine beschreitbare, dachpappebedeckte Ebene mit Schornsteingruppen, an Hof- und Straßenseite begrenzt durch einen kniehohen, dachseitig abgeschrägten Wulst. Wenn ich mich dem Wulst näherte, zitterten mir die Knie. Kilz erwähnte Goethes geglückten Versuch, sich auf einem Turm des Straßburger Münsters das Schwindelgefühl abzugewöhnen. Er stellte einen Fuß auf den Wulst und stellte sich schließlich mit beiden Beinen darauf. Ich fürchtete ihm nahezukommen und ihn durch ein Stolpern hinunterzustoßen. Die Aussicht über die Stadt mit ihren Ruinen, neogotischen Kirchtürmen und Fabrikschornsteinen war überraschend weiträumig, der Dom fast ganz sichtbar.

2 Unterhaltung und Schweigen

Manthey war in Berlin, wir saßen zu dritt bei Kilz. Die Reiseschreibmaschine auf ihrem Tischchen wirkte wie ein viertes Individuum, etwa wie eine zusammengerollte Katze. Als Manthey nicht im Zimmer war, murmelte Kilz: »Langweilig, was?« Ich nickte erleichtert. Manthey war mein Freund; die Freundschaft war mir jetzt lästig. Ich wollte unterhalten werden und selbst nur sprechen, um zu unterhalten, nichts bekennen, nur Fragen stellen, die Unterhaltung bringen, und keine solchen, die Bekenntnisse hervorrufen. Manthey hätte versuchen können, uns für sein Dilemma zu interessieren. Das Stück Tageslauf, mit dem er Geld verdiente, Zeichenunterricht an einer Grundschule, lenkte ihn Tag und Nacht ab wie ein Schmerz. Die Schulkinder hatten sich angewöhnt, ihn zu überschreien. Er hatte sich in ein 18jähriges Mädchen verliebt und plante und zögerte, mit ihr nach Berlin zu ziehen und Frau, Sohn und Tochter zu verlassen.

In meiner Mansarde hatten wir eine Flasche Weinbrand »Chantré«, das Ergebnis eines Abwägens zwischen meiner Gewohnheit, nichts Überflüssiges zu kaufen, und meiner Besorgnis, mich langweilen zu müssen. Die »Studienstiftung« überwies mir jeden Monat 150 Mark, mehr als ich brauchte. Ich wurde redselig, Manthey wurde mitteilsam, ein Unterschied, in dem sich das Gewohnte nur etwas lebhafter fortsetzte. Er sprach von sich und mir, ich stimmte zu und verallgemeinerte. Er schilderte die Qual in der Schule, die Gereiztheit zwischen ihm und Anke, sein ihn beschämendes Desinteresse an seinen Kindern, lange und plastisch das 18jährige Mädchen, traurig die Unmöglichkeit, sich den Umständen zu entziehen, angstbeklommen die Zukunft, wenn er dort bliebe; er bekannte seine Erleichterung, davon reden zu können. Ich nickte nach draußen und fand mich drinnen unzuständig. Wenn nachzugießen war, goß ich nach, anstatt zu antworten. Er kam gerührt auf meinen Einfall zurück, Weinbrand aufzutischen. Ich hielt im stillen meinen kärglichen Beweggrund dagegen. Ich füllte den Hohlraum, als den ich mich ab und zu empfand, mit Weinbrand. Nach einiger Zeit rannte ich zum Badezimmer hinunter, fand es unbesetzt und übergab mich. Ihm wurde nicht übel.

Meine Mutter, Manthey und ich waren im »Deutschen Haus« zum Essen eingeladen. Wir saßen schon da, als Onkel Rudolf mit seinem tappenden Schritt hereinkam, den Spazierstock über dem linken Arm, vor sich den Mollenfriedhof. »Ist hier noch Platz für einen schlanken Herrn?« Jemand kam lächelnd hinter der Theke hervor und versuchte ihn schräg von hinten an unseren Tisch zu geleiten. Er ließ sich abwinkend nieder und bestellte zugleich Getränke, uns drei mit dem rundlichen, gebogenen Zeigefinger abfragend. Meine Mutter verbat sich ein Getränk, lächelte ihn aber vorbehaltlos an (wenn das Bier kam, hatte sie meistens Lust, einen Schluck abzutrinken, mehr nicht). Von ihr und mir fühlte er sich nicht beurteilt, Manthey mußte er erst prüfen. Manthey ging genau auf ihn ein, er wirkte besonders dünnhäutig und geistesgegenwärtig. Nachher in der S-Bahn – wir fuhren zu Kilz – sagte er, mein Onkel habe genauso gute, traurige Augen wie seine Großmutter.

Als meine Mutter noch da war, ging ich eines Vormittags zum Quermatenweg. Onkel Rudolf schlief noch, meine Mutter fand ich im Badezimmer über die Wanne gebeugt. Diese Haltung vermied sie sonst, weil ihr dabei schwindlig wurde. Sie bewegte in dem handhohen Wasser seine vollgeschissenen langen Unterhosen. Der Abfluß war offen, der Wasserhahn auch, so daß das allmählich klarer werdende Wasser kaum abnahm. Der Geruch machte die Luft im Badezimmer nicht gerade widerwärtig, aber er bezeichnete sie dreist wie ein besitzanzeigender Namenszug. Um mich nicht von meiner Mutter zu distanzieren, blieb ich in der Badezimmertür angelehnt stehen, anstatt im Korridor zu atmen. Die Möglichkeit, ihr die Arbeit abzunehmen, verneinte ich sofort. Inzwischen rubbelte sie das Gewebe Streifen für Streifen unter dem starken Wasserstrahl. »Das finde ich überhaupt nicht schlimm«, sagte sie in demonstrativ einfachem Ton.

Da ich sowohl Kilz wie meinen Onkel oft traf, kam es zu einem Zusammentreffen. Im Zehlendorfer »Fernfahrertreff« saß man von Gemütlichkeit umdampft unter einer niedrigen Balkendecke. Die Runde erweiterte sich auf Nebentische, auch der Wirt bezog sich ein. Kilz bekam die Westspießer so zu sehen, daß sie seiner Vorstellung entsprachen. Der Wirt und mein Onkel waren besonders hanebüchen schwadronierende Reaktionäre. Bei einem Einsatz des Wirts zog ich eine Grimasse und räusperte mich. Kilz murmelte: »Hat keinen Sinn, sich auf so 'ne Pfeife einzulassen.« Meinen Onkel ließ er aus Höflichkeit unbeachtet.

Ich besuchte meinen Onkel in seinem auch im Sommer kräftig geheizten Zimmer. Er saß im Bademantel am Tisch, vor sich eine Zeitung und auf dieser seinen in Einzelteile zerlegten Revolver, ein Ölkännchen und einen Schraubenzieher. »Verstehst du was davon? Nein, natürlich nicht. Heute nacht hat das Ding noch funktioniert.« Er zeigte auf drei kleine Löcher an der Zimmerdecke, die wie Bohrlöcher aussahen. »So was repariert einem ja keiner.« Waffenbesitz war verboten. Er erzählte von einem amerikanischen Offizier, der zugegeben habe: »Ja, Sie brauchen einen Revolver.« Er sagte: »Ich will den Zeitpunkt meines Abkratzens selber bestimmen.« Aber wir fanden den Fehler nicht heraus.

Er saß mit mir im »Café Sommerfeld« am U-Bahnhof Onkel Toms Hütte, einem Lokal, wo Kaffee und Kuchen, Bier und warmes Essen einander die Atmosphäre streitig machten; es wirkte in allen Räumen und Nischen wie ein adretter Bahnhofswartesaal. Er trank ein Viertelliterglas Bier halb aus, dann stand er auf und blieb lange weg. Der Wirt fragte mich nach seinem Befinden. Das Anteilnehmen gelang ihm dürftig, da ihn wohl die Sorge beschäftigte, es werde sich in seinem Lokal etwas Unappetitliches ereignen. Ich tat befremdet und antwortete abweisend. Mein Onkel betrat wieder den Raum. Er schien schlecht zu sehen oder die Umgebung nicht wiederzuerkennen. Ich zögerte, ihm zu helfen. Ich hatte ihn noch nie am Arm ergriffen oder ihm die Hand auf den Rücken gelegt. Mit so einer Hilfeleistung hätte ich ihn in Behandlung genommen und dem Wirt bestätigt, daß sein kümmerlicher Durchblick zutraf. Aber die Situation war neu und vielleicht nicht durch Warten zu bewältigen. Ich starrte ihm entgegen und hoffte, er werde es schaffen. Er erreichte die Lehne des Stuhls, zog ihn mit Gepolter zurück und warf sich hin. Sein Gesicht war weißlich, die Lippen und das Aderngeflecht auf den Wangen grauviolett, die Stirn schweißbedeckt und die Augen ohne Blick, wie wenn sie den Weg durch den Gastraum noch einmal gingen. Der Blick stellte sich wieder ein, aber matt und ohne Ziel. Er murmelte, es gehe ihm beschissen. Ich antwortete eifrig, das sehe man, und bat ihn zu erlauben, daß ein Taxi bestellt werde. Quatsch, äußerte er. Quatsch. Es hörte sich nicht wie die Ablehnung des Taxis, sondern wie eine Aufschiebung des Gesprächs an. Der Wirt schwirrte herbei und summte ihm denselben Vorschlag zu wie ich. Er wedelte ihn weg. Das Bier rührte er nicht mehr an. Nach einer Weile sagte er klar und monoton: »Sei so gut und sieh zu, daß ich ein Taxi kriege.« Ich sprang auf, der Wirt telefonierte, der Chauffeur trat in die Tür. Mein Onkel tastete sich wie eine Schildkröte in den Fond. Als ich mich anschickte, auch einzusteigen, sagte er ungesellig lächelnd: »Geh nach Hause, mein Kleiner.«

Nicht weit von seinem Haus gab es mehrere Gartenlokale. An einem Julinachmittag erwarteten er und seine Freundin mich in einem davon. Er hatte einen guten Tag, aber keine gute Laune. Da es kein Bier vom Faß gab, tranken wir eine Sorte, die durch ihre Einfassung – schlanke Flaschen mit einer Metallfolienkrause um den Hals – als Luxusbier gekennzeichnet war. Das ärgerte ihn. Seine Freundin lobte den schönen Nachmittag, die hübschen Flaschen und den Zufall, der uns dieses besondere, fein schmeckende, gar nicht allzu teure Bier auftischte. Zunächst einmal schien er nichts Friedfertiges leiden zu mögen, dahinter aber spürte er Zwecke auf: ihn ruhig zu halten, vom Raunzen gegen den Kellner abzubringen, eine Szene zu verhüten, alles im Rahmen zu bewahren. »Ich mag keine Gouvernanten«, knurrte er. Sie sagte sanft: »Ich auch nicht.« Mitten beim dritten Bier hatte er es satt, warf Geld auf den Tisch und verließ den Biergarten im Laufschritt, einem plumpen, gleichmäßigen Traben. Er blieb stehen, erwartete uns und sagte zu ihr: »Du siehst, ich kann noch ganz gut. Die werden sich wundern, wie gut ich noch kann!«

Eines Nachts fiel er in seinem Zimmer zu Boden. Jemand veranlaßte, daß er ins Franziskuskrankenhaus transportiert wurde. Dort hatte er schon mit schweren Krankheiten gelegen, andere Krankenhäuser hielt er für Todesfallen. Nach einigen Stunden flüchtete er, zu Hause überkam ihn ein Schlaganfall und lähmte ihn fast gänzlich. Die Feuerwehr brachte ihn wie ein Paket ins Rudolf-Virchow-Krankenhaus. Ich besuchte ihn mit zwei Mitbringseln, einer winzigen, nur daumenlangen Zigarre und einem Flachmann »Asbach Uralt«. Er wehrte ab und versuchte mir etwas mitzuteilen. Sein Mund stand tütenförmig offen, Lippenlaute brachte er nicht zustande. Zwei Offiziere hätten ihn hier zu verhören versucht; er habe sie hingehalten, aber sie würden wiederkommen. Ich sollte versuchen, ihre Namen herauszukriegen, sie würden wiederkommen.

Die ihm Näherstehenden waren wie von dem Autor eines kurzschlüssigen Films aus der Erreichbarkeit geschoben worden. Lühr war in Hamburg, wohin er übersiedeln wollte, meine Cousine war nach Riccione gereist und sofort fiebrig erkrankt. Die Freundin meines Onkels hatte Urlaub und war in Westdeutschland. Ich telefonierte mit Eva, wir telegrafierten meine Mutter und ihren in Celle wohnenden Bruder herbei, dagegen nicht ihre Schwester in Münster, von der mein Onkel nicht wissen sollte, weil sie sich in Briefen an ihn und andere über seinen Alkoholkonsum ausließ. Nicht anders als der Onkel in Celle. Mit sonderbarer Selbstverständlichkeit ließen wie die Mäklerin ohne Nachricht und baten den Mäkler nach Berlin. Er kam vor meiner Mutter an. Mein jetzt im Krankenhaus liegender Onkel hatte ihn mit Vergnügen in Celle besucht und das Hauptgespräch, an dem sich von einem zum anderen Besuch wenig änderte, in Berlin zum besten gegeben: »Heute abend besaufen wir uns aber« (die Schwägerin schaute auf); »wenn hier nichts mehr auf den Tisch kommt, gehen Ernst und ich in 'ne Kneipe« (die Schwägerin antwortete, Ernst habe eine nicht so eiserne Natur; Ernst schwieg). »Die gute Hedwig sieht meine Besuche gar nicht gern!«

In der U-Bahn ließ Ernst sich berichten, tat aber vieles andere, als einfach zuzuhören. Er schnitt ein mit Zwischenfragen, Bitten um Wiederholungen, fragenden oder ihn vergewissernden Wiederholungen, Rückgriffen, Vorgriffen, Ausrufen, als glaube er, das Befinden seines Bruders mache sich davon abhängig, daß er alle Einzelheiten im Kopf habe. Auf der Treppe des U-Bahnhofs Podbielskiallee und auf der Straße »Im Dol« ging es verhörähnlich weiter. Als er nichts mehr fragte, fuhr er in demselben eilig regelnden Ton fort, jetzt als Erzähler: Kürzlich bei einer Aufsichtsratssitzung der VEBA hätten mehrere Leute ihn für seinen nicht anwesenden Bruder gehalten! – dann aber vorwurfsvoll festgestellt, er habe ja keinerlei Ähnlichkeit mit Dr. Rudolf N. Er habe sofort entgegnet: Ich bin glücklich, keinerlei Ähnlichkeit mit diesem Übermenschen zu haben. Ich wartete auf etwas Abschwächendes; Eva ging ohne erkennbare Befremdung neben ihm her, ebenso wie ich. Sie hatte Brot, Belag und Wein bereitgestellt. Er ließ sich den Weg zum Badezimmer zeigen. »Du, der ist ja reizend!« Beim Essen und danach sprach er bedächtiger und behaglicher.

Meine Mutter kletterte aus der Waggontür und fragte: »Wie geht es meinem Rudichen?! Sag mir alles, ich weiß, es kann nicht gut sein!« Ich berichtete, sie hörte zu und sagte: »Ich möchte heute noch zu ihm, hoffentlich geht das.« Beim Mittagessen wiederholte Ernst die Geschichte von der VEBA-Sitzung, sei es, daß er sie für einen noch einmal durchzunehmenden Fehler hielt, oder, wahrscheinlicher, um ein Bekenntnis zu leisten.

Onkel Rudolf hatte sich weiter verändert. Sein Gesicht war blaurot, die Lippen standen weit offen, er atmete keuchend. Meine Mutter brach in tiefes Schluchzen aus, streichelte heftig seine Hand und zog sich in eine Ecke zurück. Ernst winkte sie nachträglich beiseite, setzte sich auf die Bettkante und schaute stumm in die Augen seines Bruders, die ihn auch anzublicken schienen. Dann trat er in die freie Mitte des Zimmers und hob und senkte die Schultern. Er reiste wieder ab.

Die Freundin meines Onkels war in Westdeutschland gefunden worden. Am nächsten Abend trat sie zu uns ein. Sie verwischte einige Tränen, gab sich dann aber mehr mitfühlend als betroffen, so als müsse sie im Trauern ein bescheideneres Maß einhalten. Mit halblauten Fragen brachte sie ein Gespräch in Gang, das meine Mutter zu erleichtern schien. Dann trug die Nachtschwester, eine alte Frau, Geschäftigkeit zwischen uns. Sie verschaffte sich Platz am Kopfende, tat Arbeit an den Kissen und bemerkte: »Vorsicht mit Gesprächen! Auch in der Katalepsie vernimmt der Patient noch alles!« Wir verständigten uns mit Blicken darüber, daß sie sich nur wichtig mache. Nach dem langen, einmütigen Beisammensitzen hatten wir das Bedürfnis, uns zu ärgern. Wir vereinbarten, als wäre sie nicht dabei, uns nachts bei meinem Onkel abzulösen. Seine Freundin und ich gingen als erste im »Hochschulbräu« essen. Als wir wiederkamen, schaute uns meine Mutter mit einem nun sehr ruhigen Gesicht entgegen. Eva hatte sich neben sie gesetzt, die Nachtschwester war fort. Das Gesicht meines Onkels hatte sich in eine größer erscheinende, zerklüftete, weißliche Gesichtslandschaft verwandelt. Sein Mund wurde mit einem schwarzen, seitlich verknoteten Tuch, das das Gesicht umspannte, zugehalten.

3 Etwas Erwerbsleben

Arnold holte mich in sein Atelier und stellte mir einen sich aus dem Sessel erhebenden Herrn vor: Herr Knabe sei Leiter – »Nur Mitarbeiter!« – »Aber leitender Mitarbeiter!« – »Na –«: also des zentralen Werbebüros für Volkswagen. Ob ich nicht Lust hätte, für ein paar Sommerwochen nach Hamburg zu ziehen und aus meinem Ideenreichtum ein wenig Geld zu machen, vergleichsweise viel Geld? Herr Knabe ergänzte: »Bahnfahrt und Hotel zahlen wir natürlich auch.« Wenn er meinte, daß ich diese Aufrundung großzügig finden würde, irrte er sich nicht. Für alle Fälle mischte er das Wort natürlich bei. Danach konnte ich so tun, als seien mir Gratisfahrt und Gratiswohnen ebenso selbstverständlich wie ihm, und zu ersehen war nur noch, daß er ein Mann war, der lieber eine Auskunft zuviel gab, weil Fragen anhören und Zweifel ausräumen mehr Zeit kostet. Die Bezahlung habe ich vergessen, sowohl die Zahl wie auch, ob sie mir groß oder klein erschien. Mir war zumute wie bei ganz anderen Ansinnen: Sport zu treiben, zu marschieren oder zu singen. Beim Anblick von Reklame dachte ich: ich kann das nicht, und danach erst: ich will das nicht. Ich hätte meinen Widerwillen gern mit einer frei erworbenen Überzeugung begründet. Ihn mit sich selbst zu begründen, also einfach nein zu sagen, war mir zu kindisch. Darüber vergaß ich gänzlich, daß ich gar kein Geld brauchte und die Sommerferien zum Schreiben nutzen wollte.

Die ostdeutschen Kontrolleure im Zug nach Hamburg, zuerst Zöllner, dann Polizisten, machten ihre Sache genau. Die Westler machten ihre so lässig, als sei es ihre Hauptaufgabe, sich von den Ostlern zu unterscheiden. Auf Westboden atmeten meine Mitreisenden tief durch, wandten sich dem Fenster zu, freuten sich über die Hübschheit von Häusern und die Häufigkeit von Autos und selbst über das Grün der Bäume und das Blau des Himmels, das bald nachließ: Ein Platzregen begann uns zu begleiten. Im Endbahnhof Hamburg-Altona zeigte sich Herr Knabe. Er spannte einen tropfenden Regenschirm auf. Wir rannten zu einem grauen Mercedes und fuhren an der Elbe entlang ein Stück westwärts. Er parkte vor einem Elberestaurant. Ich aß wie immer Schnitzel und bestellte wie einer, der selbst bezahlen will, ein zweites Bier. Um herauszufinden, ob Herr Knabe seinen Hunger auf eigene Kosten, nur eben in Gesellschaft, habe stillen wollen oder ob wir beide auf

Spesen aßen, holte ich mein Portemonnaie hervor. Nein, wir hatten auf Spesen gegessen. Ich tat überrascht und dann beschämt wegen des zweiten Glases Bier.

Wir hielten auf einem dreiseitig umbauten kleinen Hof. Die offene Flanke war in der Mitte mit Zapfsäulen und deren Überdachung verstellt, rechts arbeitete eine VW-Reparaturwerkstatt. Der verwitterte Putz war blau-weiß akzentuiert durch Emaille- und Lackschilder für Volkswagen, die Reparaturfirma und BV-Aral. Das Werbeatelier, die linke Hälfte der Umbauung, war eine ebenerdige Folge von mehreren kleinen Räumen. Ich wurde einigen Leuten vorgestellt, darunter einem Mädchen mit großem Busen und einem kleinen älteren Mann, der berlinerte. Wenn sie mir einen Stuhl gezeigt und eine Aufgabe zugewiesen hätten, hätte ich getan, was ich konnte, und vermutet, daß solche sportliche Härte branchenüblich sei. Meine Abneigung, mich hier hinzusetzen, galt ja nicht nur heute nachmittag, und da ich hergekommen war, um sie zu überwinden, hatte ein Aufschub eigentlich keinen Sinn. Bei dem Geplauder kam jedoch wie selbstverständlich etwas Angenehmes heraus. Herr Knabe sagte, er werde jetzt Herrn Stolze zum Hotel fahren, und morgen früh müsse jemand Herrn Stolze vom Hotel hierherlotsen. Der berlinernde kleine Mann nickte, wir verabredeten die Uhrzeit viertel nach acht.

Das Werbeatelier war in Klein-Flottbek, das Hotel noch ein Stück weiter westlich: am Ostrand von Blankenese, wo ich bis zu meinem sechsten Lebensjahr gewohnt hatte. In dem Zimmer standen zwei Betten hintereinander. Herr Knabe bemerkte dazu, daß in den nächsten Tagen noch einer nachkommen werde. Als er sich verabschiedet hatte, ging auch ich bald weg, um mir meinen Herkunftsort anzusehen. Unser Wohnhaus war natürlich kleiner als in meiner Erinnerung. Der Klinkerbau der Grundschule schien nicht so stark geschrumpft zu sein. Auch das niedliche Bahnhofsgebäude erkannte ich wieder, auf dem Rückweg auch Partien an der Blankeneser Landstraße; vor etwa zwanzig Jahren hatten dort eines Abends Baumwipfel mächtig gerauscht und mir eine Sehnsucht eingegeben, die ich nicht vergessen hatte. Zwischendurch stieg ich an dem dichtbebauten Elbabhang herum, ohne Sorge, mich zu verlaufen. Von Stiegengäßchen mit Eisengeländern führten Treppchen bergauf und bergab zu weißen, bescheiden bemessenen Giebelhäusern. Viele dieser demütigen Architekturen hatten einen widersprüchlichen, arroganten Ausdruck angenommen:

von Weißlack glänzend wie Möbelstücke, mit frisch geschreinerten, undurchdringlichen, burgtorähnlichen Haustüren, neben kleinen Betonplattformen, auf denen erlesene Autos standen, die auf kaum befahrbaren, steilen, engen, winkligen Wegen hierher geschlängelt worden waren. Im 19. Jahrhundert hatten sich auf diesem Hang pensionierte Kapitäne angesiedelt, jetzt schien es ein Fundort für wohnungsuchende Millionäre geworden zu sein.

Im Bett las ich etwas Spannendes, betrachtete ab und zu mein Zimmer und fand mich vorläufig gut aufgehoben. Zum Frühstück gab es krachende Brötchen und ein Ei mit einer gehäkelten Mütze. Der kleine Berliner war pünktlich im Vorraum, wo ein Tischchen mit Aschenbecher und zwei moderne Sessel mit auseinanderstrebenden Beinen standen. Auf dem Bahnhof Blankenese trafen wir das Mädchen mit dem großen Busen. Wir fuhren nur zwei Stationen weit. Im Werbeatelier war jetzt auch der Chef, ein massiger, jovialer Mann, der mir gefährlich vorkam, weil er der Chef war. Er erklärte mir, worum es ging: Ende August werde der »millionste Volkswagen« aus der Wolfsburger Werkshalle rollen, wenn nichts dazwischenkomme, aber was solle dazwischenkommen. Dieses Jubiläum solle mit einer Werbekampagne gefeiert werden, die seine und seiner Leute Sache sei; es fehle ihnen noch an Ideen.

Ich setzte mich hin und stellte mit Bleistift und Tuschfarben einen Volkswagen dar, der sich anschickt, durch einen goldenen Lorbeerkranz zu springen. Nachmittags gab es Kaffee und Kuchen beim Chef. Er betrachtete zigarrerauchend meine beiden häßlichen Varianten, nickte und reichte sie weiter: »Is' mal was anderes, wär' mal 'ne Idee.« Ich setzte mich bequemer hin. Er nickte mir zu: »Führen Sie's 'n bißchen aus? Vielleicht fällt Ihnen auch noch was anderes ein.« Am nächsten, zweiten oder dritten Tag sagte der kleine Berliner zu mir: »Sie haben mal 'ne gute Idee gehabt, zugegeben, aber man kann sich nicht auf seine Lorbeeren schlafen legen, es muß immer weitergehen.« Ich pflichtete dieser Lebensregel bei und war der Meinung, er sei neidisch.

Am Sonntagnachmittag wollte er mir Sankt Pauli zeigen. Ich zweifelte kaum daran, daß er andere Menschen fürs Wochenende gar nicht habe. Ich staunte, wie genau er über jede Vergnügungsstätte im Bilde war, an der er mich vorbeizog. Jede hatte ihre nach Gefährlichkeitsgraden gemessene Eigenart. Er bekannte immer wieder seine Furchtsamkeit, ab und zu bezog er sie auf meine heile Haut anstatt auf seine. In der Herbertstraße, wo die Huren hell erleuchtet auf Podesten hinter Schaufenstern saßen, die zum Verhandeln ein kreisförmiges Loch enthielten, warnte er mich, stehenzubleiben: Die Luden beobachteten die Passanten und schlügen jeden zusammen, der nur gaffen wolle. Am Ende der Straße sagte er: »Nee, vor solche Riesenweiber hab' ich Angst, nur Angst.« Auf der Rückfahrt – nach Hamburg hinein hatten wir ein Dampferchen genommen, jetzt saßen wir in der S-Bahn – erzählte er von früher: In den zwanziger Jahren hatte er mit dem Chef zusammen, der schon damals der Chef gewesen war, an den Bauten für Stummfilme mitgeholfen, so berühmte wie »Das Kabinett des Dr. Caligari« und »Metropolis«. Indolent wie immer erkundigte ich mich wie sie von der vielseitigen Filmarchitektur zu der flachen VW-Werbung heruntergekommen seien.

Allzubald traf einer ein, der in meinem Hotelzimmer das andere Bett belegte, ein Student der Abteilung »Angewandte Graphik« aus der Berliner Kunsthochschule. Im Zimmer gab es Geschwätz anstelle von Nachdenken und Lesen. Im Werbeatelier breitete er Schere, Leim und Klebpapiere vor sich aus. Was er damit schuf, blieb von Feder- und Pinselstrichen frei, es sah aus wie von einer höheren, der zeichnenden Hand nicht zugänglichen Notwendigkeit bestimmt; zum Schluß überzog er es mit einem schnelltrocknenden Lack. Ich blieb bei den Festangestellten stehen und verschaffte mir zum erstenmal einen Überblick, wie sie arbeiteten. Sie tuschten bläßliche Skizzen und montierten Glanzpapiere zu nicht ganz fertig wirkenden Ergebnissen. Die Ideen meines Kommilitonen waren ausgearbeitet wie zum Verkauf bestimmte Einzelstücke. Den ganzen Tag, vom Zähneputzen an, war er Fachmann, auch wenn wir abends scheinbar freundschaftlich spazierengingen, zusammen in einer Kneipe aßen und in seinen Schlußbemerkungen vor dem Einschlafen. Sein schleppender, unverkennbar nachschleppender Tonfall deutete Nachsicht an, mildes Zögern im Voranschreiten. Nachmittags bei Kaffee und Kuchen halfterte er meine Beiträge in diesem Tonfall und mit dem dazu passenden Lächeln ab, wie wenn die Lage ihn zwänge, einen Konkurrenten auszuschalten. Man hatte gar nicht vor, uns konkurrieren zu lassen und den Verlierer wegzuschicken. Ich machte mir keine Meinung über ihn, sondern zog ganz ergeben den Schluß, daß das Erwerbsleben so sei. Eines Morgens im Bahnhof Blankenese schrieb ich mir die Abfahrtzeiten der Züge nach Berlin ab. Vormittags wurde mir immer dringlicher, den Zug am frühen Nachmittag noch zu erreichen, nicht erst den Abendzug. Jede hinzukommende Minute bedrückte mich. Ich bot eine mir peinliche zähe Kraft auf, bis mein Arbeitsverhältnis gelöst war, steckte das Geld ein, fuhr zum Hotel, packte den Koffer und war eine Viertelstunde vor Abfahrt des Zuges am Bahnhof Dammtor.

4 Vergleichungen

Im Schaufenster einer Zeitungsfiliale am Teltower Damm in Zehlendorf hing die in Wochenendausgaben übliche Fotoseite. Ein Foto zeigte vielleicht folgendes: Ein US-Soldat liegt am Boden, ein zweiter, mit zum Schreien aufgerissenem Mund, tritt ihm in den Bauch oder springt ihm auf den Bauch. Seither habe ich mehrere Aufnahmen aus amerikanischen Wehrertüchtigungslagern gesehen, die verschiedene Torturen zeigen; ich weiß nicht, welche die erste war. Der Bildtext wird nichts beanstandet haben, aber den Lesern war Erschrecken oder wenigstens Befremdung zuzutrauen. Wahrscheinlich erklärte der Schreiber den Vorgang mit dem Bolschewismus und teilte mit, daß die GIs sich in einem Lehrgang auf die Folterungen vorbereiteten, die sie vom bolschewistischen Gegner zu erwarten hätten. Es gab jedoch ein Mißverhältnis aufzulösen: zwischen dieser Kriegsertüchtigung und dem zur Zeit gar nicht Krieg führenden Feind. Wahrscheinlich wählte er den Ausdruck »rauhe Sitten«, der das Training zu einem Brauch verlängert. Ich glaube nicht, daß er Vietnam erwähnte; dort war die französische Kolonialverwaltung schon von den USA beerbt worden, aber wenn meine Erinnerung stimmt, hat man uns 1955 dieses Erbe noch nicht als einen Krieg gegen Bolschewisten dargestellt, sondern als eine von Diplomaten und Fachleuten beratene, sonst einheimische Polizeiaktion.

Beim Weitergehen spürte ich ein mich isolierendes Magendrükken. Dann mischte sich ein Gefühl bei, wie wenn sich etwas in nichts auflöse. Wie wenn ich dem Aufgehen einer Gleichung beigewohnt hätte, die nicht aufgehen sollte. Wenn man lernte, zu foltern und gefoltert zu werden, warum bekämpfte man dann diejenigen, die man bekämpfte, weil sie folterten? Ein so geführter Kampf ergab keinen Sinn. Oder warum bekämpfte man sie sonst? Ich schilderte das Bild jedem, der während meines Tageslaufs in der Klasse und in der TU-Mensa mit mir ins Gespräch kam. Die Antworten ähnelten meiner eigenen, waren jedoch kürzer, oft nur ein angewidertes Kopfschütteln. Das Dargestellte war etwas Widerwärtiges, aber vereinzelt Fernliegendes, das wir nicht deuten und mit nichts vergleichen konnten; indem einer es beschrieb und der andere zuhörte, erledigte es sich auch schon.

Zeitlich gehört es zusammen mit Adenauers Reise nach Moskau und mit dem amerikanischen Lustspielfilm »Arsen und Spitzenhäubchen«, der als köstlich galt. Ich sah ihn zum zweitenmal, nicht weil er mir gefiel, sondern weil einige von uns und ich in das Kino gegenüber der Hochschule gehen wollten und weil er dort gespielt wurde. In einer Szene ist Cary Grant an einen Stuhl gefesselt, bewegungsunfähig und geknebelt, und seine entsetzten Augen beobachten sein Gegenüber, den verschrobenen Doktor Peter Lorre. Dieser öffnet traurig lächelnd seinen Spezialkoffer, der voll blanker, scharfer Folterinstrumente steckt. Um mich her wurde meistens gelacht, wohl auch angesichts dieses Grauens. In allen Gesprächen, die sich dazu wenden ließen, lud ich mein Grauen ab. Damit gab ich auch einen Zweifel an mir selbst preis, ohne ihn auszusprechen: ob es mir an Belastbarkeit fehle, an der Nervenkraft, Spannung zu ertragen. Ich behauptete, daß man, seit man von den Nazis wisse, mit Foltern und Folterängsten keinen Scherz treiben dürfe. Zur Antwort bekam ich Begütigungen, Zugeständnisse, keinen Widerspruch; Zitierungen anderer Stellen im Film, über die man mit gutem Gewissen habe lachen können.

Wenn die Fronten sich versteifen, wird Politik für das Publikum langweilig. Ab und zu muß ein Unsriger in die Hölle fahren oder ein Teufel uns besuchen, sonst verfolgen wir beider Tun nicht mehr mit Interesse. Die Unsrigen sind dann so sehr unser wie ein paar Feldsteine, die gewichtig, aber unnütz in der Bundesrepublik Deutschland herumliegen.

Einen Fernseher hatte noch keiner, den ich kannte. Wie es Adenauer in Moskau erging, eine meistenteils heitere Fortsetzungsgeschichte, lasen wir in Evas »BZ« nach und dann noch einmal zusammengefaßt und kommentiert im »Spiegel«. Sie langweilte nie, man wollte jedes Wort, jede Miene und Geste wissen, weil alles die Sensation wieder auffrischte, daß die Symbolgestalt unseres Teilstaates, dem die Feindschaft gegen den Kommunismus als einigender Kitt, als staatstragender Beton und als zusammenfassender Strick diente, mitten in die Zentrale des Feindes eingereist war und nun Stunde um Stunde dessen Schwefelodem atmete und dessen menschlich wirkenden Verkörperungen Rede und Antwort stand. Einer der beiden Chefs, Chruschtschow, kehrte das Bild um, indem er einmal sagte: Wir verhandeln, wenn's sein muß, auch mit dem Teufel selber. Als das gemeldet war, saß ich bei Eva zu Besuch. Sie zählte noch mehr Belustigendes auf. Wir bestätigten uns gegenseitig den Eindruck, daß Chruschtschow sehr intelligent sei: auf bodenständige, zupackende, instinktsichere Art. Er und der zurückhaltende, meist sanft lächelnde Bulganin, dem wir mehr Einfühlungsvermögen zutrauten, ergänzten einander zu einem glücklichen, daher mächtigen Gespann. Fotos zeigten, daß der einsame Adenauer sich von ihnen zum Lächeln nötigen ließ. Breit lächelte der große, dicke SPD-Bundestagsabgeordnete Carlo Schmid. Die Gastgeber nannten ihn zum Scherz »Genosse«. Sie drängten ihm ein Unmaß an Wodka auf, aber er erwies sich als ein Höllengast, der standhalten konnte: keiner trank ihn unter den Tisch. Dann dunkelte die Szene doch: Adenauer kniend in der einzigen katholischen Kirche Moskaus und danach das große Unterfangen, Ablenkungen durchkreuzend, Drohungen nichtachtend, stundenlang auf die Entlassung von etwa 10 000 Deutschen hinzuarbeiten, die das Gastgeber-Duo Kriegsverbrecher nannte. Zu bieten und zu verweigern hatte er diplomatische Beziehungen. Nicht viel, fanden wir. Und doch brach man das Gespräch nicht ab und gab am Ende Zusagen.

Bei jedem Schimmer einer Hoffnung, den 17 Millionen Insassen der Zone des Schweigens, wie er die DDR nannte, den Weg in die Freiheit, die er meinte, zu erschließen, war Adenauer in Bonn geblieben und hatte den Schimmer geleugnet. In seinem Hintergrund thronte der amerikanische Präsident Eisenhower, der argloser wirkende Großvater der westlichen Welt. Zwischen dort und hier bewegte sich, immer fotografisch festgehalten, der Außenminister John Foster Dulles, Adenauers Freund, ein Bürge der deutsch-amerikanischen Übereinstimmung. Wir fanden Adenauer starrsinnig und verlogen, aber mir scheint, daß wir ihm seinen Standort zugute hielten, die Nähte der Frontlinie; in Washington durfte ein alter Herr charmanter aussehen. Hinzu kam, daß alles, was mit uns geschah, erträglich war, wenn wir es mit der Nazizeit verglichen; das lag immer noch am nächsten. Wir hatten nur Kleinigkeiten auszusetzen.

5 Ein heiteres Bild

Fischer hatte sich mehrere Tage nicht in unserem Honoratiorenzimmer sehen lassen. Als er wiederkam, war er merkwürdig unkonventionell. Im allgemeinen war er gesprächig und ging auf jeden ein, jetzt sagte er längere Zeit gar nichts. Er wartete, bis unsere Raumgenossin, ein ältliches Mädchen, das Batiken und Bleistiftzeichnungen machte, den Raum verließ oder bis wir essen gingen. Dann sagte er, er habe zu Hause etwas auf der Staffelei, das ihm noch neu sei, vielleicht ganz gut, vielleicht auch schlecht, er wisse es nicht. Ob ich es mal sehen wolle.

Wir kauften am späten Nachmittag bei »Butter-Hoffmann« zwei Flaschen Rotwein und fuhren zum Richard-Wagner-Platz, in dessen Nähe er wohnte. Er war Untermieter wie ich auch, aber sein Zimmer war größer, und über die Hälfte davon war Malwerkstatt. Auf der Staffelei stand ein ungefähr quadratisches, einen Quadratmeter großes Bild mit viel Weiß, etwas weniger Blau und Schwarz, einigen Pünktchen Rot, sonst keinen Farben. Dargestellt war von oben bis unten ein weiß-blaues Gewölk, in dem sich die kreuzförmige Spitze eines Baugerüstes bis auf Linien und Schattenlinien verlor. Auf der Waagerechten, deren Tiefe nicht zu ermessen war – man sah nur den tragenden Balken –, lagerten drei Bauarbeiter und spielten Skat. Einer hielt seine Karten so, daß sie die roten Pünktchen zeigten, Karo oder Herz. Bekannt und wiederzuerkennen waren die Falten vom Ärmelhochziehen und vom Heraufrutschen des angelehnten Jackenrückens, die zurückgeschobene Mütze, damit der Schweiß auf der Stirn trocknen kann, die Mienen, die den Ernst im Spiel überbetonen, denen man aber auch Befriedigung darüber anzusehen glaubt, daß dem Bauunternehmer, der unsichtbar herumgurkt, Zeit entwendet wird.

Um Fischer nicht warten zu lassen, sagte ich »prima«. Dann saß ich mit einem Glas Wein auf einem Stuhl und behielt das Bild im Auge, während wir auch von anderem redeten. Auffällig wurde mir mit der Zeit über dem Offenkundigen, Menschen, Spiel und Gerüst, ein zweiter Vorgang. Vom Knie des ersten Spielers zum Handgelenk des zweiten und von dort zur Schulter des dritten und weiter zum Ellbogen des ersten und so fort, anscheinend mehrmals herum, sprang in Raumabständen, aus denen beim Hinsehen Zeitabstände wurden, ein Punkt. Wenn man wieder hinschaute, bildete das ausgestreckte Bein des einen, das er eben ausgestreckt haben mochte, ein Zeichen, das den zweiten zur Hebung der Hand mit der Spielkarte, den dritten zu einer plötzlichen Verspannung der Schultern veranlaßte, die weiterwirkte auf den ersten Spieler, aber an einem neuen Punkt. Nach langer, oft unterbrochener Betrachtung schien es so, als bewegten sich die Hingelagerten miteinander in einem Tanz. Die Umlaufbewegung erschien mir einmal schwingend, dann wieder gemessen, geziert oder ruckhaft. Diese rhythmische Verbindung, die aus den drei Personen ohne ihr Zutun ein Ensemble machte, war etwas Herkömmliches in dem neuartigen Bild; vielleicht eine Sicherung, die Fischer brauchte, weil ihm beim Malen schwindlig geworden war.

Davon sprach ich nichts aus, lieber erneuerte ich meine viel eindringlichere, noch nicht ausgekostete und begründete erste Überraschung. Ich vergegenwärtigte mir einiges Gewohnte: die Gemälde der »abstrakten SS«, ein wütendes Wischen, Klopfen und Scharren in Farbe; Arnolds naive Umrisse, früher menschenförmige Linien, neuerdings einfachere, oft symmetrische Zeichen, die einen anstarrten; Hofers Menschen, die er zu immer gehorsameren Streitern und Rufern versimpelt hatte; Fritz Jahns Gipsblöcke, die wie Tore zu Gefängnissen oder Bergwerken aussahen; meine Fronarbeit-Bilder mit den stur aufs Vorhaben gerichteten Kugelköpfen und den zweckmäßigen Robotergliedmaßen. All das wandte sich einem ausdrücklich zu – es wollte beeindrucken. Die drei Spieler dagegen hatten offenbar Vorbehalte: das, was man nicht zu sehen bekommt, aber zu spüren glaubt. Alles zu einem Bild Nötige war ja da; wer einen Vorbehalt spürte, bekam es nur mit sich selbst zu tun, das Bild drängte sich ihm nicht auf. Es sah so aus, als fühle es sich auch ohne Publikum ganz wohl. Die drei auf dem Schaugerüst waren so ruhig in das Spiel vertieft, als wollten sie es dort ohne Publikum bis zum Jüngsten Tag aushalten. Das brachte mich zum Lachen. Ich hatte noch nie über ein Bild gelacht, das mir gefiel. Auf der Heimfahrt freute ich mich über das Ende meiner langweilig gewordenen Ansicht, daß Malerei nur etwas für Dummköpfe und Betrüger sei.

6 Ahnengalerie

Seit die kostenlose Schulspeisung eingestellt war, aßen wir in der Mensa der TU. Man konnte zwischen drei Angeboten wählen, das

Billigste war ein Teller Nudel-, Kartoffel-, Erbsen- oder Weißebohnensuppe. Dazu gab es als Beilage ein Paar dünne Würstchen, nicht auf Porzellan, sondern auf einem rechteckigen, etwa postkartengroßen Pappteller, dessen Rand schräg aufwärts gepreßt war und an einen Bilderrahmen gemahnte. Fischer und ich aßen immer Suppe: nicht um Geld zu sparen, sondern wegen des Papptellers. Fettflecken machten ihn nicht unbrauchbar, ein fleckenlos gebliebener war allerdings günstiger. Im Honoratiorenzimmer stellten wir uns nicht an die Staffeleien, sondern setzten uns an den Tisch und spitzten Bleistifte an. Auch ein Radiergummi, ein Mittel, das wir sonst kaum benutzten, mußte bereitliegen, außerdem ein Wischlappen, es reichte auch ein Papiertaschentuch. Dann arbeiteten wir längere Zeit ohne Unterbrechung. Wenn Arnold uns dabei antraf, sagte er ungefähr: »Wo will das nur hin mit Ihnen beiden? ... Manches ist schon frappierend, man könnte an eine kleine Ausstellung denken... Worauf wollen Sie hinaus? Das wissen Sie noch nicht... Nun gut, ich bin der letzte, der... Es ist schon frappierend, mit welcher Sicherheit er (Fischer) hübsche Frauen trifft! Ein erfahrener Frauenfreund, kein Zweifel. Aber Ihr Ziel... Ich hoffe und wünsche Ihnen, daß Sie sich einen Teil Ihres Eifers... Nun gut, ich störe Sie nicht länger – mit der kleinen Hoffnung, daß Sie es dann schneller hinter sich bringen.«

Wir zeichneten Porträts. Die fertigen sahen aus wie Fotografien. Das modernste Objekt war ein »richtiger Nazi«: Dazu stattete Fischer einen Mann mit kleinlichem Gesicht, drohendem Blick, Hitlerbärtchen, Rangabzeichen, spiegelndem Parteiabzeichen und die Rahmenleisten mit einem Muster aus Eichenblättern aus. Ganz Modernes oder zeitlich Unbestimmtes ließ sich nicht machen, das merkte ich nach einem Versuch, an den ich unbedenklich herangegangen war. Es kam dabei ein gestikulierender glatzköpfiger Mann heraus, der etwas Lustiges zu erzählen schien. Kostümhistorische Merkmale hatte er nicht, er konnte also ein Zeitgenosse sein. Die Möglichkeit, daß so einer am Leben war, machte sein Gehabe zu einem Vorgang anstatt zum Kennmittel eines abgeschlossenen Vorgangs. Zum Ausgleich hätten der Vorgang spannend sein müssen und der Mann interessant, entwicklungsfähig. Das war er nicht. Er sah aus wie einer, der als Quatschkopf durchschaut ist, von dem man nur Quatsch erwartet, ein nicht erweiterungsfähiges Repertoire an Quatsch. Eine lustige Type. Er drängte mir einen unangenehmen Vergleich auf: Mein Geschöpf erinnerte mich an die lachenden, humpenhebenden alten Bergbauern, die als schlechte Ölgemälde in Glaserläden und Gaststätten hingen. Als ich die Mimik ernster machte, wurde er langweiliger anstatt interessanter. Allmählich wurde mir so zumute, als hätte ich aus Versehen, mit blindem Eifer, den Beweis herausgearbeitet, daß ich kein Einfühlungsvermögen hätte, statt dessen nur die Fertigkeit, das nachzuäffen, was oberflächlich war, das Lächerliche, Dumme, Eitle, Gezierte, Unfreiwillige, Denunzierende. Ich spürte die Nähe eines Abgrunds. Wenn ich aufhörte, ihn mir zu vergegenwärtigen, kam ich mit ihm aus.

Ich versuchte nicht, den Quatschkopf in eine verwelkte Zeit zu entfernen; er hatte etwas an sich, das ihn dafür verdarb. Ich wollte ihn trotz allem als Zeitgenossen retten, ohne Verkleidungsmittel wie Bart und Brille oder eine ablenkende Kopfbedeckung. Bei dieser Beschäftigung, die kein Spaß mehr war, sah mir keiner zu. Fischer hatte etwas zu erledigen. Unsere Raumgenossin mag dagewesen sein; man konnte ihre stille Gegenwart längere Zeit vergessen. Ich schätze, daß ich an dem Zeitgenossen zwei Stunden lang radiert, gewischt und frisch gestrichelt habe. Nach Minuten hatte er schon so ausgesehen, wie er war, und als ich ihn aufgab, war er mit Hornbrille und Bärtchen verkleidet und dennoch unverändert. Er ähnelte sowohl meinem Vater wie dem Zeichenlehrer Griesing in Magdeburg.

Fischer holte noch einiges Augenfällige aus den dreißiger Jahren, wir beide auch aus den zwanzigern, das meiste aber aus der Zeit zwischen dem Ersten Weltkrieg und der Erfindung der Daguerreotypie. Er brachte uns aus der Mitte des 19. Jahrhunderts ein elfenzartes Mädchen hervor, die haarfeine Unterschrift nannte einen Londoner Fotografen. Ich antwortete mit einem boxernasigen, backenbärtigen Herrn aus derselben Zeit und Gegend, den ich als Herrenschneider ausgab. Mein Bereich war im allgemeinen das Häßliche: Eine vor Salbenhaut, Seidentaft und Juwelen glänzende »Reina Isabella«; ein kurzgeschorener, schnauzbärtiger Specknacken namens E. Heinicke; zwei Bart- und Brillenträger, davon der eine ein Landsmann und Zeitgenosse von Giuseppe Verdi mit vor Zorn und Kneiferglas blitzenden Augen und einem Bart wie Brombeergestrüpp, im Begriff, eine donnernde Rede gegen den Klerus zu halten; der andere ein durch seine unheimliche Milde leichenhaft wirkender Greis, der an den alten Tolstoi und an Wilhelm Raabe erinnerte, dessen Augen sich hinter den spiegelnden

Gläsern davongestohlen hatten, dessen Unterkiefer ebenso schlaff herabzuhängen schien wie der lange, glatte Bartvorhang; ein nußknackerhafter preußischer Soldat mit Pickelhaube bei einer aus Versehen hübschen Hure im nichtpreußischen Prag (den Namen und die Adresse des Fotografen setzten wir meistens hinzu); ein Brautpaar aus Verden an der Aller, er ein Bauernlümmel mit schirmloser Rekrutenmütze, sie vom selben Schlag, aber unter Schleier und Myrtenkranz süßlich lächelnd, Unterschrift »Zur Erinnerung an den schönsten Tag unseres Lebens«; ein ondulierter, pickliger »Erhard Lampe von Neuss a. Rh.«, der beim Sängerfest auf der Wartburg den ersten Preis errungen hatte. Auch einige stattlichere Typen: Ein dem Schriftsteller Heinrich Mann ähnelnder Herr im Gespräch mit einer weltklugen Dame (Halbprofil) unter Bäumen; ein großartiger, kalt lächelnder italienischer General um die Jahrhundertwende; ein vertrauenswürdiger, gemütvoller Reformpädagoge um 1905 mit Schlapphut, wieder unter Bäumen, mit Jugendstilumrahmung.

Fischer fertigte zuerst wilhelminische Offiziere, Bürokraten und die Frauen mit dem Sex-Appeal an, die Arnold auffielen. Dann einen schwarzlockigen Violinvirtuosen aus Paris. Dann Kleinfiguriges: eine Fleischersfamilie samt Gesinde, Hund und Gendarm vor ihrem soeben, 1908, eröffneten Geschäft; zwei Biedermeierkinder beim Reiten auf Schaukelpferden, behindert durch Plüschvorhänge und gedrechselte Konsolen. Und den japanischen Admiral Mitsuhita, wie er »den Stab über 10000 mandschurische Gefangene« brach: Vor einem aus wehenden senkrechten Schriftbändern und strammstehenden Regimentern gebildeten Hintergrund steht ein sehr japanisch aussehender Herr um die Sechzig auf einem Podium, der mit elfenbeinernen Fingerchen ein bleistiftdünnes Stöckchen entzweibricht und besonders fein dazu lächelt. Vielleicht war es eine Bearbeitung der Nachricht, daß Adenauer in Moskau um 10000 deutsche Kriegsgefangene verhandelt hatte. Ich blieb noch bei Porträts. Meine Antwort auf den Admiral war ein sehr magerer, verschwiegen aussehender Nordchinese zur Zeit des Boxeraufstandes. Den Biedermeierkindern stellte ich einen etwa gleichzeitigen kleinen Jungen mit langen hellen Haaren, Kittelchen und einem Holzpferd auf Rädern gegenüber.

Fischer begann Kuchen zu kaufen. Er brachte aus einer Bäckerei einen bekrümelten und mehrere saubere Pappdeckel in drei verschiedenen, größeren Formaten mit. Die größten luden zu mehrfigurigen Kompositionen ein. Er zeichnete die »Verhaftung des italienischen Spions Pocci in Paris (Pocci: x). Photographische Momentaufnahme von I. P. Gérard«. Im Vordergrund versucht ein mit Képi und Epauletten versehener Gendarm sein Pferd durch Anwendung von Zügel und Peitsche zum Stillhalten oder, umgekehrt, in Gang zu bringen. Weiter hinten befaßt sich ein Kamerad von ihm mit der gleichen Schwierigkeit. Es regnet. Eine Dame und ein Herr, wetterentsprechend gekleidet und beschirmt, stehen in der Ferne dem Betrachter gegenüber. Vor dem Café links von ihnen haben Kellner und Gäste ihre Positionen eingenommen. Pocci, der nun vor seiner Verhaftung ausrücken soll, befindet sich in der Nähe des vorderen, mit seinem Dienstpferd nicht einig werdenden Gendarmen. Er trägt sich wie ein Anarchist, also mit Zylinder und Radmantel, hat vor Aufregung X-Beine bekommen und scheint sich nicht beeilen zu können. Er ist nur von hinten zu sehen, aber wer je einen Alptraum erlebt hat, versetzt sich in ihn hinein und leidet mit ihm. Auch vorn, unten rechts, ein halbes Stockwerk unterhalb des Betrachters, hat jemand einen Schirm über sich aufgespannt.

Mein Gegenstück zeigte ein hohes, eckiges Automobil mit weißen Fenstervorhängen, die mannshohen Türen geöffnet und flankiert von zaristischen Offizieren. Die Silhouette des Chauffeurs schaute hinter dem Lenkrad schon in die Ferne. Von vorn und hinten, den Blick des Betrachters im Rücken, näherte sich langsam ein elegantes Paar: er ein knapper Offizier, sie eine in schäumende, nachschleppende weiße Wolken gehüllte Dame mit Hut. Rechts, links und hinten gafften zerlumpte Kinder, von denen einige in der Nase bohrten. Im fernen Hintergrund zur Eindämmung des weiträumigen Platzes strenge klassizistische Fassaden. Unterschrift, soweit erinnerlich: Abreise des Grafen Soundso und seiner Gemahlin in die sibirische Verbannung; und in russischen Buchstaben: Fotografitscheskoje atelje Jefraima A. Grinschtajna. Seit 1942 hatte ich nur zwei Personen getroffen, von denen ich wußte, daß sie Juden waren. Dem einen, Crodels Schüler Ricardo Wiesenberg, war ich ausgewichen wie dem anderen, Sympathie und Respekt hatten dagegen nichts vermocht. Ich blieb Sprach- und Heimatgenosse der Mörder und vor den Opfern befangen. Nun versuchte ich offenbar eine Annäherung, indem ich in russischer Umschrift, mit russischem Genitiv, den aus zwei deutschen Wurzeln zusammengesetzten, jüdisch scheinenden Namen Grünstein auf einen Pappteller kalligraphierte.

Inzwischen hatte sich Manthey eingefunden, war von Arnold freundlich aufgenommen und von Fischer und mir im Honoratiorenzimmer untergebracht worden. Mit dem ältlichen Mädchen waren wir nun zu viert. Er ging mit uns Suppe essen und steuerte Papptellerveredelungen bei: »Die dramatische Flucht der Crammer-Bande«, »Die dramatische Verfolgung der Crammer-Bande«, »Frl. Liesl Schüler als Annastasie. Theater Salzwedel. Die Direktion«, »Oberstbaurat v. Wullstenplaath, Hauptgraf zu Reichsberlin (persönlich)«. Er übertrieb absichtlich. Es waren gute Zeichnungen. Die Nachahmung alter Fotos lag ihm nicht.

(September 1981-Mai 1983)

Nachwort

In der Klasse von »Professor Arnold« stand eine Stellwand, über und über behängt mit Zeichnungen auf Papptellern. Sie waren sehr witzig und sehr gekonnt, und ich stand lachend und etwas ehrfürchtig davor. Das muß 1958 gewesen sein. Im Herbst 1957 hatte ich das Studium an der Kunsthochschule aufgenommen, und in der ersten Zeit lernte man kaum Studenten aus anderen Klassen kennen. 1958 war Stephan Stolzes letztes Jahr an der Hochschule, danach kann es nicht gewesen sein.

Diese Art zu rekonstruieren habe ich bei Stephan Stolze abgeguckt. In seinen beiden Büchern »Innenansicht« und »Nachkriegsjahre« ist es mir zum ersten (und einzigen) Mal begegnet, daß ein Autor von Erinnerungen die Eselsbrücken aufschreibt, mit denen er seinem Gedächtnis auf die Sprünge hilft. Es sind ungewöhnlich ehrliche und genaue Bücher. Das sind seltene Tugenden im Zusammenhang mit Berichten über die jüngste deutsche Vergangenheit, und es kommt noch eine dritte dazu: Bescheidenheit.

Stolze führt uns durch drei Deutschlands. Er sieht jedes davon aus dem Blickwinkel eines anderen Lebensalters: das Nazi-Deutschland als Kind, die DDR als Jugendlicher, West-Berlin als junger Erwachsener, und er sieht alle drei aus dem Winkel des Details. Wie in einem Puzzle setzt Stolze aus kleinen und kleinsten Episoden des Alltagslebens ein Bild der jeweiligen Zeit, des jeweiligen Systems zusammen. Politik kommt so vor, wie sie das Alltagsleben berührt. Sie steckt sozusagen in den Fugen des Puzzles, aber es sind Genrebilder, keine Historiengemälde.

Stolzes Gedächtnis ist tatsächlich besonders gut, und gerade im genauen Beobachten und Festhalten vermeintlicher Banalitäten gelingt ihm die Darstellung einer Zeit oft so plastisch, daß der Leser das Gefühl bekommt, selbst dabei gewesen zu sein: »Meine Mutter bekam auf ihre Karte VI Mengeneinheiten wie die, in denen es heutzutage Kaviar gibt, zum Beispiel 62,5 Gramm Speck. Wenn man Glück hatte, stand man dafür nur eine Stunde an. Dem Speckblöckchen wurden auf der Waage Splitterchen vom Umfang einer Heftklammer abgesäbelt oder angedrückt. Man starrte abwechselnd auf die Waagenskala und die Hände der Verkäuferin und achtete auf das halbe Gramm, ein Fetzchen weißer Substanz, das wegen seiner Winzigkeit nicht mehr als Speck zu erkennen war.«

Es sind wahrhaftig keine rosigen Zeiten, die Stolze beschreibt, aber er erzählt mit hintergründigem und leisem Humor. Er beschönigt und verniedlicht nichts, aber er entdeckt fast in jeder Situation etwas versteckte Komik. Gerade diese leichte Ironie, die in der Erzählweise ständig mitschwingt, macht die Bücher so lesbar, macht es dem Leser möglich, auch dem, der diese Zeiten gar nicht erlebt hat, das Erzählte nachzuempfinden. Manchmal treffen Stolzes genaue Beobachtung und seine Komik zusammen, um in einem einzigen Satz eine Haltung zu charakterisieren: »Da die Margarine aus dem Westen war, schmeckte sie uns besser als die Butter, die wir zu kaufen kriegten.« Manchmal habe ich an solchen Stellen laut lachen müssen: »Das Wort Kommunist gehörte in dieselbe peinliche Kategorie wie Exhibitionist oder Masochist.«

Stolzes Komik sollte aber nicht darüber hinwegtäuschen, wie ernst es ihm mit diesen Aufzeichnungen ist. Jeder Autor schreibt für den Leser, aber auch für sich selbst. Das ist vielleicht bei diesen Erinnerungen in besonderem Maß der Fall. Mit seiner Genauigkeit verfolgt Stolze wohl zwei Ziele: dem Leser etwas möglichst wahrheitsgetreu klarzumachen, sich selbst darüber klarzuwerden, und es vielleicht damit auch zu bannen. Sein eigentliches Thema ist die Frage nach Verstrickung und Verantwortung, vor der so viele Deutsche sich drücken, und er sucht in diesen beiden Büchern die Antworten bei sich selbst. Ich sage ausdrücklich: in diesen beiden Büchern. Stolze sieht die deutsche Geschichte der jüngsten Zeit als Kontinuität. In beiden Büchern macht er dies deutlich mit unvermittelten Einbrüchen in die Gegenwart: in »Innenansicht« mit der Schilderung des Verfalls der S-Bahn im Jahr 1980 und dem dazugehörenden Notieren der Graffiti: Zyklon B, Türken raus, Kanaken raus; in »Nachkriegsjahre« mit dem Augenzeugenbericht über die Demonstration zum Reagan-Besuch in West-Berlin am 11. 6. 1982 und den Sprüchen der Bauarbeiter: Arbeitslager, Banditen. In diesem zweiten Bericht schildert Stolze ausdrücklich auch zurückhaltendes Verhalten der Polizei, wie er immer in seinen Beobachtungen absolut gerecht ist, so, als wollte er sagen, vielleicht sei das das Eigentliche, vielleicht sei doch alles anders geworden, aber sein Pessimismus überwiegt eindeutig.

Über die verbohrte Bürokratie macht er sich in allen drei Deutschlands lustig und ängstigt sich gleichzeitig vor ihr. Im Antikommunismus der fünfziger Jahre sieht er genaue Parallelen zum Antisemitismus etliche Jahre zuvor: »In den Witzheftchen figurierten zwei Arten von Tieren: uniformierte Affenmenschen mit roten Sternen an den Mützen und nackte, rote, in Löcher kriechende oder daraus hervorschnellende Ratten – über einer Höllenzone voll erschrockener, ausgehungerter, kettenschleppender, niedergebückter und ohnmächtig umsinkender Menschen.«

Dabei steht er selbst der DDR, der damaligen »Zone«, durchaus nicht unkritisch gegenüber, wenn er sie auch als deutlich weniger bedrohlich empfindet als das Nazi-Deutschland. Aber er schildert auch dort Bürokratie und Schikane, Druck und Feigheit (auch private Solidarität). Und er vermerkt später mit einer gewissen Selbstverständlichkeit, wie einer nach dem anderen seiner ehemaligen Professoren und Kommilitonen in den Westen kommt. Er hat aber nicht dieselbe Angst wie bei den Nazis, wenn er auch diesem Regime mißtraut und sich seine unentschiedene Haltung übelnimmt: »Was in den Zeitungen stand und aus dem Radio quoll, nahm ich auf eine Weise in mich auf, die eigentlich nicht geht: Ich hielt alles Mitgeteilte für möglich oder wahr und glaubte zugleich kein Wort. Das Ergebnis ähnelte dem Anfang: Gleichgültigkeit.«

Gerade in diesem zweiten Teil seiner Erinnerungen fällt auf, wie schonungslos Stephan Stolze mit sich selbst umgeht. Er hat es mit sich und dem Leben nicht leicht gehabt, und er hat es sich auch nicht leichtgemacht. Eine Stelle, wo Stephan sich selbst als Sechzehnjährigen beschreibt, scheint mir eine Metapher für seine ganze Lebenseinstellung: »Den Weg mache ich am Rande mit. Wenn wir uns beim Ausweichen oder Überqueren einer Straße umgruppieren, so daß ich in die Mitte gerate, ziehe ich mich wieder an den Rand zurück... Beim In-der-Mitte-Gehen verwandle ich mich in einen trottenden Turm, an dessen Vorder- oder Hinterseite von rechts und links vorbeigeredet werden muß. Ich mag mich nicht sehr. Die anderen, die mich mittrotten lassen, mag ich noch weniger, aber ich will nicht ausgeschlossen werden. Damit die Tonangebenden mich nicht ausschließen, stimme ich ihnen zu; dabei vermerke, verabscheue und vergesse ich ihr großspuriges Gehabe.«

Was Stephan hier beschreibt und in besonderem Maß erlitten hat, ist das Dilemma der Sensibleren einer ganzen Generation, die gewissermaßen mit einem Vertrauensbruch großgeworden sind: die Sehnsucht danach und zugleich die Unfähigkeit, sich mit der Umgebung identifizieren zu können. Er klagt nicht an; er bemitleidet sich nicht. Im Gegenteil, wenn er überhaupt mit jemand unerbittlich ins Gericht geht, dann mit sich selbst. Aber er leidet. Er leidet, weil er nicht dazugehört; er leidet, weil er die anderen nicht mag und sie trotzdem braucht; er leidet unter seiner Überheblichkeit; er leidet unter der Angst, wenn er sich nicht vollkommen lossagt, vielleicht doch nicht anders zu sein als die, auf die er herabschaut und die ihn ängstigen; und er leidet darunter, nicht klar Stellung zu beziehen, weil er sich mit nichts identifizieren, sich nirgends zugehörig fühlen kann. Ein Teufelskreis. (Und welch ein krasser Gegensatz, übrigens, zu der Haltung eines Bundeskanzlers desselben Jahrgangs, der sich nicht entblödet, in Israel zu betonen, daß er zu jung sei, um mit der deutschen Vergangenheit etwas zu tun zu haben.) Diese deutsche Vergangenheit hat Stephan sein Leben lang verfolgt.

Der letzte Teil von Stephans Erinnerungen, der »unpolitischste« Teil an der Kunsthochschule, fällt vielleicht gegenüber dem Vorhergegangenen etwas ab. Für mich, die ich Mitte der fünfziger Jahre nach Berlin und einige Jahre später an die Kunsthochschule kam, bringt er allerdings ungeheuer viel zurück: das »offene« Berlin vor der Mauer, die Auseinandersetzungen zwischen »Abstrakten« und »Gegenständlichen« an der Kunsthochschule (zu meiner Zeit hatte die »abstrakte Mafia« eindeutig gewonnen, die Gegenständlichen waren nur noch eine verschämte Minderheit) und unser schönes Leben zwischen Arbeiten, Diskutieren und Gammeln im Studium. All das blieb bis Ende der fünfziger Jahre so.

Das Jahr der Mauer, 1961, brachte den großen Einschnitt, politisch ohnehin, aber für Stephans Freundeskreis war es auch sonst eine schlimme Zeit, was teilweise mit dem Bau der Mauer zusammenhing. Allerdings fehlte auch hier nicht der groteske Aspekt. Werner Kilz hatte damals ein Zimmer in West-Berlin und ein Zimmer in Ost-Berlin und pendelte nach Laune hin und her. In der Nacht vom 12. zum 13. August saß er in seinem Zimmer in Ost-Berlin und schrieb, ohne zu wissen, was draußen passierte, eine Geschichte darüber, wie durch Berlin eine Mauer gebaut wurde. Er kam ein paar Wochen später durch die Kanalisation in den Westen.

Im Dezember starb Manthey an Herzversagen; er hinterließ eine ganz junge Witwe und ein kleines Kind. Und Anfang 1962 wurde Fischer festgenommen bei dem Versuch, seinen Zwillingsbruder mit einem gefälschten Paß aus dem Osten zu holen. Er mußte zwei Jahre absitzen.

Stephan hat das alles sehr mitgenommen. Ich erinnere mich an »Feste«, wohl 1963, die am Sonnabend nachmittag bei heruntergelassenen Rolläden begannen und meistens bis zum nächsten Morgen dauerten und deren hervorstechendes Merkmal darin bestand, daß Stephan und Kilz in Mißmutigkeit, Pessimismus und Alkoholkonsum wetteiferten.

Stephan war zeitlebens vom Pech verfolgt. Für kurze Zeit war er in den sechziger Jahren glücklich. Er heiratete, die Kinder Anna und Julian wurden geboren, aber die Familiengründung brachte finanzielle Probleme mit sich. Mit ziemlichem Widerwillen nahm Stephan eine Stelle als Korrektor im Axel-Springer-Verlag an. Es gehört zu den bitteren Ironien in seinem Leben, daß er zu der wohl einzigen Zeit, in der er je politische Sympathien empfunden hat – während der Studentenbewegung – sein Brot bei der Springer-Presse verdiente, die er verabscheute. An dem Widerspruch drohte er zeitweilig zu zerbrechen, und es war nur sein Verantwortungsgefühl seiner Familie gegenüber, das ihn diese Qual hat durchstehen lassen.

Warum Stephan mit seinen vielfältigen Talenten sich nicht anders hat durchbringen können, hängt wohl mit seiner Bescheidenheit zusammen, mit dem, was er in diesem Buch als »sich unsichtbar machen« bezeichnet. Er hatte überhaupt keine Ellenbogen und wohl auch keinen Willen, in einem Kulturbetrieb zu reüssieren, von dem er nichts hielt. Er wollte auch hier nicht dazugehören.

Mit charakteristischem Widerspruch litt er aber auch darunter, daß er so wenig sichtbaren Erfolg vorweisen konnte. Hinzu kamen private Probleme. Stephan hat mir einmal in dieser Zeit auf die Frage, wie es ihm ginge, geantwortet: »Man lernt, mit dem Unglück so zu leben wie mit Rheumatismus.«

Stephan sprach offener über seine Gefühle als viele Männer, und er hörte auch ungeheuer gut zu. Er war das Gegenteil von einem »Macker«, empfindsam und sehr verletzlich. Diese Weichheit und seinen Humor mochte ich besonders. Er konnte einen immer zum Lachen bringen, wenn es einem selbst schlecht ging, und er verdeckte oft sein eigenes Unglück mit seiner Ironie.

In den siebziger Jahren veröffentlichte er zwei äußerst witzige anti-autoritäre und antikapitalistische Kinderbücher, die er selbst illustriert hat. Er wechselte als Korrektor mit großem Aufatmen zu der linken Zeitung »Die Neue« über und begann die Arbeit an seinen Erinnerungen. Als »Die Neue« 1981 einging, war »Innenansicht« gerade erschienen. Mit einem Stipendium vom Deutschen Literaturfonds arbeitete Stephan an »Nachkriegsjahre« weiter. Er war nun endlich freier Schriftsteller.

Zu dieser Zeit litt er aber schon unter starker Heiserkeit, möglicherweise das erste Anzeichen der Krankheit, die zum Tode führte. Und mit Sicherheit die Folge davon, daß ihm als elfjährigem Jungen ein Kontrastmittel in den Hals gespritzt worden war, um die Ursache der simulierten Kopfschmerzen zu finden, mit denen er sich vor dem Dienst im Jungvolk drückte. Vierzig Jahre später war dieses Kontrastmittel auf Röntgenbildern noch deutlich zu sehen. In einem ganz bildlichen Sinn hat Stephan an der Vergangenheit gewürgt.

Trotz aller inneren und äußeren Schmerzen arbeitete Stephan in den letzten Jahren sehr hartnäckig. Er steckte voller Pläne, und es sah so aus, als hätte er, zumindest was die Arbeit betrifft, die inneren Sperren überwunden und zu sich selbst gefunden. Es gehört zu den Bitterkeiten seines Lebens, daß er nicht einmal das Erscheinen des zweiten Teils seiner Erinnerungen erlebt hat.

Stephan Stolze ist am 23. Mai 1984 mit 53 Jahren an Krebs gestorben.

Sarah Haffner

st 817 Igor Strawinsky
Aufsätze, Kritiken, Erinnerungen
Ausgewählt und herausgegeben von Heinrich Lindlar
226 Seiten
Was über Werden und Wirken, über Weg und Werk des russisch-französisch-amerikanischen Komponisten und Kosmopoliten Strawinsky vom Aufbruch unseres Jahrhunderts im Reflex seiner Mitarbeiter, Freunde und Mäzene, aber auch seiner eingeschworenen Gegner aus dem Umfeld der Neuen Wiener Schule Schönbergs – was da an Erinnerungen, an Huldigungen und Attacken von Belang war, findet sich in diesem Auswahlband wie in einem Brennspiegel.

st 818 J. G. Ballard
Kristallwelt
Roman
Aus dem Englischen übersetzt von Margarete Bormann
Phantastische Bibliothek Band 75
178 Seiten
»Am Tage flogen phantastische Vögel durch den erstarrten Wald, und edelsteinbesetzte Krokodile glitzerten wie heraldische Salamander an den Ufern des kristallenen Flusses. Nachts jagte der leuchtende Mann unter den Bäumen dahin, die Arme wie goldene Wagenräder, der Kopf wie eine gespenstische Krone . . .«

st 819 Peter Schattschneider
Zeitstopp
Science-fiction-Geschichten
Phantastische Bibliothek Band 76
230 Seiten
»Mit einemmal sah er nur noch Atome und Moleküle, die keinen Bezug zueinander hatten. Nichts veränderte sich. Die Naturgesetze zerfielen, weil es in der Zeitlosigkeit nichts gab, das sie beschreiben konnten, und mit ihnen zerfielen die Objekte. Bäume, Sträucher, das verdorrte Gras, Erde und Gestein, selbst die Sonne und der in der Luft erstarrte Vogel: Alles verlor sich in Bedeutungslosigkeit.«

st 821 Hans Carossa
Der Arzt Gion
Eine Erzählung
256 Seiten
»Die Lauterkeit seiner Gesinnung, die Tiefe seiner so bescheiden auftretenden Problematik, und mehr als alles der Adel seiner Sprache, seines schönen, wie eine Quelle fließenden Deutsch machen dies ernste Buch unausschöpflich, wie alle echte Dichtung es ist.« *Hermann Hesse*

st 822 Marcel Proust
Sodom und Gomorra
Auf der Suche nach der verlorenen Zeit
Vierter Teil
Deutsch von Eva Rechel-Mertens
2 Bände, zus. 724 Seiten
»Von der Erfahrung Prousts in Deutschland verspreche ich mir Entscheidendes, nicht im Sinne der Nachahmung, sondern in dem des Maßstabes. ... Angesichts des desorientierten Zustandes der deutschen Prosa, wenn nicht der Krisis der Sprache überhaupt, ist Rettendes zu hoffen von der Rezeption eines Dichters, der das Exemplarische vereint mit dem Avancierten.«
Theodor W. Adorno

st 823 Sylvia Beach
Shakespeare and Company
Ein Buchladen in Paris
Aus dem Amerikanischen von Lilly v. Sauter
Mit Abbildungen
248 Seiten
»*Shakespeare and Company* ist kein gelehrtes Buch, es ist ein ganz persönlicher Bericht. In Sylvia Beachs Erinnerungen kommen nahezu alle vor, die in den zwanziger Jahren eine Rolle spielten, und Sylvia Beach zählte sie alle zu ihren Bekannten.« *The New Yorker*

st 824 Erik H. Erikson
Lebensgeschichte und historischer Augenblick
Übersetzt von Thomas Lindquist
296 Seiten
Die Frage, um die es Erikson in diesem Buch geht, lautet: Psychoanalyse – Anpassung oder Freiheit? Erikson plä-

diert für eine Form von Adaption, die den Patienten befähigt, die Realität so zu sehen, wie sie ist, was nicht bedeutet, sie in ihrer Faktizität einfach hinzunehmen. Eriksons »goldene Regel« für seine eigene Praxis ist ein Begriff von Anpassung, der auf Gegenseitigkeit und Anerkennung basiert.

st 825 Volker Erbes
Die blauen Hunde
Erzählung
190 Seiten
Die blauen Hunde erzählt die Geschichte einer Krankheit. Scheinbar unangekündigt trifft sie eine junge Frau. Die Vorgeschichte zeigt, daß die Formen ihres Wahns nicht zufällig sind oder abstrus, sondern bis in die absonderlichen Details biographisch bestimmt. Auch der Erzähler, der ehemalige Freund dieser Frau, wird von dem Wahn, der der Wahn einer Epoche ist, erfaßt. Indem er ihre Geschichte erzählt, entdeckt er betroffen die Rolle, die er darin spielt.

st 826 Phantasma
Polnische Geschichten aus dieser und jener Welt
Herausgegeben und übersetzt von Klaus Staemmler
Phantastische Bibliothek Band 77
282 Seiten
Zwanzig Erzählungen von neunzehn Autoren stellt dieser Band vor, utopische und phantastische Geschichten, heitere und ernste, amüsante und besinnliche; Spekulationen über die Zukunft stehen neben satirischen Seitenhieben auf die wenig vollkommene Gegenwart. Und es gibt auch gar schauerliche, diabolische und unheimliche Geschichten.

st 828 Hermann Lenz
Die Begegnung
Roman
204 Seiten
»Ein wundersames und wunderbares Buch ... ein Roman, der ganz unwichtig tut und doch voll Weisheit ist; der beiläufig erzählt wirkt und doch Existentiellem auf den Grund geht; der in geschichtlicher Zeit spielt und uns die eigene Zeit und unsere eigene Zerrissenheit besser wahrnehmen läßt.« *Deutsche Zeitung*

st 829 Pablo Neruda
Liebesbriefe an Albertina Rosa
Zusammengestellt, eingeführt und mit Anmerkungen versehen
von Sergio Fernández Larraín
Aus dem Spanischen von Curt Meyer-Clason
Mit Abbildungen
338 Seiten
Wer die Memoiren Nerudas gelesen hat, kennt seine Erzählhaltung. Das Schreiben sei für ihn wie das Schuhemachen – und so urpersönlich, sympathisch warm und menschlich ist auch der Ton dieser Briefe. Sie befassen sich mit Zuneigung und alltäglichen Sorgen, mit Hoffnungen und Enttäuschungen.

st 831 Helm Stierlin
Delegation und Familie
Beiträge zum Heidelberger familiendynamischen Konzept
258 Seiten
»Die Beiträge des Bandes verarbeiten eine Fülle von Fallbeispielen und therapeutischen Erfahrungsdaten vor dem Hintergrund der psychoanalytischen Grundannahmen zu einem komplexen System von Hilfestellung für die unterschiedlichsten familiären Konstellationen. Lesenswert für jeden, der an Einsicht in ein komplexes Gefüge von Zusammenhängen interessiert ist.«

Wissenschaftlicher Literaturanzeiger

st 833 J. G. Ballard
Die Tausend Träume von Stellavista
und andere Vermilion-Sands-Stories
Aus dem Englischen von Alfred Scholz
Phantastische Bibliothek Band 79
204 Seiten
Vermilion Sands, ein Wüstenkurort zur Erfüllung dei ausgefallensten Träume der gelangweilten Reichen, jetzt Künstlerkolonie für Maler, Literaten, bildende Künstler und Musiker, ist in einem langsamen, aber unaufhaltsamen Verfall begriffen. Dichter drücken lediglich auf die Knöpfe ihrer Computer, die automatisch für sie dichten; tönende Skulpturen wachsen aus dem Boden, und empfindsame Pflanzen reagieren auf die Töne der Musik.

Alphabetisches Gesamtverzeichnis der suhrkamp taschenbücher